火槍與帳簿

早期經濟全球化時代的
中國與東亞世界

李伯重———

著

序

　　作者和出版者之間，存在著一種奇妙的關係。一個作者的精心之作，倘若得到一個好出版者的青睞從而得以刊出，就是一段「李將軍遇高皇帝」的佳話。否則，不免令人「歎年光過盡，功名未立，書生老去」。

　　我和聯經已有近三十年的緣分。1990年，蒙劉石吉先生向林載爵先生推薦，我將我的博士論文修訂稿《發展與制約：明清江南生產力研究》寄給聯經，聯經請劉翠溶先生審查。劉先生進行了精心審閱，對拙作予以肯定，同時提出了非常精當的修改意見。我根據這些意見，對原稿進行了認真修改。之後，又蒙吳承明、斯波義信兩位老師惠賜序文。因責任編輯兩度易人，出版之事一度暫時停頓。之後編輯工作進展順利，拙作最終於2002年刊出。

　　時隔近二十七年，在2017年韓國坡州舉行的第六屆坡州亞洲出版獎著作獎（Paju Book Awards）授獎大會上，又與林載爵先生相遇。蒙林先生厚愛，願意將拙作《火槍與帳簿：早期經濟全球化時代的中國與東亞世界》由聯經出繁體字版。由林先生主持的聯經出版，我自然欣然同意，聯經胡金倫先生也對此予以大力關注。經林先生、胡先生和聯經同仁的努力，本書遂於今年順利出版。可以說，我和聯經之間的緣分歷經三十年而不衰，確實是一美談。

　　正如我在本書簡體字版前言中所言，本書的寫作，是我力圖把自己認為有價值、有意義的史學成果介紹給大眾的一個嘗試。嘗試本身就是一種快樂，至於它是否會成功，倒是次要的問題。在本書中，我提出了一些自己的看法，自覺尚未成熟，因此也希望能夠通過此書，向讀者求教，從而使得我的研究得以不斷完善，這也是本書寫作的初衷之一。因此，倘若本書繁體字版讀者讀後提出寶貴的意見，我將深為感激。

李伯重

己亥中秋於燕園

目次

圖目次

本書的寫作緣起與若干說明

　　我過去幾十年都一直從事中國經濟史研究，重點是明清江南經濟史。但是到了近幾年來，研究興趣發生了改變，研究領域從經濟史擴展到了政治史、社會史和軍事史，研究地域從江南擴展到了全國乃至東亞世界，研究時期則從明清縮小到了晚明。這個改變始於2008年我在加州理工學院教書時。在那裡，交流最多的同事是現任美國經濟史學會會長的霍夫曼（Philip Hoffman）教授。他是一位著名的經濟史學家，主要治近代早期歐洲經濟史。我們可謂每天朝夕相見，無話不談。當時他正在做近代早期西歐（特別是法國）軍事與經濟之間的關係的研究。聽了他對該研究的看法，不禁喚醒了兒時的記憶。像大多數男孩子一樣，小時候我也喜歡玩「打仗」和「探險」的遊戲，到了中學時代，又讀了不少中外的邊塞文學和戰爭文學，對歷史上的戰爭情景充滿想像。蘇聯作家瓦西里・揚的《成吉思汗》，至今依然印象深刻。因此之故，我在經濟史研究之餘，也開始做些明代軍事史的研究，作為調劑。不料對軍事史的興趣越來越濃厚，研究也從此一發而不可收。2009年，我在倫敦經濟學院教書，期間去劍橋看望友人麥克法蘭（Alan MacFarlane）教授。他是一位著名的歷史學家和人類學家，其著作《都鐸：斯圖亞特時代英格蘭的巫術》（*Witchcraft in Tudor and Stuart England*）、《英國個人主義的起源》（*The Origins of English Individualism*）、《近代世界的搖籃》（*The Riddle of the Modern World*）等都已成為名著。但是他近年來卻轉向與以往非常不同的新研究領域，寫出了《綠色黃金：茶葉的故事》（*The Empire of Tea*）、《玻璃的世界》（*Glass: A World History*）等與過去研究非常不同的新著。我問他何以做出如此巨大的改變。他回答說：在原來的研究領域中工作了多年，思維方法已經

定型，很難再有新的想法。但是如果沒有新想法，那麼研究就成了一種習慣性工作。日復一日地做習慣性工作，沒有挑戰，難免喪失研究帶來的樂趣。轉向新領域，必然面對新挑戰，從而激發思維，獲得樂趣。做學問是為了獲得真正的樂趣，至於成敗利鈍，並非主要考慮的內容。我非常佩服他的這種精神，也十分贊同他的看法。雖然我沒有他那樣的才氣，但是至少在自己多年從事的領域之外嘗試一下別的研究，也不失對自己的一個新挑戰。

在進行晚明軍事史的研究中，我發現這項研究遠不如我先前所想的那樣容易。對我來說，這不僅是一個全新的領域，而且涉及諸多方面，其中之一是晚明這個時期的特殊性。在這個時期，經濟全球化已經開始。不把中國的歷史放進這個大過程中去研究，就會陷入一種「乃不知有漢，無論魏晉」的境地。然而在晚明時期，世界究竟發生了什麼變化？這個問題是今天學界的一大熱點，但是尚未有共同的看法。沒有這種共識作為依靠，進行研究就很困難。因此對於我來說，這又是一個重大挑戰。

新領域、新問題帶來的挑戰，是每個歷史學者都會遇到的挑戰，正如年鑑學派大師布勞代爾（Fernand Braudel）所說：「對於歷史學家，對於所有的社會科學家，對於所有客觀的科學家，前面有如一個新大陸，永遠值得探索」。如果面前沒有一個新大陸去探索，史學家的工作可能就會像英國歷史學會前會長巴勒克拉夫（Geoffrey Barraclough）所說的那樣：「當前在歷史學家當中的一個基本趨勢是保守主義」，大多數歷史學家在工作中「完全沿襲傳統」，「只滿足於依靠繼承下來的資本，繼續使用陳舊的機器。這些機器儘管低於現代最先進的標準，卻仍然能夠使企業在盡可能少地追加資本的前提下，提供一定數量的擁有現成市場的

老牌傳統產品」。

除了這兩個挑戰外，還有其他挑戰。歷史學家夏伯嘉在一次訪談中，談到他當年在耶魯求學時對他影響最大的兩位老師，其中之一是史景遷（Jonathan Spence）教授。他說：「史景遷文筆非常好。在中國史專業裡，有些人認為他寫的東西不夠專業化，有些人則覺得很有啟發性，因而產生了些爭議。但是我覺得他給學者的啟發在於：歷史不能寫得很枯燥。怎麼把歷史寫得有意思，這是對我們所有歷史學家的一種挑戰。」要寫得雅俗共賞，不僅需要改變寫作套路，而且也要改變寫作的語言。正如經濟學大師薩繆爾森說：「能用簡短的言詞就能說明的問題，為什麼要用冗長的詞句呢？抽象的思想需要通俗易懂的例證。」這些改變是非常困難的。大多數史學工作者習慣了專業論文的寫法，積重難返，要改變文風，確實是一個重大挑戰。

就我而言，治史數十年，也寫了不少專門的史學著作。如今要把一些體現國際史學新潮流的看法、想法寫成一本面向大眾的小書，就必須改變習慣了的寫作方法，但是由於我從來沒有做過這樣的工作，因此這對於我來說，確實是一個很大的挑戰。

各種挑戰結合起來，形成了一個更大的挑戰。在國際中國歷史學界，有一個著名的理論叫做「衝擊─回應」（Impact-Response）理論，是美國的中國學大師費正清（John King Fairbank）提出的，在西方影響很大，在中國也得到廣泛的贊同。這裡姑且不談這個理論，只是借用這個說法，即從生物進化論的角度來看，如果沒有刺激，就不會產生反應，機體的潛力也就得不到發揮的機會。在治學方面也是這樣。沒有挑戰，日復一日地做同樣的工作，研究工作就將會變得如巴勒克拉夫批評許多歷史學家所說的

那樣：像老牌發達國家的某些工業部門一樣，只滿足於依靠繼承下來的資本，繼續使用陳舊的機器，生產出與過去一樣的產品。如果這樣的話，一個學者的學術生涯也就接近於尾聲了。

在我接受了自己提出的新挑戰後，多蒙復旦大學給了我一個機會，讓我得以和復旦的同行和學子們一同探討這項研究中所涉及的若干問題。2013年，復旦大學邀請我去做「光華人文傑出學者講座」，講座的題目是「商戰與實戰：早期經濟全球化時代的中國與東亞世界」。為了做好這個講座，我把這兩年來對相關問題的思考做了一個梳理，將其整理出來，分為五個專題，做了講演。在這個講座的基礎上，寫成這本小書，書名也改為《火槍與帳簿：早期經濟全球化時代的中國與東亞世界》。這本書只是我的新研究的一個初步成果，還很不成熟，而且主要是想寫給大眾而非寫給專業史學家看，因此在專業史學家眼中，可能不夠學術化。《後漢書・馬援傳》有云：「良工不示人以璞。」我本當如此，但是因為這是一項新研究的開始，我提出了一些自己的看法，自覺尚未成熟，因此也希望能夠通過這本小書，向讀者求教，從而使得這項研究得以不斷完善，同時也向大眾提供相關的知識，促進更多的人跟上新的史學潮流，從全球史視野來看中國的歷史。這就是本書寫作的初衷。

由於本書的寫作對我是一項新的挑戰，因此我必須從成功者那裡學習寫作經驗。我近來讀了哈佛大學科學史教授謝平（Steven Shapin）的《科學革命：一段不存在的歷史》（*The Scientific Revolution*），覺得深受啟發。他在致謝詞中說：「本書不是原創性的學術作品，而是由我集合各家說法的綜合性著作。過去10年或15年來已累積許多有關『科學革命』的歷史研究，雖然這本書

的目的是呈現對科學革命的最新詮釋，但仍非常倚重多年下來各家學者的成果。我最感謝的是諸位歷史學家，我任意地借用他們的成就，並把他們的著作和論文放在本書最後的參考書目裡。毫無疑問，這本書不只有我一個作者，還有他們。但我必須承認，我用我的方式詮釋了他們的作品，用我的方式組織他們互異的發現和說法，這都反映了我個人的觀點。因此，我必須對此全權負責。」本書的情況與上面謝平所說的情況頗為類似。本書力圖體現國際史學新潮流，從全球史視野來看中國歷史，因此也是一部集合各家說法的綜合性著作。也和謝平一樣，我在本書中也用我自己的方式詮釋了其他學者的作品，用我的方式組織他們互異的發現和說法，這都反映了我個人的觀點。不僅如此，本書的主線和主要觀點也是我提出的。因此我一方面非常感謝前人的工作，另一方面也要說明我對本書全權負責。

就史學讀物而言，尼爾（J. E. Neale）的名著《女王伊麗莎白一世傳》（*Queen Elizabeth I*）是一個非常成功的範例。尼爾是英國著名的正統派史學家。但是在這本傳記中，他在體例方面又做了一次大膽嘗試。他在序言中申明：「作者是在一個特殊的時刻為特定的讀者寫作這部著作的。這裡說的特殊時刻是女王伊麗莎白一世誕生400周年，特定的讀者是指那些對這位偉大歷史人物懷有興趣的一般男女讀者。因之捨棄了我在寫此書時苦心搜集來的一批權威的文獻檔案。某些讀者無疑會由於看到本書沒有附上參考資料而感到遺憾。我知道以上情況會使這部著作某一方面的使用價值受到限制，但是我希望它將增加這部著作在另一方面的使用價值。」因此，這部著作不列參考書目，也不加注釋。對於尼爾的這種嘗試，有些同事不甚贊同，但是卻獲得了空前的成

功。自從1870年以來，各種伊麗莎白傳記的出版絡繹不絕，1927
至1957年的30年間，平均每年出書一種。到80年代初，累計在
70種以上。然而尼爾這本傳記享譽始終不衰，被稱為「標準傳
記」，榮獲了傑姆斯‧泰特‧布萊克紀念獎，1955年也因此書被
英國女王伊麗莎白二世封為爵士。由此而言，一個嚴肅的歷史學
家在寫作面向大眾的歷史讀物，就必須改變自己習慣的寫作方
式，以適應不同的讀者需求。

　　美國史家格拉夫敦（Anthony Grafton）寫了一部關於史學著
作中的腳注問題的書 The footnote: A Curious History，中文版名為
《腳注趣史》，而法文版則名為《博學的悲劇起源：腳注的歷
史》。他在書中指出：在西方，史學著作中的腳注發源於17世
紀，到19世紀才成為職業史家的必要工具。現代史學演進的方向
是越來越技術化和嚴謹化，腳注功能日益強化是這一過程最明顯
的標誌。但史學作品終究不是純技術化的產物，腳注也只能嚴守
其輔助的地位。一些著名史家對史學著作中使用腳注（或者過多
使用腳注）深惡痛絕。西方史學大師吉本（Edward Gibbon）在其
《回憶錄》中，遺憾地談到自己被人說動，用腳注破壞了敘事的外
觀，說到其名著《羅馬帝國衰亡史》，「在其八開本的14卷中，
全部注釋集中於最後兩卷。讀者硬要我將之從書末移至頁下，而
我常常為自己的順從感到懊悔」。德國思想家本雅明（Walter
Benjamin）則說：「書籍中的腳注就是妓女襪子中的鈔票。」因此
之故，一些學者力求避免使用（或者過多使用）腳注。法學家哈
特（Herbert Hart）在其名著《法律的概念》中特別說明：「本書
的正文既沒有引用多少他人的著述，也很少有腳注。不過，讀者
在本書的最後將會看到大量的注釋，我希望讀者在閱讀本書的每

一章之後再去查閱它們……我如此安排本書的順序，主要是因為書中的論證是連續性的，如果插進與其他理論的比較，就會打斷這種連續性。」余英時先生曾提醒其學生陸揚說，學術論著關鍵還是在於論述本身的原創性，腳注畢竟是次要的。他特別引用了一則真實的趣事來說明這一觀點：有一群牛津的老教授在看巨星鮑嘉（Humphrey Bogart）演的一部片子，突然對其中的一句臺詞擊節稱賞，這句話是鮑嘉對人說的：「把正文給我，別管腳注！」（Give me the text, forget about the footnotes.）由於本書是面向大眾的，在本書中使用腳注就顯得特別不合適了。在這方面，謝平的經驗也很有幫助。他說：「為了將這本書有效地傳達給一般讀者，方便讀者流暢閱讀，我決定不依照過去專家和專家之間交流的慣習，選擇不在正文放置眾多的二手參考數據當作腳注。此外，當我發現某些當代學者看待事物的方式具解釋力或發人深省，或他們的說法達到像『專利』一般的地位時，才會引用他的作品。」這些經驗之談非常重要，對我這樣一個寫作大眾史學讀物的生手特別有幫助。此外，本書是三聯書店推出的「復旦大學光華人文傑出學者講座叢書」中的一種，而這套叢書所收的都是講演錄，大多都省去了腳注。基於上述原因，我也刪去了全部腳注。這些被刪去的原稿中那些腳注和引文，將在日後另外寫作的一部主要供歷史學者閱讀的專著中出現。

　　我雖然在本書的寫作上已經盡力了，但是在行家看來我所做的努力可能只是「東施效顰」或者「邯鄲學步」。但是我認為只要向著自己心中確定的方向去努力也就行了。嘗試本身就是一種快樂，至於它是否會成功，倒是次要的問題。用大家都耳熟能詳的諸葛亮《後出師表》中的結語來說，就是「至於成敗利鈍，非臣之明所能逆睹也」。

第一章

這是一本什麼書

　　當我第一次看到一本覺得可能會感興趣的書時，心裡總會先要問：這是一本什麼樣的書？講些什麼？有何特色？是否適合於我？在對這些問題得到清晰的答案時，才能決定是否值得花費我寶貴的時間去讀它。同樣的情況，我想也發生在其他許多讀者身上。因此對於書的作者來說，為了幫助讀者決定是否去閱讀自己的作品，他們有責任回答上述問題。出於這個原因，在本書的一開始，我就開宗明義，對上述問題做出回答。這就是本書的前言。

　　本書是一本什麼樣的書呢？對於這個問題，最好的答案當然是讀者在讀完它後獲得的感受了。仁者見仁，智者見智，很難有一個一致的看法。不過，從作者的角度出發，我對本書的定位是：這是一本體現國際學術新潮流、面向社會大眾的全球史研究著作。這句話的關鍵詞是新史潮（新史學潮流）、全球史和公共史學，同時，本書所涉及的時空範圍是15至17世紀中期的東亞世界。下面，我就依序對幾個概念進行解說。

一、新史潮

　　歷史是人類對於過去的集體記憶，也只有人類才會有這種記憶。懂得歷史，就能夠從過去發生的事情中獲得經驗教訓，從而更好地處理當前遇到的問題，規劃未來的工作。如果對過去沒有認識或者沒有正確的認識，要在一張白紙或者黑紙上去畫「最新最美的圖畫」，事實證明只是一種空想。因此之故，近代早期的英國哲人培根（Francis Bacon, 1561-1626）在總結各種學問的功用時，把歷史放在第一位，說：「讀史使人明智。」

　　對於歷史的功能，在全世界所有民族中，我們中國人可能是最看重的了，所以史學在中國具有一種特殊的地位。中國人認為歷史一旦寫出來就永遠不會改變，因此「青史留名」是古人的最高追求。而暴君奸臣最害怕的事，也是他們的惡行被記在史書上，從而遺臭萬年。所以他們盡可能篡改歷史，甚至把堅持秉筆直書的史官殺掉，我們熟知的齊太史、晉董狐就是這種正直史官的代表。因為史學具有如此的地位，因此直到今天，大多數中國人還都相信：一旦載入了史冊，就意味著「歷史」已經做出了結論，就可以放心地接受了。然而，這種看法是正確的嗎？

　　近年來，史學受到後現代主義者的猛烈攻擊。他們從根本上否認有客觀的歷史研究，聲稱「小說家編造謊言以便陳述事實，史學家製造事實以便說謊」。這些批評雖然過火，但也並非完全沒有道理。事實上，歷史寫出之後是經常改變的，絕非一成不變的「定論」。著名史學家斯塔夫里阿諾斯（Leften Stavros Stavrianos）說：「我們每一代人都需要重寫歷史，因為每個時代都會產生新問題，探求新答案。」歷史學家希爾（Christopher Hill）也說：「每一代人都要重寫歷史，因為過去發生的事件本身沒有改變，但是現在改變了，每一代人都會提出關於過去新的問題，發現對過去都有一種新的同情，這是和他們的先輩所不同的。」由於對同樣的問題，每一代人都會有不同的看法，所以歷史必須重寫。不僅社會向歷史提出新的問題，而且材料和方法也在不斷地改變。新的材料和方法的出現，逼著我們重寫歷史。

　　哲學家和史學家克羅齊（Benedetto Croce）說：「一切歷史都是當代史。」柯林武德（Robin George Collingwood）對此評論說：「一切歷史都是當代史：但並非在這個詞的通常意義上，即

當代史意味著為期較近的過去的歷史，而是在嚴格的意義上，即人們實際上完成某種活動時對自己的活動的意識。因此，歷史就是活著的心靈的自我認識。」既然一切歷史都是當代史，那麼我們對歷史的認識也必然依隨「當代」的變化而變化。在過去幾十年中，世界發生了天翻地覆的變化。換言之，現在的「當代」已經與幾十年前的「當代」有了很大的不同。因此史學要隨這個「當代」的變化而發生變化，是必然的。那麼，在「當代」世界上所發生的諸多變化中，哪些是最為重要的呢？我認為有兩個。

第一個重大變化是經濟全球化的突飛猛進。「全球化」是當今國際社會科學領域研究的最重要課題之一，正如沃特斯（Malcolm Waters）所說：「就像後現代主義是1980年代的概念一樣，全球化是1990年代的概念，是我們賴以理解人類社會向第三個千年過渡的關鍵概念。」

在中國大陸，直到參加世界貿易組織（WTO）後，全球化這個詞才用得多起來，所以很多人造成一個誤會，認為全球化只是最近幾年的事。但是實際上，經濟全球化是一個長期的歷史過程。關於這個問題，我在本書第二章中還要進行討論，這裡僅簡單地說幾句。雖然有些學者認為人類歷史就是全球化的歷史〔例如斯提恩斯（Peter Stearns）把全球化的開始追溯到西元前12世紀〕，但是大多數經濟史學家認為經濟全球化開始於15世紀末16世紀初，即地理大發現時代。在這個長達幾個世紀的漫長的過程中，從15世紀末的地理大發現到18世紀末工業革命發生之間的3個世紀被稱為經濟全球化的早期階段，或者早期經濟全球化時代。而20世紀最後幾十年，則是經濟全球化突飛猛進的階段。到了今天，除了北韓（朝鮮民主主義人民共和國）等個別的國家

外，世界各國在經濟上已經緊密地相互捆綁在一起。雖然一些國家之間有矛盾衝突，但「你中有我，我中有你」，誰也離不開誰，形成了一個彼此命運息息相關的「地球村」。這種情況是史無前例的。

第二個重大變化是中國的興起。高盛資產管理公司的董事長歐尼爾（Jim O'Neill），因發明「金磚四國」（BRIC）這個名詞，因此被稱為「金磚四國概念之父」。他在《高成長八國》一書中說：「不時有人對我說，由於中國本身的巨大重要性，我應該把中國從金磚四國中單獨抽出來。當然，有的人指出，如果把中國排除在外，金磚四國也就沒戲唱了。這種說法有它的道理。中國是我們這個世代最偉大的傳奇故事，我造訪中國的次數比我到其他三個金磚國家的次數加起來還要多。」他說的是事實。1978年，中國的GDP在世界GDP中的份額僅為5%，人均GDP水準只有世界平均水準的22.3%，是世界上最窮的國家之一。不僅如此，在「文化大革命」中，中國經濟遭到嚴重破壞，正如1978年底舉行的中共中央十一屆三中全會公報所說，此時中國經濟已經到了崩潰的邊緣。1979年中國開始改革開放，於是劇變出現了：中國出現了世界上沒有先例的、長期和快速的經濟增長。

美國經濟學家莫爾（Thomas Moore）說：按世界銀行的報告，從1979年以後，中國的經濟發展讓所有發展中國家都嫉妒。中國GDP翻倍的速度超過了當年英國、美國、日本、巴西、韓國。如果把中國的30個省作為30個獨立的經濟體，那麼從1978年到1995年，世界上經濟成長最快的20個經濟體都在中國。從1995年到現在，又是20年過去了，而在這20年中國繼續保持快速發展的速度。不僅如此，中國經濟的高速增長還在繼續。有些

樂觀的經濟學家則認為中國的經濟成長還可以延續50年。一些不是這麼樂觀的經濟學家，也認為中國經濟至少還有20年可以以7至8%的速度發展。就是7至8%，也是非常高的速度，因為日本在1960年代經濟高速成長的時候，速度也就是8至9%。如果能維持7至8%的發展速度，那麼在不遠的將來，中國將超越美國而成為世界上最大的經濟體。1993年諾貝爾經濟學獎得主弗格爾（Robert Fogel）樂觀地認為：到了2040年，中國的GDP將占到世界GDP的40%，遠高於美國的14%和歐盟的5%。在人均GDP方面，中國那時將達到8.5萬美元，雖然仍低於美國，但是比歐盟要高出一倍，遠遠高於日本和印度。

早在1986年中國經濟才開始起飛時，著名經濟學家柏金斯（Dwight Perkins）就指出：18世紀中期工業革命在英國發生，隨後橫掃歐洲其他部分（包括前蘇聯陣營）和北美，用了250年的時間，才使這些地區實現工業化，提高了今天世界23%的人口的生活水準。而中國今天的經濟發展倘若能夠繼續下去，將在40至50年內使得世界另外23%的人口生活在工業化世界中。由此而言，中國的經濟奇蹟當然是世界歷史上最大的經濟奇蹟。

一切重大歷史變化都不是忽然發生的。德國大文豪歌德說：「我認為但丁偉大，但是他的背後是幾個世紀的文明；羅斯柴爾德家族富有，但那是經過不止一代人的努力才積累起來的財富。這些事全部隱藏得比我們想像的要深。」今天的經濟全球化是一個長達幾個世紀的變化過程的最新階段。而中國經濟奇蹟也是如此，正如柏金斯所言：「中國的現在是中國過去的延續；中國在最近幾十年中發生了巨大變化，但是中國的歷史依然映照著中國的今天，『過去』的影子可以見諸眾多方面。」只有從歷史長期發

展的角度出發，才能真正了解今天的經濟全球化和中國經濟奇蹟。

然而，以往的史學提供的知識並不足以對這兩項當代最重大的變化提出合理的解釋。例如過去教科書都說清朝閉關自守。但是如果我們重新審視史料，並對比當時世界其他國家的情況，那麼將會看到，清代中國並沒有閉關自守，而且比起當時世界上許多國家來說更為開放。也正因如此，19世紀中期以前中國在世界貿易中占據中心地位。這是弗蘭克（Andre Gunder Frank）在《白銀資本》（*ReOrient: Global Economy in the Asian Age*）一書中所得出的結論。他認為，19世紀初期以前中國是世界上最大的貿易國。由於中國是世界貿易的中心，各國都來和中國做生意，中國產品出口到各國都是出超，對方必須用國際貿易中的硬通貨——白銀——來支付。因此在16至18世紀，世界銀產量的一半流入了中國。如果說中國是閉關自守，這種情況就無法解釋了。此外，在當時的國際環境中，中國也不可能實現閉關自守，正如美國歷史學會前會長史景遷在他那本非常有名的《追尋現代中國》（*The Search for Modern China*）一書的序言中所說的那樣：「從1600年以後，中國作為一個國家的命運，就和其他國家交織在一起了，不得不和其他國家一道去搜尋稀有資源，交換貨物，擴大知識。」

由於史學必須不斷地為社會大眾提供新的見解和看法，如果史學家都一代代地延續前人的陳說，那社會也就沒有必要有史學家了。這就需要史學家不斷挑戰過去，而提供對歷史的新看法。

因此，「當代」對史學提出了巨大的挑戰，要求史學家們重新詮釋世界和中國的過去，不僅如此，也為史學家們重新詮釋世

界和中國的過去提供了前所未有的條件。因此，改寫歷史，此其時也。在此背景下，全球史應運而生，成為當今國際史學的一大亮點。

二、全球史

　　全球史（global history）也稱「新世界史」（new world history），是一個新興學科。這個學科於20世紀下半葉興起於美國，起初只是在歷史教育改革中出現的一門新課，目的是從新角度講述世界史，以後演變為一種編撰世界通史的方法論，近年來又發展成為一個新的史學流派。

　　以往我們所說的歷史，基本上是以現有國家為單位的歷史，即國別史（national history）。這種國別史從1789年法國大革命以後，成為西方歷史研究的主流。以後在整個19世紀和20世紀大部分時期，歷史學家大多以國家作為研究單位（尤其是本國歷史為主），因此國別史研究成為20世紀史學研究的主要潮流。國別史研究以「國族」論述作為主題，以政治的或文化的民族主義作為價值論的基礎。到了第二次世界大戰結束之後，歐洲史學家對二戰以前盛行的民族主義史學逐漸感到厭惡，普遍認為民族主義史學是引起第二次世界大戰的思想根源之一。在這種氛圍中，「全球史」應運而生，成為一股新的國際史學潮流。全球史的興起是國際史學界的大事，引起了熱烈的討論，並對歷史學帶來了深刻的影響，正如懷特（Hayden White）所說，所謂「全球史」視野中的「全球性事件」是一種全球視野中的嶄新的「事件」，它可能會瓦解作為近代西方科學研究領域的歷史學中的「時

間」、「空間」、「因果關係」等既有概念。

　　雖然全球史是一個新興學科，但若論其淵源，則可謂源遠流長。今天國際全球史研究的領軍人物之一歐布來恩（Patrick K. O'Brien）說：「全球史這個學科可以遠溯到希羅多德。希氏開創的探究全球物質文明進步的傳統，一直延續了下來。到了啟蒙時代，孟德斯鳩、伏爾泰、休謨、杜爾哥、羅伯特森等學者都從不同方面對此進行了思考；而亞當・斯密更是如此。但是這種研究一直局限於歐洲。」由於以往的全球史研究局限於歐洲，因此還不能成為真正意義上的全球史，因為真正的全球史必須是全球學者共同參與的事業。

　　到了最近20年，在國際「史學危機」不斷加深的時候，全球史學科異軍突起，成為國際學界關注的熱點。近年來國際學界出現了幾次跨學科的大辯論，都是以全球史為中心的。其中一次是《白銀資本》的作者弗蘭克（Andre Gunder Frank）和《國富國窮》（*The Wealth and Poverty of Nations*）的作者蘭德斯（David Landes）1998年12月在美國東北大學舉行的辯論會，參加者達到近200人。另外一次是圍繞彭慕蘭（Kenneth Pomeranz）的《大分流》（*The Great Divergence: China, Europe, and the Making of the Modern World Economy*）的爭議，更是在許多國家都出現，爭論至今已達10年以上，而且現在依然未見有平息的跡象。在這些國際性的大論爭中，參與者來自人文社會科學不同學科，但是爭論的問題都是以全球史為中心的。由此可見，全球史研究已成為國際史學研究的一大亮點。

　　在過去10至20年中，全球史研究的重要著作不斷推出，例如本特利（Jerry Bentley）與齊格勒（Herbert Ziegler）的《新全

球史：文明的傳承與交流》（*Traditions & Encounters: A Global Perspective on the Past*）、威爾斯（John E. Wills Jr.）的《1688年的全球史》（*1688: A Global History*）、曼恩（Charles Mann）的《1493：物種大交換丈量的世界史》（*1493: Uncovering the New World Columbus Created*）等。由於全球史與經濟史之間存在非常密切的關係，因此在經濟史方面的成果也特別豐富。僅只是2009年一年，就有艾倫（Robert Allen）的《全球視野中的英國工業革命》（*The British Industrial Revolution in Global Perspective*）、范‧贊登（Jan Luiten van Zanden）的《通往工業革命的漫長道路：全球視野下的歐洲經濟（1000-1800）》（*The Long Road to the Industrial Revolution: The European Economy in a Global Perspective, 1000-1800*）、李洛（Giorgio Riello）與帕桑薩拉提（Prasannan Parthasarathi）主編的《紡織世界：棉布的全球史，（1200-1850）》（*The Spinning World: A Global History of Cotton Textiles, 1200-1850*）等重要著作面世。這些研究成果，都為我們更好地認識昨天和今天的世界提供了更新和更好的知識。

由於全球史研究需要全球學者共同努力推進，因此全球史研究的國際學術組織也應運而生，不斷出現。2003年9月，49位來自不同國家的著名經濟史學家倡議，建立了以英國倫敦政治經濟學院、美國加利福尼亞大學爾灣校區（UC-Irvine）和洛杉磯校區（UCLA）、荷蘭萊頓大學和日本大阪大學為骨幹的「全球經濟史網絡」（GEHN）。此後，相關組織在各國紛紛建立，主要有2005年建立於德國的「全球史歐洲網絡」（ENIUGH）、2008年建立於中國的「亞洲世界史學會」（AAWH）、2009年建立於奈及利亞的「全球史非洲網絡」（ANGH）和2010建立於德國的「全球史

和世界史組織網絡」（NOWGHISTO），等等。

由於全球史研究和教學在各國大學中日益普遍，在一些大學裡建立了全球史中心。第一個全球史研究中心於2004年在中國的首都師範大學建立，隨後英國華威大學也於2007年建立「全球歷史文化研究中心」（GHCC）。全球史研究的學術刊物「全球史雜誌」（Journal of Global History）於2006年在英國問世。隨後中國首都師大也出版了《全球史評論》、《全球史譯叢》等刊物。全球史的教科書也不斷推出。美國學者柯嬌燕（Pamela Kyle Crossley）的《什麼是全球史》（*What is Global History?*）英文版於2008年出版後，中文版次年即出版。隨後，夏繼果與本特利（Jerry H. Bentley）合著的《全球史讀本》、伯格（Maxine Berg）主編的《書寫全球史：二十一世紀的挑戰》（*Writing the History of the Global: Challenges for the Twenty-First Century*）、費爾南德茲－阿梅斯托（Felipe Fernández-Armesto）編著的《世界：一部歷史》（*The World, A History*）等，也逐一出版。

那麼，全球史究竟是什麼？它有什麼特點？研究重點是什麼時期？……下面是對這些問題的簡要回答。

從字面上來看，全球史（global history）這個名詞由兩個內容組成：全球（global）和歷史（即歷史學，history）。有學者指出其本質是「把全球化歷史化，把歷史學全球化」。「全球史」和過去的「世界史」之間的最大不同，就是要打破現今的國家界限，將世界各個地區都放到相互聯繫的網絡之中，強調它們各自的作用。劉新成對「全球史」的基本立場做了如下總結：

第一，摒棄以往世界史研究中那種以國家為單位的傳統思維模式，基本敘事單位應該是相互具有依存關係的若干社會所形成

的網絡；

　　第二，在世界歷史發展的任何一個階段，都不能以某個國家的發展代表全球發展的整體趨勢。全球發展的整體趨勢只體現在真正普適於所有社會的三大過程（即人口增長、技術進步與傳播、不同社會之間的交流）之中；

　　第三，在上述三大過程中，最重要的是不同社會之間日益增長的交流；

　　第四，從學術發生學的角度徹底顛覆「歐洲中心論」；

　　第五，在考察一個由若干社會參與其中的歷史事件的原因時，要充分考慮其發生的偶然性和特定條件性。

　　簡單來說，「全球史」不同於以往的「世界史」的主要特點是：

　　第一，否定「國家本位」，以「社會空間」而不是「國家」作為審視歷史的基本單元；

　　第二，關注大範圍、長時段的整體運動，開拓新的研究領域；

　　第三，重估人類活動與社會結構之間的關係。

　　此外，從方法論上來說，全球史重視比較研究，但是這種比較必須建立在相互影響的基礎上，並認為這些影響以一種對話的方式，把比較對象進行新的整合或者綜合為一種單一的分析構架。

　　有學者認為人類的整個歷史都是全球史。例如本特利與齊格勒認為「全球史」的開始在西元前3500年，至今經歷了七個階段：（一）早期複雜社會（西元前3500-前500年）；（二）古典社會組織（西元前500-西元500年）；（三）後古典時代（西元500-1000年）；（四）跨文化交流的時代（西元1000-1500年）；（五）

全球一體化的緣起（西元1500-1800年）；（六）革命、工業和帝國時代（西元1750-1914年）和（七）現代全球重組（1914年至今）。不過大多數學者認為要到了經濟全球化開始後，世界大部分地區才彼此緊密地聯繫在一起。在此意義上來說，「世界史」是從1500年前後，才成為「全球史」的。

以西元1500年左右為全球史的開端的斷代，具有特別重要的意義。眾所周知，在西方歷史上，這是近代時期的開端。這裡我順便說一下，今天中國大陸史學界裡的「現代」和「近代」，都來自英文的modern，而在英文中，「現代」和「近代」是同一個詞modern。也正因如此，在英文中近代化和現代化都是同一個詞modernization。因為西方歷史上的「近代」（modern）與「近代化」（modernization）密切相關，而從全球史的角度來看，「近代化」是一個長期的歷史過程，到今天尚未結束。因此在研究全球史時，採用「近代」來代表1500年以後的時期，比起把這個時期依照某些政治事件而分為「近代」和「現代」兩個時期來說，前者無疑更為合適。

以往學界的主流認為：世界的近代化就是西方的近代化及其全球擴展。但是晚近越來越多的學者認為：世界的近代化是一個全球性的歷史過程，雖然西方在其中起了至為關鍵的作用，但其他地區所起的作用也絕不能低估，更不能忽視。彭慕蘭（Kenneth Pomeranz）指出：如果沒有美洲、亞洲和非洲的資源，西方不可能積累起那麼多財富並實現經濟的近代化。因此所有國家和地區，不管是征服者還是被征服者，都對全球的經濟近代化做出了重大貢獻，不過其中有的是得利者，有的是損失者。

在世界的經濟近代化進程中，許多地區都起了重大作用。從

科技史來說，不少科技史專家都認為，如果沒有中國、印度、伊斯蘭地區的技術傳入，歐洲的工業革命是否可能發生還是個問題。例如阿克萊紡紗機，一向被看作工業革命的標誌，但是這種機器與中國有著某種關係。我曾有一篇文章分析元代中國的水轉大紡車和阿克萊紡紗機之間的關係，認為它們彼此有關聯──阿克萊（Richard Arkwright）本人即使沒有親眼看到水轉大紡車是什麼樣，至少也能從傳教士那裡看到水轉大紡車的圖樣，以及從各種途徑傳到英國的水轉大紡車的重要部件。站在這個角度看經濟近代化，就不會將其看作為「純西方」的產物。

　　從全球史的視角來看歷史，和從傳統的中外關係史的視角來看歷史，是很不相同的。傳統的中外關係史有如下特點：第一，研究對象的主體是中國和「西方」，而「西方」實際上又主要指的是西歐的部分地區；第二，研究所強調的是單向的關係，早期是從中國到西方，從16世紀開始則是從西方到中國。如果從全球史的角度來看，這些看法都是有問題的。首先，中國與西方都是全球的一個部分，在二者之間還有諸多地區，「中」「西」交往必須通過其中許多地區。這些地區不僅是中西交往的簡單中介，而且中西交往的內容和形式在經過這些中介時往往會發生了很大的改變。因此，中西之外的地區在中西交往過程中發揮著重要的作用。其次，中國和「西方」的關係，在1500年以來的大部分時間中是雙向的，而非單向的；大多是間接的，但是也有直接的；不只有一種方式，而且有多種途徑。因此，這種交往雖然終端在中西，但是實際交往過程具有全球性。以本書後面所談到的軍事技術的變革為例，即可看到這一點。在16世紀，奧斯曼帝國對歐洲傳來的火槍進行了改良，這種改良了的火槍又傳到中國。明朝的

專家對此進行進一步改良，從而造出了當時世界上最好的火槍。在另外一方面，明朝末年中國研製出了當時世界上製作黑色火藥的最好配方，傳教士是否將其帶回歐洲，現在證據還不足，但是我相信日後將發現更多證據。

　　這種全球史觀，顛覆了以往西方中心論者所主張的世界的近代化只是西方產物的觀點。新的共識是：西方的興起和擴張造成的全球發展是近代化的重要原因，而被西方影響和征服的地區對西方的近代化的作用也非常大。沒有這些地區的參與，西方不可能實現近代化。

三、公共史學

　　如前所述，史學在中國傳統社會被賦予了一種令人敬畏的政治文化含義和地位，因此撰寫歷史和解釋歷史也為當權者所壟斷。自唐代起，修史、釋史成為朝廷行為，為政府所壟斷，非等閒人得為之。這種秉承當權者意志的官修歷史，不僅所述歷史的真實性十分可疑，而且所使用的是古老典雅的文言，普通民眾難以閱讀。因此對於大眾來說，演義、小說、故事、戲劇等通俗文學作品成了獲取歷史知識的主要來源。從這些來源獲得的歷史知識，問題當然不少，從而導致了大眾對歷史的誤解。明代中後期，私人修史之風一度興盛，出現了新氣象。但入清之後，文字獄嚴厲，私人修史又成禁區。到了18世紀，乾嘉學派的興起，雖然學者們依然對文字獄心有餘悸，但在史學研究方面取得重大進步。這個時期發展起來的考據學方法，與近代歐洲出現的客觀主義史學有相同之處，是一種科學的方法。自此，中國的史學開始

擺脫以往主要是為統治者治國提供借鑒（即「資治」的「通鑑」）
的地位，向著成為一門獨立的專門學問的方向發展。到了清亡之
後，這種傾向日益發展，導致了1930年代史學的繁榮。然而，一
旦成為專門的學問，就不免專業化。而越是專業化，也就越是深
入象牙塔，從而與大眾無緣。

　　1950年以後，特別是經過1958年的「史學革命」後，中國大
陸史學在日益政治化的同時，也越來越教條化，成為新的「黨八
股」。這種八股化的史學，也如延安時期的毛澤東曾經批評的黨
八股那樣，「乾癟得很，樣子十分難看」，使得大眾對歷史喪失了
興趣。到了「文革」時期，那種「以階級鬥爭和路線鬥爭為綱」
的「史學」更發展到登峰造極的地步，成為赤裸裸的政治鬥爭工
具。這種荒謬絕倫的影射史學使得史學殘存的最後一點聲譽掃地
以盡。歷史真正成了一個可以隨便裝扮塗抹的千依百順的女孩
子，任由戚本禹、姚文元那樣一批未受過史學訓練的御用文人來
擺弄。中國大陸實行改革開放後，隨著經濟的繁榮和社會的開
放，大眾渴求對自己祖國的歷史有更多更好的了解。只要隨便看
看今天充斥書店和螢幕的歷史故事和古裝影視劇，就可看到大眾
對歷史知識的渴求達到什麼程度。在此時期，中國的專業化史學
有了很大發展，出現了空前的繁榮。但是象牙塔內的東西依然對
大眾封閉。許多學者努力拉近史學與大眾的距離，並取得了許多
可喜的成果，但是大眾歷史知識的主要來源，仍舊是通俗文學乃
至電影、電視劇。這就對職業的歷史學家提出了更迫切的要求，
要求我們盡可能多地寫一些容易讀懂、但是又能提供正確知識的
史學成果，來滿足大眾對祖國歷史知識的渴求。

　　然而，大多數史學家卻未能向大眾提供他們所需要和所能接

受的歷史知識。在此情況下，大眾只能從一些非專業作者提供的
知識中得到滿足。劉志琴痛心地說：「史書的信譽在下降，而戲
說歷史的各類書籍、講壇卻受到讀者的歡迎，越來越興旺。值得
玩味的是作者和內容的變化，在市場上走俏的如《明朝那些事
兒》、《歷史是什麼玩意兒》、《一個都不正經》等等，幾乎都是
非歷史專業者所撰寫。史學的作者從史官、學者到非專業作家，
是述史主體的大變化。這些業餘作者之所以擁有專業史家所不能
擁有的廣大讀者群，是因為所述的內容具有顛覆性。從來史家說
什麼都要有證有據，是史家的意見都要標明，如太史公曰、某某
傳、注、著等等，都是對歷史的實說和點評，講究的是歷史真實
性和啟示性。即使明清時代的講史，帶有演義性，但其倫理說教
仍然不脫正史的價值。如今不然，講史中有自說自話的、戲說
的、臆說的，在中央電視臺講宋史的宣稱自己是在『玩歷史』，
值得注意的是讀者並不在乎什麼史實不史實，只要讀來解悶、解
氣就是好！史學本是一門記實的學科，容不得摻假和矯情，古代
一些史家為秉筆直書，送掉性命的大有人在。娛樂滲入這門學
科，真可算是娛樂至死了，可死的不是娛樂，而是史學的嚴肅性
和真實性。這是專業史家難以認同而又無可奈何的現象！」

　　我本人對這個看法的態度是有保留的贊同。我不認為向大眾
提供歷史知識是史學家的專利，也不認為非專業的歷史讀物所提
供的知識都是錯誤的或者不可靠的。但是，既然史學家是受過專
門訓練從事史學研究的人，他們自然應當成為向社會提供歷史知
識的主體。如果這個工作是別人去做了，那麼只能說是史學家的
失職。多年前，時任英國歷史學會主席的巴勒克拉夫（Geoffrey
Barraclough）教授受聯合國教科文組織委託，為該組織出版的

《社會科學和人文科學研究主要趨勢》撰寫了歷史學卷（後來以
《當代史學主要趨勢》出版了中譯本），對第二次世界大戰結束以
後世界各國史學發展狀況進行總結。在該書結語「當前的趨勢和
問題」中，他寫道，「近15至20年來歷史科學的進步是驚人的事
實」，但是「根據記載，近來出版的90%的歷史著作，無論從研
究方法和研究對象，還是從概念體系來說，完全在沿襲著傳
統」。而造成這種狀況的最重要的原因，則在於歷史學家「根深
柢固的心理障礙」，即「歷史學家不會心甘情願地放棄他們的積
習並且對他們工作的基本原理進行重新思考」。

　　為了克服上述矛盾，一些史學家走出了書齋，為大眾寫作通
俗易懂的史學著作。在此方面，哈佛大學經濟史教授弗格森
（Niall Ferguson）可謂是最成功者。他近年來不僅推出了多部歷
史暢銷書，而且還為多家報紙和雜誌撰稿。此外，他還撰寫並製
作了四部成功的電視紀錄片。因為他的貢獻，2004年被《時代》
週刊評為「影響世界的100人」之一。除此之外，一些國際著名
的史學家也開始了這方面的嘗試。美國歷史學會前會長彭慕蘭
（Kenneth Pomeranz）和另外一位史學家托皮克（Steven Topik），
合作撰寫了通俗讀物《貿易打造的世界：社會、文化與世界經
濟，從1400年到現在》（*The World That Trade Created: Society,
Culture, and the World Economy, 1400 to the Present*）。德高望重的
日本漢學家斯波義信先生在其《中國都市史》中說，儘管他的這
部著作是「一本沒有空論的前瞻書」，但是也加入了「近似通史
的內容」。這些建立在深厚的學術功底基礎之上，但又寫得比較
通俗的著作，使得非常專業的歷史著作變得更易讀，從而有更多
的讀者得以受惠。

四、東亞、東北亞、東南亞與東亞世界

孔子說：「必也，正名乎！」任何事物的存在都有其特定的時間和空間範圍。本書所談的是早期經濟全球化時代的東亞世界，在進入正題之前，我們必須對「早期經濟全球化時代」和「東亞世界」這兩個時空概念做一個明確的界定。這裡先就「東亞世界」進行討論。

「東亞」是我們今天最常見到的詞語之一。但是「東亞」的範圍，則向無明確的界定。今日國際關係中所說的「東亞」，主要包括中國、日本，和南北韓（本書中稱為韓／朝），而在文化

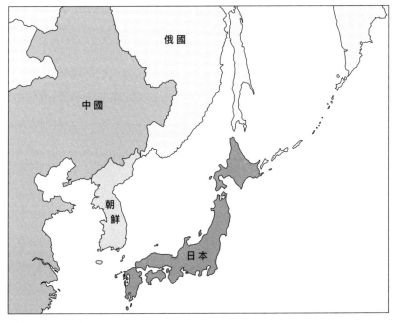

圖1.1 東北亞

史研究中，「東亞」又往往是「儒家文化圈」的同義詞（因此「儒家文化圈」也被稱為「東亞文化圈」），即中、日、韓／朝，加上越南。這些說法自有其合理性，但也存在一些問題。

首先，包括中國、日本、韓／朝的「東亞」，主要是為了區別於包括中南半島和南洋群島的「東南亞」而言，因此往往又被稱為「東北亞」。然而這樣一來，「東亞」就等同於「東北亞」了，從而造成了概念的混淆。

其次，「東亞」是否等同於「儒家文化圈」？有學者指出，「東亞」這個概念乃是近代形成的，是與「歐洲」乃至「西方」概念相對應而出現的，或毋寧說是在歐洲擴張的壓力下所導致的

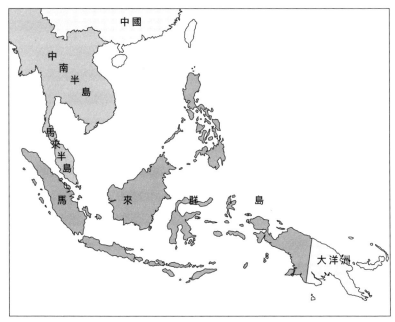

圖1.2　東南亞

一個「近代想像」，是西方地緣政治形塑出的世界空間圖像的一個組成部分，而不具有疆域清晰和內涵明確的自足性。在西洋人來到之前，「儒家文化圈」內地區與圈外地區具有非常不同的文化，圈內地區人民把圈外地區視為「蠻夷」之地，絕不認同。但是這種看法也有問題。例如越南淪落為法國殖民地後，就開始「去中國化」，以羅馬拼音文字取代漢字的官方地位。二戰以後，越南政府更不遺餘力地全面推行「去中國化」，力圖徹底剷除中國文化的影響。經歷了一個多世紀的「去中國化」，越南今天不再屬以漢字為載體的儒家文化圈（亦稱「漢字文化圈」）。類似的情況也在韓／朝出現。

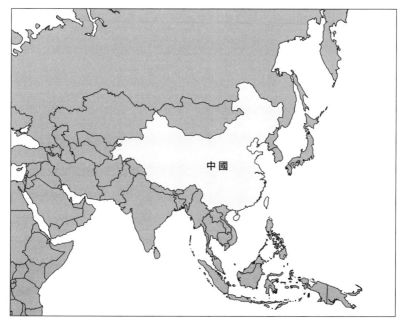

圖1.3　全方位的亞洲超級大國──19世紀的中國

　　當然，就歷史而言，中、日、韓、越四國在文化上的共同性還是很高的，因此把這些國家稱為「儒家文化圈」是可以的。但是把這些國家稱為「東亞」，就成問題了。因為其中的越南與日、韓／朝相距遙遠，在歷史上也無多少聯繫，相反倒是與中南半島其他國家關係極為緊密。因此之故，人們通常也把越南歸於「東南亞」而非「東亞」。然而，如果排除越南，把今天的中、日、韓／朝稱為「東亞」的話，「東亞」就等同於「東北亞」了。

　　然而，最主要的問題還在於中國：中國是一個「東亞」國家嗎？

　　首先，在近代以前的世界上，中國是一個無與倫比的超級大國。世界史學家費爾南德茲―阿梅斯托（Felipe Fernández-Armesto）說：在近代早期，「中國是當時世界所知最接近全球超級強權的國家，比它所有可能的敵國加起來還要大且富裕。⋯⋯1491年官方統計的人口數據不到6,000萬，絕對大幅低估了實際數字。中國當時可能有多達1億人口，而歐洲全部人口只有中國人口的一半。中國市場及產量的規模與其人口成正比，龐大的經濟規模使其他國家望塵莫及」。美國歷史學會前會長史景遷說：「西元1600年，中國是當時世界上幅員最遼闊、人文薈萃的統一政權。其疆域之廣，世界各國均難望其項背，當時俄國才開始形成統一的國家，印度則分別由蒙古人及印度人統治，墨西哥、秘魯等古文明帝國則毀於疫疾肆虐與西班牙征服者。此時中國人口已逾1.2億，遠超過歐洲諸國人口的總和。」事實上，早在西元1600年以前1,800年的漢朝，中國就已經是世界上版圖最大、人口最多的兩個國家之一。到了明代，中國的疆域雖然比之前的元代小，但是如史景遷所言，依然是當時世界上最大的國家，疆域超過整個

東南亞地區和東北亞國家（日本和韓／朝）的面積總和。

　　黃俊傑認為「東亞」這個區域包括中國、朝鮮半島、日本、中南半島等地，主要原因是這個地區的氣候、溫度等「風土」有其特殊性，即屬日本哲學家和辻哲郎（1889-1960）所區分的三種「風土」類型（季風型、沙漠型、牧場型）當中的「季風型」地域。這個地域有其特殊的「人文風土」，因為生長於「季風型」地區的人一方面感情纖細而豐富，另一方面又習於忍辱負重，歷史感較為強烈。黃氏認為和辻哲郎的學說雖然不免有地理決定論之嫌，但是東亞這個地理區域確實有其氣候與環境的共同性。然而，在中國的廣大疆域內，有大片地區並不屬這個「季風型」地域。例如，北部（長城以北）和西北部（蘭州以西）在「風土」方面與中亞更加一致，屬乾旱地域，而青藏高原（以及雲貴高原的部分地區）則屬高寒地域。東北地區則屬北亞寒冷地域。在中國的「季風型」地域（即中國內地）之內也存在巨大的地域差別，以致西方史學泰斗、年鑑學派的領袖布勞代爾說，中國的南方和北方在自然條件和經濟狀態方面差別如此之大，可以說是「兩個中國」。進一步來看，中國南方的珠江流域地區，在自然條件上，與其說接近同屬中國南方的長江流域，毋寧說更接近其南面的中南半島。因此，我們可以說中國不僅是一個東北亞國家，同時也可以說是東南亞、北亞和中亞國家，或者說，是東部亞洲各地區（東北亞、東南亞、北亞、中亞）的集大成者。

　　正是由於中國如此巨大和多樣，因此中國與亞洲其他部分的交流，也具有全方位的特點。同時交流涉及的地區也各不相同。例如黃俊傑指出，中國與朝鮮半島及日本的交流活動，與其說是中國與朝鮮半島的交流或中國與日本的交流，不如說是江浙地區

與日本的交流，或是山東半島與朝鮮半島的交流，更具有歷史的實體性。

　　黃氏還說，「東亞」這個區域是各國家、各民族、各文化的「接觸空間」（contact zone），2,000年來在不對等的支配與臣服關係之下，進行各種交流活動。在「東亞」這個接觸空間裡，中華帝國廣土眾民、歷史悠久，不僅在歷史上對朝鮮、日本、越南等地發揮政治、經濟、文化的影響力，而且在相當程度上扮演東亞區域的「中心」之角色。從東亞周邊國家的立場看來，中國作為漢字文化、儒學、漢醫等東亞文化共同要素的發源地，確實是一個巨大的「不可避免的他者」。正因為中國在東亞這個地域扮演關鍵性的角色，所以在東亞歷史上的「中國」與其說是一個現代史意義下的「國家」，毋寧說是一個「超國家」的政治、社會、文化共同體。因此，在東亞文化交流史研究中，中國與朝鮮或日本的交流活動，與其說是中、韓交流或中、日交流活動，不如說是江浙地區與日本的交流，或是山東半島與朝鮮的交流更具有歷史的實體性。

　　黃氏之言頗有道理，但是我們同時也要注意到：中國的遼闊領土巨大的內部差異並未使得中國成為一個內部聯繫鬆散的國家。不同於近代以前的許多內部聯繫鬆散的帝國，中國具有某種「地理特殊性」。歷史學家麥克尼爾（John McNeill）說：中國擁有一個世界歷史上獨一無二的內陸水道系統，能夠將巨大的和富有生產性的空間結合為一體，在運輸成本方面，在鐵路時代以前的世界上，任何陸地運輸網絡都不能與之抗衡。中國這個內陸水道系統創造了一個比起世界上任何相對較大和較富裕的地區更統一的市場、政治實體和社會。中華帝國某一地區的消費者需求和

政府需求，影響到非常遙遠的省分的生產方式、土地利用和資源開發，只要這個地區在這個水道系統所及之內。因此從經濟上來說，歷史上的中國比其他地區更加完整。同時，由於中國在國家形成和發展方面的特殊性，中國從秦代以來，大部分時間都是一個統一的中央集權國家，全國實行統一的政治、經濟、社會制度。因此中國既是一個「超國家」的政治、社會、文化共同體，又是一個內部聯繫緊密、與其外地區有明顯區別的國家。

由於中國的這種特殊地位，因此我們可以說早期經濟全球化時代的東亞世界主要由兩個部分組成：一為中國，一為中國以外的國家和地區。而中國以外地區，又包括海、陸兩部分。這樣區分，並非出於「中國中心論」，而是出於歷史的真實。在本書中，我們所談到的地區是亞洲東部地區，包括今天所說的東北亞、東南亞和中國三個區域。為了避免誤解，我使用「東亞世界」這個名詞來稱之。

五、15至17世紀中期：世界歷史大變局的開端

清朝同治十一年（1872），重臣李鴻章在一份奏章中說：「臣竊惟歐洲諸國，百十年來，由印度而南洋，由南洋而中國，闖入邊界腹地，凡前史所未載，亙古所未通，無不款關而求互市。我皇上如天之度，概與立約通商，以牢籠之，合地球東西南朔九萬里之遙，胥聚於中國，此三千餘年一大變局也」。這段話在後來的流傳中，逐漸變成了「三千年未有之大變局」這樣一句我們耳熟能詳的話。民國時期著名史學家蔣廷黻對這種說法做了進一步的闡釋，說，「中華民族到了19世紀就到了一個特殊時期。在此

以前，華族雖與外族久已有了關係，但是那些外族都是文化較低的民族，縱使他們入主中原，他們不過利用華族一時的內亂而把政權暫時奪過去。到了19世紀，這個局勢就大不同了，因為在這個時候到東亞來的英、美、法諸國，絕非匈奴、鮮卑、蒙古、倭寇、滿清可比」；「我們到了19世紀遇著空前未有的變局，在19世紀以前，與我民族競爭的都是文化不及我，基本勢力不及我的外族。到了19世紀，與我抗衡的是幾個以科學，機械及民族主義立國的列強」。這個「大變局」的說法後來成為中國史研究中的共識和中國近代史研究的基調，因此發生於19世紀中期的鴉片戰爭，也被中國大陸學界當作劃分中國「古代史」和「近代史」的分水嶺。

然而，如果進行更加深入的分析，那麼我們可以看到這個「大變局」實際上早已開始。這個「大變局」的核心是經濟全球化。在這個經濟全球化的進程中，中國無法置身事外，因此中國的命運也和世界其他地區緊密地交織在一起了，正如我在本書「前言」中引述史景遷的話所言：「從1600年以後，中國作為一個國家的命運，就和其他國家交織在一起了，不得不和其他國家一道去搜尋稀有資源，交換貨物，擴大知識。」《漢書‧天文志》說：「夫天運三十歲一小變，百年中變，五百年大變，三大變一紀，三紀而大備，此其大數也。」從今天前推五百年是1600年左右，因此也正值「五百年大變」的開始。當然術數家之言未必科學，但在「三千年未有之大變局」的開始時間上卻與史景遷所說竟然不謀而合，可謂「英雄所見略同」，用英語來說就是「Great minds think alike」。

然而，如果說到了1600年左右「大變局」已是不爭的事實，

那麼它的最初出現肯定在此之前很久。近來不少中國大陸學者從不同的方面，提出了「晚明歷史大變局」的說法，而所謂「晚明時期」，大致就是16世紀中期至17世紀中期（亦即嘉靖、隆慶、萬曆、崇禎朝）。因此可以說，對於中國來說，早在明代後期，這個「大變局」就已出現了。

對於中國以及世界其他許多地區來說，導致這個「大變局」的主要外部因素是西方的到來。什麼是「西方」？在今天的語彙中，作為政治概念的「西方」，指的是西歐以及西歐的延伸——北美和澳洲。在19世紀後期以前，北美在世界上的影響遠小於西歐，澳洲更不用說了，因此可以說，在這個「五百年大變」出現之初，西歐的影響是促成「大變局」的主要原因之一。

雖然中國和西歐之間的交流可以追溯到漢代甚至更早，但是在西元1600年以前，這種交流基本上都是通過中介，直接接觸非常有限。因此無論「中」（中國）還是「西」（西歐），彼此對對方的情況的了解總是若明若暗。甚至到了元代，中西交流已比過去大為加強，但是「中」、「西」雙方對於對方仍然沒有一個清楚的概念。此時的西歐人（如馬可・波羅）依然稱中國北方為「契丹」，南方為「蠻子」，而中國人則稱西歐為「拂菻」、「拂朗」、「富浪」等。這些都是中西交通要道絲綢之路上的不同民族在不同時期對中國和西歐局部地區的稱呼。甚至連較晚些時中國人對西歐人的稱呼「佛朗機」也是出於西亞—波斯語。

到了16世紀，情況發生重大變化。西歐人對中國已有了遠比過去更全面和深入的認識。他們已經知道中國作為一個國家的實際存在，並用古代印度人對中國的稱呼Cina（支那，異譯有脂那、至那、斯那等）來稱中國為Sina。在中西文化交流史上的著

名人物利瑪竇，明朝後期來到中國後，明確地表示，以往被稱為「絲綢之國」的那個國度，正是他所到達的這個國家，並且第一次確定了以往歐洲人所說的「契丹」（Khitai或Xathai）乃是中國的別名。因此他和其他傳教士們在其著作中，都把中國稱為Sina。同時期經由陸路來華的葡萄牙傳教士鄂本篤（Benito de Goes, 1562-1607）說得更清楚：「契丹者非他，乃支那帝國之別名。」在此同時，經傳教士的介紹，一個新名詞「歐羅巴」也進入了中國的語彙。萬曆三十年（1602），李之藻刊印《坤輿萬國全圖》，在原圖總論部分中引述利瑪竇的話說，地分五大洲，歐羅巴居其一，其地理範圍為「南至地中海，北至臥蘭的亞及冰海，東至大乃河、墨何的湖大海，西至大西洋」。也是在1600年前後，徐光啟、李之藻等人還發明了「泰西」一詞，來稱呼歐亞大陸另一端的西歐。而在此同時，英語和法語裡都出現了「遠東」（Far East和Extrem Orient）一詞，用來稱呼歐亞大陸另外一端的東亞。「泰西」與「遠東」兩個名詞的同時出現，表明生活遠隔萬里的中國人和西歐人，對於對方了解已經比較深入，因此可以發明出一個合適的名詞，來稱呼對方居住的地區了。這種對於雙方情況的進一步了解，表現了相互交往日益密切，才使得相互了解不僅變得必要，而且也變得可能。這體現出世界的變化已經影響到生活在歐亞大陸兩端的人們對這個共同生活的世界的認識了。

要弄清這個「大變局」為何始於晚明，就要從「什麼是經濟全球化」和「經濟全球化始於何時」這兩個問題談起，因為正是經濟全球化，才導致了這個史無前例的「大變局」。

最後，我還要申明一下：本書所談論的是17世紀中葉以前的

歷史。在從那時至今的三個半世紀中，東亞世界發生了天翻地覆的變化。在本書中談到17世紀中葉以前的東亞世界的國家、地區和人物時，我將採用當時的名稱，而只在涉及到今天的情況時採用現在的名稱。例如，當時朝鮮半島是一個統一的國家，正式國名是朝鮮，首都是漢城；越南在1803年之前的正式名稱是安南，到了這一年才由清朝嘉慶皇帝賜名越南；泰國正式名稱是暹羅（因首都在阿瑜陀耶，所以也叫做阿瑜陀耶），到了1939年才改名為泰國；今日馬來半島和南洋群島上則小國林立，興廢無常，後來成了西班牙、荷蘭、英國和美國的殖民地，到了第二次世界大戰後才成為菲律賓、印度尼西亞、馬來西亞等國家。為了保持歷

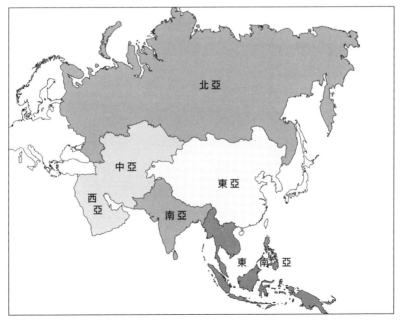

圖1.4　亞洲各大區

史的真實，我在本書中都儘量使用它們原來的名稱，只是在涉及
今天的情況時才用現在的名稱（例如在談到今天朝鮮半島的國家
時，使用韓國／朝鮮的名稱，簡稱韓／朝）。

第二章

「貿易打造的世界」

一、全球化、經濟全球化與早期經濟全球化時代

　　上面說到「大變局」的早期階段的一個重要特點是在這個時期，西歐國家開始大規模的海外征服與掠奪，即中國大陸的教科書上所說的「資本主義原始積累的過程是充滿劍與火、血與淚的過程」。但是從世界歷史來看，充滿「劍與火」、「血與淚」的征服和掠奪，並非近代早期西歐海外擴張的獨有特徵。在此之前，人類歷史就已充滿這類的征服和掠奪。其中最值得注目的是成吉思汗及其子孫領導的大規模戰爭。蒙古人通過這些戰爭征服了歐亞非三大洲遼闊地域，建立了迄今為止世界上最大的政治單位──蒙古帝國。這種征服是通過「劍與火」進行的，給廣大被征服地區的人民帶來無盡的「血與淚」，改變了中國和歐亞其他許多地區的歷史，從某種意義上來說也造成了世界歷史的「大變局」。但是這個大變局並未從根本上改變被征服地區原有的社會和經濟結構。不僅如此，就連不可一世的蒙古帝國也未能長期生存下去，征服者本身也在被征服者的汪洋大海中銷聲匿跡，自身的語言和文化蕩然無存。其他的許多「世界帝國」（如更早的波斯帝國、阿拉伯帝國，後來的奧斯曼帝國等）造成了比蒙古帝國更為持久和深遠的影響，改變了被征服地區的種族、語言、文化、宗教等，但是也沒有把世界引向一個全新的時代。因此我們不能用這種傳統的觀點去看待本書所說的「大變局」，而應當充分認識到：這個「大變局」是一個與之前所有「大變局」在性質和影響方面都全然不同的歷史變遷。其之所以如此，主要是因為這個「大變局」是經濟全球化的開端。那麼，什麼是經濟全球化呢？

　　在今天的世界上，「全球化」是使用頻率最高的詞彙之一，正如經濟學家沃特斯（Malcolm Waters）所說的那樣：「就像後現代主義是1980年代的概念一樣，全球化是1990年代的概念，是我們賴以理解人類社會向第三個千年過渡的關鍵概念。」但是「全球化」（Globalization）這個高頻率使用的名詞，卻是一個出現未久的新詞。這個詞在英語詞典中首次出現在1944年，與之相關的「全球主義」（Globalism）一詞也只是1943年才問世。因此「全球化」這個名詞的問世，至今才不過60多年而已。不僅如此，問世之後的頭半個世紀，這個名詞的使用並不普遍，一直要到了1990年代，它才為學界普遍接受，爾後又才成為媒體的新寵。因此這個名詞成為一個常見的詞彙，實際上只是最近20至30年的事。能夠在這個短時期內迅速「征服」了全世界，可見其威力之大。那麼，什麼是全球化呢？

　　要給全球化下一個準確的定義十分困難，因為它的內涵實在太過豐富。洛奇（George C. Lodge）說：「全球化的概念是如此廣泛、深奧、模糊而神秘，以致像我這樣的學術界人士往往會通過現有的經濟學、政治學或社會學等專業來分別探討它所涵蓋的內容。」因為這個原因，直到今天，國際學界仍然沒有一個關於全球化概念的統一定義。不過，就大多數學者而言，他們心目中的全球化主要是指經濟全球化。因此哈貝馬斯明確地把全球化界定為「世界經濟體系的結構轉變」。波多（Michael D. Bordo）等人也明確地說：通常說的全球化是經濟全球化。本書中所說的「全球化」也是經濟全球化。這裡，我們接著要問：什麼是經濟全球化？

　　「經濟全球化」一詞，最早是萊維特（Theodore Levitt）在

1985年提出來的。上面所說的「全球化」一詞迄今尚無一個統一的定義，但是大多數學者對於「經濟全球化」的看法倒是相當接近的。國際貨幣基金在1997年發表的《世界經濟展望》中做出了如下定義：「全球化是指跨國商品與服務交易及國際資本流動規模和形式的增加，以及技術的廣泛迅速傳播使世界各國經濟的相互依賴性增強。」不過，在各種定義中，我認為最為簡明扼要的是經濟學家阿達（Jacques Adda）所下的定義：「經濟全球化的最終歸宿：統一的和唯一的全球市場。」換言之，經濟全球化就是全世界形成一個統一的和唯一的市場。如果全球所有的經濟體都進入了這個市場，經濟全球化就達到了。

　　西諺說：「羅馬不是一天建成的。」（Rome was not built in a day.）像經濟全球化這樣的歷史大事件，當然也是一個漫長的過程。基歐漢（Robert Keohane）與奈（Joseph Nye）說：「全球化，不論過去還是現在，都是指全球性因素增加的過程。」而所謂全球性因素，則指的是「世界處於洲際層次上的相互依存的網絡狀態」。這種聯繫通過資本、商品、資訊、觀念、人員、軍隊以及與生態環境相關的物質的流動及其產生影響而實現。他們還指出「全球性因素是一種古已有之的現象」。這些久已存在的因素，經過長期的數量和種類的積累和創新，到15世紀地理大發現後開始出現質變，以後不斷加速增加，成為勢不可擋的歷史潮流，這就是真正意義上的經濟全球化。

　　經濟全球化的過程就是全世界形成一個統一的和唯一的市場的過程，而這個過程初始階段的主要表現，就是用貿易的手段把世界主要地區連接起來，形成一個稀疏的全球性市場網絡。這種連接採用了各種手段，包括暴力的手段，因此在某種意義上可以

說早期經濟全球化乃是用貿易以及「劍與火」一起建立的市場網絡。

經濟全球化最明顯的特徵可以用兩本書的書名來歸納。一本是彭慕蘭（Kenneth Pomeranz）和托皮克（Steven Topik）的《貿易打造的世界》（*The World That Trade Created: Society, Culture, and the World Economy, 1400 to the Present*），另一本則是布朗（Lester Brown）的《沒有國界的世界》（*Man, Land and Food, World Without Borders, and Building a Sustainable Society*）。前一本書是談論歷史的，後一本則是討論當今問題的。這裡只是借用這兩個書名來突出經濟全球化的基本特徵。早期經濟全球化時代的世界，就是一個貿易創造的世界，在這個世界中，貿易網絡突破了國界的限制，把越來越多的地區，越來越緊密地聯繫了起來。人員和各種生產要素可以在這個貿易網絡中跨國流動，因此從某種意義上來說，這個網絡創造了一個沒有國界的世界。

二、絲綢之路：15世紀以前的世界貿易網絡

在15世紀以前，世界上早已存在一些國際貿易的洲際網絡，其中最有代表性的就是著名的絲綢之路。這條絲路橫跨歐亞大陸，把當時世界上最發達的幾個地區——中國、印度、地中海世界——連接了起來，成為當時世界上路程最遠、為時最長、同時意義也最重要的國際商道。早在2,000年前，羅馬地理博物學家老普林尼（Gaius Plinius Secundus）就說道：「遙遠的東方絲國在森林中收穫絲製品，經過浸泡等程序的加工，出口到羅馬，使得羅馬開始崇尚絲製衣服。」他還說：「保守估計，印度、塞雷斯

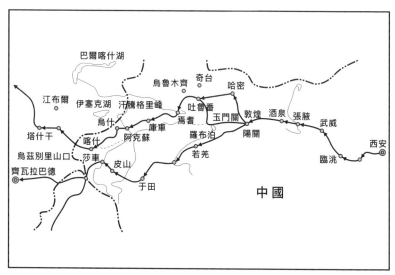

圖2.1　絲綢之路路線圖

（中國）和阿拉伯半島每年可以通過貿易從羅馬帝國賺取10,000
萬塞斯特斯（Sesterces）的利潤，這便是我們羅馬帝國的婦女每
年用作購買奢侈品的花費。」這段話表明：早在西元之初，絲綢
之路已把歐亞大陸兩端的漢帝國和羅馬帝國以及中間的印度聯繫
了起來。

　　然而，在很長一段時期中，絲綢之路雖然是最主要的國際商
路，但其經濟意義卻不宜誇大。這條絲綢之路在歷史上經歷了不
少變化。在漢代，它西起羅馬帝國首都羅馬城，經西亞、中亞，
最終到達漢代中國的首都長安。到了唐代以後，絲綢之路覆蓋範
圍擴大，西起地中海東岸與黑海沿岸港口城市（例如亞歷山大
港、大馬士革、阿勒頗、君士坦丁堡等），經過裏海南部進入亞
洲，穿過巴格達，分為幾條支路穿過內陸地區，再匯集於鹹海附

近，然後在中亞的布哈拉開始分路前往印度的德里與阿格拉。經過布哈拉，到達帕米爾北部的撒馬爾罕後，絲綢之路再次出現分支：往北通向阿拉木圖，往東穿越中亞，並沿崑崙山脈或天山山脈行進抵達西安。

　　無論是哪一條絲綢之路，一路上盡是高山、大漠、草原、荒野，大多數地方人煙稀少，許多地方甚至人跡罕至。唐代高僧玄奘沿著絲綢之路西行，行至莫賀延磧，「長八百餘里，古曰沙河，上無飛鳥下無走獸，復無水草」，「唯望骨聚、馬糞等漸進」，「四顧茫然人鳥俱絕，夜則妖魑舉火、爛若繁星，晝則驚風擁沙，散如時雨。雖遇如是，心無所懼，但苦水盡渴不能前。是時四夜五日無一渧（滴）沾喉，口腹乾燋，幾將殞絕不復能進」。到了梵衍那國，「在雪山中，塗路艱危倍於凌磧之地，凝雲飛雪曾不暫霽，或逢尤甚之處則平途數丈。故宋玉稱西方之難，增冰峨峨，飛雪千里，即此也」。又「渡一磧至凌山，即蔥嶺北隅也。其山險峭峻極於天，自開闢已來冰雪所聚，積而為凌，春夏不解，凝沍汗漫與雲連屬，仰之曈然莫睹其際。其凌峰摧落橫路側者，或高百尺，或廣數丈，由是蹊徑崎嶇登涉艱阻。加以風雪雜飛，雖復屨重裘不免寒戰。將欲眠食復無燥處可停，唯知懸釜而炊席冰而寢。七日之後方始出山。徒侶之中凍死者十有三四，牛馬逾甚」。數百年後，馬可‧波羅行經羅布荒原時，從荒原的最窄處穿過也需要一個月時間。倘若要穿過其最寬部分，則幾乎需要一年的時間。人們要過此荒原，必須要準備能夠支持一個月的食物。在穿越荒原的30天的路程中，不是經過沙地，就是經過不毛的山峰。特別是帕米爾高原，沿高原走12日，看不見一個居民。此處群山巍峨，看不見任何鳥雀在山頂上盤旋。因為高

原上海拔高，空氣稀薄，食物也很難煮熟。直到17世紀初，葡萄牙傳教士鄂本篤沿著絲綢之路從印度經中亞來中國，旅程依然非常艱險。在翻越帕米爾高原時，「由於天氣寒冷、空氣稀薄，人、馬幾乎不能呼吸，因此而致死者比比皆是，人們只有靠吃蒜、蔥或杏乾來抵禦」。鄂本篤所帶的馬有6匹都死於凍餓困乏。

這一路上，不僅高山擋道，而且沙漠阻行。沙漠中的旅途極盡艱難，被人視為畏途。元朝初年人周密說：「回回國所經道中，有沙磧數千里，不生草木，亦無水泉，塵沙眯目，凡一月方能過此。每以鹽和麵作大攣，置橐駝口中，仍繫其口，勿令囓嗑，使鹽麵之氣沾濡，庶不致餓死。人則以麵作餅，各貯水一檻於腰間，或牛羊渾脫皮盛水置車中。每日略食餌餅，濡之以水。或迷路水竭，太渴，則飲馬溺，或壓馬糞汁而飲之。其國人亦以為如登天之難。」

由於路途如此艱難，沿著絲綢之路來做生意的各國商人，經歷千辛萬苦來到中國這個富庶之鄉後，都樂不思蜀，不想再回去了。周密說，由於回回商人從中亞到中國如登天之難，「今回回皆以中原為家，江南尤多，宜乎不復回首故國也」。這些外來客商不想從原路返回故土，中國本土商人更不願沿著這條艱辛之路去那個危險世界做生意。在這種情況下，貿易怎麼進行呢？

絲綢之路上的主要交通工具是駱駝和馬、驢。據馬可·波羅在羅布荒原所見，商人們多用駱駝，因為駱駝能載重物，而食量又小，比較合算。他們將食物和商品裝在驢子和駱駝背上，如果這些牲畜在走完這個荒原之前就已筋疲力竭，不能再使用的話，就把牠們殺而食之。這樣一來，本來就很高的運輸成本又大大增加。

這一路上存在著形形色色的大小邦國及游牧部落，它們往往對過往商旅橫徵暴斂，「雁過拔毛」。更嚴重的是，這條路上的政治狀況很不穩定，正如羅伯特（Jean-Noël Robert）所說的那樣，在羅馬帝國時代，絲綢之路沿途所經之地區政治相對穩定，因此無論怎樣困難，東西方之間的道路還是通貫了近兩個世紀。但是西元3世紀以後，世界陷入一片混亂，安全得不到保證，貿易也隨之越來越少。因此絲綢之路上盜匪橫行，洗劫商旅，殺人劫財，乃是常情。玄奘西行中就多次遇到盜匪，有一次遇到多達2,000餘騎的「突厥寇賊」。另外一次與商人同行，有一日，「同侶商胡數十，貪先貿易夜中私發。前去十餘里，遇賊劫殺無一脫者。比法師等到，見其遺骸無復財產」。蒙古帝國時期治安情況有所好轉，絲路得以重現繁榮。但是從馬可‧波羅的記述來看，盜匪依然不少。像著名的商業中心忽里模子城附近就因有成群的強盜不斷襲擊搶劫商旅，所以極其危險。蒙古帝國瓦解後，中亞地區大多數時期處於混亂狀態。鄂本篤於1603年3月從印度啟程前往中國，在拉合爾隨同商隊出發去喀布爾，同行的有500人，已有相當的自衛能力，但途中遇到盜匪，多人受重傷，鄂本篤和其他幾人逃到了樹林裡才得以脫險。因此之故，許多商人不得不向沿途各地統治者上貢，請求保護，這樣一來又大大增加了貿易成本。

因此在歷史上很長一段時期內，這條絲綢之路是中國和外部世界聯繫的主要紐帶，特別是在早期的文化交流方面，意義尤為重大，但是從貿易的角度來看，它所起的作用卻非常有限，不宜誇大。正因為它在貿易方面作用有限，因此在歷史上總是時開時停，開停無常。總的來看，從漢武帝時絲綢之路開通算起，一直

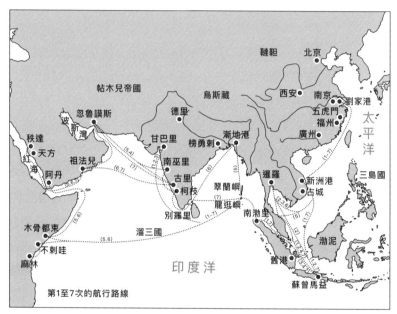

圖2.2　鄭和下西洋路線圖

　　到明代建立，除了在唐代前半期和元代外，這條絲路在大多數時期內實際上處於半開半停狀態，在東漢和宋代更基本上關閉。這也證明了它在經濟上意義不大。

　　陸路情況如此，海路成了國際貿易的唯一另外選項。那麼海路情況又如何呢？

　　把中國和印度、歐洲連接在一起的海路交通也出現很早，這條海路也被稱為「海上絲綢之路」。大體而言，這條海上絲綢之路把西太平洋海域（中國東海和南海、馬六甲以東的東南亞海域）、印度洋海域和地中海海域三大海域聯繫了起來，因此也相應包括了亞洲東部航段、印度洋航段和地中海航段三大航段。其

中亞洲東部航段和印度洋航段在馬六甲海峽相連，但印度洋航段和地中海航段則在蘇伊士地峽中斷，因此這三大航段所構成的海上絲綢之路，實際上並不連貫。海船航行到在紅海北端的蘇伊士，商人必須捨船登陸，陸行達到地中海東岸的塞得港，再登船航行。西元前500年，波斯國王大流士一世征服埃及後，修築了蘇伊士運河，把印度洋航段和地中海航段連接了起來。在以後1,000年中，這條運河不斷地被摧毀和重建，而到羅馬帝國衰落後，這條溝通地中海、印度洋的通道中斷。西元7世紀阿拉伯人占領了這一地區，地峽通道再度通貫。但是由於基督教歐洲和伊斯蘭教中東長期處於對立狀態，地中海航段和印度洋航段的連接出現巨大困難。原有的蘇伊士運河在西元640年重開後維持了一個半世紀，最終於8世紀為阿巴斯王朝哈里發曼蘇爾廢棄。沒有了運河，海上絲綢之路的斷裂就成了定局。直到1869年法國人開挖的蘇伊士運河開通後，這種情況才發生改變。

在蘇伊士運河被廢棄後的1,000年中，穆斯林通過武力將包括東非、波斯、印度、爪哇等在內的印度洋沿岸廣大地區納入伊斯蘭世界的版圖，使得印度洋貿易出現了繁榮的局面。阿拉伯、波斯商人來到中國和馬來半島購買中國瓷器和絲織品，連同南洋出產的香料一起，經紅海運到地中海，賣給義大利商人，再轉運到歐洲各地。由於穆斯林在印度洋貿易中起著關鍵的作用，因此彭慕蘭（Kenneth Pomeranz）說以亞洲為中心的世界貿易，自西元7世紀伊斯蘭教興起開始成形。他還舉了一個例子說明這種貿易所形成的國際貿易網：在開羅某猶太會所發現了一封猶太商會的信，顯示出在阿拉伯帝國興起幾百年後，有個猶太家族的商號在印度、伊朗、突尼斯、埃及都設有分支機構。但是如果我們更

深入地看，這時的這種國際貿易網其實是非常局限的，而且深受宗教衝突和地區戰爭的影響。即使是處於穆斯林的統治下，歐亞海上貿易的連接點蘇伊士地峽也是一個大障礙。這個地峽長達160餘公里，相當於今天杭州到上海的距離（鐵路里程），沿途全是沙漠，食物、住宿非常困難，貨物運輸只能靠駱駝。適應這裡天氣和地理情況的阿拉伯駱駝，在最佳狀況下能馱運400磅（180公斤）重的貨物，每天走40英里（64公里）的路程。走完這段160餘公里路，要連續走3、4天。因此海運到蘇伊士地峽一端的貨物，必須雇用大批駱駝和運輸工人，攜帶食物、飲水和其他生活必需品，在炎熱的沙漠中至少艱難跋涉3、4天，才能到達另一端。不僅如此，這個地區盜匪充斥，商人還需向這裡的阿拉伯部落雇用武裝人員護送貨物，費用不貲。到了13世紀，因為十字軍戰爭的緣故，蘇伊士地峽北端的中心城市和蘇伊士商路的咽喉科勒祖姆（Kolzum）從此變成廢墟，標誌著這條縱貫蘇伊士地峽的國際貿易中轉路段的徹底沒落。因此從海運的角度來看，這條海上絲綢之路實際上到了位於蘇伊士地峽南端的艾達布（Aidab）港就結束了。

因此我們通常所說的「海上絲綢之路」，實際上指的只是連接西太平洋海域和印度洋海域的海路。這條海路的東段是亞洲東部航段，西段則印度洋航段，兩個航段在馬六甲海峽相連，馬六甲也因此成為海上絲綢之路兩大航段的分界點和連接點。下面，我們就來看看在這兩個航段上的交通情況。

在亞洲東部海域，海上交通很早就已開始，但是由於造船和航海技術落後，海船基本上只能做近岸航行。離岸較遠的航行，則困難甚大。在東海海域，中國和日本之間僅只隔著黃海，向來

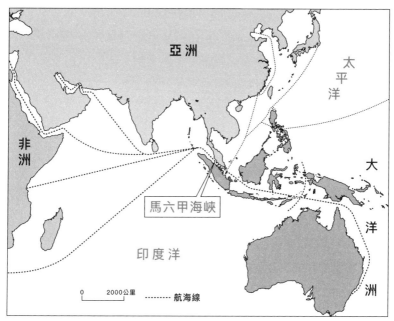

圖2.3 馬六甲

稱為「一衣帶水」。但是直到唐代,中日之間的航行仍然充滿風
險。高僧鑒真大師東渡日本,啟行六次,失敗五次,第六次乘坐
日本遣唐使船航行成功,但也備極艱難,海上航行歷時兩個月,
而且同行的船隻中,遣唐使藤原清河與中日文化交流史上的名人
阿倍仲麻呂(漢名晁衡,是王維、李白的朋友)乘坐的船先觸
礁,後又遇偏北風暴而漂至安南,全船一百八十餘人,死了一百
七十餘人,僅藤原清河與阿倍仲麻呂等十餘人倖免於難。

在南海海域,情況要好一些。早在漢代,中國人的航海活動
就已不僅在這一海域,而且還延伸到印度洋海域。根據相關史料
記載,從兩漢時期開始,中國絲綢就從福建、廣東等地的港口裝

船出發，運到了印度西南部港口進行交易。《漢書・地理志》記載漢武帝派遣使者和應募的商人出海貿易，自日南（今越南中部）或徐聞（今屬廣東）、合浦（今屬廣西）乘船出海，順中南半島東岸南行，經5個月抵達湄公河三角洲的都元（今越南南部的迪石）；復沿中南半島的西岸北行，經4個月航抵湄南河口的邑盧（今泰國的佛統）。自此南下沿馬來半島東岸，經20餘日駛抵湛離（今泰國之巴蜀），在此棄船登岸，橫越地峽，步行10餘日，抵達夫國首都盧（今緬甸之丹那沙林）。由此再登船向西航行於印度洋，經2個多月到達黃支國（今印度東南海岸之康契普臘姆）。返航時，由黃支南下至已不程國（今斯里蘭卡），然後向東直航，經8個月駛抵馬六甲海峽，泊於皮宗（今新加坡西面之皮散島），最後再航行2個多月，駛達日南郡的象林縣境（治所在今越南維川縣南的茶蕎）。由此可見，這條航線實際上並不連貫，不僅要多次換船，而且去程還要經由陸路。在此航線上的航行時間也甚為漫長，從南印度到馬六甲竟然需要8個月之久。東晉高僧法顯在西元411年自獅子國（今斯里蘭卡）歸國，走的就是這條路線。他先乘船穿越馬六甲海峽，繞行中南半島，然後北上。他登上一艘返航的中國商船，在海上漂泊90日，抵達耶婆提國（在今印度尼西亞爪哇島或蘇門答臘島，或兼稱此二島），停留5個月等候季風，後搭乘另一商人大船，啟程返國，在海上顛簸了近3個月，最後才到達了今山東半島的青州長廣郡界。

　　到了唐代，海上貿易有了長足的發展。中唐地理學家賈耽在所著的《海內華夷圖》、《古今郡國縣道四夷述》、《皇華四達記》等著作中，記載了唐代的7條交通要道，其中兩條為海路，即「登州海行入高麗、渤海道」和「廣州通海夷道」。「廣州通海夷

道」就是從中國到印度洋的海上航線。航行於這條航線上的海船，從廣州起航，沿著中南半島和馬來半島海岸行駛到新加坡海峽，由此分途，向東南駛往爪哇，向西則出馬六甲海峽，抵達斯里蘭卡和印度半島的南端，再從印度西海洋至波斯灣的奧巴拉港和巴士拉港，然後沿阿拉伯半島海岸，航行到蘇伊士地峽。《皇華四達記》不僅記載了這條航線所經30多個國家或地區的名稱、方位、山川、民情風俗等，也記載了航程和航行日數。這些知識當然是來自當時商人經常往來所獲得的經驗。

儘管如此，但是關於唐代中國與印度洋地區之間的海上交通的具體情況，今天依然知之甚少。從同時代的阿拉伯人記載裡可知，唐代後期廣州已有大量從海路來的「蕃客」居住。據當時的阿拉伯人哈桑（Abu Zaid Hassan）說，西元878年黃巢攻破廣州時，「據熟悉中國情形的人說，不計罹難的中國人在內，僅寄居城中經商的伊斯蘭教徒、猶太教徒、基督教徒、拜火教徒，就總共有12萬人被他殺害了。」爾後馬蘇第（Al Masudi, ?-956）對黃巢攻占廣州也做了如下的描述：「他迅速向廣州城進軍，該城的居民由伊斯蘭教徒、基督徒、猶太人、祆教徒和其他中國人組成，他將該城緊緊圍住。在遭到國王軍隊的襲擊時，他把這支軍隊擊潰了，擄掠了些女子。後來，他率領的士兵比任何時候更為眾多，用武力強奪該城並屠殺了該城眾多的居民。據估計，在面對刀劍的逃亡中死於兵器或水難的穆斯林、基督徒、猶太人和祆教徒共達20萬人。」哈桑和馬蘇第所說的黃巢殺戮的外國僑民人數無疑大為誇大，但是那時已有大量的來自西亞的阿拉伯人、波斯人和歐洲人定居廣州則是可以肯定的。但是這些「蕃客」是怎麼來到中國的？史料中都沒有記載。考慮到前述鑒真航海的經

歷，我覺得他們應當是乘坐阿拉伯海船到來的。這種海船是用椰子皮編成的繩子來捆紮船板建造的縫合式木船，船身狹小，船體脆弱，一旦觸礁進水，則全船沉沒，因此很不安全。同時，當時海船都尚未使用羅盤，導航只有靠觀察日月星辰位置確定方向，這使得遠程航海非常困難。因此阿拉伯海船到中國也是一路沿岸航行。馬蘇第說從巴士拉至中國，由西而東要經過七個海，即（1）波斯（Parsa）海（波斯灣），（2）拉爾（Larwi）海（阿拉伯海），（3）哈爾康德（Harkand）海（孟加拉灣），（4）個羅（Kalah）海（安達曼海），（5）軍徒弄（Kundrang）海（暹羅灣），（6）占婆（Champa）海（南中國海西部）和（7）漲海（Cankhay）（南海東部）。由此可見這確是沿岸航行。

中國的航海和造船技術到宋代出現了具有劃時代意義的重大進步。在航行技術方面，最重大的進步是使用了羅盤，而在造船技術方面是發明了水密艙。以往海船在航行中如果撞到礁石，船艙進水，會導致全船沉沒，但是有了這種水密艙，一個船艙進水，其他艙不會受到影響，全船人員及大部分貨物可保全。由於這兩項重大技術進步，中國海船成為當時世界上最好的海船。當時的阿拉伯、波斯、印度商人發現中國海船更好，所以從事遠洋貿易時都願意乘坐中國的海船。自此海上絲綢之路上的貿易有了重大進展。

在周去非《嶺外代答》（成書於1178）、趙汝適《諸蕃志》（成書於1225）兩書中，宋代中國與大食（即阿拉伯地區）之間的海上貿易路線已經頗為清楚。阿拉伯商人來中國，先乘小型的阿拉伯單桅船到印度南部港口故臨（Koulam Malaya，今稱奎隆〔Quilon〕），然後再換乘大型的中國船到三佛齊（即室利佛逝，

以蘇門答臘島巨港為中心）前往中國。中國海船前往大食最便捷的道路是從廣州到大食麻離拔國（在阿拉伯半島南部）港口佐法爾（在今阿曼）之間的航線。《嶺外代答》說：「廣州自中冬以後發船，乘北風行，約四十日，到地名藍里（一名藍無里，今蘇門答臘西北端的亞齊），博買蘇木、白錫、長白藤。住至次冬，再乘東北風，六十日順風方到此國（指麻離拔國）。」中國舶商倘若前往波斯灣，也必須在故臨換乘小船而往。因此，從波斯灣到廣州，一次往返通常需要兩年：「雖以一月南風至之，然往返經二年矣。」

元代已有比較明確的記載說中國海船航行到東非。著名航海家汪大淵於至順元年（1330）首次從泉州搭乘商船出海遠航，歷經海南島、占城、馬六甲、爪哇、蘇門答臘、緬甸、印度、波斯、阿拉伯、埃及，橫渡地中海到摩洛哥，再回到埃及，出紅海到索馬里、莫三比克，橫渡印度洋回到斯里蘭卡、蘇門答臘、爪哇，經澳洲（即麻那里、羅娑斯）到加里曼丹、菲律賓返回泉州，前後歷時5年。至元三年（1337），汪大淵再次從泉州出航，歷經南洋群島、阿拉伯海、波斯灣、紅海、地中海、非洲的莫三比克海峽及澳洲各地，至元五年（1339）返回泉州。他後來把其經歷寫成《島夷志略》，所記「皆身所遊焉，耳目所親見，傳說之事則不載焉」，成為研究全球史以及印度洋地區歷史的珍貴文獻。此外，從元代的《通制條格》可見，元代已有中國人移居阿拉伯半島，並有中國商船進入索馬里、肯亞和坦尚尼亞海域，元朝政府使節也乘坐中國船隻出訪過摩加迪沙、帕特和澤拉等地。印度洋地區各國商船，也沿著這條航線往來中國和印度洋地區。摩洛哥旅行家伊本‧巴圖塔（Ibn Battuta）於1342年旅行到印度

馬拉巴海岸時，就在那裡看到中國海船。他寫道：進入卡利卡特及奎隆的中國船大若城市，船上種著藥草和生薑。船上的中國高官和他們的妻子在船上擁有自己的房間，當時的中國人是世界上最富有的人。他於至正六年（1346）由海道來到中國後總結說：「當時所有印度、中國之交通，皆操之於中國人之手。」

在宋元時代，掌控印度洋海上貿易的仍然還是阿拉伯、波斯、印度商人。在海上絲綢之路中距離最長的一段──印度洋海域──中，雖然在東段（印度南部至中國）有中國海船可用，但是在西段還是傳統的阿拉伯海船占有絕對優勢。印度洋地區的貿易掌握在穆斯林商人手中，甚至在中國與印度洋地區的貿易中也是如此。像著名的泉州蒲壽庚家族那樣的「蕃客」世家，「以善賈往來海上，致產巨萬，家僮數千」，在宋元兩代都十分顯赫，並得到朝廷的恩典，成為海上貿易的管理者，長期「擅市舶利」。他們都擁有大量海船（像蒲壽庚的女婿波斯人佛蓮就擁有海舶80艘）。這些海船無疑是中國製造的海船，主要航行於中國與東南亞之間，進行香料貿易，但船主是「蕃客」。前面說過，海上絲綢之路由多條航段組成，這些航段大都沿海岸或者離海岸不遠，容易受到海盜的侵襲，因此不得不以高昂的代價，尋求沿岸邦國或各種地方政權的保護，同時也不得不忍受它們的苛索。因此這條海上絲綢之路不僅路途遙遠，交通不便，而且也充滿風險，沿途飽受盤剝，商人開銷浩大，運輸成本高昂。

因此，15世紀之前的海運尚不具備大規模、遠距離和安全、廉價運輸貨物的能力。也正是因為如此，在15世紀之前，雖然已經有一些以海上貿易為基礎的地區性市場網絡建立起來，這些局部網絡通過海上絲綢之路和蘇伊士地峽相互連接，但是這種連接

相當鬆散,尚未能將世界主要地區緊密聯繫在一起。甚至是在海上絲綢之路所連貫的地區也是如此。因此阿布—魯霍德(Janet Abu-Lughod)說:在13世紀及此前很長時期,阿拉伯海、印度洋和南中國海已形成三個有連鎖關係的海上貿易圈:最西邊是穆斯林區域,中間是印度化地區,最東邊是中國的「天下」,即朝貢貿易區。這三個貿易圈之間的聯繫雖然出現很早,而且也不斷加強,但是從大規模和經常性的貿易的角度來看,這種聯繫還不十分緊密。因此在15世紀之前,世界各主要地區之間尚未有緊密的經濟聯繫。

三、大航海時代:經濟全球化的開始

進入15世紀後,情況發生了重大變化。在15、16和17世紀,前所未有的遠洋航行壯舉相繼出現,因此這三個世紀也被稱為

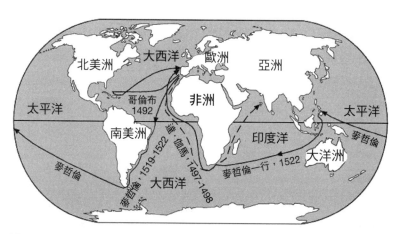

圖2.4 地理大發現

「大航海時代」。這個「大航海時代」把世界歷史帶入了一個新的階段。

如前所述，西太平洋海域和印度洋海域的海上航運，早在15世紀以前很久就已存在，而且不斷加強。但是地中海與印度洋兩海域之間的海運，則由於蘇伊士地峽的隔絕而未能做到真正的連接。伊斯蘭教的興起更大大加劇了這種情況，最終把歐洲排出於亞洲的海上貿易之外。

歐洲造船技術在15世紀出現了意義重大的進步。14世紀末，歐洲出現了一種新的大型的「卡拉克」（carrack）船，成為後來西歐遠洋航船的最初式樣。在15世紀，卡拉克船從一桅一帆演變成為三桅多帆的大船，奠定了16至18世紀大帆船時代的海船的基本樣式。在此同時，葡萄牙還出現了「卡拉維爾」（caravel）船，用大三角帆，航速很快，船輕巧且易於操縱，逆風時能走之字形路線向風曲線前進。卡拉克和卡拉維爾這兩種新式船，雖然船型迥然相異，但都適宜航海，能去任何地方。哥倫布航海船隊中的「品塔」號（Pinta）和「尼娜」號（Nina），就是輕型平底的卡拉維爾式船，而旗艦「聖瑪麗亞」號（Santa Maria）則是裝置完善的卡拉克船。達‧伽馬1497至1499年開闢印度新航路的船隻，基本上也是這兩種船型。

隨著新型海船的出現，歐洲海船的運載能力不斷增加。14世紀威尼斯商船噸位通常為100噸，後達300噸。到了16世紀中葉，威尼斯的卡拉克船，有的噸位就達到600至700噸，比14世紀增加了一倍。在1450至1550年間，葡萄牙船隻的平均噸位至少翻了一番。荷蘭長型中底的快船的噸位，在15世紀中也從250噸增加到500噸左右。與此同時，海船的耐波性和續航能力也都

有很大提高。在這幾個世紀中，歐洲人在航海（主要是導航）技術方面也取得了重大進步。其中最重要的是羅盤的使用。在1250年左右，歐洲的航海磁羅盤已有很大進步，能連續測量出所有的水平方向，精確度在3°以內，但磁羅盤尚未被普遍接受，一般的水手都不敢使用。羅盤的廣泛使用是13世紀後期的事情。這些進步，使得歐洲人可以走出穆斯林稱雄500年、被稱為「穆斯林海」的地中海，到廣闊的大西洋中去尋找通往東亞之路。他們真的走了出去，這就是後人津津樂道的「大航海」活動。

「大航海時代」的開端，過去普遍認為始於15世紀末的「地理大發現」。但是近來越來越多的學者認為應當更早，例如維斯納—漢克斯（Merry E. Wiesner-Hanks）就認為這個時代是1350至1600年。不過從經濟史、技術史和全球史的角度來看，這個「大航海時代」的開端應當是15世紀，其標誌是15世紀初的鄭和下西洋和15世紀末的哥倫布發現美洲和達‧伽馬發現從西歐繞過好望角到達亞洲的航路。這些偉大的航海活動以及隨後在16、17世紀的進一步發展，首次把世界各大洲聯繫了起來，使得經濟全球化進程得以展開。

哥倫布、麥哲倫的航海活動的歷史早已是人人皆知，鄭和下西洋近年來也成為世人關注的焦點，人們也大多耳熟能詳。因此對於這些偉大的航海活動，這裡也不用多說了。我想說的是，雖然鄭和下西洋確實是偉大的創舉，但從所起的歷史作用來說，卻無法與哥倫布、麥哲倫航海相提並論。

從技術和規模上來說，鄭和下西洋的活動確實是世界史上的大事，正如《劍橋中國明代史》所說，鄭和率領的船隊在不到20年的時間內跨越了半個地球，把明帝國的聲威最大限度地遠播到

海外，這是15世紀末歐洲的地理大發現的航行以前世界歷史上規模最大的一系列海上探險。但是在世人驚歎鄭和下西洋的規模技術成就時，也有人對這個壯舉的歷史意義做出了消極的評價，例如米爾斯（J. V. G. Mills）說：「偉大的海上遠征給後人留下的，只是若干次孤立的武力遊行，單純的勳績而已。」國內也有人稱之為「一場超級奢華演出」，演出一旦完成，也就永久地落幕了。張彬村更指出鄭和下西洋的結果是加強了中國統制經濟和弱化了市場經濟，因此經濟意義無足輕重，相反甚至於對中國經濟、中國海洋經濟發展產生了嚴重的負面影響。

　　與此相反，哥倫布、麥哲倫以及隨後的歐洲人航海活動不僅繼續了下去，而且導致了改變世界歷史的後果。費爾南德茲—阿梅斯托在其《1492：那一年，我們的世界展開了》（*1492: The Year the World Began*）一書中，對哥倫布航海的意義做了這樣的總結：「1492年那一年，不只基督教國度改頭換面，整個世界也脫胎換骨。……我們置身的現代世界絕大部分始於1492年，所以對於研究全球史某一特定年代的歷史學家來說，1492年是很顯而易見的選擇，但實情是這一年卻反常地遭到忽略。說到1492年，最常有的聯想是哥倫布在這一年發現了前往美洲的路線，這可以說是改變世界的重大事件。從此以後，舊世界得以跟新世界接觸，藉由將大西洋從屏障轉成通道的過程，把過去分立的文明結合在一起，使名副其實的全球歷史——真正的『世界體系』——成為可能，各地發生的事件都在一個互相連結的世界裡共振共鳴，思想和貿易引發的效應越過重洋，就像蝴蝶拍動翅膀擾動了空氣。歐洲長期的帝國主義就此展開，進一步重新打造全世界；美洲加入了西方世界的版圖，大幅增加了西方文明的資源，也使

得在亞洲稱霸已久的帝國和經濟體走向衰頹。」

費爾南德茲─阿梅斯托還指出：達‧伽馬發現繞過非洲到達亞洲的航線，意義也同樣重大：「13世紀中期以後，穆斯林中東衰落，三個新興的中心——歐洲、印度和中國——成為以後250年來世界範圍內最富活力和經濟繁榮的地區。這三個地區製造並出口工業產品，如紡織品、武器、瓷器、玻璃以及金屬器具等。就某些方面來說，穆斯林中東也可以排在第四位，但其實力則相對薄弱。」歐洲、印度和中國這三個地區中，中國和西歐又是最重要的，但彼此卻沒有直接的貿易。因此「從羅馬時代開始，歐洲人就一直想打進世界最富庶的交易市場，但卻一直處於難以突

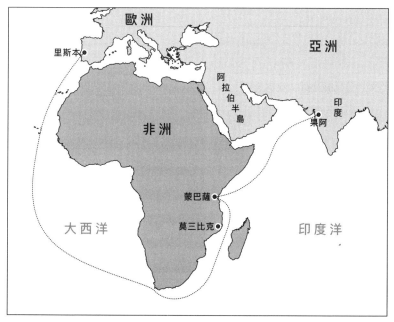

圖2.5 達伽馬航行圖

破的不利，偏遠角落的歐洲實在太窮。15世紀時，儘管歐洲人尚未發覺，但中國和東亞整體的經濟情況已經改變並創造了新的機會。由於中國人民對紙幣和銅幣的信心產生動搖，導致中國市場的銀價比其他亞洲市場來得高。只要能從印度和日本等銀價相對較低的地方把銀輸入中國，用有利的條件換取中國的黃金或其他商品，就有可能致富。歐洲人若能把船開到東方的港口，就能從價差中獲利。……這種全新的狀況所創造的條件，讓世界歷史以過去未見的嶄新方式展開。哥倫布前往中國的計畫，是一個有可能改變世界的擴張行動，到最後會使東方和西方的經濟產生連結，進而整合成一個全球的經濟體系」。

由此可見，歐洲人的大航海活動開闢了從歐洲到美洲和到亞洲的海上通道。至此，世界上主要地區才第一次真正聯繫了起來。之後，經濟全球化就以勢不可擋之勢發展起來了。以後的故事，正如阿達（Jacques Adda）所歸納的那樣：「全球化經濟誕生於歐洲，開始於15世紀末，是資本主義興起的原因與結果。近幾十年來以一體化體制出現的世界經濟，來源於一個歐洲的經濟世界，或者說是一個以歐洲為中心的經濟世界。倘若沒有日本的有影響力的發展，沒有中國令人瞠目結舌的蘇醒，人們還將今天的世界經濟視為歐洲經濟世界的延伸。」

在這個全球化的故事中，中國占有一個特殊的地位。前面引述過歐尼爾（Jim O'Neill）說的話：「中國是我們這個世代最偉大的傳奇故事。」他說的是今天的情況，其實在歷史上也是這樣。由於中國本身的特別重要性，如果把中國排除在外，全球化也就沒有戲唱了。因此中國發生的事，也是早期經濟全球化時代最偉大的傳奇故事之一。

如果我們把早期經濟全球化的歷史看成一部氣勢恢宏、精彩紛呈的大劇，那麼上演這場大劇的舞臺就是正在形成的國際市場網絡，使用的道具是這個市場中流通的主要商品，而劇中的主角則是活躍在這個市場中的商人。下面，我們就一一道來。

四、舞臺：早期經濟全球化時代的世界

大航海開創了經濟全球化的時代，而大航海時代的世界是早期經濟全球化時代的世界。在這個世界中，通過國際貿易建立起來的網絡突破了國界的限制，把越來越多的地區，越來越緊密地聯繫了起來，世界各地的人員和各種生產要素都可以在這個網絡中實行跨國流動，從而推動各種資源的更好配置，促成經濟的快速發展。

這個國際貿易網是假歐洲人之手建立起來的。到 17 世紀中期，世界大部分地區已經被歐洲人發現，西班牙、葡萄牙、荷蘭、英國、法國等歐洲國家先後建立了幅員廣袤的海外殖民帝國，俄國也積極向東擴展，1636 年到達鄂霍次克海，征服了西伯利亞全境，建立了疆域遼闊的陸上殖民帝國。歐洲人建立的這些殖民帝國不同於過去阿拉伯人、蒙古人、土耳其人等建立的游牧帝國，也不同於中國的農業帝國，而是一種與國際貿易有密切聯繫的新型貿易帝國。早期經濟全球化很大程度上就是通過這些殖民帝國來進行的。下面，我就以西班牙帝國為例，讓讀者形象地了解這個帝國是如何把位於歐亞大陸西端的西班牙，和位於歐亞大陸東端的中國、菲律賓，與位於太平洋西岸的南北美洲這些彼此相距萬里的地方聯繫在一起的。

　　曼恩（Charles Mann）在《1493：物種大交換丈量的世界史》一書中，以生動的文字給我們講述了這段歷史。從該書中可以得知，1565年，烏爾達內塔（Andrés de Urdaneta）在海上航行了130天，由西向東完成跨太平洋的首次航行，開闢了由馬尼拉到墨西哥港口城市阿卡普爾科（Acapulco）的航線。就在這一年，亞洲移民也來到了墨西哥。往後數十年，數以千計的亞洲水手來到美洲，從事造船。修築堡壘與其他公共工程等工作。到了17世紀，在墨西哥的亞洲移民已經有5至10萬人。他們通常稱為「chinos」（中國人），但實際上包括福建人、福建裔菲律賓人和菲律賓人。這些「中國人」都是隨著跨越太平洋的大帆船貿易而來，在阿卡普爾科登岸，然後散布到西班牙在美洲的各殖民地。當西班牙人越來越不願從事長途跋涉的跨洋航行時，這些亞洲人便取代了他們，成為跨太平洋貿易的主力。在西屬美洲，他們沿著運送白銀的公路，從阿卡普爾科擴散到墨西哥城、普埃布拉與維拉克魯斯。不僅如此，甚至連這條路也是由亞洲人（尤其是日本人）負責巡邏和維持治安的。1630年代日本頒布鎖國令，流浪異國的日本人因此陷入困境，於是數以百計日本人移往墨西哥。西班牙當局例外地允許日本武士佩戴武士刀與短刀，指定由他們負責保護運路，以防脫逃奴隸組成的攔路匪搶劫。

　　在西屬美洲的中心城市墨西哥城，來自不同國家的移民建立了他們自己的社區。其中亞洲移民的社區就是美洲最早的中國城。在墨西哥城，市場裡充斥著各國文字的書籍，中國裁縫、鞋匠、肉販、刺繡工、樂師與書記，與非洲、印第安及西班牙商人競爭生意。中國人的經營頗為成功，甚至在一向由歐洲人把持的金匠行業，中國金匠搶走了歐洲金匠的生意，引起殖民當局的擔

心。一名道明會修士在1620年代哀歎說：「中國人成為基督徒，每年不斷地湧入，他們在那個行業上完全打敗了西班牙人。」

詩人巴爾布埃納（Bernardo de Balbuena）1604年發表了著名的詩作《墨西哥的偉大》（*Grandeza Mexicana*），詩中寫道：

> 在這裡，
> 西班牙與中國結合在一起，
> 義大利與日本結合在一起，最後
> 全世界的貿易與秩序也結合在一起。
> 在這裡，我們享受著西方一等一的財寶；
> 在這裡，我們獲得東方創造的所有光彩的精華。

這些詩句，充分表現了西方殖民帝國在全球化進程中所起的作用。

這裡我要強調的是，雖然歐洲在早期經濟全球化過程中扮演著主要角色，但中國在此過程中也發揮了重要作用。許多人可能對此感到懷疑，因為多年來，教科書一直告訴我們明清兩代實行閉關自守政策，一直到了鴉片戰爭戰敗，才被迫對外開放。許多人更將這種「閉關自守」上推到明初，認為「鄭和去世，明朝皇帝明確否定航海政策，不僅中止遠航，而且毀船禁海。這一閉關鎖國的政策，到了清朝初期，更加嚴厲……隨後開始了中國近500年之久閉門自守的漫長歲月」。但是近年來，這種觀點受到許多歷史學家的強烈質疑和挑戰。耶魯大學教授韓森（Valerie Hansen）乾脆將其關於中國歷史的專著命名為《開放的帝國：1600年前的中國歷史》（*The Open Empire: A History of China*

Through 1600）。也就是說，在西元1600年以前中國從未閉關自守。至於1600年以後的情況，則如前面已經引用過的史景遷的話所言：「從1600年以後，中國作為一個國家的命運，就和其他國家交織在一起了，不得不和其他國家一道去搜尋稀有資源，交換貨物，擴大知識。」

傳統的「明清閉關自守」論已經過時。只有摒棄了這種陳說的束縛，才可以實實在在地來看經濟全球化的歷史。事實上，早在16世紀之前很久，中國就一直在亞洲東部和印度洋東部經濟圈中扮演著非常重要的角色。到了16世紀，歐洲人從海路到達中國之後，以中國為中心的亞洲東部地區和以歐美為中心的世界其他地區，開始在經濟上緊密地聯繫在一起，從而掀起了真正意義上的經濟全球化的大潮。因此沒有中國的參與，經濟全球化雖然可能還會發生，但肯定不會是我們今天看到的那個在歷史上真實發生的經濟全球化了。

下面，我們接著從商品和商人兩方面來看16和17世紀的東亞世界的國際貿易以及中國在其中扮演的角色。

五、道具：早期經濟全球化時期國際貿易中的主要商品

波多（Michael D. Bordo）等人指出：16和17世紀的國際貿易的一個重要特徵，是貿易的商品種類仍然主要集中於那些非競爭性的商品，特別是那些只有某些特定地區才能生產的地方特產。主要的商品是亞洲生產的絲及絲織品、香料、棉織品、茶葉和蔗糖。如果我們更仔細地看，那麼這個時期世界貿易中的大宗商品，除了上述這些商品外還有瓷器、染料等，以及武器（特別

是火器)、奴隸。不過就貿易量來說,還是以絲及絲織品、香料、瓷器、棉織品、茶葉和蔗糖為主。這些商品構成了當時國際貿易的主體,因此我們在這裡也主要集中討論它們的貿易情況,看看它們的主要供應者和購買者是誰,由此可以知道當時國際貿易的主要內容。

1、生絲與絲織品

中國向來被歐洲人稱為「絲國」(Seres)。在16、17世紀,世界貿易中絲和絲織品的主要供應者是中國,主要購買者則是日本、葡萄牙、西班牙和荷蘭。

日本:日本的絲織業在16世紀有了很大的發展,但生絲生產遠遠不能滿足需要。據西班牙人記載,當時日本每年消耗生絲220,500公斤,而本國在收成最好的年分才出產生絲94,500至126,000公斤,因此有一半左右的生絲需靠進口。明朝嘉靖後期人鄭若曾說:「絲,所以為織絹紓之用也,蓋彼國(日本)自有成式花樣,朝會宴享必自織而後用之……。若番舶不通,則無絲可織」。進入17世紀後,日本每年進口中國絲及絲製品一般為2,000擔,有時更達3,000擔。

葡萄牙:葡萄牙從中國購買生絲,一部分先運往葡萄牙在印度的殖民地果阿,再運回歐洲銷售,一部分則轉銷日本。二者的數量都很大。據統計,萬曆八年至十八年(1580-1590),每年由澳門運往葡萄牙在印度殖民地果阿的絲貨為3,000擔,價值銀20萬兩,利潤達36萬兩。崇禎九年(1636)運送的絲貨達6,000擔,贏利72萬兩。由於中日之間的直接貿易存在障礙,於是葡萄牙商人乘機扮演中間商的角色。1637年葡萄牙人從澳門運往日本

的商品中，絲貨占到81%。

西班牙：1570年西班牙人在菲律賓與中國商人首次接觸。兩年後（1572），中國海商就為在菲律賓的西班牙殖民當局運來絲貨、棉織品和陶瓷等樣品，經雙方議價成交，商定待來年供貨輸往墨西哥。1573年7月1日，兩艘載著中國貨物的西班牙大帆船從馬尼拉首航前往美洲，所載貨物中就有綢緞712匹，棉布11,300匹，瓷器22,300件等。到了17世紀初，墨西哥人穿絲織品多於穿棉織品，而所穿絲織品大多是中國絲綢。在1636年以前，每艘大帆船登記運載的絲織品大約為300至500箱，而1636年駛往阿卡普爾科的大帆船運載的絲貨都超過了1,000箱，有一艘更多至1,200箱，每箱裝有緞250匹，紗72匹，約共重250磅，因此1,000箱即重114噸。馬尼拉的一位大主教在1701年說，運往墨西哥的生絲和絲織品，通常約值200萬比索，在貿易興隆時期則多至300餘萬比索，甚至高達400萬比索。

荷蘭：17世紀初，荷蘭人每年購買中國絲貨約500擔，其中大部分運往日本，餘下部分則運往歐洲。

中國絲貨經葡萄牙、西班牙和荷蘭商人之手運到歐洲後，受到歐洲人的熱烈追捧。17世紀初的一個歐洲商人說：「從中國運來的各種絲貨，以白色最受歡迎。其白如雪，歐洲沒有一種出品能夠比得上中國的絲貨。」

2、陶瓷：主要供應者是中國，主要購買者是日本、葡萄牙、西班牙和荷蘭。

日本：日本進口中國瓷器主要通過中國海商之手。在17世紀前期，鄭芝龍集團經營中日貿易。1635年8月，鄭氏集團從臺灣

運往日本的中國瓷器達135,005件，其中青花碗38,863件，紅綠彩盤540件，青花盤2,050件，飯盅和茶盅94,350件。1637年，又運去75萬件粗細瓷器。

葡萄牙：1514年，葡萄牙航海家科爾沙利（又譯為柯撒里，Andrea Corsali）等到中國時，就買了景德鎮的五彩瓷器10萬件，運回葡萄牙。1522年葡萄牙國王下令所有從東方回來的商船所載貨物，必須有三分之一是瓷器。

西班牙：1573年拉開「馬尼拉大帆船貿易」序幕的兩艘西班牙大帆船上就載有22,300件瓷器。

據粗略的估計，16世紀西、葡兩國運往歐洲的瓷器超過200萬件。

荷蘭：1636、1637、1639年，荷蘭人曾分別購買景德鎮瓷數十萬件之多。有學者根據荷蘭東印度公司殘存檔案粗略統計，17世紀上半葉，有超過300萬件中國瓷器到達歐洲，其中主要是荷蘭人採購的。據荷蘭東印度公司記載，1602至1644年，荷蘭東印度公司販運到印尼各島的瓷器在42萬件以上，此外，荷蘭商船還將中國粗瓷運往加爾各答銷售獲利。明末清初80年間，經荷蘭東印度公司之手運往國外的瓷器有6,000萬件以上。

3、茶葉：主要供應者是中國，主要購買者是荷蘭。

1606至1607年，荷蘭商人到廣州購買一批茶葉，經澳門運到巴達維亞（今雅加達），後於1610年運回荷蘭銷售，從而拉開了西歐與中國之間的茶葉貿易的序幕。隨後，飲茶之風迅速傳至英、法等國，從中國進口的茶葉數量也隨著迅速增加。據荷蘭人的記載，1648年3月，荷蘭船伯克豪特（Berkhaut）號從臺灣的

大員抵達巴達維亞，其所載貨物中就包括了中國茶近2,000斤。

英國東印度公司也開始大量進口中國茶葉。1664年，該公司首次從爪哇採購中國茶葉，價值100英鎊，以後進口中國茶葉的數量越來越大。

4、蔗糖：主要供應者是中國，主要購買者是日本、荷蘭和英國。

日本：日本是17世紀世界上庶糖的重要市場之一。早在17世紀初期，葡萄牙人就已經從中國購買庶糖運銷日本了。中國人也較早地參與了對日蔗糖貿易。據日本學者木宮泰彥的研究，1609年7月，有中國商船10艘相接開到薩摩，停泊在鹿兒島和坊津，船隻所載貨物中就有白糖和黑糖。這是中國白糖和黑糖首次見於輸日商品中。其後中國一直是日本庶糖的最大供貨商，中國蔗糖輸日數量甚大，1641年甚至達到576萬斤之多。荷蘭也插足中日糖貿易，在日本蔗糖市場占有相當大的份額。

荷蘭：17世紀上半葉荷蘭人在中國購買的蔗糖，每年通常在200萬斤上下，1639年達到300多萬斤。這些糖並非供荷蘭本國單獨消費，而是以荷蘭為中轉站運往其他歐洲國家，因為在17世紀上半期，中國向歐洲出口的糖主要由荷蘭人販運。

此外，崇禎十年（1637）英國東印度公司的商船在廣州也前後購買13,028擔白糖和500擔冰糖。

有意思的是，糖和茶葉兩種商品在歐洲的風行，彼此有著密切的關係。隨著大量茶葉的輸入，歐洲漸漸形成了飲茶的習俗，歐洲人飲茶習慣並不同於中國人，喜好在茶中添加一些糖以消除苦味。因此伴隨飲茶之風流行的就是蔗糖市場的擴大。

5、香料：主要供應者是東南亞和南亞，主要購買者是中國和歐洲。

世界史上所說的香料，源於拉丁語species，種類很多，主要有胡椒（pepper）、肉豆蔻（nutmeg）、丁香（clove）、肉桂（cinnamon）和蘇木（Caesalpinia sappan）等。這些香料的用途也有多種，可以用於食品調味和保存、宗教儀式、社交以及個人享受等。

香料的主要產地在東南亞和南亞。其中胡椒主要產於南印度和南洋群島，肉豆蔻和丁香分別產於南洋群島中的班達海諸島和摩鹿加（Moluccas，亦譯為馬魯古）群島，肉桂產於斯里蘭卡、緬甸，蘇木則產於南印度、斯里蘭卡、緬甸、越南和馬來半島。中國南方的兩廣、雲南也出產一些香料，但數量有限，質量也稍遜。因此之故，中國早在唐代就已開始通過海路進口香料。當時中國進口的主要商品統稱為「香藥犀象」，其中就以香料為主。天寶七年（748），鑒真大師第五次東渡日本失敗，遇風漂流到海南島萬安州，路途上看到在廣州江中，「有婆羅門、波斯、崑崙等船，不知其數，並載香藥珍寶，積載如山」。中國史籍中所說的南海崑崙是南海諸國的總稱，包括爪哇、蘇門答臘等地。由此可以推知，這些「香藥」來自印度西南部和東南亞。到了宋元時代，情況比較明確了，從事香料貿易的主要是波斯商人和印度商人，他們運到中國的香料，應當也主要來自印度西南部、錫蘭以及東南亞。

到了明代，世界香料供求情況發生了重大變化。一方面，東南亞的香料生產超過了印度，成為世界香料市場上最重要的供給者；另一方面，西歐對香料的需求急劇增長，成為中國之外的最重要的香料消費者。

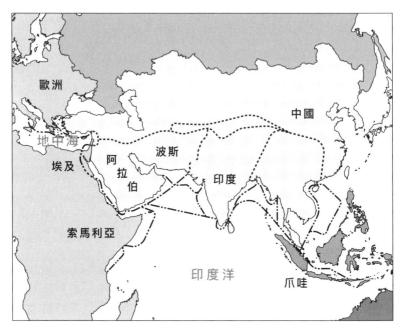

圖2.6 香料之路：從東方運送香料到歐洲的貿易路線

　　在東南亞，摩鹿加群島成為最重要的香料產地，因此也被稱為「香料群島」。16世紀初葡萄牙人皮雷斯（Tomé Pires）說：香料群島中的班達島是肉豆蔻皮和肉豆蔻種子兩種香料的主要出產地，每年生產的肉豆蔻皮達100噸，肉豆蔻種子達1,200噸；丁香則產自摩鹿加群島，總產量達1,200噸。因此之故，各國商人都湧向這個地區尋求香料。

　　在明代以前，中國一向是世界香料貿易中最大主顧。但是到了明代，經濟迅速發展的西歐對香料的需求急劇增加，也成為另一大主顧。歐洲本身香料生產很少，一向依靠從中東、北非和印度洋地區輸入香料，其中最重要的供應源是印度洋地區（特別是

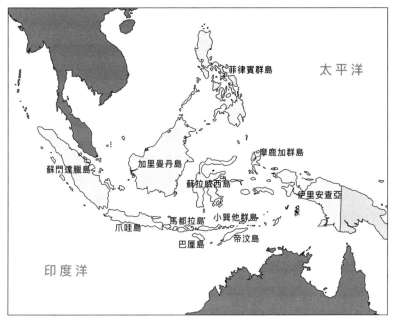

圖2.7 香料群島（摩鹿加群島）

印度），因此從東方運送香料到歐洲的貿易線路也被稱為「香料
之路」。然而，這條香料之路不僅漫長，而且充滿不確定因素。
到了15世紀，情況更變得非常不利。費爾南德茲—阿梅斯托總結
說：

> 香料——亞洲最值錢的產物。香料貿易的主角是胡椒，而
> 胡椒大多來自印度西南部，產量占全球市場七成以上。……
> 價值高、但產量低的產品也同樣重要，比方斯里蘭卡的肉
> 桂，班達群島和摩鹿加群島由專門製造商生產的丁香、豆蔻
> 和肉豆蔻。

　　歐洲在取得香料上一直處於不利位置。中國吸收了大半產量，剩餘的香料得經過千山萬水才能送到歐洲人手中，中間不知已經轉過幾手。

　　在中世紀（大約西元700-1000年），香料貿易主要由穆斯林和古吉拉特邦的商人控制，歐洲商人只能局限在歐洲內部進行貿易。……中世紀的歐洲商人，有人大膽挺進印度洋，但途中不免碰到可能對他們不利的伊斯蘭中間商，一路上危機四伏；有人取道土耳其或敘利亞到波斯灣；更常見的是設法拿到埃及當局的通行證上溯尼羅河，再跟沙漠商隊到埃索比亞人控制的某個紅海港口。很多嘗試最終都失敗。

　　上述情況到了15世紀中期進一步惡化。1453年，奧斯曼帝國軍隊攻占君士坦丁堡後，切斷了這條香料貿易的渠道。於是歐洲人只好轉向海洋，尋找到中國和印度的新航線。他們尋找新航線的直接動機就是香料，葡萄牙人海上探險的口號就是「為了基督和香料！」（For Christ and spices）。葡萄牙人1510年占領印度果阿，次年再奪取香料貿易中心馬六甲。1522年，葡萄牙人在摩鹿加群島中盛產丁香的特爾納特（Ternate，又譯為德那地）島建築城堡，試圖控制摩鹿加各島香料的貿易。在當時，從摩鹿加群島購買丁香到馬六甲販賣，利潤可達7至10倍；從古吉拉特到錫蘭只有8天的路程，但是香料的利潤可以翻10倍；將肉桂從印度轉運到波斯灣的霍爾木茲或者西南印度的第烏可以獲得6倍的利潤。不僅葡萄牙商人，葡萄牙王室也從中獲得了巨額利潤。自1510年起，葡萄牙國王每年從香料貿易中大約可獲得100萬克魯扎多（cruzado，葡萄牙古貨幣單位；當時一個有錢人家的傭人每

年才掙4個克魯扎多）。就這樣，葡萄牙人從摩鹿加群島—馬六甲
航道獲取香料，供應中國、印度、阿拉伯和歐洲的市場。17世紀
中期荷蘭人壟斷摩鹿加群島的香料貿易以後，將這裡出產的香料
以高價出售，在歐洲市場的價格高達原產地價格的17倍、在印度
市場的價格也高達14倍。到了1620年，香料和胡椒為荷蘭帶來
的利潤占總值的75%。到了17世紀初，西歐列強已在東南亞立住
了足。荷蘭控制了南洋群島中的許多貿易港口，稍後英國也控制
了印度的一些貿易口岸。他們與中國的貿易中，出售貨物的很大
部分是東南亞的香料，以此換得所需的中國的絲、茶、瓷器等產
品。

六、演員：早期經濟全球化時期國際貿易中的商人

在早期經濟全球化時期國際貿易這個大舞臺上，有各色各樣
的演員，分別扮演生旦淨丑等各種角色。這些演員的各自表演，
匯總成為這齣豐富多彩的大戲。在其中，扮演主要角色的是各國
商人。這些商人有許多不同類型，包括普通商人、特許商人、單
個商人、商幫、離散商人群體、武裝商人、海盜商人，等等。

雖然以中國為中心的東亞世界以及穆斯林主導的印度洋世界
的海上貿易在宋元時代曾有長足的發展，但是到了明朝建立之
後，由於厲行海禁，海上貿易蕭條，因此在16世紀以前，傳統的
陸路貿易一度重新成為亞洲國際貿易的主要方式，而中亞商人也
在這種貿易中仍然占有重要地位。例如在15世紀，中亞商人馬茂
德侍奉瓦剌首領也先，並作為瓦剌官員，時常在中國開展貿易活
動。他幾乎每隔一年來中國一次，大約在9月或10月到達北京，

度過冬季，次年春天返回蒙古高原。然後到下一年秋季再來華。正統十二年（1447）他出現在大同的時候，據說率領超過2,000人的大商隊，帶來貂皮12,000多張、馬匹4,000匹，用來交換中國產品。這種貿易是朝貢貿易。明朝與西域各國（或政權）的朝貢貿易持續時間幾乎與明朝相始終，朝貢使團人數少則幾十人，多則300至400人；進貢的方物數量少則幾十、幾百匹馬駝，多則3,000，甚至6,000匹馬。明朝中央政府回賜的物品數量也很大，賞賜鈔錠數由2萬、3萬至6萬餘，一次賜絹多達1,000餘匹。這種貿易主要掌握在一些與西域各國（或地方政權）統治者有密切關係的穆斯林商人家族手裡。

　　到了明代中期，情況就發生了很大變化。在陸地貿易方面，諸如馬茂德那樣具有相關官方背景的穆斯林商人對歐亞跨國貿易的壟斷，逐漸被私商打破。猶太人、希臘人和亞美尼亞人三個非穆斯林民族的商人活躍在伊斯蘭世界，並建立起了範圍廣闊的貿易網。到了17世紀早期，亞美尼亞商人開始大舉「入侵」印度洋以及從中亞至歐洲的商業世界。前面提到的葡萄牙傳教士鄂本篤從印度出發前往中國時，就喬裝為亞美尼亞商人，還按照亞美尼亞的習慣易名為伊撒‧阿布杜拉。他這樣做的原因是在16至17世紀有很多亞美尼亞商人生活在中亞和西亞地區，他們可以在穆斯林地區自由通行，因此扮成亞美尼亞商人可保證沿途安全。到了17世紀後期，即便在拉薩這樣一個遠離主要貿易中心的地區，亞美尼亞人也建立了一個永久性的社區。

　　不過這裡要指出的是，在明代，由於各方面的原因，陸上絲綢之路的貿易呈現出日漸衰落的趨勢。嘉靖初年，都御史陳九疇、御史盧問之向朝廷建議，要求關閉西域的朝貢貿易，「閉關

絕貢，永不與通」，理由是「番人之所利於中國者甚多」，而中國
卻不僅未從中獲利，反而受害。嘉靖三年（1524），明朝政府將
在嘉峪關外的軍隊（關西七衛）全部撤入關內，表明不再對西域
感興趣。在這種情況下，已經式微的絲綢之路貿易走到了盡頭，
掌控絲綢之路貿易的穆斯林商人，到了15至17世紀中期也不再
風光依舊。

　　在印度洋海上貿易中，先前占據統治地位的阿拉伯和波斯商
人逐漸讓位於印度商人。15世紀時，古吉拉特人已成為印度洋貿
易中最重要的商人，他們主要是印度教教徒，也包括一部分耆那
教徒和穆斯林。古吉拉特商人在許多港口建立了貿易社區。其中

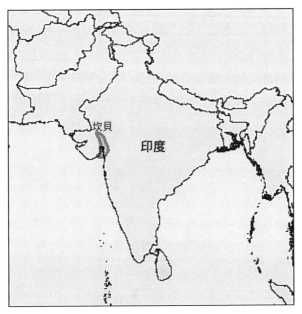

圖2.8　坎貝：印度洋貿易的中心

特別是在印度古吉拉特的坎貝（Cambay 或 Khambhat），更成為印度洋貿易的新貿易中心。16世紀早期的葡萄牙人皮雷斯（Tomé Pires）說：「坎貝張開了雙臂，右臂觸及亞丁，左臂伸往馬六甲，這兩地就是航海業最為重要的地方。」印度西海岸馬拉巴（Malabar）海岸沿線，奎隆、卡利卡特及科欽都是繁忙的港口。中國人、印度人和猶太人在科欽進行貿易。中國商人早在明初就已定居於此。如今科欽半島的古老標誌還是一張中國漁網，在這個標誌旁邊有一塊石碑，上面刻著：「西元1341年洪水爆發，中國人從格朗格努爾遷居到科欽，並定居於此。大約在西元1350年至1450年，中國人把這種中國漁網帶到了這裡。」這裡也有為數不少的猶太人，他們的聚集區被稱為「猶太人城市」。這些猶太人主要從事香料貿易，從香料貿易中獲利甚豐。他們用從香料貿易中獲取的財富，建造了猶太教會堂，即有名的帕拉德錫猶太會堂。該會堂始建於1568年，1662年被葡萄牙人摧毀，1663年荷蘭人占領科欽之後，會堂得以重建，至今猶存，成為旅遊名勝。17世紀以後，中國商人已經陸續撤走，但是猶太人留下來。據當地的猶太人說，聽長輩講這裡曾有上千名中國人，葡萄牙人來後才陸續遷走，但不知去了哪裡。

　　位於東亞航線與印度洋航線交匯處的馬六甲，更是各國商人集中之處。到1500年時，馬六甲居住著大約1,000名古吉拉特商人，此外每年還有4,000至5,000名古吉拉特水手來到這裡。從前面提到過葡萄牙人皮雷斯的記述可以看到：在16世紀時，馬六甲已成為一個國際貿易中心，來自各國各地的商人麇集於此，形成了眾多的商人社區。住在這些商人社區的商人有來自西亞的摩爾人、阿巴斯人、基爾瓦人、馬林蒂人、霍爾木茲人、帕西人、魯

姆人、土耳其人、土庫曼人、基督教亞美尼亞人，來自印度次大
陸的古吉拉特人、喬爾人、達博爾人、果阿人、德干人、馬拉巴
爾人、克林（訶陵）人、奧里薩人、錫蘭人、孟加拉人、阿拉干
人、馬爾代夫人，來自東南亞的勃固人、暹羅人、吉打州人、馬
來人、彭亨州人、北大年人、柬埔寨人、科欽人、占婆人、隸各
人、文萊人、魯寇人、塔拉馬西姆人、勞厄人、邦加島人、林伽
人、摩鹿加人、班達人、比馬人、帝汶島人、馬都拉人、爪哇
人、巽他群島人、帕芒邦人、占碑人、同卡爾人、英拉紀里人、
迦帕塔人、米南加保人、斯亞克人、阿戈阿人、亞路人、巴塔
人、托加諾人、巴斯人、皮迪爾人。當然，還有中國人以及葡萄
牙人。

在南洋群島，早已有經商的華人定居。洪武三十年（1397），
爪哇的滿者伯夷國滅了三佛齊，國中大亂。旅居三佛齊的華人
1,000多人擁戴廣東南海人梁道明為三佛齊王。梁道明領兵守衛三
佛齊疆土，對抗滿者伯夷。10年間有幾萬軍民從廣東渡海投奔梁
道明。永樂三年（1405），明成祖派梁道明的同鄉監察御史譚勝
受和千戶楊信帶敕書前往招安。梁道明和臣子鄭伯可一同入朝貢
方物，留下副手施進卿帶領眾軍民。

在馬六甲以東的各商業口岸，活躍著中國人、日本人、葡萄
牙人、西班牙人和荷蘭人。他們沿著主要的國際貿易航線由西向
東，在巴達維亞、馬尼拉、阿瑜陀耶、會安、澳門、月港、雙
嶼、琉球、長崎等地聚集，從事合法的和不合法的國際貿易，成
為東亞國際貿易的主要經營者。在其中，中國人扮演著最重要的
角色，成為東亞國際貿易中最活躍的商人群體。

這裡我們也要強調，16世紀歐洲人到來之前，印度洋海域和

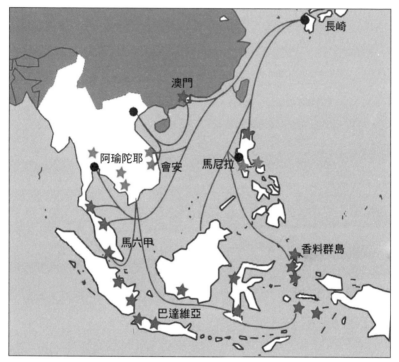

圖2.9　亞洲東部海域貿易網

東亞海域的海上貿易雖然已經頗為繁榮，各國商人之間通過比較密切的商業交往已經建立起地區性的貿易網絡，但是總的來說，這些網絡之間的連接還不很緊密，同時也未能把這些網絡與更大的世界包含在內。在印度洋海域和東亞海域的海上貿易中，不僅沒有一種大家都遵循的貿易規則，沒有安全保障機制和仲裁機制，甚至也沒有一種共同的商業語言。在葡萄牙人到來之前，印度洋地區的貿易通用語言是阿拉伯語和古吉拉特語，泰米爾語和孟加拉語則作為輔助和補充。在東亞，漢語（特別是閩南話和廣

府話）是最重要的商業語言。至於操這些不同語言的商人如何交往做生意，至今尚不得而知。我們只能說，由於沒有一種通用的商業語言，各國商人在進行貿易時肯定有很大困難。這個問題，也反映出當時各國商人之間的聯繫還不是非常密切。

葡萄牙人、西班牙人和荷蘭人先後來到印度洋地區和東亞地區後，大大改變了以上情況。首先，他們把果阿、科欽、馬六甲、馬尼拉、澳門、巴達維亞變成了他們的貿易據點，成為亞洲海上貿易的中心。其次，他們把大西洋貿易和印度洋、太平洋貿易聯繫了起來，把東亞和印度洋地區納入了他們建立的全球貿易網之中，從而使這些地區真正進入了經濟全球化的進程。為了更好地進行國際貿易，西歐人還引進了國際通用貿易語言。葡萄牙人來到亞洲之後，葡萄牙語成為亞洲海上貿易中占據統治地位的通用語言，一直到18世紀末才逐漸被英語所取代。

關於16和17世紀中國人和西洋人在亞洲的活動，已有大量的專門研究，特別是西方殖民者對亞洲進行侵略的歷史，更早已進入中學教科書，一般人也都耳熟能詳，因此我就不多說了。這裡我將談三個問題：第一，在這個時期，除了中國人、葡萄牙人、西班牙人和荷蘭人之外，還有什麼人活動於東亞國際貿易中；第二，上述這些人在當時東亞國際貿易中是一種什麼樣的關係；第三，這些商人與海盜有何關係。許多人對這些問題可能比較生疏，或者理解不夠全面，因此有必要在這裡談談。

第一，在14世紀中期至17世紀中期以前的三個世紀中，除了中國人、葡萄牙人、西班牙人和荷蘭人之外，其他亞洲人如日本人、朝鮮人、琉球人、安南人、暹羅（泰國）人也程度不等地參與了東亞國際貿易。其中最重要的是日本人。日本人的海上活

動自13世紀日益活躍，最為人熟知的就是「倭寇」的出現。倭寇
事件首次出現於史冊在13世紀的上半葉。到了1350年以後，情
況大變，不僅倭寇人數大為膨脹（1351年在朝鮮的仁川附近就出
現了多達130艘的倭船），而且活動範圍擴大到幾乎整個朝鮮半島
西岸地區，有時還達到半島東部沿岸地區。從元朝至正十八年
（1358）山東出現倭寇起，到至正二十三年（1363），幾乎每年都
會有倭寇襲擊沿海地區。到明代，倭患更甚，這已眾所周知，無
庸贅敘。

　　由於「倭寇」等問題，明朝政府禁止中國與日本的貿易。隆
慶元年（1567），明朝部分開放海禁，允許沿海一帶的居民駕船

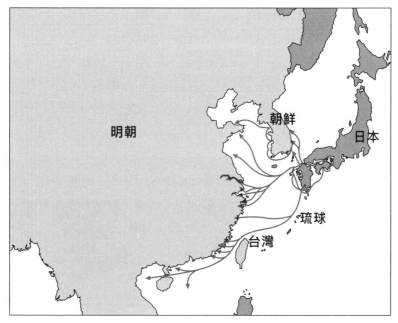

圖2.10　倭寇入侵路線

到南洋從事貿易,但禁止前往日本。在這種背景下,日本商人與中國商船在中國沿海以外的地方,如琉球、臺灣或東南亞各地進行第三地貿易,或通過當地居民購買中國的產品。為了購買中國產品,日本商人紛紛到東南亞各地與中國商船進行貿易,許多人也因此僑居東南亞各地。17世紀初德川幕府統一日本後,實行「朱印船」制度以管理日本的海外貿易。自1603年開始,幕府簽發朱印狀,到1635年為止共頒發了360道。朱印船貿易範圍被及中國東南沿海和臺灣以及東南亞各地19個主要貿易港,每船搭載的日本商民數以百計。於是出現了許多日本人社區,被稱為「日本町」。在臺灣、澳門、馬尼拉、阿瑜陀耶、萬丹、馬六甲等東亞重要貿易港,都有數以百計乃至千計的日本商人和浪人聚居。例如在澳門,萬曆三十八年(1610),巡按廣東監察御史王以寧奏說:澳門的葡萄牙人「藉口防番,收買健鬥倭夷以為爪牙,亦不下二三千人」。在暹羅的阿瑜陀耶的日本人有1,000至1,500人。而在海外最大的日本人僑居地馬尼拉,日本人最多時據說達到3,000人。1635年,幕府全面禁止日本人出海後,朱印船貿易也宣告結束。幕府實行鎖國政策,海外日本人也有家不能回,最後消失在所在地的土著之中。

因此,在東亞國際貿易中,活躍著的不只是西歐人和中國人,而且還有日本人等。

第二,在東亞的各國商人的關係十分複雜,彼此之間有競爭,同時也有合作。

以往許多人都從教科書裡得到這樣一種印象:西方殖民者來到東亞世界後,似乎都是「聯手」對這裡(特別是東南亞)人民進行掠奪和侵略,而中國是主要的受害者之一。除了侵擾中國東

南沿海地區外，還對中國商人的海外貿易進行打壓。這種看法有
其道理，但也是有偏頗的一面。

　　西歐殖民者來到東亞後，對活躍在這裡的華人海上貿易商業
進行打壓，這是不爭的事實。例如達・伽馬航行到科欽後，就在
此建立商業代理處，建立木質城堡，收購香料等商品。由於葡萄
牙人的排擠，在科欽定居多年的中國人在17世紀後陸續撤走。葡
萄牙人1511年占領了原臣服於明朝的馬六甲。葡萄牙使者皮雷斯
（Tomé Pires）1521年去北京觀見明朝皇帝，明朝要求葡萄牙歸還
馬六甲，葡萄牙拒絕，明朝政府因此拘禁了皮雷斯。自此之後，
中國商船就難以航行到馬六甲以西了。荷蘭東印度公司為了自身
的利益，採取各種手段限制中國商人購買胡椒。1615年4月30
日，阿姆斯特丹東印度公司總部給東印度公司總督燕・彼得遜・
昆（Jan Pieterszoon Coen）的訓令中指出：中國人在摩鹿加群島
和安汶島的貿易活動，賺走了3.5萬里亞爾，使荷蘭蒙受了巨大
的損失，因此要求他採取必要措施，阻止這種現象的發生。同年
11月30日，荷蘭東印度公司發布命令，禁止中國人向摩鹿加群
島、安汶島及其他各地運送衣料、綢緞和其他中國商品，也不得
將白銀和沉香、肉豆蔻等香料運出這些地區，違者將沒收船隻貨
物。荷蘭人還在海上劫掠中國商船，以削弱中國和西班牙的貿
易。1616年耶穌會大主教來德斯馬（Pedro De Ledesma）向西班
牙國王菲利普三世報告說：由於荷蘭的掠奪，馬尼拉同中國的貿
易大幅度地下跌，這一年到馬尼拉的帆船僅有7艘，而前些年有
50至60艘。一位編年史史家1618年在馬尼拉寫道：中國人因受
到荷蘭的搶劫，不敢駕船到馬尼拉，這裡的商業將停止，每一件
東西都將失去，因為這些島的繁榮唯一是依靠同中國的貿易。荷

蘭人將劫掠的商品販賣到日本、歐洲或者巴達維亞，將船上的中國人送到巴達維亞做奴隸。荷蘭人有時候還同英國人一起聯手，共同搶劫前往馬尼拉貿易的中國商船。

西歐殖民者不只是對中國商人進行掠奪，而且對其他商人也都如此。例如1607年，澳門的葡萄牙人擊殺前來澳門的日本朱印船船員和其他日本人數十人。荷蘭人為將日商勢力擠出臺灣，於1625年宣布對所有在臺灣的日商貿易商品徵收10％的輸出稅。1628年，日本商人濱田彌兵衛再度率數百人船隊來臺貿易，被荷蘭人武力扣留，濱田彌兵衛武力反抗，成為著名的「濱田彌兵衛事件」。此後，日商基本上退出臺灣貿易。

然而有學者指出，正如同時期的地中海地區一樣，16世紀的東亞海上也存在著劇烈的貿易競爭。西歐殖民者來東亞的主要目的是進行貿易，因此競爭就不僅發生在他們與東亞各國商人之間，而且也發生在他們之間。葡萄牙、西班牙和荷蘭人來到東亞後，由於彼此之間存在嚴重的利益衝突，因此往往爆發戰爭。西班牙人多次進攻荷蘭人控制的香料群島，並在1606年攻占香料群島的特爾納特島。西班牙人在1626年侵入臺灣北部，在淡水和雞籠築堡，以建立對中國大陸與日本貿易的中轉站。他們還與葡萄牙人聯手，以對付1624年侵入臺灣的荷蘭人。1596年，荷蘭遠征船隊到達爪哇西岸的胡椒交易港萬丹，遭到駐紮萬丹的葡萄牙人的阻擾。1602年，分屬十幾個貿易公司的65艘荷蘭商船前往亞洲貿易，也受到亞洲各地的葡萄牙商人的全力阻撓。為此荷蘭建立了荷蘭聯合東印度公司（Verenigde Oostindische Compagnie，簡稱VOC，英文通稱Dutch East India Company。以下簡稱荷印公司）以對抗葡萄牙人在印度洋和東亞的貿易壟斷。1605年，荷印公司

以武力驅走摩鹿加群島的葡萄牙人，1623年趕走班達島的英國人，控制了香料群島。1609年，荷印公司在日本平戶設立商館，與葡萄牙人競爭對日貿易。1619年，荷印公司在印度洋和南中國海之間唯一不受葡萄牙人控制的巽他海峽附近，從爪哇人手中奪取了巴達維亞，作為荷印公司的總部。1641年，荷蘭人攻克葡萄牙人的據點馬六甲，建立了從東南亞香料產地到貿易港的壟斷地位。1659年，荷蘭人占領錫蘭（今斯里蘭卡），壟斷了肉桂貿易。為了奪取葡萄牙人主導的中日貿易，荷蘭人於1622年武力進攻澳門，但在明朝軍隊與葡萄牙人的聯手抗擊下鎩羽而退。荷蘭人還多次進攻馬尼拉，並與英國人聯手襲擊在東亞海域航行的西班牙、葡萄牙船隊。英國也積極向東亞擴張。1602年，英國東印度公司在萬丹設立在東亞的第一個商館，並試圖在香料群島的安汶島等地設立商館，但被荷蘭人驅出，只好轉向荷蘭勢力尚未能掌控的馬辰、望加錫、阿瑜陀耶、臺灣、平戶等地建立商館。但面對荷蘭強大的海上力量，英國人在17世紀被迫陸續關閉這些商館，轉而集中力量經營印度。

　　在我們看到上述情況的同時，還應當注意：貿易不同於單純的掠奪。在貿易中，不僅有競爭，而且也需要合作。因此各國商人在東亞，除了競爭，也有相互合作的一面。例如在菲律賓的西班牙當局力圖建立和中國、日本直接貿易的渠道。1567年明朝政府開放海禁後，西班牙當局大力招徠福建商人和日本商人直接到馬尼拉貿易，於是大批中國商人蜂擁而至。在1571至1600年間，平均每年季節性到訪的中國人達7,000人次，而當地的西班牙人還不到1,000人。在1570至1600年間，定居菲律賓的中國人，從不到40人增加到15,000人。他們大多數是從事貿易的，因

此菲律賓西班牙語中「華人」被稱為sangleye，源自福建方言「貿易」（按其本字是「生理」，指生計、生意）的發音。西班牙當局因為懼怕中國人的勢力過大，週期性地對華人進行大屠殺，其中以1603年和1639年最為嚴重。然而每次屠殺之後，又招徠華人來經商。在馬尼拉，除了數以萬計的中國商人外，還有數以千計的日本商人。16世紀初，在暹羅的阿瑜陀耶城有華人、日本人和葡萄牙人聚集區。住在這裡的葡萄牙人約有300人，日本人1,000至1,500人，而華人更多，17世紀中葉時達3,000至4,000人。這些商人一方面彼此展開商業競爭，另一方面也相互合作做生意，總的來說是大致相安無事。

1619年荷蘭人在巴達維亞建立統治中心後，也千方百計招徠中國商船到巴達維亞城進行貿易，甚至還使用武力迫使在下港的中國商人遷往巴達維亞。1620年5月3日，荷印公司指示其屬下的北大年商館：「你們必須勸誘北大年、宋卡、那空、博他命等地的中國商船，下年載運大批生絲、絹綢以及其他中國貨物前來雅加達，並向他們保證，我們不缺乏現款，也不缺乏檀木、胡椒，他們前來可以不必交納任何稅款，一切捐稅全部豁免。」

此外，在西方列強的勢力範圍之外，也出現了一些各國商人集聚的港口城市。例如在17世紀初，安南的庸憲和會安已是重要的國際貿易港。庸憲的貿易主要由日商和華商經營，葡、英、荷、西商亦間或前來交易。會安更是如此。一個當地日本人1642年在寫給荷蘭東印度公司的報告中說：當時會安的中國人有約4,000至5,000人，日本人40至50人。荷蘭商人也於1633年來到此地，從而形成了一個多國商人和平共處的國際商港。

在中國舟山群島的雙嶼港（今舟山六橫島），1520年代葡萄

牙人到來之後，特別是著名的以汪直為首的徽州海商集團也來到
之後，迅速發展成為一個國際貿易中心，被日本學者藤田豐八稱
為「16世紀之上海」。這裡麕集了大批的中國人、日本人和歐洲
人，特別是葡萄牙人，因此也被稱為葡萄牙人的僑居地，「就好
像位於里斯本和聖塔倫（Santarém，葡萄牙本土的一個港口）之
間」。葡萄牙人平托（Fernão Mendez Pinto）於1541年（嘉靖二
十年）隨葡萄牙的印度總督法利亞船隊遊歷了雙嶼港。他後來在
其《遠遊記》（*Peregrinação*）中寫道：「在海上航行6天後，來
到了雙嶼的大門。那裡是距葡萄牙人做生意的地方30里的兩個島
嶼。雙嶼是葡萄牙人在陸地上建立的擁有上千戶人家的集落，由
市參事會員、陪審判員、地方長官和其他6、7名共和國法官及官
員統治。……城鎮上有3,000人，其中的1,200人為葡萄牙人，剩
下的是各個國家的基督教徒」，「這村落中，除來來往往的船上人
員外，有城防司令、王室大法官、法官、市政議員及孤兒總管、
度量衡及市場物價監視官、巡夜官、收稅官及各種各樣的手藝

圖2.11　雙嶼位置圖

人。有兩所醫院，一所仁慈堂。一般通行的說法是，雙嶼比印度任何一個葡萄牙人的居留地都更加壯麗富裕。在整個亞洲，其規模也是最大的」。據許多熟悉這裡事情的人講，葡萄牙人的貿易額超過300萬葡萄牙金幣，大部分買賣都是兩年前發現的日本白銀，無論帶什麼樣的商品到日本，都會賺回3至4倍的利潤。他說當時葡萄牙人每年在雙嶼島的貿易額超過300萬克魯扎多。這是個驚人的數字。當然，《遠遊記》是一部遊記，像那個時代歐洲人的大多數探險遊記一樣，所說常常有誇大，所以不能過分相信其所言。不過雙嶼貿易規模很大，應當是無可置疑的。

由於頻繁的貿易活動和長期相處，從事大規模貿易的商人往往會使用多種語言。這種情況集中地表現在明末福建海商領袖鄭芝龍身上。他不僅會閩南話、廣府話和官話，而且也會葡萄牙語、盧西塔尼亞語（一種猶太商人使用的猶太—葡萄牙語）和日語。此外，他也曾在荷蘭東印度公司做過「通事」（翻譯），或許懂一些荷蘭語。

第三，海商與海盜。我在上面已經提到「倭寇」，亦即東亞海域猖獗的日本海盜。除了倭寇之外，在許多教科書中也談到葡萄牙、西班牙、荷蘭人在東亞海域的海盜行徑。這些都是事實。但是我們要問的是：（1）在當時的東亞海域中，除了日本和西方海盜之外，還有沒有其他海盜？（2）這些海盜和當時的海上貿易以及海商之間是什麼關係？

如果我們把眼光放開去看歷史，就不難看到，在14至17世紀中葉的東亞海域，海盜絕不止倭寇和西方海盜，除了他們外，來自不同國家的海盜也橫行在這一海域。而在其中，華人海盜又占有特殊地位。

　　東南亞的本地海盜，最為有名的是蘇拉威西南部的布吉斯的私掠船，其活動範圍西至新加坡，北至菲律賓。另一惡名昭彰的奧朗勞特海盜，則控制了馬六甲海峽上過往的船隻以及新加坡周圍的海域。馬來亞和婆羅洲的海盜，從婆羅洲出發搶掠今天新加坡和香港之間海域上的商船。不過這些海盜，與活躍於東南亞海域的華人海盜相比，又是小巫見大巫了。由於更好的裝備和更好的組織，華人海盜比東南亞本土海盜有更強大的力量，因此在東南亞海域的影響力也更大。

　　東南亞的華人海盜活動始於中國元朝。這些海盜大多數來自中國南方沿海的廣東和福建。他們也招募東南亞本地人來修建堡壘。這些海盜大多都在蘇門答臘和爪哇附近海域活動。到了明初，在活躍於東南亞地區的各國海盜中，最出名的是陳祖義為首的華人海盜集團。陳氏是廣東潮州人，洪武年間逃到南洋，入海為盜，盤踞馬六甲十幾年，在其鼎盛時期成員超過萬人，戰船近百艘，活動在日本、臺灣、南海、印度洋等地。在當時的世界上，這可能是最大的海盜集團。陳氏自立渤林邦（位於蘇門答臘島）國王，東南亞一些國家甚至向其納貢。後來陳氏集團與下西洋的鄭和艦隊發生衝突激戰，陳氏武裝被擊斃 5,000 餘人，被燒毀戰船 10 艘，繳獲 7 艘，陳祖義等首領 3 人也被生俘，該集團隨之瓦解，華人海盜活動暫時消滅，但是到了明代中期，華人海盜又活躍了起來。他們與日本有密切關係，成為「倭寇」的一個重要組成部分。

　　依照學界的較新看法，「倭寇」包括「前期倭寇」和「後期倭寇」。前期倭寇主要活動在 14 世紀至嘉靖三十一年（1552），成員基本上是被稱為「西日本惡黨」的日本人；而後期倭寇（通

常稱為「嘉靖大倭寇」）是嘉靖三十一年活動的海盜，成員不僅有日本人，而且也有中國人。不僅如此，中國人可能還占多數。《明史》說「大抵真倭十之三，從倭者十之七」。其中「從倭者」就是中國人。明代小說《喻世明言》第十八卷《楊八老越國奇逢》裡，對這些「從倭者」的情況做了生動的描寫：「原來倭寇逢著中國之人，也不盡數殺戮。其男子但凡老弱，便加殺害；若是強壯的，就把來剃了頭髮，抹上油漆，假充倭子。每遇廝殺，便推他去當頭陣。……這些剃頭的假倭子，自知左右是死，索性靠著倭勢，還有捱過幾日之理，所以一般行凶出力。那些真倭子，只等假倭擋過頭陣，自己都尾其後而出。」小說裡說「從倭者」是被脅從的，但事實上有許多則是自願的，甚至是自己主動去當倭寇的。參加過平定東南沿海倭寇戰鬥的明朝官員鄭曉說：「近日東南倭寇類多中國之人，間有脅力膽氣謀略可用者，往往為賊。躡路踏白，設伏張疑；陸營水寨，據我險要；聲東擊西，知我虛實。以故數年之內，地方被其殘破，至今未得殄滅。緣此輩皆粗豪勇悍之徒，本無致身之階，又乏資身之策，苟無恆心，豈甘喙息。欲求快意，必至鴟張，是以忍棄故鄉，幡從異類」；「小民迫於貪酷，困於饑寒，相率入海從之。凶徒、逸囚、罷吏、黜僧，及衣冠失職、書生不得志、群不逞者，為之奸細，為之鄉道。弱者圖飽暖旦夕，強者恣臂欲泄其怒。」有一個江蘇昆山人被倭寇擄走後逃歸來，向官府訴說自己經歷，說船上大概有兩百個倭寇，多為福建、溫州、臺灣、寧波、徽州人，其中福建人最多，占十之六七，而梳著髻的「日本酋」只有十幾個。

這些真倭、假倭相互利用，共同作案，正如鄭曉所說：「倭奴借華人為耳目，華人借倭奴為爪牙，彼此依附。」另一位抗倭

有功的官員宗臣說：「華人狡，善騙夷。福清之陷也，蓋華人之先其夷於睥睨間，守埤者睹其夷，遂驚而逸。即陷，華人乃又先之，騙夷以獄此帑藏也，夷遂呼其類數千人劈門以入，而其時華人已群入帑藏中負其萬金走矣。夷人不知華人負之矣。及敗，其俘皆夷，華無一夫被創者。」萬曆時福建長樂人謝傑也說：「倭夷之蠢蠢者，自昔鄙之曰奴，其為中國患，皆潮人、漳人、寧紹人主之也。」

倭寇的大頭目也往往是中國人，最有名的就是許棟、汪直（亦作王直）、李旦等。其中的汪直於嘉靖三十六年（1557）11月率走私船500餘艘由日本駛抵岑港並踞守該港，以後常據九州的五島列島和平戶，成為當時東亞最大的海盜集團。據明朝後期文人田汝成寫的《汪直傳》，汪直「據薩摩洲之松津浦，僭號曰宋，自稱曰徽王，部署官屬，咸有名號。控制要害，而三十六島之夷皆其指使」。

對這些人的經歷進行仔細分析，可以看到：首先，他們不是單純的強盜。他們與明朝政府的衝突，主要是因為明朝的海禁政策致使他們的海上貿易難以進行。例如汪直本是徽商，後來參加許棟的海上走私集團。到浙江巡撫朱紈發兵攻剿許棟集團，李光頭被捕，許棟兄弟逃亡，汪直收其餘眾，進而發展成為海商武裝集團的首領。其次，他們的活動範圍大大超出中日之間，可以說囊括東亞海域。例如許棟（許二）與弟許三先在馬六甲建立起自己的交易網，然後與留在國內的許四、許一等合夥進行走私貿易。汪直當初南下廣東，造巨艦販運硝黃、絲綿等抵日本、東南亞各地，他本人也「歷市西洋諸國」，在暹羅的阿瑜陀耶、馬六甲和中國之間往來，由此結識了才到達東南亞不久的葡萄牙人。

嘉靖二十年（1541），他和兩名葡萄牙人帶領著上百名番商從暹羅乘船北航雙嶼港，結果被暴風雨沖漂到日本種子島，和日商初步建立起貿易關係。第二年南風汛發時，他又和葡萄牙人一起從日本返航駛抵雙嶼，並加入許棟集團。此時恰好遇上日本的朝貢使團，於是他們便同在雙嶼的中外商人交易。交易完後，許棟即派汪直率「哨馬船隨貢使至日本交易」。嘉靖二十四年（1545）汪直到了日本博多津，招誘日本商人來雙嶼港進行走私貿易，「泊客擁有徒眾萬餘人」，或5艘10艘，或數十艘，分泊各港。不少葡萄牙商人也開始將雙嶼作為同日本貿易的中轉港。雙嶼一帶的許多當地百姓也捲入了這種國際貿易活動，有的為番商充當翻譯、嚮導，有的為之造船、修船，有的競相販售酒米、時鮮等食品。福建同安人林希元記述道：「（葡萄牙人）與邊民交易，其價尤平。其日用飲食之資於吾民者，如米麵、豬、雞之數，其價皆倍於常。故邊民樂與為市，未嘗侵暴我邊疆，殺戮我人民，劫掠我財物。」由於這些百姓「視海賊如衣食父母，視軍門如世代仇讎」，因此在官府眼裡也是「從番者」或者「倭寇」。由此可見，許多「倭寇」實際上是一些沒有固定國家歸屬感的人。鄭曉說：「昔也夷人入中華，今也華人入外夷也。喜寧、田小兒、宋素卿、莫登瀛皆我華人，雲中、閩、浙憂未艾也」；「武健才諝之徒，困無所逞，甘心作賊。非國家廣行網羅，使有出身之階，恐有如孫恩、盧循輩出乎其間，禍茲大矣。」這些人浪跡於國際間，唯利是圖。借用一個日語名詞來描述這些人的特徵，可以說他們是一種「國際浪人」。晚明的鄭芝龍就是一個典型的「國際浪人」。他是福建泉州府南安石井鄉人，年輕時到過馬尼拉，後來在與葡萄牙人打交道中接受了天主教的洗禮，取教名賈斯帕，

另名尼古拉，因此外國人稱他尼古拉·一官（Nicholas Iquan）。他發跡於日本平戶藩，娶平戶藩家臣田川昱皇之女田川松為妻。田川昱皇即翁昱皇，是華僑（一說是在日本的泉州海商），在日本改姓為田川氏。還有人說鄭芝龍也娶了葡萄牙女子為妻。總之，這是一個非常「國際化」的人。

由於在當時的海上貿易中尚未有國際安全機制，因此商船出海，大多需要配備武器自衛，或者尋求擁有強大武力的海上武裝集團的保護，成為這些武裝集團控制的商船。不僅如此，在許多情況下，為了打擊競爭對手，商人也常常借助武裝集團的力量劫掠對方的商船。當然，這些武裝集團有各種不同的類型。一些海上武裝集團屬國家擁有或者支持的武力（例如在東亞海域，葡萄牙、西班牙和荷蘭殖民當局的武力），在本國政府的眼裡他們不是海盜。另外一些得到當地政權的支持（例如倭寇得到日本沿海諸藩的支持），他們通常只被受害國視為海盜。還有一些完全是私人武裝（例如中國的海上武裝集團），他們往往被所在國視為海盜。不論如何，在當時的世界上，商船與形形色色的海上武裝之間存在一種非常密切的關係。這種關係使得海商和海盜之間很難有一個明確的區分。

到了明末，這種亦盜亦商的海商武裝集團發展得越加強大，以致出現了鄭氏集團這樣的超級海上強權。鄭芝龍集團縱橫東亞海域數十年，成為17世紀世界上最強悍的海商／海盜集團。雖然擁有強大的武裝力量，但是鄭氏集團主要從事仍是貿易而非劫掠。據荷蘭東印度公司記錄，崇禎十二年（1639）駛往長崎的鄭氏商船多達數十艘。崇禎十四年（1641）夏，鄭芝龍商船22艘由晉江縣安平港直抵日本長崎，占當年開往日本的中國商船總數的

五分之一以上，其運載的主要貨物有生絲、紡織品、瓷器等。鄭芝龍與葡萄牙人、西班牙人也建立了貿易關係。他運往日本的絲織物，有一部分是從葡萄牙人控制下的澳門購進的，日本的貨物也由他運到呂宋，轉售西班牙人。鄭芝龍的船隻也經常滿載絲綢、瓷器、鐵器等貨物，駛往柬埔寨、暹羅、占城、交趾、三佛齊、菲律賓、咬留巴（今雅加達）、馬六甲等地貿易，換回蘇木、胡椒、象牙、犀角等。

因此在當時，海商和海盜之間並沒有明確的界線。二者的角色是經常在相互轉換著的，正如謝傑所言：「寇與商同是人，市通則寇轉為商，市禁則商轉為寇。」事實上，在近代早期國際貿易中，這種亦商亦盜的海商乃是正常角色。

七、主題曲：早期經濟全球化時期國際貿易中的白銀

如前所述，大航海活動為早期經濟全球化這齣大戲搭起了舞臺，道具（商品）和演員（商人）也已登臺，大戲應當可以上演了。然而還缺一件東西：主導戲劇進行的主題曲。沒有這個主題曲，這部大戲可以上演，但是可能就缺乏協調，變得雜亂無章。那麼這個主題曲是什麼呢？

從上面談到的世界貿易的主要商品的供求狀況可見，中國、日本、東南亞和西歐是15至17世紀東亞世界國際貿易的主要參與者。從中國方面來說，主要輸出絲、茶、糖、瓷器等產品，而輸入產於南洋群島的香料等產品。在當時的世界上，兩方面的產品都屬高價值的產品。但是東南亞地區經濟發展水準不高，對中國產品的需求有限，而中國對以香料為主的東南亞產品的需求雖

然很大，但香料進口經過長期增長後，進一步增加的餘地已很有限。在中國和西歐、日本的貿易中，問題更大。西歐和日本對中國產品有巨大的需求，但卻沒有多少產品在中國市場上有銷路，因此在對華貿易中出現了巨大貿易逆差是不可避免的。如果這個問題不解決，貿易就無法長期進行下去。正是出於這個原因，日本人在石見銀山等銀礦開發前，由於無法解決貿易逆差問題，只好鋌而走險，做海盜進行搶劫。葡萄牙人和荷蘭人初到東亞時也一樣，除了做海盜外，主要業務是進行居間貿易，充當中間商牟利。

16世紀，情況發生巨變。日本和西歐忽然擁有了解決對華貿易中的逆差問題的手段，從而可以大量購買中國產品，成為中國最重要的貿易夥伴。這是什麼神奇的手段呢？這是一種特殊的商品，沒有它，早期經濟全球化是難以想像的。這種特殊的商品就是白銀。

白銀是一種貨幣。貨幣也是商品，但這種商品和其他商品不同，是可以和其他一切商品相交換的商品，因此是一種特殊商品。貨幣是商品經濟不可或缺的要素，正如1820年時一個法國商人所說的那樣，貨幣幫助商品流通，「就像機油使得機器能更好地運轉一樣」。早期經濟全球化是商品經濟發展推動的，因此離不開貨幣的發展。具體來說，白銀對早期經濟全球化起了什麼作用呢？

在人類歷史上，用作貨幣的材料有多種，貨幣的形式和使用方式也因時因地而異。13世紀之前，世界上各個主要的文明都具有自己的貨幣制度，而在這些貨幣制度中，白銀和黃金並不是普遍使用的貨幣。到了13世紀之後，情況才發生改變，黃金和白銀

成為了主要使用的貨幣。許多人有一種印象，認為在歐洲和印度洋地區，主要使用黃金作為貨幣，而中國則主要使用白銀作為貨幣，但是這種看法是有問題的。經濟史學家黑田明伸指出，在18世紀以前，黃金並不像白銀那樣發揮普遍的作用。在能夠普遍流通和較大量供應方面，白銀比黃金優越。因此雖然南印度和地中海地區長期以黃金為貨幣，17世紀的日本東部地區和亞齊蘇丹國等東南亞地區也曾短暫使用過黃金，但歐亞大陸的其他地區主要的貨幣是白銀。簡言之，18世紀之前，在歐亞大陸，白銀是最重要的貨幣。到了18世紀，黃金記帳單位在西歐才普遍使用，以後到19世紀的「黃金景氣」之後，黃金的重要性才超過白銀，成為國際貿易中的主要貨幣。

在近代早期，隨著國際貿易的發展，白銀越來越成為世界通用貨幣，這個現象就是國際貨幣的白銀化。這個白銀化具有非常重大的意義，大規模的長途貿易得以在一種相對統一而穩定的貨幣制度下進行。白銀既然如此重要，為什麼它沒有早些變成國際貿易中的主要貨幣呢？要回答這個問題，我們首先要了解：作為貨幣的白銀是從何來的？特別是在16世紀之前和之後，白銀的來源和產量有何變化？

在14世紀中期以前，世界上最重要的白銀產地在歐洲。到了中世紀後期，歐洲白銀主要產於中歐和東歐。在西元1000至1500年間的5個世紀內，歐洲不僅銀礦數量增加，而且採礦和加工技術也開始提高。歐洲的白銀產量在14世紀中期達到了高峰，平均年產白銀達50噸，但是在隨後幾十年中又出現大幅下降。亞洲在14世紀中期之前也出產一些白銀，不過產量很少。主要產銀國是中國，元代天曆元年（1328）銀產量為775,610兩，約為31噸，

而且其中幾乎一半（47.42%）是西南邊疆省分雲南生產的。由此可見中國（特別是內地）的銀產量確實很低。廣大的伊斯蘭世界產銀更少，因此在蒙古帝國時代，還依賴從中國輸入白銀。簡言之，在14世紀中期以前，雖然歐洲的白銀產量有較大增加，但是未能繼續下來；而在世界其他地方，白銀產量一直都不高。

到了15世紀，情況依然沒有很大改變。在亞洲，中國的白銀產量未有增長，反而有所下降。天順四年（1460）白銀產量僅為一個世紀前的天曆元年產量的一半多一些，而弘治十七年（1504）的產量，更只有天曆元年產量的七分之一左右。在歐洲，情況要好一些。隨著新的採礦和冶煉技術的發明，到了15世紀中期，歐洲白銀產量恢復到14世紀中期的水準。

進入16世紀之後，世界白銀生產情況發生了巨變。中國、歐洲、日本和美洲相繼出現了開採銀礦的熱潮。

在中國，萬曆二十四年（1596）到萬曆四十八年（1620），到處都在積極尋找銀礦。但是這種努力只有在雲南取得較好的結果。明代後期旅行家王士性在《廣志繹》中說：「採礦事惟滇為善。……他省之礦，所謂『走兔在野，人競逐之』。滇中之礦，所謂『積兔在市，過者不顧』也。」明末大科學家宋應星在《天工開物》對全國的銀礦介紹如下：「凡銀中國所出」，浙江、福建、江西、湖廣、貴州、河南、四川、甘肅等山所出，「皆稱美礦，然生氣有限，每逢開采，數不足，則括派以賠償；法不嚴，則竊爭而釀亂。故禁戒不得不苟」，「然合八省所生，不敵雲南之半。故開礦煎銀，惟滇中可行也。凡雲南銀礦：楚雄、永昌、大理為最盛，曲靖，姚安次之，鎮源又次之。」雲南的白銀年產量大多數年分在20至30萬兩之譜，不過這只是明代中期的數字。

至於明代全國白銀產量，吳承明先生估計為年產20至30萬兩。雖然多年累計，總數可能達到數百萬兩，相對於中國經濟的規模而言，這個產量依然太小。

在歐洲，白銀產量隨著新礦的開發和技術進步（尤其是汞齊化加工方法的發展）而有很大提高，年產量在1530年前達到90噸的歷史高位。

在日本，進入16世紀後發現了多個銀礦，在一些年分裡開採的銀礦多達30多個。其中著名的石見銀山，於1526年（日本大永六年）開掘出銀礦脈，當地統治者於1533年（日本天文二年）透過博多的商人神谷壽貞招徠工匠，以從中國學來的精煉技術「灰吹法」大幅提升了白銀的產量。石見銀山的銀產量在17世紀初達到頂峰，據推算產量達到世界銀產量的三分之一。這些銀礦的開發，使得日本一躍而成為世界最重要的白銀產地之一。到16世紀末，日本白銀產量已占世界總產量的四分之一到三分之一，鼎盛時年產量高達200噸。在1560至1644年期間，日本生產的白銀總計多達25,429萬兩。

最重大的變化是美洲白銀的生產。著名的波托西銀礦從1545年開始開採，薩卡特卡斯和瓜納華托的銀礦則分別在1548年和1558年開始開採。這些銀礦的產量迅速增加。在1581至1600年間，僅波托西銀礦就每年生產白銀254噸，約占全世界產量的60%。

由於以上變化，國際貿易中的通用貨幣白銀的供應量在16世紀忽然大量增加，極大地推動了早期經濟全球化的進程，因此凱恩斯等學者將這個時期貴金屬貨幣的流通看作近代資本主義的源頭。

　　大量增加的白銀，為早期經濟全球化注入了強大活力，也從根本上解決了日本和西歐在與中國的貿易中的逆差問題。由於擁有大量的硬通貨，日本海外貿易在1615至1625年間進入了全盛期。在此期間，經日本船、中國船、荷蘭船、葡萄牙船和其他船隻運出的日本白銀，估計有130至160噸，相當於當時日本以外的世界白銀總產量的30%至40%。日本所產的白銀，大部分用來購買中國商品，所以日本也成為中國在東亞最重要的貿易夥伴。據估計，葡萄牙人每年將從中國絲綢販賣於日本的生意中獲得235萬兩白銀，作為他們購買回歐洲的中國貨物的資本。日本從外貿中獲得的財富急劇增加，使得統治者有更大的能力參與國際事務。著名的石見銀山為毛利家與豐臣家各派家臣共管，其收入成為豐臣秀吉入侵朝鮮時的主要資金來源。

　　西歐的一些國家也因擁有大量的美洲白銀，可以大量購買中國商品，從而成為中國的新的主要貿易夥伴。1565年（嘉靖四十四年），西班牙艦隊抵達菲律賓的宿霧島，在東南亞建立了第一個殖民據點，1571年時又攻占了馬尼拉，3年後開始了在該地的正式殖民統治，並展開與中國商人的直接貿易。西班牙在馬尼拉的殖民政府開闢了馬尼拉—阿卡普爾科航線，通過「大帆船貿易」（Galleon），連接東亞與美洲的貿易市場。西班牙人從墨西哥的阿卡普爾科港運送大量銀元到馬尼拉，再到葡萄牙人控制的澳門購買以絲綢為主的中國商品，經馬尼拉運到墨西哥的阿卡普爾科港。這些絲貨約有一半再運往歐洲，其餘的在西屬美洲銷售。由於中國的「銀荒」，福建海商攜中國商品蜂擁至馬尼拉，交換墨西哥白銀。於是美洲白銀通過菲律賓滾滾流入中國。明代流入中國的美洲白銀究竟有多少，因為阿卡普爾科與馬尼拉之間

的通商大部分是非法經營的，很難得出一個確切的數字，不過從一些記載中還是可以略窺一斑。1602年，西班牙在美洲的新西班牙當局給馬德里的一個報告中提到，每年從阿卡普爾科運到馬尼拉的白銀總計有500萬比索，1597年高達1,200萬比索。在初期的貿易高峰已過的1632年，馬尼拉的天主教會向西班牙國王菲利普四世通報，每年從阿卡普爾科運來的白銀達240萬比索。有人對當時馬尼拉的商業活動描寫到：「中國皇帝能夠用從秘魯運來的銀條建一座宮殿，這些白銀的運出都沒有登記，也未向西班牙國王繳稅。」晚近一些學者也對此做出了不同的估計。明史學者萬明認為1570至1644年通過馬尼拉一線輸入中國的白銀約7,620噸。萬志英（Richard Von Glahn）則估計1550至1650年通過菲律賓進入了中國的白銀約2,304噸，其中中國船運送了1,204噸；葡萄牙船運送了75噸；走私船運送了1,030噸。斯盧伊特爾（Engel Sluiter）估計，1576至1664年西班牙殖民地生產的白銀中，有5,620萬比索（約合2,023噸）經過阿卡普爾科運到了馬尼拉，其中絕大部分流入中國。

這樣，西歐和日本商人用大量白銀來購買中國生絲與絲織品、瓷器、茶葉、蔗糖，西歐商人還把東南亞香料等產品輸往中國，就成為了當時東亞乃至世界上一種主要國際貿易模式。這種情況在1628年鄭芝龍與荷蘭東印度公司在臺灣的大員商館簽訂的三年貿易協定中可以清楚看到。根據該協定，鄭芝龍每年為該公司提供1,400擔生絲，定價為140兩一擔；5,000擔糖，價為3里耳一擔；1,000擔蜜薑，約4兩銀一擔；4,000件白色吉朗綢，約14錢銀一件；1,000件紅色吉朗綢，約19錢一件，價值總計300,000里耳。鄭芝龍將得到3,000擔的胡椒供貨，價格約為1里耳一擔，

餘下的以現金支付；如果荷蘭人率船到漳州灣裝運，則將每擔價格降低10兩。據此，鄭氏集團售予荷蘭人的貨物是中國生產的絲、綢、糖和糖製品；而荷蘭人售予鄭氏的是東南亞出產的胡椒，貿易逆差則用白銀支付。這種模式的出現和發展，深刻地表現了早期經濟全球化的進展。

這樣，世界主要經濟體之間的貿易，就借助白銀的注入而急劇擴大起來。因此我們可以說，白銀是早期經濟全球化的助推劑。

*****

在早期經濟全球化的推動下，東亞地區出現了一個聯繫日益密切的國際貿易網絡。借用貢恩（Geoffrey C. Gunn）的《無國界的歷史：亞洲世界區域的形成，西元1000-1800》（*History Without Borders: The Making of an Asian World Region, 1000-1800*）的書名來說，由於早期經濟全球化的出現和發展，東亞世界形成了一個從某種意義上來說的「沒有國界的世界」。在這個「沒有國界的東亞世界」裡，史無前例的歷史大戲上演了。不過，這齣大戲不僅包括鶯歌燕舞的文戲，而且更是刀光劍影的武戲。而武戲的表演者們都無不殫精竭慮，尋求殺人利器。這就是下一章要講的話題——軍事。

第三章

「早期軍事全球化」

早期經濟全球化時代的軍事革命

一、軍事與經濟全球化

軍事與經濟全球化，彼此之間好像沒什麼關係。但如果仔細來看，它們之間不僅有關係，而且關係還非常密切。要了解這種關係，首先就要從軍事的性質說起。

世界上有各種各樣的生物，在其種群內部都有爭鬥。但是這些爭鬥基本上都是個體的行為，目的是把對手趕走，而不會把對方斬盡殺絕。只有號稱「萬物之靈」的人類與眾不同。在人類這個種群中，存在著眾多大大小小的不同的群體，例如國家、民族、階級、區域社會，等等。這些群體的領導者，總是把群體中最強壯、最勇敢的那部分人挑選出來，用最先進的科技、最珍貴的資源、最大限度的財力，生產出性能最優良的殺人利器，訓練這些人學會熟練使用，然後去殘殺同類。為什麼會這樣呢？這是因為不同群體的人們之間總是存在利益衝突。當這種衝突無法使用和平的手段解決時，其中一方就力圖用暴力迫使另一方接受自己的意志，而對方也以暴力抵抗這種強加意志的行為，於是戰爭也就爆發了。隨著人類社會的發展，戰爭變得越來越複雜，如何打仗變成了一門專門的技術，即軍事技術。軍事技術有廣義和狹義之分。廣義的軍事技術，指建設武裝力量和進行戰爭的物質基礎與技術手段，不僅包括武器裝備的研製、使用和維修保養技術以及軍事工程技術、後勤保障技術，而且包括軍隊的組織、訓練等技術。而狹義的軍事技術，則主要指武器的研製和使用技術。軍事技術特別強調武器，是因為作戰的目的是消滅敵人，而武器是用來達到這個目的的主要手段。

對於戰爭勝負來說，軍事技術水平的高低至為關鍵。因此不

論在什麼時代，面臨衝突的政權都無不盡其最大努力，去尋求最佳軍事技術。這一點，古人早已清楚地認識到了。西漢初年，政治家晁錯對漢文帝分析漢朝和匈奴的軍事對抗的形勢時指出：「今匈奴地形、技藝與中國異。上下山阪，出入溪澗，中國之馬弗與也；險道傾仄，且馳且射，中國之騎弗與也；風雨罷勞，饑渴不困，中國之人弗與也：此匈奴之長技也。若夫平原易地，輕車突騎，則匈奴之眾易撓亂也；勁弩長戟，射疏及遠，則匈奴之弓弗能格也；堅甲利刃，長短相雜，遊弩往來，什伍俱前，則匈奴之兵弗能當也；材官騶發，矢道同的，則匈奴之革笥木薦弗能支也；下馬地鬥，劍戟相接，去就相薄，則匈奴之足弗能給也：此中國之長技也。以此觀之，匈奴之長技三，中國之長技五。」這段話的大意是在漢朝與匈奴的軍事衝突中，雙方都擁有自己的長處和短處。匈奴的長處是優秀的騎兵，而漢朝則是優良的兵器。因此對於漢朝來說，倘若不能一直保持在武器方面的優勢，就無法在與匈奴的戰爭中取勝。然而在歷史上，沒有一種先進技術是可以長期保密的。敵對政權在接觸中，一方擁有的先進的武器往往會通過各種渠道流入對方並被對方接受，因此任何一方都無法長期擁有武器上的優勢。為了保持己方的軍事力量，就必須不斷研製或者引入新武器技術。這種情況推動了軍事技術的不斷進步，也導致了戰爭方式的不斷變化。

　　在15世紀之前，軍事技術傳播的主要渠道是戰場接觸，通過戰爭傳播。例如，弩是中國的一大發明。在西漢與匈奴的戰爭中，弩是漢軍克敵制勝的利器。西漢以後，中國人一直在對弩進行改進，到宋代發展成了威力強大的床子弩（亦稱床弩）。這種床弩通常安裝有兩張弓或三張弓，利用多弓的合力發射箭矢，威

力大大勝過一般的弓弩。其中最厲害的叫三弓床弩，又稱八牛弩，需百餘人或者八頭壯牛才能絞軸張弦來發射，箭矢長如標槍，可以穿透馬腹。北宋開寶年間，魏丕對床弩做了改進，射程從七百步提高到千步（大約 1,500 米），達到了火器時代以前射遠武器所達到的射程最高紀錄。在景德元年（1004）澶淵之戰中，遼軍攻城，宋軍在城頭安設床子弩，射中遼軍主將蕭撻覽，登時斃命。遼軍因主將殞命，無心戀戰，遂與宋朝議和。宋朝人不僅使用這種強弩發射箭矢，而且也用來發射燃燒性的火器。當然，這種先進的武器技術無法長期保密。蒙古滅宋後，大力搜羅宋軍中的床子弩手來為他們服務。蒙古人西征時就大量使用了這種床弩。1256 年，成吉思汗之孫、忽必烈之弟旭烈兀率領蒙古軍隊打到位於今伊朗北部的木剌夷（Mura'i）國時，遇到強烈的抵抗。木剌夷是伊斯蘭教什葉派分支阿薩辛派的俗稱，以盛產刺客著名，今日英文中的刺客、暗殺者 assassin 一詞就源於此。木剌夷國首都麥門底司城，位置險峻，城牆堅固，城內物藏豐富，易守難攻。蒙古人久攻不下，於是使用一種威力強大的牛弩攻城。波斯著名史家志費尼寫到：「當無策可施時，契丹（按指中國）匠人製造的一種牛弩，其射程為 2,500 步，對準那些蠢貨，流星似的射彈燒傷了魔鬼般的異教徒的許多士兵……。」木剌夷國王魯克賴丁隨即投降。這種牛弩就是床弩，在蒙古西征中發揮了巨大的作用。另一個更為人所熟知的例子是火器技術的世界傳播，我們在後面還要講到。從這些著名的事例，可以清楚地看到先進軍事技術是如何通過戰爭接觸傳播的。

　　然而，這種通過戰爭接觸傳播的方式具有很大局限性。首先，由於這些先進軍事技術的擁有者無不進行嚴格保密，因此這

些技術在一個相對較短時期內很難迅速傳播。其次，相隔較遠的國家之間，由於沒有戰爭接觸，這些技術也很難從一方傳到另一方。這些局限性使得先進軍事技術的傳播十分緩慢，傳播的範圍也很有限。因此像火器這樣具有偉大歷史意義的重大軍事技術進步，從中國傳到歐洲並成為普遍使用的武器，就用了幾個世紀之久。一直要到了早期經濟全球化時代，情況才發生了根本性的變化。先進的軍事技術出現後，迅速傳遍世界許多地區，形成全球性的互動。這種情況，我們稱之為「軍事技術的全球化」，簡稱軍事全球化。

經濟全球化和軍事全球化，二者是如何聯手進入「近代早期」的世界呢？這就是本章要談的主題。不過，在談這個主題之前，還要先講講軍事全球化的一個基礎：近代早期的軍事革命。

二、「火藥革命」：16世紀以前世界火器技術的發展

軍隊是一種有組織的暴力，其職能就是消滅敵人。殺敵一定要用武器，因此軍隊的基本特徵就是使用武器。軍隊的戰鬥能力在極大程度上取決於軍人所使用的武器。晚明名將戚繼光說：「孟子曰：『執梃可以撻秦楚之堅甲利兵。』非真言梃之可禦堅利也，蓋言人心齊一，即梃非可與堅甲利兵敵者，用之亦取勝。」用今天的話來說，就是只有高昂的士氣，沒有良好的武器，是不能打敗敵人的。

在歷史上，武器可以分為冷兵器和火器兩大類。在13世紀以前，世界上所有國家或地區的軍隊基本上都是使用冷兵器。

中國有一句成語，說「十八般武藝件件精通」。十八般武

藝，指的是使用十八種常用武器的方法。《水滸傳》第二回說：
「史進每日求王教頭點撥十八般武藝，一一從頭指教。哪十八般
武藝？矛、錘、弓、弩、銃，鞭、鐧、劍、鏈、撾，斧、鉞、
戈、戟，牌、棒與槍、杈。」這十八種武器全是冷兵器，其中使
用最多的是刀、槍、劍、弓箭等幾種。使用這些武器主要靠人的
肌肉發揮的力量。人的肌肉能力很有限，所以使用冷兵器打仗，
基本上是面對面的肉搏。面對面的搏鬥，最重要的是體力，其次
是使用武器的技能。所以要做到「十八般武藝件件精通」，必須
是一個體力強壯的人經過長時期的學習和訓練，才能熟練地使用
多種武器。

　　冷兵器時代也有一些威力較大的武器，其中最重要的是拋石
機（也叫投石機，中國古代叫做砲）。這種機械利用槓桿原理，
將巨石拋出，攻擊敵人。在歐洲的古典時代，拋石機就已成為重
要武器。據波利比阿的《歷史》記載，希臘大科學家阿基米德曾
設計出了一種巨型投石器，曾擊毀了許多來犯的羅馬艦船。羅馬
人使用的拋石機是一種外觀類似弩的扭力投石機，以絞繩的扭力
來發射箭彈，有兩個扭力裝置，可以發射大型箭矢，也可以發射
石彈。中國使用拋石機更早，在戰國時期就已使用。較之歐洲的
拋石機，中國拋石機可以發射更大的石彈，因而威力更大。北周
和隋唐時期，中國拋石機從中亞向西傳播，先傳到阿拉伯地區，
後來傳入歐洲。中國拋石機與羅馬投石機不同，是直接利用人力
的機械，其結構是將一個大型長杆式投擲器裝在一個固定的杆子
或木質支架上。砲梢架在木架上，一端用繩索栓住容納石彈的皮
套，另一端繫以許多條繩索讓人力拉拽而將石彈拋出，砲梢分單
梢和多梢，最多的有7個砲梢裝在一個砲架上，需250人施放。

使用時，用人力一齊牽拉連在橫杆上的砲梢，將巨石拋擲出去。這種大型拋石機的第一次大規模運用是在三國初期的官渡之戰中。當時袁紹軍隊在營中堆土成山，建立高樓，向曹營射箭。曹操造大型拋石機發射巨石攻高樓，將其摧毀。這種拋石機因威力很大，稱為「霹靂車」，其後一直用到元代。宋代兵書《武經總要》中說：「凡砲，軍中利器也，攻守師行皆用之。」書中還詳細介紹了8種常用投石機械，其中最大的需要拽手250人，長達8.76米，發射的石彈45公斤，可射90步（140米）。這種技術很快為女真人、蒙古人學會。1234年，蒙古軍攻打金朝首都汴梁（開封），架設砲數百具，畫夜發砲，落下的石彈，幾乎與裡城相平。其中最大的13梢砲發射上百斤重的石彈，需要400至500人同時拽放。不過蒙古人也吃了拋石機的大苦頭。1259年，蒙古大汗蒙哥率大軍進攻南宋的釣魚城，城頭守軍發現了城外200米外蒙哥的青羅傘蓋，於是用小型拋石機集中發射，砲石交集，蒙哥身受重傷，隨即撤退，行至金劍山溫湯峽死去，因此西方史學家把釣魚城稱作「上帝折鞭處」。然而拋石機也有很大局限性。首先是命中率低，發射者想把石頭擲到這個位置，但它可能會被擲到另外一個位置；第二是射程短，通常不過百把米，最遠也100至200多米而已，再遠命中率就完全談不上了；第三是威力有限，石彈不會爆炸，只會對彈著點造成破壞，即使落到敵陣中，也是落到誰的身上誰倒楣，旁邊的人則安然無恙。所以拋石機雖然是在冷兵器時代威力最大的武器之一，但是其攻擊能力實際上很有限。

在冷兵器時代，由於武器的攻擊能力有限，因此城牆成為一種非常有效的防守手段。《水滸傳》繡像本中有一幅插圖，畫的

是秦明回到青州，想要進城。但是慕容知府下令把吊橋拉起來，於是這位有萬夫不當之勇的「霹靂火」就只能徘徊城下，一籌莫展了。在冷兵器時代，攻城是非常艱難的事情。要攻城，就先要製造攻城的雲梯和攻城車，由士兵把這些設備推到城下，爬梯上城，和守軍肉搏。如果有護城河，要先把護城河填平，然後才能把設備推過去。填河經常是強迫俘虜或者是抓來的當地居民來做，把他們驅趕到城下，冒著城上射來的箭雨和擲下的檑木砲石去填河。在很多情況下，攻城士兵乾脆把這些人趕下護城河，用他們的屍體填平護城河，然後踩著屍體，把攻城車、雲梯拉到城下，搭到城牆上爬梯上城。城上守軍見到攻城士兵爬上來，居高臨下，斬殺攻城士兵，或者把梯子推倒，讓攻城士兵紛紛落地。所以攻城是一件很困難的事情。南宋末年，所向無敵的蒙古大軍圍攻襄陽和樊城。蒙古人動用了當時最先進的武器，包括西域色目工匠建造的巨型拋石機——可以把重達90公斤的石彈射出的回回砲，但是這場戰事延續了達38年，雙方死傷人數超過40萬人，最後才攻下襄樊。之所以如此艱難，一個主要原因就是沒有很有效的攻城武器。

冷兵器時代戰場上的驕子是騎兵。騎兵對步兵有很大的戰術優勢，就像晚明名將戚繼光所說的那樣：「往敵（蒙古人）鐵騎數萬衝突，勢銳難當，我軍陣伍未定，輒為其所衝破，乘勢蹂躪，致無孑遺；且敵欲戰，我軍不得不戰，敵不欲戰，我惟目視而已，勢每操之在彼，故常變客為主，我軍畏弱，心奪氣靡，勢不能禦」；「敵惟以弓矢為強，我也是弓矢，況又不如他。使射得他一百人死，他也射得我七八十個官軍死。彼近身惟有馬上短刀、鉤子，我也只有短刀，況不如他。兩刀相砍，我砍殺他一

百，他也砍殺我七八十。我砍他一百，他不退動，他砍我十個，我軍便走了。敵以一人而騎牽三四個馬，且馬又是經年不騎，喂息膘壯，我馬每軍一匹，平日差使羸瘦，臨時只馱送盔甲與軍之本身也不能，若與他馬對衝，萬無此理。」騎兵不僅有強大的衝擊力，還有高度的機動性，統帥可以迅速地把大量兵力從不同的地點調到一個地點，形成一支強大的攻擊力量，以優勢兵力擊敗對手。世界歷史上最優秀的騎兵是蒙古高原上的騎兵。成吉思汗時，整個蒙古高原具有戰鬥力的人不過20至30萬，但是這區區幾十萬人，卻征服了從中國一直到歐洲中部廣大的地區。因此中國的中原王朝對抗北方游牧人南侵，通常只能採取守勢，耗費巨資建造長城和其他防禦工事。不過，在堅城之下，騎兵往往也無用武之地，就像上面講到的那樣蒙古人用了幾十年時間才攻下戰略要地襄陽、樊城，之後才能夠徹底擊敗南宋。

　　到了中國的宋代，出現了一個重大的變化，即發明了火器。明代後期軍事專家趙士禎說：「上古制人於百步之外，惟恃弓矢，謂之長兵。戰國時，始有弩箭、駁石，不過等於弓矢。自置銃用藥，以彈射人，則弓弩、駁石失其為利矣。」明末大科學家徐光啟也說：「古之遠器不過弓矢，五代以來變為石砲，勝國以後變為火器，每變而趨於猛烈，則火器者，今日之時務也。」他們所說的意思是，古代武器中射程最遠的是弓和箭。到了五代，出現了拋石機（即石砲。不過這個說法是不正確的，因為拋石機很早就出現了），元朝以後變為火器（即使用火藥的武器）。每次變化，武器性能都變得越來越猛烈。火器出現後，弓箭等就失去其優點了。

　　火器出現後，人們對其優越性予以高度肯定。義大利文藝復

興時期著名詩人阿里奧斯托（Ludovico Ariosto）在史詩《瘋狂的奧蘭多》（*Orlando Furioso*, 1516）對火器的威力做了形象的描寫：

> 剎那間竄出閃電地動天驚，
> 城堡戰慄發出巨響回音。
> 那害物絕不徒然耗費威力，
> 誰敢擋道叫他血肉橫飛，
> 聽彈丸隨風呼嘯膽戰心驚。

　　稍後，中國大科學家徐光啟對此做了更深切的論述：「夫用火之精者，能十步而一發，若是速也；能以石出火，無俟宿火，若是巧也；能射鳥二三百步，騎而馳，而擊方寸之質。稍大者，能於數百步之外，越壁壘而擊人之中堅，若是命中也；小者洞甲數重，稍大者一擊殺數百千人，能破艨艟巨舟，若是烈也。此器習，而古來兵器十九為土苴，古來兵法十五為陳言矣」；「今攻城必不遽用雲梯、鉤杆諸物，必先置大銃於數十步外，專打城堵，城堵既壞，人難佇立，諸技莫展，然後以攻具乘之。……賊（指後金軍）今野戰亦不用弓矢遠射，騎兵衝突，必置小大火器於前行，抬營而來，度不中不發。」
　　由於火器對冷兵器的巨大優勢，因此使用冷兵器的軍隊在許多情況下難以與使用火器的軍隊匹敵。即使是以往戰場的驕子——騎兵，倘若遇到能夠有效使用火器的軍隊，其優勢也大打折扣。戚繼光在比較蒙古和明朝的軍事力量時說：「敵馬遠來，五十步內外，不過弓箭射我；我今有鳥銃、快槍、火箭、虎蹲砲、佛狼機皆遠過木箭，狠過木箭，中人多過木箭，以此五種當他

箭，諸君思之，孰勝孰敗？……敵以數萬之眾，勢如山崩河決，徑突我軍；我有軍營，車有火器，終日打放不乏……，諸君思之，孰勝孰敗？」徐光啟在比較明朝和後金的軍事力量時也說：「虜習弓馬，情志膠結，三軍同力，不別生死，夙號勍敵。若之何戰可必勝，守可必固也？則有必勝必固之技於此，火器是也。」

火器與冷兵器在作戰能力上的這種巨大差異，使得它們成為完全不同的武器。《大英百科全書》說：「在世界歷史上，很少發明像火藥發明那樣對人類事務產生如此巨大和決定性的衝擊。掌握依靠化學反應釋放能量以驅動武器擊中目標的手段的發展，是在掌握能量以滿足人類需要的發明，是一個分水嶺。在火藥出現之前，武器設計受到人類肌肉力量的限制，而火藥發明出來後，武器設計就更多地回應技術要求。」軍事技術專家梁必駸也說：「一種將火藥的化學能轉換為軍事能的武器出現，首次打破了主要憑藉人體力及其運用簡單器械能力以贏得戰爭勝利的傳統軍事格局，使武器的殺傷力得到了極大的提高，從而使軍事能量形式首次得以質的飛躍。」由於這種巨大差異，因此火器的發明和使用引發了世界戰爭史上最偉大的變革。由於這場變革以使用火藥為最主要的特徵，因此也被稱為「火藥革命」（Gunpowder Revolution）。這個火藥革命是一個長達幾個世紀的漫長歷史過程，席捲了歐亞許多國家和地區，但是以在歐亞大陸的兩端──中國與西歐──成就最為顯著。因此，下面在講火器發展的歷史過程時，也主要以中國和西歐為主。中國和西歐之外地區的火器發展的情況，則在下一節中講述。

火器有很多種類，大體來說可以分為燃燒性火器、爆炸性火器和管形火器三大類。火器最早出現於中國的北宋時期，那時僅

有燃燒性火器。南宋時出現了爆炸性火器和管形火器，以及被稱為「火箭」的火器（把箭放在一個管子裡，用火藥射出來）。在這些火器中，最重要的是管形火器，也叫做銃，包括後來的槍和砲。因為管形火器的重要性超過其他別的火器，因此我們下面講火器時，也主要是講管形火器。

宋代主要的管形火器是突火槍。這種突火槍的製作工藝很簡單，把竹子打通，填入火藥，從竹管一端的開口裡塞進一些小石子（或者碎瓷塊），另一端則在竹管的管壁上鑿出一個小孔，從這個孔插進一根火藥線，然後用一根線香點著火藥線，引發竹管內的火藥，對著敵人，小石子「砰」地就一聲發射出去。因為竹子的強度很低，如果火藥填得太緊，竹子就會爆炸，因此不能多裝火藥，同時那時的火藥也比較原始，爆炸力很有限，因此突火槍的射程遠遠趕不上弓箭，發射出去的小石子殺傷能力也不大。突火槍也沒有瞄準裝置，不能瞄準，命中率非常低。因此突火槍在戰場上起的主要作用實際上是嚇唬敵人，特別是嚇唬敵人的馬。宋朝和金朝打仗，金人的騎兵是宋朝的步兵遠比不上的，但是馬害怕火，在「砰」的一聲響的同時，火光也一閃，火焰噴出去，發射出去的小石子打到馬的眼睛或身上，馬會驚惶後退，敵軍的陣勢也就亂了。可見突火槍並沒有真正殺傷的作用。因此宋朝雖然開始使用火器，但此時的火器還處在初級階段，實戰意義不大。

最早的金屬火銃是用銅製作的，這是因為銅比較容易加工的緣故。銅的強度遠遠超過竹子，所以到了銅火器時代，火銃才變成一種真正具有較大殺傷力的武器。明朝初年，銅火銃變成了鐵火銃，鐵的強度比銅更高，製成的火銃可以裝入更多的火藥，從

而具有更大的攻擊力。同時，鐵比銅便宜得多，鐵火銃也比銅火銃造價更低，因此鐵火銃可以得到更普遍的使用。

下面，我們就看看金屬管形火器發展的歷史。如下所言，火器技術在16世紀出現重大進步。為了更清楚地看到這個偉大的進步，這裡我們先看看15世紀之前的情況。

依照科技史專家潘吉星的說法，西元1128年中國出現的銃砲和1138年出現的噴火槍，是世界上最早的射擊性管形火器，而1259年出現的突火槍則是銃砲和火槍的雜交產物。這三種武器是世界上一切管形火器的鼻祖。世界上現存最早的金屬管形火器是1980年代在中國武威和銀川出土的西夏火銃。這兩種火銃都由前膛、藥室、尾鎏三部分構成，發射時從前膛依次裝入火藥及鐵砂、碎石、彈丸等，通過點燃火線引發火藥爆發，從而將鐵砂等物射出，攻擊目標。銀川銃的體長24釐米，管壁厚達0.8釐米，重1.5公斤，銃尾中空，可能是用以安裝木柄，以便手持。武威銃的體長100釐米，內徑12釐米，重108.5公斤，只能固定使用。其砲尾對稱的方形拴口，可固定砲身，而其前膛應有支架或其他物體架高，方可發射。由此可見，中國火銃技術在13世紀初期取得重大進步，火銃不僅已用金屬製造，而且已分化為火槍和火砲。

中國的火器技術經蒙古人傳到西亞，又經阿拉伯人之手傳到歐洲。14世紀後期，歐洲出現了被稱手砲或手管（handgun，hand cannon）的管形火器。這種火器沒有扳機、槍托或支撐架，使用時要用兩隻手握住槍管，另由一名助手通過槍管上的火門來點燃火藥，和中國宋代的突火槍一樣，主要作用是驚嚇敵人。到了14世紀末，西歐出現了火門槍。1400年左右製造的丹麥火門槍

（Lodbosse），主體部分與13世紀末中國的阿城銃幾乎一模一樣。一向被視為14世紀歐洲火門槍的代表的坦能堡手砲（Tannenberg Hand Gun），體長33釐米，由星函、前膛、藥室組成，沒有準星、照門，也沒有扳機和握把、槍托。發射時，左手扶砲身，大略瞄準，然後右手拿火繩或者火炭去火門點火。這種手砲與元代至正十一年（1351）的手銃相差不大。與14世紀末的洪武手銃相比，結構也基本一致。洪武手銃一般長約42至44.5釐米，分為三部分，即發射彈丸的前膛、填充火藥的藥室以及尾銎，尾銎可插入長木柄，作戰時銃手用手握住木柄，將手銃舉起來射擊，射手通常左手持銃，右手持火繩，點燃藥室外面的引信。但洪武手銃不僅銃管較長，且有木柄可手持，因此威力更大，使用也更為方便。此外，直到15世紀初期，歐洲由單個步兵攜帶到戰場上的管形火器一般長60至90釐米，體量大，槍身重，後座力也大，發射時往往要使用支架支撐或者放依靠牆垛，因此還不是真正可以手持發射的火銃。

大體而言，在15世紀以前，世界各地的火銃技術雖然不斷取得進步，不過都還處於火門槍的階段。所謂火門槍（touch hole），就是將一根金屬管的一端封閉，作為發射管，在此管後端的管壁上開一小孔，用來點火，稱為火門。發射管尾端，往往接一木棍以便射手握持、瞄準和控制發射。

從突火槍到手砲的各種火門槍，都存在以下嚴重問題：第一，沒有瞄準設備和槍托，瞄準只是依靠射手粗略的目測。不僅如此，士兵使用火門槍時，眼睛必須始終盯住火門，才能將火源（燒紅的鐵棍、線香）等捅進火門，無法用眼睛來觀察射擊的目標。因此射擊精度甚低；第二，槍管通常較短，裝填火藥有限，

因此彈丸射程不遠，穿透力也不高，一些大型火門槍則體大笨重，不便於單兵作戰；第三，點火方法存在嚴重問題。這個問題在西歐尤為嚴重，因為那裡是用燃燒著的火炭（或者燒紅的金屬絲）點火，不僅要保持火種非常不便，而且在點火時，要用一隻手持火炭，因此無法雙手持槍，所以火槍手往往自己握槍，由一名助手來點火。在中國，早在宋代，突火槍就已使用火繩點火，這比用火炭等點火方便得多，但火槍發射時依然需要一人持槍，另一人點火；第四，發射過程複雜。除了點火方面的問題外，裝彈藥的手續也很麻煩。因此火門槍射擊精度低，射程短，發射速率慢，更無法連續發射。

火砲的情況也與此相似。中國的火器西傳以後，14世紀上半葉歐洲開始製造出發射石彈的火砲。之後不久，出現了種類繁多的重型砲，其中最重要的是一種稱為射石砲（bambard）的巨型砲。這種砲的砲管較短，通常用銅或鐵鑄成，可以發射重達300磅的石彈。由於火藥性能差，使用時必須使用大量火藥，火藥常常塞滿整個砲管，石彈則突出在砲管外面。因此這種火砲命中率很差，砲彈的初速很低，射程也很短，砲手不得不將砲安放在離城牆很近的地方，才能打到目標。

到了14世紀末，歐洲人在製砲技術上有了進一步提高。他們將熟鐵條焊接起來，再用環套加以固定，製成了更長的射石砲。英國國王理查德二世製造了一些這樣的砲用來保衛倫敦塔。英國著名的蒙斯梅格砲，則是用螺扣將幾段鑄鐵接起來，再用環套將整個砲管焊接加固而成的。到了15世紀中期，鑄鐵製的砲彈取代了石彈，因而減少了砲膛內徑與彈體之間的空隙（即「遊隙」），提高了砲彈的初速，增強了砲彈的衝擊力。從1470年起，攻城砲

已經能夠迅速摧毀城牆防禦工事，顯示出在戰爭中發揮的巨大的作用。

　　但是這個時期的火砲也存在重大缺陷。火砲實際就是一端封閉了的金屬管，發射藥和彈丸從前端砲口依次裝入砲膛，再由砲尾的火繩引發，故稱前膛砲。彈藥裝填手續十分複雜，每發射一次，砲身都會嚴重偏離原有射擊戰位，需要經歷復位、再裝填，再次設定方向角和仰角的步驟。同時，為了避免砲管過熱，發射一次以後，必須灌水入砲膛，熄滅火星，以乾布綁在棒子上伸入砲膛去擦乾，再填入火藥和砲彈，然後再點放。為了克服這個缺陷，歐洲人在14世紀發明了一種可從後膛裝填彈藥的火砲，這種火砲用鍛鐵條拼接而成，砲管不能承受太大壓力，所以不能裝入大量火藥，而且閉氣性能太差，砲彈不能獲得足夠的推進力，所以射程很短，只能把石彈射出100碼，沒有很大實戰價值。

　　火藥方面的問題也很大。黑色火藥的威力很大程度上取決於硝的比率。在現代的黑色火藥的配方中，硝達到75%，但是在15世紀以前，中國火藥配方中硝的比率通常只有60%左右，而西歐則更低（例如培根〔Roger Bacon, 1214-1294〕的第一份火藥配方中，硝的比率只有41%）。另外，當時使用的是粉末火藥，火藥的三種成分（硝、硫磺和炭粉）在運輸和攜帶過程中處於不穩定的狀態，同時細小的火藥粉末顆粒之間缺少足夠的空隙，燃燒時受影響，使得爆炸不能充分地進行。因為這些缺點，發射時需要使用大量火藥（火藥往往要占據槍管四分之三的容積）。解決這些問題的一個方法是把火藥製成粒狀使用，使得構成粒狀火藥的三種成分處於穩定不變的狀態，同時也使得火藥顆粒之間有比較均衡的空隙。這樣，就可以使火藥幾乎可以做到即時爆炸。在中

國，雖然北宋末年就已製成含硝量高的粒狀火藥或固體火藥，但是直到明代初期，粒狀火藥才被用作發射藥。在西歐，粒狀火藥一直要到15世紀才出現。

由於這些嚴重的缺陷，火門槍時期的火銃，在實戰中的實際功用還比不上弓弩。例如在西歐，英國長弓的射程可超過200米，而手砲的射程不超過50米。在準確度方面，火門槍更完全無法與弓弩相比，裝填發射的速率也大大慢於弓弩。此外，火門槍還只能在良好的天候下才能使用。

儘管如此，火門槍仍有弓弩無法相比的優點。首先，火門槍的製作以鐵或者銅為主要原料，而鐵礦和銅礦資源廣泛分布於世界各地，隨著冶煉技術的提高，鐵、銅產量不斷提高，為火門槍製造提供了充足和廉價的原料來源。而弓弩製作嚴重依賴於資源日益減少的特定品種的木材，因而弓弩製造的原料來源不僅有限，而且不穩定。其次，火門槍的製作相對來說比較具有近代工業的特點，有可能進行大批量的生產，而弓弩製作則依賴工匠的手藝，無法形成大規模的生產。第三，火槍手的訓練只要幾個星期，而熟練的弓手和弩手的訓練則要數年之久。由於這些優點，火門槍依然得到越來越廣泛的使用。

大體而言，到15世紀初，中國與西歐兩地的管形火器技術水準大體相似，而中國略微領先。

三、16世紀的歷史轉折：近代早期西歐的軍事革命

有效地使用不斷改進的火器這種全新的武器系統，對於軍隊組織方式、戰術、戰略、後勤等各方面都是新的挑戰。而要成功

地解決這個挑戰所提出的各種問題，就必須對原有的軍事制度進行變革。這個變革就是歷史上的軍事革命。上節所說的「火藥革命」是這個軍事革命的前奏，但還不是軍事革命本身。

世界史上的軍事革命發生於16、17世紀，主要在西歐。這個時期的西歐，不僅在社會、經濟、政治、文化等方面發生了深刻的變化，在軍事方面也出現了巨大的變化。這個變化改寫了歐洲軍事史，所以被稱為近代早期西歐的軍事革命。

早在1955年，軍事歷史學家羅伯茨（Michael Roberts）就提出了「1560至1660年間軍事革命」的觀點，認為這是一場「對歐洲未來的歷史進程產生了深遠的影響，像一座分水嶺把現代世界與中世紀社會分隔開來」的「軍事革命」。此觀點提出後，在西方軍事史學界引起了一場延續了半個多世紀的爭論。從這些爭論中可以得出一個結論：在近代早期的西歐發生了由火器革命引起的軍事革命。這場軍事革命發生的時間範圍，有人認為是從14世紀前期到18世紀初期，有人則認為僅是16和17世紀。如何來看待這個分歧呢？關鍵是從什麼角度來看近代早期西歐的軍事革命。如果僅從武器技術的角度來看，那麼第一個時期也可以說是屬軍事革命時期，但是如果還要考慮到軍隊組織變化等方面的因素，那麼只有第二個時期才是軍事革命時期。需要注意的是：第一種意義上的軍事革命實際上就是前面說的「火藥革命」，不僅出現在西歐，而且也出現在歐亞其他許多地區（如奧斯曼帝國、波斯薩菲帝國等）。正因如此，《大英百科全書》把「火藥革命」的時期定為1300至1650年。第二種意義上的軍事革命，則不僅包括火藥革命，而且還包括軍隊組織的革命，這種革命僅出現在西歐的一些國家。因此在這些西歐國家，這兩種意義上的革命都出現

了，成為其軍事革命的不同階段。而在西歐以外的許多地區，雖然出現了第一種意義上的軍事革命，但卻未出現第二種意義上的軍事革命。這個區別對於我們研究中國軍事史特別有意義，因為在中國，「火藥革命」涵蓋了從宋代到清代的漫長時期，但是第二種意義上的軍事革命一直要到晚清時期才開始出現。

由於火器技術是這個軍事革命的基礎，因此本節主要仍然集中講火器技術的變化。

如前所述，在15世紀之前的世界上，中國和西歐是火器技術最為領先的兩個主要的地區，而在這兩個地區中，中國又比西歐更勝一籌。到了15世紀，西歐在火器技術方面超過了中國，因此本節主要講西歐的火器技術的變化。

15世紀西歐火器技術的進步，首先表現在火門槍的改進方面。15世紀初期，西歐工匠將火門槍的木製握柄加以改進，使士兵在射擊時能夠把火槍倚靠在肩膀上，而不必再架在支架或者地上。自此火槍才被正式確定為單兵肩射的長管槍械。15世紀中期，火槍的主要改進目標是提高射程和精確度，簡化操作手續。具體做法是：（1）加長槍管，從而不僅可以在槍管內多裝火藥以增加發射力，而且可以增加彈丸的射擊精度；（2）改用火繩來代替火炭或燒紅的金屬絲作為火源。這種火繩燃燒沒有火焰，燃燒緩慢，可以保證在相當一段時間內提供火種；（3）發明了控制點火的槍機，作為點火裝置。這種槍機是安在槍身側面的一個金屬的蛇形管（亦稱蛇杆），將火繩插在管上，下端點燃，並且將火門改為碗狀藥池（亦稱藥鍋），放入引火藥。發射時，將蛇形管壓進火門後，便可雙手持槍，眼睛盯準目標。通過以上改進，火槍的性能有了很大改進，進入了火繩槍的新時代。

「火繩槍」包括不同種類的火槍。在15世紀，火繩槍的發展大勢是從明火槍（arquebus）向火繩槍（musket）的轉化。

初期的火繩槍是明火槍。這種火槍在歐洲各地有不同的名字，最普遍用的是arquebus，意為鉤狀槍。這種槍身重約10至15磅，彈丸重不足1盎司，初速約為每秒800英尺，射程大約100至200碼，發射速率很低，到1470年代，每3分鐘發射2發子彈就是極好的了。明火槍的主要優點是有了槍柄，可以在發射時抵消後座力。不過，初期的明火槍雖有槍柄，但還只能手持發射。要到了15世紀中期，開始裝上槍托並加裝了護木，火槍才可以抵肩射擊。爾後，槍托經過縮短並彎曲成為適於貼近面頰、頂住肩胸的形狀，成為第一種可放在肩頭上發射的火器。明火槍雖然已有準星，但還沒有照門，因此仍然不能精確瞄準。同時，明火槍沒有扳機，發射時要靠右手的大拇指按壓槓桿點火。

15世紀後期，明火槍增加了照門，並且發明了扳機，發射時扣動扳機，使火繩接觸藥池中的引火藥，再點燃用來發射彈丸的火藥。此外，還採用V型彈簧和齒輪的組合代替了簡單的槓桿，可以讓火繩夾牢固地保持在待發狀態，增加扳機力，降低走火的危險。由於這些改進，明火槍逐漸演化成為扳機擊發式火繩槍，即軍事史學家切斯（Kenneth Chase）所說的狹義上的musket。關於musket這個名稱的來源有不同的說法。最有意思的一說，是此詞源自義大利語的moschetto（一種雀鷹的名字），意即此槍像鷹一樣威猛精準。不知是巧合還是意譯，這種火槍傳到東亞後被稱為鳥銃。這種musket的效能比明火槍有明顯提高，被恩格斯稱為「最早的一種真正適於在戰場上為軍事目的使用的火槍」。

Musket是一個槍系，後來成了幾乎所有彈藥前裝的滑膛長管

火槍的統稱，包括火繩槍（matchlock，火種式火繩槍）、簧輪槍（wheellock，轉輪槍或齒輪式火槍）和燧發槍（flintlock）等。這些火槍不僅點火方式不同，型態也各異，因此不能說 musket 就是火繩槍。此外，在來福槍（rifle）發明之前，所有的火槍都是滑膛槍，因此也不能說 musket 等同於滑膛槍。在槍械發展史上，musket 是使用時間最長的槍型，它在 16 世紀取代了明火槍，18 世紀逐漸被來福槍取代，到了 19 世紀方消失於歷史中。因此在 16、17、18 三個世紀中，musket 是歐洲步兵最重要的武器。而在 17 世紀以前，matchlock（火種式火繩槍）又是主要使用的 musket，風靡世界達兩三個世紀之久。由於 matchlock 的使用時間最長，因此在習慣上也常將 musket 稱為火繩槍。這裡我們也從眾，把 musket 稱為火繩槍，不過要說明下面所講的火繩槍實際上主要只是火種式火繩槍。

　　火繩槍首次見於 1499 年義大利那不勒斯的一份武器清單，最早使用的記載則在 1521 年義大利的恰拉比戰役中。早期的火繩槍十分笨重，16 世紀西班牙的火繩槍口徑 23 毫米，全重 11 公斤。由於笨重，搬動很困難，火槍手在戰時往往要配有隨從來搬運，發射時往往要架在另一名士兵的肩膀上或者支在一根短矛或專門的支架上。同時大型火槍發射時後座力很大，而且彈藥裝填不易，因此發射速率很慢。

　　為克服這些缺陷，西歐工匠對這種火槍做進一步改進。在 1580 至 1630 年時期，槍長大多已縮小到 62 英寸（約 158 釐米）左右（其中槍管長 48 英寸，約 121 釐米）。到了 17 世紀末，火繩槍變得更加輕巧，大多數槍長只有 46 英寸（約 117 釐米），口徑也縮小到 0.75 英寸，其尺寸和現代步槍相差無幾。與此相應，火繩

槍在發射時的穩定方式也發生了變化。在 17 世紀末以前，火繩槍在發射時可用肩部、肩部上方和胸膛前部作為火槍的穩定點，但自此以後，幾乎都統一以肩部為火槍的穩定點。

　　儘管比以往的火槍優越，火繩槍也有一個致命的缺點，即依靠火繩點火。為此，火槍手需要攜帶大量的火繩，因此當時法國有「背上一法里長的火繩打一天仗」之說。其次，火繩點燃時很危險，稍不小心，火星就會點燃火槍手身上背著的藥囊或者藥袋，引起爆炸，傷及射手。再次，在戰鬥中，為保持備戰狀態，火繩必須一直點燃。火槍手身上攜帶著大量的散裝火藥，戰場上也往往有大量火藥殘留在地面，因此燃燒的火繩往往導致意外事故發生。最後，發射依靠火繩點火，不僅使得使用火槍在下雨天或者大風天作戰大受影響，而且在夜間行軍時，點燃的火繩還會暴露目標，招致敵人的攻擊。因此，如何改進火槍的安全性、便攜性並且做到隨時發射，就成了火繩槍問世後急需解決的問題。

　　16 世紀初歐洲人發明了簧輪槍，這是在改變火槍點火方式上進行的首次成功嘗試。簧輪槍的設計受鐘表弦軸原理的啟發，將火繩點火改為用燧石打火，點火部件主要有帶鋸齒的鋼輪、鏈條、彈簧和擊錘等，擊錘頭上裝有燧石，靠鋼輪表面的細齒與燧石摩擦而發火點燃火藥。由於不需要火繩，因此簧輪槍克服了使用火繩引起的各種問題。然而簧輪槍不僅結構複雜，維修保養麻煩，而且造價昂貴，因此只能在少數貴族軍官中得到使用。為了解決這些問題，燧發槍應運而生。經歷了一系列改進，比較成熟的燧發槍於 1620 年出現。燧發槍性能優於火繩槍，製作成本則大大低於簧輪槍，因此發明以後，逐漸越來越多地用於實戰，成為18 世紀歐洲步兵的重要火器。

在此時期，西歐人在提高火槍的發射速率方面也進行了許多努力。如前所述，火門槍的一個嚴重缺陷是操作過程複雜，導致發射速率十分緩慢。火繩槍雖然在點火設備方面有很大改進，但是上述問題並未得到根本改變。為了克服這一缺陷，西歐人嘗試製造多管火銃（volley-gun）。這種火器能夠同時或者連續發射，造成強大的火力。達芬奇設計出的扇形多管火銃就是最具代表性的成果。多管火銃也用到了實戰中。據說在15世紀末16世紀初，法國國王路易十二的軍隊使用了一種50管火銃，可以同時開火，形成密集的火力。稍後這種技術也從西歐傳到其他地方，16世紀初奧斯曼帝國也仿造出了8管火銃。但是由於點火方面的問題，這些多管火銃在技術上不成熟，因此也未得到廣泛使用。不僅如此，西歐發明的多管火銃主要是大中型多管火銃，製造和使用小型多管火銃的記載尚未見到。

在火砲技術方面，15世紀西歐還很落後。當時歐洲人對火砲的評價不高。到了1520年，著名的政治家和戰略家馬基雅維里（Niccolò Machiavelli）還說：「大砲經常打不中步兵，因為步兵的目標低，大砲瞄不準。如果砲口高了一點，砲彈就打到步兵後面去了；如果砲口太低，砲彈擦地而過，就打不到步兵跟前。」直到1604年，一位英國作家仍然說：「大砲很少傷人，或者從來沒有傷過人」，只要步兵「蹲下來，跪著，直等（砲彈）飛走」。

15世紀西歐火砲技術的主要進步在後膛裝填火砲的改進方面。經過不斷改進，這種火砲的性能有很大提高。16世紀葡萄牙人帶到亞洲來的佛郎機砲就是一種改進後的後膛裝填火砲。這種砲由母銃和子銃構成，母銃身管細長，口徑較小，銃身配有準星、照門，能對較遠距離的目標進行瞄準射擊；火藥裝填的位置

不在砲尾，而在後膛的側面；銃身兩側有砲耳，可將銃身置於支架上，能俯仰調整射擊角度；銃身後部較粗，開有長形孔槽，用以裝填子銃。每一母銃備有 5 至 9 個子銃，預先裝填好彈藥備用，作戰時輪流裝入母銃發射，因而提高了發射速度。不過這種砲未能解決由於後膛裝填火砲閉氣性能差而導致砲彈不能獲得足夠的推力的根本問題，同時在結構上也存在較大的缺陷，例如砲管較小，砲口徑不大，砲身與砲口比例不合理等，導致了火藥裝載量小，砲彈射程短，殺傷破壞力有限，因此後來逐漸被更先進的前膛砲代替。

　　15 世紀中葉，西歐鑄造技術有很大改進，可以把火砲鑄造成一個整體，從而解決了膛底密閉問題。在此基礎上，16 世紀西歐火砲技術出現了重要改進。16 世紀前期，義大利數學家塔爾塔利亞（Nicolo Fontana Tartaglia）發現砲彈在真空中以 45° 射角發射時射程最大的規律，為砲兵學的理論研究奠定了基礎。16 世紀中葉，歐洲出現了口徑較小的青銅長管砲和熟鐵鍛成的長管砲（即加農砲）。同時還採用了砲車，便於火砲的快速行動和通過起伏地。16 世紀末，出現了將子彈或金屬碎片裝在鐵筒內製成的霰彈，用於殺傷人馬。但是，雖然有這些進步，與火槍技術相比，16 世紀西歐火砲技術的發展顯然比較遲滯。例如要使砲射程遠、精度高、殺傷力大，砲管最佳長度應是砲口徑（即膛徑）的 20 倍或 20 倍以上，同時砲管的管壁要厚，以承受裝藥量大的砲彈爆炸所產生的巨大壓力。同時，因為火砲沉重，即使是最輕型的砲也很不靈便，移動很困難，需要很長時間才能安放好，做好發射準備工作。由於這些缺陷，17 世紀以前的火砲倘若用於攻城問題尚不太大（因為轟擊城牆對火砲的射擊精度和發射頻度要求不高），

但是如果是用於戰場情況瞬息萬變的野戰（特別是與行動迅捷的游牧人騎兵作戰時），問題就大了。

為了解決這些問題，1600年前後，一些西歐國家開始用藥包式發射藥，提高了發射速度和射擊精度。伽利略的彈道拋物線理論和牛頓對空氣阻力的研究，被運用到了火砲技術改進中。瑞典國王古斯塔夫二世（1611-1632年在位）採取減輕火砲重量和使火砲標準化的辦法，提高了火砲的機動性。這些改進意義重大，以致軍事史學家杜普伊（Trevor Nevitt Dupuy）斷言：「到了17世紀，砲的生產技術進步如此之大，以致在後來將近兩個世紀的時間裡，砲的射程、威力以及砲的主要型號基本上沒有大的改變。這時砲的改進主要限於機動性的提高，編制的改良，戰術以及射擊技術等方面。」

17世紀初期荷蘭人帶到東亞的火砲（中國人稱之為「紅夷砲」），就是這種新式滑膛大砲的通稱。這種火砲具有以下特點：（1）彈藥前裝；（2）砲身長2至3米，口徑多在100毫米以上，前細後粗，口徑大，砲身與膛徑之比多在20至40之間，藥室火孔處的壁厚等於膛徑，砲口處的壁厚則約為膛徑的一半，因此砲管有足夠的強度承受爆炸壓力；（3）多為重型砲，砲身自重在2噸以上；（4）尾部較厚，有尾珠，砲身中部有砲耳，砲身上裝有準星、照門，使射程和命中率大為提高，並且可用砲車運載；（5）以火砲的口徑為基數，按照一定比例設計火砲和砲車，從而提高了火砲的機動性。

綜上所述，16、17世紀西歐火器技術的進步是史無前例的。這些進步使得西歐在武器上獲得了無與匹敵的優勢地位。在軍事史上，技術進步往往引發整個軍事領域的變革。馬克思說：「隨

著新作戰工具即射擊火器的發明，軍隊的整個內部組織就必然改變了，各個人藉以組成軍隊並能作為軍隊行動的那些關係就改變了，各個軍隊相互間的關係也發生了變化。」在近代早期的西歐，隨著火器技術的不斷改進和火器使用的日益普遍，一些國家的軍隊組織形式和作戰方式也發生了重大的改變，由此導致了軍事革命的出現。

　　在歷史上，先進的軍事技術對於任何一個國家都是關係到其生死存亡的大事。因此各國無不積極引進先進軍事技術，以求自保或者求發展。瑞德（Anthony Reid）在《歐洲和東南亞》（*Europe and Southeast Asia: The Military Balance*）中說：「在世界文明的相互交流中，軍事技術總是最先被引進，因為若不如此，就會大難臨頭、國破族亡。」像火器這樣一種前所未有的殺人利器，一旦出現，當然就成為各國追求的目標。著名史家麥克尼爾（William H. McNeill）在《1450-1800年的火藥帝國時代》（*Age of Gunpowder Empires, 1450-1800*）中說：「武器和軍事組織方面的任何巨變都會使一些民族比以前更容易實現目標，卻也讓其他民族面臨前所未有、難以克服的困難，由此影響政治與社會。火器技術的出現正是這樣一種巨變。」因此這種先進技術出現後，雖然擁有者力求保密，但是傳播和流布是不可避免的。

四、「中學」外傳：16世紀以前軍事技術的傳播

　　火器技術最早在中國出現後，逐漸在世界其他地區傳播開來。大體來說，火器技術的世界傳播可以分為兩個階段。第一個階段是在12至15世紀，傳播方向是由東向西，亦即從中國經絲

綢之路，最終傳到西歐；第二階段則是16、17世紀，方向是由西向東，亦即從西歐向東擴散到世界各地。在本節中，我們來看看第一階段的情況。

在中國和西歐之間，有一個廣大的中間地帶，即橫亙歐亞大陸的內亞、中亞、西亞、南亞以及東歐。在歐亞大陸的東部邊緣地帶（即東北亞和東南亞）也捲入了火器技術的傳播版圖。在這裡，我們姑且把這兩個地帶分別稱為「歐亞大陸中間地帶」，簡稱「中間地帶」，和「在歐亞大陸的東部邊緣地帶」，簡稱「東邊地帶」。

（一）「中間地帶」：火器技術的西傳

火器在中國出現後，在「中間地帶」逐漸傳播開來，主要傳播者是蒙古人。在蒙古興起之前，女真人、西夏人在與宋朝的戰爭中學會了製造和使用火器，蒙古人又從金朝人和西夏人那裡學到火器技術。1218至1223年，成吉思汗發動第一次西征，就使用了中國的弩砲、火箭和飛火槍等武器。這是火器首次出現於中亞。蒙古人發動第三次西征，於1258年攻陷巴格達，消滅了伊斯蘭世界的中心——阿巴斯哈里發帝國（750-1258）。在這個過程中，火器技術也隨蒙古人傳入阿拉伯地區。阿拉伯人哈桑·拉曼1285至1295年間寫的兵書《馬術和軍械》中說：不但火藥起源於中國，就連煙火、火器都是從中國傳入的。因為中國當時被稱為「契丹」，所以阿拉伯人稱火藥的主要原料硝為「契丹雪」，火箭為「契丹火箭」。阿拉伯人從蒙古人那裡學到火器技術後，後來用來與歐洲人作戰。在戰爭中，歐洲人也從對手處學到火器技術。

火器也隨著蒙古大軍傳到了印度。成吉思汗消滅中亞強國花

刺子模後，乘勝抵達印度河。在這次戰爭中，印度人第一次領略了火藥的威力。到了蒙古帝國時期，元朝與統治北印度的德里蘇丹國來往密切，後者也由此獲得了火器知識，該國從中國進口的貨物中就包括了製造火藥的主要原料硝石。印度南部的印度教國家維查耶納伽爾帝國（Vijayanagar, 1336-1567）與中國的關係也頗為密切，鄭和出使西洋時多次在此登陸。在維查耶納伽爾，1366年就已有火器的記載。後來1443年波斯使者到達這裡時，也看到煙火、爆竹的表演，並注意到「各種煙火或在維查耶納伽爾製造，或從外國進口」。由此來看，南印度可能早在14世紀末或者15世紀初就已能夠生產用以製作煙花和爆竹的火藥了。

（二）「東邊地帶」：火器技術的東傳

　　東亞各地的火器技術都源自中國。屬漢字文化圈的朝鮮、安南、日本，以及中南半島上的緬甸、柬埔寨和泰國等，先後從中國學會了火器技術。

1. 東北亞

　　朝鮮：西元1201年，元朝征服了高麗，設立了征東行省，火器技術由此傳入朝鮮。洪武二十五年（1392），高麗大將李成桂自立為王，改國號為朝鮮，與明朝關係親密。朝鮮屢屢遭受倭寇的侵略，明朝予以大量的軍援，包括大量的火藥和火器。僅在1374年，明朝政府一次就向朝鮮調撥焰硝50萬斤、硫磺20萬斤及各種火器，作為抗擊倭寇的準備。1380年，配備火器的朝鮮軍隊以羅世為元帥，崔茂宜為副帥，與500艘來犯的倭寇戰船展開激戰，取得大捷。在這次水戰中立下赫赫戰功的羅世是流亡到朝

鮮的中國人，崔茂宜是朝鮮火器技術的奠基人，在1352至1374
年間擔任朝鮮李朝軍器監判事，深知火器在戰爭中的作用，極力
主張自行製造火器，聘請到中國焰硝工匠李元，學會煮硝合藥之
法。1377年，崔茂宜奏設火桶（朝鮮稱火銃為火桶）都監，模仿
明朝制式製造火藥火器，並仿照明朝軍隊中的神機營，成立了使
用火器的部隊。朝鮮在世宗年間從日本進口硫磺總量高達78,200
斤。這些硫磺即主要用以製造火器。

日本：中國火器也是由蒙古人傳到日本的。西元1274年（元
朝至元十一年，日本文永十一年），元朝尚未征服南宋，就派遣
大軍東征日本，占領了對馬島和壹岐島，進兵至博多灣，後因為
不熟悉水戰，又遇颱風，遂退兵。日本史稱這次戰爭為文永之
役。1281年（元朝至元十八年，日本弘安四年），元朝再派遣大
軍東征日本，結果再遇颱風，軍中疫病流行，無功而返，日本史
稱弘安之役。在這兩次戰爭中，元軍威力強猛的火藥火器使日本
人受到很大震動。日本的《蒙古襲來繪詞》（1293）中描繪了弘
安之役的情景，說元軍發射出的盛有火藥的鐵罐，向日本武士飛
來，爆炸後冒出黑煙和閃光，伴隨震耳欲聾的巨響，日本武士慌
亂，人馬死傷甚眾。日本人也由此接觸到中國的火器技術。到了
15世紀初，日本軍隊已經使用火器，在《元寇襲來圖》上就已出
現了火砲。15世紀中期日本出現了應仁之亂（1467-1477），戰鬥
中使用了飛砲、火槍。隨後，日本繼續引進中國火器技術。日本
永正七年（1510），中國的銅銃傳入堺町，爾後又傳入關東。享
祿元年（1528），堺町按照中國火銃的式樣，仿製出了長度30至
40釐米，重量2公斤的小銅銃，但是這種小型火銃的實戰意義有
限，因此並未成為日本軍隊的主要武器。此時的日本尚未掌握製

硝技術，但盛產製作火藥的另一種重要原料——硫磺。永樂初期，中國與日本貿易有一定程度的恢復和發展，雙方物資交流增加，日本出口貨物以硫磺和銅為大宗商品。永樂元年（1403）一次就卸下硫磺一萬斤，可見硫磺已成為中日貿易的重要商品。

2、東南亞

兩次東征日本失敗並未阻止元朝向外擴展的行動。至元十九年（1282），元朝出兵占城，至元二十年（1283）、至元二十四年（1287）兩次征討緬甸，至元二十二年（1285）、至元二十五年（1288）兩次征討安南，至元二十九年（1292）出兵爪哇。在此過程中，中國火器技術也傳入了這些地區。

安南：元朝兩次征討安南，都使用了火器（如噴火筒、火箭、銃砲等），火藥技術在此過程中傳入安南。明朝初年征討安南，明軍使用火銃神機箭以對付當地的象陣。這種神機箭為金屬筒，筒內裝置發射火藥，將箭或鉛彈激發出去，其構造類似火槍。這是明朝火器首次大規模使用在安南戰場。到了安南後黎朝時期（1428-1526），安南人已會製造銃砲、火筒等火器。過去有記載說永樂時「征交趾，得火器法」，因此認為明朝火器是從安南傳入的。但這是一種誤解，因為這時安南使用的火器，中國早已存在和使用了。

真臘（柬埔寨）：元朝人周達觀的《真臘風土記》說，在真臘的京城吳哥，每年新年（中國的10月），王宮都要放煙火：「每夜設三、四座或五、六座（高棚），裝煙火、爆竹於其上……，點放煙火、爆竹。煙火雖百里之外皆見之，爆竹其大如砲，聲震一城。」由此可見，柬埔寨在13世紀末已能生產火藥，

圖3.1　暹羅大城王朝

所以才能大量製造煙花爆竹。

　　暹羅（泰國）：在素可泰王朝（1257-1436）時期，每年5月也都在王宮前燃放煙花和爆竹。這說明暹羅從13世紀以後也掌握了火藥製作技術。柬埔寨和暹羅的火藥技術是來此經商的華人帶來的。

　　緬甸：緬甸的火器技術是通過中國雲南陸路傳入的。元朝時，緬甸蒲甘王朝興起，與元朝發生衝突。元朝發動了征緬戰爭，從至元十四年至大德七年（1277-1303）持續了26年，並於至元二十四年（1287）攻占蒲甘，蒲甘王朝滅亡。大德三年

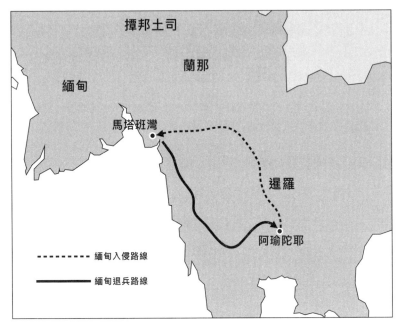

圖3.2　緬甸入侵暹羅圖

（1299），緬甸撣族人發起了反元起義。元軍幾經征戰失利，於大德四年（1300）8月「罷征緬兵」。戰爭結束後，雲南西南邊疆的麓川撣族政權興起，到了元末明初發展成為一個強大的地方政權，與明朝和緬甸都發生了多次戰爭。從洪武十八年（1385）到正統十三年（1448），明朝發動了五次大規模的軍事征討（包括有名的「三征麓川」之役），大小戰事不計其數，「軍費所需，萬萬不可計」，才消滅了麓川政權。在元明與緬甸和麓川的戰爭中，中國的火器技術也傳到了緬甸。到15世紀末，緬甸製造的火器已經出口到其他地方。1511年葡萄牙人占領馬六甲時，發現那裡有些火器是緬甸生產的。

　　南洋群島：至元二十九年（1292）元朝派遣船千艘、軍隊2萬征討爪哇，占領爪哇一年之久，中國的火器技術也因此已經傳入這裡。來此經商的華人也帶來了新年燃放煙花爆竹的風俗。1443年時，蘇門答臘的煙花已頗為興盛。16世紀初義大利旅行家瓦泰馬（Ludovico di Varthema）來到馬六甲和蘇門答臘，特別提到這裡的人是製造煙花的技術能手。可見他們已經能夠製造火藥了。

　　上述「中間地帶」和「東邊地帶」的一些國家在學到中國火器技術之後，也進行了一些改進。例如阿拉伯人先前在與拜占庭帝國的戰爭中，遭到拜占庭人使用拋石機投擲「希臘火」（一種用石油、硫磺和瀝青混合製成的易燃物質）予以痛擊。阿拉伯人從對手那裡學到了這種技術，他們後來從蒙古人那裡學到製造燃燒火器的技術後，就用「希臘火」投擲機來投射火器。13世紀末和14世紀初，阿拉伯人將蒙古人傳去的火銃和突火槍加以改進，發展成為兩種新型的火器，稱為「馬達發」。其中一種是用一根長筒，裝填火藥後，再將一個鐵餅或鐵球裝入筒中，筒口插箭，引線點燃後，火藥發作，推動鐵餅或鐵球，將箭射出。其原理出自突火槍，不同之處在於突火槍的子窠是紙製的，阿拉伯人則用鐵餅和鐵球推動筒口的箭，因此增強了實戰效果。

　　安南從中國學習到火器技術後也加以改進，最重要的是點火裝置的改進。永樂朝征安南，明軍發現了安南火器的優點，於是引入了安南火器製造技術。明軍俘獲了安南的火器專家黎澄，將其送到南京，明朝任命他為行在工部營繕司主事，專門督造兵仗局的銃箭、火藥等兵器，此後歷任明朝工部郎中、右侍郎、左侍郎，正統十年（1445）升工部尚書，次年去世，享年73歲。由於

他的貢獻，明代軍中凡祭兵器，必定要祭拜黎澄，將其奉之為「火藥之神」。在他主持下，明朝對火銃點火裝置進行了改進，在火銃的火門外設置了長方櫃形藥槽，以火藥引發，點火操作簡便可靠；藥槽上有可活動啟閉的蓋子，防止風雨吹散淋濕點火藥，因此即使在惡劣的氣候條件下，火銃也能保持待發狀態，從而提高了火銃的作戰能力。

　　總體來說，這一階段的火器技術傳播主要是通過戰場接觸來達到的，局限性很大。因此火器技術從中國傳到西歐，用了幾個世紀的時間。同時，在中國與西歐之間的廣大「中間地帶」和亞洲東部的「東邊地帶」，火器技術的運用很有限，這些地區對火器技術做出了一些改進，但是都不大。

五、「西學」擴散：16、17世紀軍事技術的傳播

　　到了16、17世紀，火器技術的傳播出現了非常不同的情況，不僅傳播的速度和範圍空前擴大，而且許多地區在引進火器技術的過程中也對這些技術做了重要改進。

（一）「中間地帶」：伊斯蘭世界火器技術的傳播與改進

　　16、17世紀，出現了伊斯蘭教的擴張重新取得咄咄逼人的勢態，形成了伊斯蘭第二次大擴張，伊斯蘭世界也由此進入了「伊斯蘭三帝國時代」。這三個帝國都是非阿拉伯人建立的，即土耳其奧斯曼帝國（1299-1922）、波斯薩菲（Safavid，也譯為薩法維）帝國（1501-1736）和印度莫臥兒帝國（1526-1858）。它們的擴張都建立在火器運用的基礎之上，因此麥克尼爾（William H.

McNeill）將其稱為「火藥帝國」（Gunpowder empires）。

這三個火藥帝國的火器技術都來自西歐。其中奧斯曼帝國與西方接觸最多，獲得西歐火器技術也最早，使用火器也最為成功。火繩槍在15世紀末出現於歐洲，之後不久傳入了奧斯曼帝國。傳入後，奧斯曼帝國工匠加以改進，造出了一種被軍事史學家稱為「亞洲式火繩槍」的火槍。這種火槍與歐洲的火繩槍在結構上有頗大差異，一些專家認為在技術上領先於歐式火繩槍。這種火繩槍後來傳到伊斯蘭世界其他地區，17世紀初傳到中國，被稱為魯密銃。

在火砲方面，早在14世紀末、15世紀初，奧斯曼土耳其人就已有砲兵了。在1430年土耳其人進攻拜占庭第二大城市薩洛尼卡的戰鬥中，第一次成功地使用火砲攻城。在15和16世紀，土耳其人使用的火砲在技術上不如西歐火砲先進，但是體量更大，因此可以發射更大的砲彈。這個優點，在土耳其人攻克拜占庭帝國首都君士坦丁堡的戰役中表現得淋漓盡致。

君士坦丁堡的城牆始建於西元330年羅馬帝國皇帝君士坦丁一世在此建都之時，以後經無數次的加建及修補，成為世界史上最複雜及最精密的要塞體系之一。在以後的拜占庭帝國（即東羅馬帝國）時代，這座城牆有效地抵擋住了多個入侵強敵的進攻，被稱為堅不可破的防線。但是到了1453年，情況發生巨變。這一年，土耳其大軍圍攻君士坦丁堡。此時拜占庭帝國已衰落不堪，面對超過10萬之眾的奧斯曼大軍（包括最精銳的蘇丹禁衛軍2萬人），君士坦丁堡的守軍僅有7,000人（其中還有2,000人是忠誠性可疑的外國雇傭兵），在兵力上處於絕對劣勢。但是借助於堅固的城牆，守軍頂住了土耳其人的猛烈攻勢。土耳其人久攻不

下，最後使用了殺手鐗——巨砲。這些巨砲是土耳其人重金聘請
的匈牙利造砲專家烏爾班（Urban，也作Orban）為他們建造的，
其中最大的可以發射1,900磅重的巨大石彈，土耳其人用了一隊
由60頭牛和200名壯丁組成的隊伍，才把這門巨砲從當時奧斯曼
帝國首都埃迪爾內（Edirne，舊稱哈德良堡或阿德里安堡）拖曳
到君士坦丁堡城下。除了這門「砲王」外，其他巨砲也很可觀。
今日在博物館裡還可以看到一門土耳其人1464年鑄造的達達尼爾
巨砲（The Dardanelles Gun），砲膛由兩段各長52米、直徑63釐
米的砲管合成，砲重16噸，可以把重1,500磅石彈發射到數英里
之外。君士坦丁堡城牆經不起這些巨砲的轟擊，出現了大缺口，
土耳其軍隊由此蜂擁而入，君士坦丁堡陷落，基督教的千年帝國
拜占庭由此畫上了句號。這一事件導致連接歐亞兩洲的陸上貿易
路線中斷，最終促成歐洲人發現新大陸。因此這是火器改變歷史
的典型事例。

　　奧斯曼帝國的老對頭波斯薩菲帝國是中亞游牧人土庫曼人建
立的，一向以其優秀的騎兵聞名。但是1514年奧斯曼帝國與薩菲
帝國會戰於恰爾迪蘭（chaldiran）時，奧斯曼軍的火器部隊加尼薩
利軍團予薩菲軍的精銳部隊「紅頭軍」猛烈打擊，由此在伊斯蘭
世界引發了「火藥革命」的浪潮。此後波斯人也開始引進火器。
薩菲帝國皇帝阿巴斯一世不僅引入奧斯曼槍砲技師，而且從格魯
吉亞人、亞美尼亞人等基督教徒中招募通曉火器使用的人，組成
火砲和火槍部隊。他還聘用英國火砲專家謝利（Robert Sherley）
和一批製砲工匠為其製造火砲。他們所造火砲數量很大，使阿巴
斯的軍隊能夠在單次戰役中使用多達500門火砲。此後在一個短
時期內，阿巴斯創建了自己的砲兵部隊（1,200人）和火繩槍部隊

（也有1,200人）。軍隊的主力騎兵（10,000-15,000人）中，也有許多人配備了火繩槍。薩菲軍隊由此成為一支強大的武裝力量，得以征服和控制中亞廣大地區。這些地區本是反覆無常的游牧人的天下，如果沒有火器，波斯人是很難使之就範的。

　　成吉思汗西征時，印度人獲得了火器技術知識，但是沒有廣泛使用。1514年的恰爾迪蘭戰役中土耳其人使用火器大敗波斯人，給印度的穆斯林莫臥兒統治者以深刻的震撼。由於莫臥兒統治者與奧斯曼帝國關係良好，因此他們聘請了土耳其製砲專家庫里（Ustad Ali Quli）為他們製造火砲。在1526年的第一次帕尼帕特（Panipat）戰役中，莫臥兒軍隊使用了大批的火砲，其中最大的砲可以發射540磅重的砲彈。1647年，中亞烏茲別克人入侵印度，莫臥兒軍隊用火器打敗了強大的烏茲別克騎兵。這次戰役被認為是世界歷史上最後一次火藥帝國與游牧帝國之間的大戰。莫臥兒帝國依靠引進的火器技術，征服了印度北部和中部大片土地。16世紀，印度南部的印度教諸王國也引進了葡萄牙的火器技術來對抗莫臥兒人，從而成功地保全了獨立。前面提到過的維查耶納伽爾帝國是印度次大陸最早使用遠程火砲的國家。他們先前通常從中亞的土庫曼人中招募砲手，後來則從葡萄牙人中招募砲手和火繩槍手。在1520年圍攻賴久爾（Raichur）堡的戰鬥中，葡萄牙火繩槍手起了很大作用。維查耶納伽爾軍用火砲轟擊城堡，最終奪取了該要塞。

　　由於伊斯蘭三帝國的積極提倡，先進火器在伊斯蘭世界迅速普及。其中奧斯曼帝國起了特別重要的作用。1542年，奧斯曼帝國蘇萊曼大帝（Süleyman I）向中亞的河中地區派出了操作火繩槍和輕砲的加尼薩利軍團，官兵可能多達500人。這些軍人有許

多後來留了下來，效忠於中亞地區的穆斯林統治者。當時河中地區尚未普及鐵製火繩槍的製造技術，奧斯曼火器技術知識傳入後，大大促進了中亞火器技術的提高。烏茲別克諸汗國的火器製造業與火器軍隊的編制都深受奧斯曼帝國影響。他們聘用來自奧斯曼的火器工匠，來為他們生產火器。這些工匠們在中亞文獻中被稱為魯密（rumi）或魯密儒（rumiru），他們用奧斯曼技術製造的火槍也稱為魯密銃。在這些工匠的幫助下，布哈拉汗國在16世紀中葉開始自製火繩槍，最初是用熔點較低的銅，後來從奧斯曼軍人處習得鐵質火繩槍的製造技術。17世紀時，撒馬爾罕、布哈拉、巴爾赫都能製造鐵質火繩槍和用熟鐵鍛造奧斯曼式輕型野砲，塔什干與安集延則成為與俄國和莫臥兒帝國進行火器走私貿易的中心。1609年，奧斯曼蘇丹再次向布哈拉汗國輸送一批槍砲，以牽制薩菲帝國。中亞諸國引入奧斯曼火器時，也有選擇的接納了相關戰術。巴卑爾（亦有譯為巴布爾，Zahir-din Muhammad Babur, 1483-1530）在1526年帕尼派特之戰時採取的火器陣法，就是得益於奧斯曼顧問的指導，幾乎是奧斯曼軍隊在恰爾迪蘭戰術的翻版。下面我們要談到萬曆時期傳入中國的一種先進火槍魯密銃，可能也是中亞製造的。

　　大體而言，伊斯蘭世界的先進火器技術主要來自西歐。這些技術引進後得到改進，特別是在火槍方面，創造出了亞洲式火繩槍，在火砲方面，造出了更大的火砲。但是從總的技術方面來說，改進不算太大。

（二）「東邊地帶」：東亞世界火器技術的傳播與改進

　　與西亞、中亞和南亞相比，東北亞和東南亞的火器技術在

16、17世紀中傳播和改進的情況更為明顯。先進火器技術的主要來源地也是西歐，傳到東北亞和東南亞後，也得到廣泛運用，而且在一些國家得到重要的改進。其中，中國在火器技術的引進和改進方面成就最為突出。

1、東北亞

日本：歐洲火器傳入日本始於1543年（日本天文十二年），極富戲劇性。據日本僧人南浦文之在《鐵砲記》所言，此年8月，後來成為倭寇首領的徽商汪直的船從中國寧波的雙嶼出海航行，船上乘客中有兩個葡萄牙人，日本人音譯其名為牟良叔舍和喜利志多侘孟太，其中一人就是歷史上有名的平托（Fernão Mendes Pinto）。起航後遇到逆風，船隻迷失了方向，漂到了日本九州鹿兒島縣所屬的種子島，這兩個葡萄牙人也成為第一批到達日本的歐洲人。他們帶來了兩把日本人從未見過的火槍，這種火槍「長二三尺，中通外直，底部有塞，其旁有一穴，為通火之路，入藥其中，添以小團鉛」，即可進行射擊。試射之時，「其發也，如掣電之光；其鳴也，如驚雷之轟。聞者莫不掩其耳矣」。這種火槍的性能遠遠優於日本人所使用的火銃。日本人將其稱為「南蠻鐵砲」（即南蠻人帶來的鐵砲。當時日本人稱西洋人為南蠻，稱火繩槍為鐵砲），日本史家也將此事稱為「日本鐵砲之始」。當時種子島的領主惠時、時堯父子，見其威力強大，便花費重金購置了兩把「南蠻鐵砲」作為家藏珍寶，力邀葡萄牙人傳授該槍的製造和使用之法，並請著名的工匠八板清定來研究並仿製鐵砲，但未成功。1544年，葡萄牙商船來到種子島，八板向這些「南蠻人」學得了製造的秘訣，造出了火槍。翌年，第一支日本火繩槍誕生

了，八板清定也因此被稱為「薩摩鐵砲鍛冶之祖」。時堯購買的2枝火槍中之一轉讓給了紀州的津田算長。津田與鐵匠芝遷清右衛門一起也仿製出鐵砲，成為「津田流鐵砲術」的始祖。天文十三年（1544），商人橘屋又三郎從八板清定處學得鐵砲製法後回到堺町，由此成為鐵砲貿易商，堺町也成為鐵砲與火藥供給的中心都市。

在仿製和傳播的過程中，日本人對火槍不斷進行改進。立花道雪設計了一種名為「早入」的裝置，射手事先稱量好一次發射所需的火藥，與彈丸一起封裝在一個個竹筒裡，隨身攜帶。作戰時，就可以依次拆開這些竹筒，迅速完成裝填，從而大大提高了火繩槍的射速。經過日本改進的火繩槍，中國人稱為鳥銃，性能比葡萄牙人帶來的火繩槍好，因此明朝也從日本引進鳥銃技術，於是有了「鳥銃得自倭人」之說。在火槍改進過程中，日本工匠在螺絲技術、硝石人工製造技術方面也取得成功。在火槍使用方面，日本也取得很大進步，其中最重要的是織田信長發明的「三段擊」的方法。他安排士兵3個人一組，讓其中射擊精度最高的士兵充當射手，其餘兩個則負責槍彈和火繩的裝配工作。在射手射擊之後，由第二名士兵接過火槍並從前端裝入火藥，搗實之後裝入槍彈。第三名士兵同時從後方調整火繩的位置，將扳機移至原位，然後把火槍遞給射手，從而實現不間斷射擊。這種方法就是有名的「織田三段擊」。這是火繩槍作戰最有效的方法。

日本人在製造大型火繩槍方面也取得了很大的成就（他們稱火繩槍為鐵砲，大型火繩槍則稱為大鐵砲）。大鐵砲出現在天正年間（1573-1592），代表作品為國友宗俊製造的「雷破山」，因其威力強大可比疾雷而得名。稻富一夢齋也是製造大鐵砲的高

手，曾經製造了186釐米長的大鐵砲「稻富筒」。大鐵砲可以單人持用，裝在船上的大鐵砲更成為了豐臣秀吉侵朝戰爭中日本水軍的主要重型火器。織田信長、豐臣秀吉在討伐日本各地諸侯過程中，都使用了大鐵砲。

但是日本在引進火砲技術方面做得不成功。當時日本鑄造工藝不發達，因此不能很好消化西歐火砲製作技術。在萬曆時期的中日朝鮮戰爭中，沒有發現有日軍使用西式大砲的記載。日本軍隊使用的遠程武器是大鐵砲，這種大鐵砲雖然比普通鐵砲威力大，但卻不能與大砲相比。因此在朝鮮戰爭中，日軍遭到明軍的西式大砲痛擊時卻無招架之功，更無還手之力。

朝鮮：不像日本，朝鮮在引進西歐火器技術方面頗為落後。朝鮮與西歐人接觸很晚，對於引進西歐火器技術也不熱心。在中日朝鮮戰爭之前的1589年，日本對馬島主宗義智向朝鮮國王獻上鳥銃2枝，朝鮮人才知道鳥銃，而在日本和中國，鳥銃早已是軍隊使用的主要火器。1592年日本入侵，明軍入朝，朝鮮大將柳成龍等報告中說：明軍火器「其中多有我國未有之制」，「諸戎器奇形異制，皆非我國人所能用」。到了此時，朝鮮也開始製造鳥銃，採取降倭優待政策，讓他們來製造。但是一直到1598年戰爭結束，依然未有朝軍在戰場上使用鳥銃的記載，可見這種火器尚未得到廣泛使用。在戰爭後期，在明朝大力支援下，朝鮮開始建立自己的火器部隊。明朝東征經略宋應昌、南兵將領駱尚志等人向朝鮮國王提出了練兵建議，並以明朝援朝部隊中的部分兵將和教師成為指導，訓練朝鮮軍隊。到了萬曆二十五年（1597）6月，總計經練成軍的部隊已近2萬人，其中陸軍使用的各樣大砲達300門。自此，朝鮮方擁有一支能夠作戰的火器部隊。

2、東南亞

在16世紀的東南亞，一些國家積極引進西歐火器技術，主要手段是購買西歐火器，以及強留槍砲鑄造工匠來為之製造火器。在東南亞各地，引進西歐火器最成功的是中南半島上的安南、緬甸和暹羅。在暹羅的首都阿瑜陀耶（Ayutthaya，中國人稱為大城府）的中國人和在緬甸的白古（Pegu，今通常譯為勃固）的印度人，首先在東南亞建立了火器製造工廠。

安南：安南在後黎朝（1428-1526）時已經可以生產銃砲、火銃等火器。到了16、17世紀，安南人從與葡萄牙、西班牙和荷蘭人的接觸中得知歐洲火器技術，並從安南沿海的歐洲沉船中打撈到槍砲，用作樣品，雇用歐洲工匠為他們製造火器。17世紀後黎朝分裂，南部的阮氏政權已擁有1,200門左右大小口徑不一的銅砲，北部的實際執政者鄭氏則擁有50至60門鐵砲，從隼銃（falcon）到寇飛寧（culverin）砲一應俱全。鄭氏軍隊中有一支7,000至8,000人的部隊，裝備有1至1.2米長的重火繩槍。這些士兵都攜帶皮製的彈藥箱，裡頭裝有數份剛好供一次發射所需火藥量的藥包，以便將火藥迅速倒入槍管，因此被認為是裝填最快的火槍手。在明末，安南人開發出了一種性能優良的火繩槍，中國人稱之為「交銃」（意即交趾火銃）。有人認為這種交銃在威力及性能等方面都優越於西方和日本的「鳥銃」及「魯密銃」。明清之際人劉獻廷說：「交趾……善火攻，交槍為天下最。」屈大均則說：「有交槍者，其曰爪哇銃者，形如強弩，以繩懸絡肩上，遇敵萬銃齊發，貫甲數重。」

緬甸：16世紀初期葡萄牙人來到緬甸。1534至1537年期間，緬甸東吁王朝三次圍攻白古城。由於守軍使用了葡萄牙火

器，緬軍由此領略了西歐火器的厲害，於是積極學習西歐火器知識。17世紀初，緬甸軍隊從葡萄牙人手中奪取沙廉（Syriam）後，將俘虜的歐洲人強遷到上緬甸的阿瓦（Ava），隨後又把千餘名俘獲的穆斯林水手和火器手也遷到那裡，將這些戰俘及其後代編入軍隊，成為緬軍火器部隊的骨幹。在一些軍事行動中，緬甸人還雇用了使用火器的外國雇傭兵，同時也建立了緬甸人組成的火器部隊。16世紀中期緬甸人把槍砲成功地融入步兵和戰象的單位中。火繩槍手和砲兵與其他部隊的比例達到1：2或1：3。借助於先進的火器，緬甸成為中南半島上的超級強國，積極向東擴展，一度滅亡了暹羅。在1564年攻克暹羅首都阿瑜陀耶的戰役中，緬甸軍隊就使用了西式火器。

暹羅：為了對抗緬甸，暹羅也積極尋求先進的火器技術。1538年，暹羅國王巴拉猜王雇用了120名葡萄牙人組成自己的私人衛隊，並讓他們教暹羅人如何使用歐洲火器。到了16世紀末，暹羅已能製造火藥和火槍，質量都很好，連日本的實際統治者德川家康也央求大城王朝統治者贈予槍枝和火藥。但是暹羅無法鑄造出能夠對抗緬甸人的火砲，因此積極向西歐購買。暹羅人在火器使用上也有改進，火砲的口徑和裝藥量都刻在砲管上，避免過量裝藥引起炸膛。由於積極引進火器，暹羅也一躍而成中南半島的軍事強國。

南洋群島的情況頗有不同。除了菲律賓之外，南洋群島的大部分地區在16、17世紀大多已接受了伊斯蘭教，成為伊斯蘭世界的一部分。借助與伊斯蘭世界（特別是奧斯曼帝國）的聯繫，許多南洋土邦也發展起了火器技術。位於蘇門答臘島北部的亞齊蘇丹國，在16世紀時就得到奧斯曼帝國的大量援助。亞齊進攻滿剌

加（馬六甲）時，奧斯曼帝國派出500名土耳其人去援助亞齊，其中有火器手、火器鑄造工匠、工兵，並攜帶著巨砲和充足的彈藥。土耳其人也把製造火砲的方法傳授亞齊人。到了17世紀早期，亞齊已有相當數量的火器。亞齊蘇丹伊斯康達爾・慕達（Sultan Iskandar Muda）自稱其武庫中擁有大約2,000件火器，包括1,200門中口徑的銅砲以及其他800門回轉砲（swivel-guns）和明火槍（arquebus）。歐洲人來到後，亞齊人也開始採用更為先進的歐式火器。馬來半島一些土邦也從伊斯蘭世界引進了火器。葡萄牙人在1511年攻占滿刺加時發現了大量火器，其中火砲多達3,000多門，包括小型的鍛鐵回轉砲（esmeril）、小隼銃（falconet）、鷹銃（saker）。葡萄牙人認為火器是在緬甸的白古與暹羅的阿瑜陀耶鑄造的，但許多人認為是馬來工匠鑄造的，並認為其槍砲鑄造工藝可匹敵當時公認為執歐洲火器製造龍頭的日耳曼工匠。在爪哇，17世紀早期的泗水已經製造銅砲。到了17世紀中期，龍目島西海岸的馬打蘭（Mataram）土邦，能夠在3個月之間製造出800枝火槍。

　　總之，在16和17世紀，東南亞的火器製造業能夠生產相當數量的火器，所用的技術先是來自伊斯蘭世界，後來則來自西歐。其獲取西歐火器技術主要是俘虜或者招募歐洲的士兵與海員，讓他們來為自己製造歐式火器。通過這樣的管道所獲得的技術知識當然十分局限，而東南亞人對這些火器技術做的改進也很有限。同時，他們引進火器，不僅向外國人購買，也主要請外國工匠來製造，甚至由外國雇傭兵組成使用火器的部隊，作為其火器部隊的核心。因此在某種意義上可以說，火器技術依然是一種外來技術，並未真正在本地生根。也正因為如此，在東南亞（特

別是南洋群島）的戰爭中火器的使用並不普遍。例如在爪哇，很少有大規模的戰役，主要的戰鬥限於酋長與重要官員組成的前鋒，戰鬥很少持續超過兩小時，使用的主要武器是長矛以及匕首，而不是火器。爪哇軍隊只有五分之一為戰鬥人員，其中持有槍砲的不到10%。在爪哇的戰爭中，火砲主要用來轟擊木砦，很少用於攻城。總之，與東北亞的情況不同，火器在東南亞（特別是南洋群島）往往只是作為傳統冷兵器的補充。這也是從一個方面解釋了為什麼人數很少、但使用先進的火器的西歐殖民者能夠輕易征服這一地區並建立殖民統治。

（三）中國：火器技術的傳播與改進

　　明代中國在引進外國軍事技術方面從不保守。前面已經說到，明初曾從安南引進過火器。到了16、17世紀，引進西歐火器技術成為潮流。大體而言，這種引進可以分為兩個階段。第一階段（1520-1620）引進的主要是佛郎機和鳥銃，第二階段（1620-1644）引進的主要是紅夷砲。

　　最早傳入中國的西方火器是佛郎機和鳥銃，都來自葡萄牙。1511年，葡萄牙人攻陷滿剌加。葡萄牙艦隊司令積極與在馬六甲經商的中國船主交朋友，請他們幫助向暹羅派遣使者。在與葡萄牙人的接觸中，中國海商接觸到了他們帶來的火器。明人沈德符說：「弘治以後，始有佛郎機砲。」又說：「正德十五年滿剌加為佛郎機所併，遣使請救。御史何鰲言：『佛郎機砲精利，恐為南方之禍。』」，「佛郎機最凶狡，兵械較諸蕃獨精。前歲駕大舶突入廣東會城，砲聲殷地」。何鰲說「前歲駕大舶」，說明佛郎機砲傳入中國應在正德十五年（1520）以前。事實上，中國人使用佛

郎機砲還更早。正德五年（1510）有「廣東盜」郭芳入犯福建仙遊縣，當地「義民」魏升協助官府，「以佛郎機砲百餘攻之」，將盜匪擊敗，說明佛郎機砲已在福建沿海得到相當普遍的使用。稍後，正德十四年（1519），王守仁（即王陽明）在平定寧王朱宸濠叛亂的戰鬥中，家住福建莆田的退休兵部尚書林俊（字見素）用錫做了佛郎機銃的模型連同火藥方，派人一同送給王守仁。王守仁使用佛郎機銃作戰，結果「震驚百里賊膽破」，大獲全勝。王守仁於次年寫了一篇〈書佛郎機遺事〉，並為之作歌。林俊與福建海商關係十分密切，佛郎機砲應當就是福建商人從南洋引進的。因此大體來說，1520年以前中國就已經知道佛郎機砲了。

　　中國與葡萄牙的直接交往，始於1517年。這年葡萄牙商船航行到廣州港，鳴放大砲，銃聲如雷，自稱是佛郎機國來進貢。當時廣東僉事顧應詳正在著手征剿海寇雷振，葡萄牙人「獻銃一個，並火藥方」，經顧應詳在教場中演習，證明它是「海船中之利器也」。他還對火砲的特徵做了詳細的描述，但認為這種火砲只能用於海戰或守城，「持以征戰則無用矣」，因此沒有進一步推廣。到了1522年，5艘葡萄牙船來到廣東珠江口，試圖以武力迫使廣東官員准許其占駐屯門島。葡船發砲轟擊，明軍用仿造的西洋火砲去反擊，葡船退走，轉向廣東新會西草灣，再度發動攻擊，又被明軍擊敗。明軍俘虜和斬殺葡人77名，俘獲戰艦2艘、大小砲火20多門以及火槍多枝。屯門之戰結束後，汪鋐將佛郎機銃送到朝廷並上了一道奏章，說明這種火器的威力，建議朝廷加以推廣，說：「佛郎機凶狠無狀，惟恃此銃與此船耳。銃之猛烈，自古兵未有出其右者，用之禦虜守城，最為便利。請頒其式於各邊，製造禦虜。」葉權也說：「余親見佛郎機人投一小瓶海中，

波濤跳躍間擊之，無不應手而碎。持此為長技，故諸番舶惟佛郎機敢桀驁。昔劉項相距廣武間，羽數令壯士挑戰，漢王使樓煩輒射殺之。羽怒，自出。樓煩不敢動。使有此物數支，何懼項羽哉！三國時鬥將令有此，雖十呂布可斃也。」因此到了嘉靖九年（1530），明朝政府採納汪鋐的建議，仿造佛郎機並批量製造。

明軍在西草灣之戰中繳獲的葡萄牙火繩槍，還是西歐musket的初期產品，優越性並不明顯，因此明朝也未予重視。到了嘉靖二十七年（1548），明軍攻下葡萄牙人占據的雙嶼，繳獲了葡萄牙人和日本人的火槍。這些火槍比先前的火槍有較大的改進，明人立即發現了這種改進了的火槍的優點。范景文說：使用這種火槍，「後手不用棄把點火，則不搖動，故十發有八九中，即飛鳥之在林，皆可射落，因是得名」，因此稱之為鳥銃。前面說過，在西歐，這種火槍也叫隼槍，因此中西對這種火槍都有相似的看法，可謂「英雄所見略同」。趙士禎說：「（火銃）宋、元間方有用之者，至我國初始備。然行軍戰陣隨帶便利，亦不過神槍、快槍、夾把、三眼、子母諸器。自鳥銃流傳中國，則諸器又失其為利矣。諸器一手持柄，一手燃藥，未及審固，彈已先出。高低遠近，多不自由。鳥銃後有照門，前有照星，機發彈出，兩手不動。對準毫釐，命中方寸，兼之筒長氣聚，更能致遠摧堅。」戚繼光也說：「此器（鳥銃）中國原無傳，自倭寇始得之，此與各色火器不同，利能洞甲，射能命中，弓矢弗及也。猶可中金錢眼，不獨穿楊而已」；「此鳥銃之所以較中，雖弓矢弗如也；此鳥銃之所以洞重鎧而無堅可禦也。馬上步下，惟鳥銃為利器。」

由於佛郎機與鳥銃比中國原有火器優越，因此傳入中國之後得到明朝政府的迅速採納並予以普及。從它們傳入中國到成為明

軍的主要火器裝備，最多不過半個世紀。不過，從傳播的方式來說，在這個階段，西方火器技術的傳入是被動的，主要傳入途徑是進貢、戰爭繳獲以及民間流傳，往往通過偶然事件獲得樣品，明朝政府沒有主動地去獲取西方火器技術。

到了第二個階段，情況發生很大變化。在此階段，從西歐傳入的主要火器是西洋火砲，主要是荷蘭人帶來的火砲。因為明人稱荷蘭人為「紅毛夷」，所以稱這種火砲為「紅夷砲」（後來清朝統治者忌諱「夷」字，改稱「紅衣砲」）。明人充分認識到了紅夷砲的優點。徐光啟說：這種大砲的優點是「及遠命中」，而「所以及遠命中者，為其物料真、製作巧、藥性猛、法度精也」。著名的傳教士湯若望和明末軍事專家焦勗也說：「西洋大銃，其精工堅利，命中致遠，猛烈無敵，更勝諸器百千萬倍。」紅夷砲不僅威力更大，而且命中率也更高。佛郎機和中國砲，都僅設準星、照門，按三點一線射擊，命中率不高，而紅夷砲「有窺遠神鏡（即望遠鏡），量其遠近而後發」，還有量銃規、砲表等輔助設施的配合，故「對城攻打，準如設的」。

在此階段，西歐火器技術傳入中國是由政府主導的。明朝朝廷和廣東、福建地方當局都主動尋求西歐新式火器樣品，並積極引進通曉製造火砲技術的西洋人士，讓他們參加和指導西洋新式火砲的製造。不同於先前佛郎機、鳥銃的引進，西洋大砲的引進是由技術專家主持的政府行為。在徐光啟、李之藻等著名科學家的主持下，明朝朝廷於1620年派人赴澳門向葡萄牙當局購買首批西洋大砲，次年運抵北京後，徐光啟又奏請選拔鑄砲工匠，聘請精通歐洲砲術的葡萄牙匠師指導紅夷砲的製造與使用。此外，於這種新式火砲具有較高的技術要求，需要數理知識、實驗和理論

的指導，因此這一時期出現了編譯火器論著的高潮。穆尼閣
（Johannes Nikolaus Smogulecki）的《西洋火器法》、何汝賓的
《西洋火攻神器說》、孫元化的《西法神機》、湯若望與焦勖合作
譯述的《火攻挈要》就是其中的代表。這種大規模、高層次的技
術引進，是中國歷史上前所未有的。

　　由上可見，中國引進西方火器技術，開始是被動引進，後來
則是主動引進，不僅引進樣品，而且也引進相關的科學知識。引
進的過程中，中國也對這些技術進行深入研究，對之加以改進、
創新。這一點和日本頗為相似，但是中國對西洋技術的引進比日
本更深入、更全面，以致日本也積極從中國取得西洋軍事技術著
作中譯本和中國人寫的軍事技術專著，作為他們深化對西洋技術
的認識的知識來源。因此我們說，在16和17世紀世界各國對西
歐火器技術的引進和消化方面，中國是最為成功的國家。

　　簡言之，在16、17世紀，國際火器技術的傳播方式出現了重
大變化。這個變化表現在以下幾個方面：

　　第一，這個時期最重要的技術進步出現在西歐，因此西歐成
為了先進火器技術的主要來源地，或者說先進技術全球傳播的核
心。其他地區在接受這些先進技術的時候，一些地區對這些技術
進行了程度不同的改進。這些改進了的技術也進入傳播，因此火
器技術的國際傳播過程也是技術不斷改進的過程。從這個意義上
來說，西歐並非唯一的技術進步來源。狄宇宙（Nicola Di Cosmo）
以研究火器的傳播為切入點，證實了15世紀中葉以後奧斯曼帝國
和葡萄牙先後將火器技術及使用技術向阿拉伯世界、印度和東南
亞進行傳播。他指出：至少在1520年代，中國已有了佛郎機，並
用於抵禦北邊的蒙古；同時稍早，哈密、吐魯番等穆斯林勢力反

明，也使用了奧斯曼帝國傳來的火器；而在東南沿海的「倭亂」中，日本的火器也得到了戚繼光的注意。因此不能把火器在亞洲的傳播，理解為是因航海進步而導致歐洲人流動性增加的線性結果。

第二，在西歐先進火器技術的全球傳播中，歐亞諸多地區都捲入了這個浪潮。但是各地區對於這些技術的態度很不相同。一些地區積極引進，而另一些地區則否。積極引進先進火器技術的各個地區，引進的方式也有很大差別。有的是採用傳統的方式，通過戰場接觸或者盟友支援來獲得新式火器；有的是通過商人大量購買，或者雇用外國技術人才（工匠和軍人）為自己生產和使用新式火器；有的則以不同的手段獲得新式火器的知識，加以消化，然後自己生產，自己使用；更有少數地區不僅引進新式火器的具體技術知識（樣品、通曉製造和使用技術的人員等），而且引進與此有關的科學知識，從更深的層次上理解先進技術的原理，從而能夠主動地改進所獲得的先進火器技術，趕上迅速進步中的國際先進水準。

第三，在這個傳播過程中，諸多不同的人群都參與其中，並且扮演著不同的角色。這些人群包括殖民者、征服者、海盜、雇傭兵、工匠乃至傳教士等。但是最重要的是從事國際貿易的商人。正如本書第二章中所說過的，這些商人並非今天意義上的商人，其中有許多人與各地政權有密切聯繫或者得到官方的庇護而成為某種意義上的「官商」（有的還得到本國政府的強力支持），許多人擁有自己的武裝，有的更是亦商亦盜。在「中間地帶」，穆斯林商人和歐洲商人起了重要作用，而在「東邊地帶」，西歐和中國的商人扮演了主要角色。通過他們，先進的火器技術迅速

傳播開來。

六、中國尚未落伍：明代中後期火器技術的進步

　　人們通常認為雖然中國發明了火器，但以後一直停滯不前。直到16、17世紀，通過引進西歐火器，中國火器技術才有了進步，但依然落後於西歐。這種看法有一定道理，但也有很大問題。事實上，在16世紀之前，雖然西歐在火器技術上取得了重大進步，但是中國也在這方面取得不小成績。兩個地區的火器技術水準各有千秋。到了16、17世紀，西歐火器技術傳入，中國對此積極引進並加以改進和創新，使得中國火器技術水準進一步提高，從而與西歐的水準大體相當，使得中國和西歐成為當時世界上軍事技術最發達的兩個地區。

（一）16世紀之前中國火器技術的進步

　　在15世紀之前，中國和西歐是世界上火器技術最為領先的兩個地區。而在這兩個地區中，中國又更勝一籌。到了15世紀，中國在火器技術方面依然取得可觀的進步。從某些方面來說，這個進步並不遜於同時期西歐所取得的進步。

　　15世紀中國火器進步首先在管形火器的發展方面。在15世紀，中國管形火器發展很快，從14世紀的簡單火銃發展出了各種類型的火槍和火砲，從單管單發發展出了多管連發，同時還創制出了槍砲瞄準裝置和擊發裝置。

　　在15世紀之初，先前使用的手銃出現了明顯分化。永樂時的手銃，已分化為輕型與中型兩種。輕型手銃長度比洪武手銃小

巧，長度一般在35至36釐米，口徑在2釐米以下，重量則在2.3公斤以下。中型手銃則長度約44釐米，口徑約5.2釐米，重量約8公斤。這個分化表現出火槍的實用性有了進一步提高，可以適應不同的戰鬥需要。

在火銃構造方面，永樂時期出現了如下變化：第一，手銃的前腔不再是簡單的直筒形，而是自銃口至藥室逐漸增大，從而使得火銃壁能經受更大的膛壓；因為銃口處所受膛壓小，膛壁因而未隨之增厚，也不再以鐵箍銃身。第二，前腔占全銃的比例增大，有利於增大彈丸的射程。第三，火門處加上了火門蓋，一端連接銃，可撥動旋轉，裝完火藥後關閉活動蓋，可使藥室內的火藥保持乾燥潔淨。第四，增設定量裝填火藥的藥匙，藥匙柄端有小孔，可繫繩環，以便士兵繫在腰上。使用統一規制的藥匙，不僅使得火彈裝量有定準，從而保證用藥量的準確，而且也說明所用火藥是優質粉狀或粒狀發射火藥。第五，在火藥與銃彈之間設置了木送子（也稱木馬子），以增強火藥的密閉性，利於更好的爆燃，產生更大的膛壓，提高手銃的射速與射程。

爾後，手銃繼續改進，藥室部分占全銃的比例繼續縮小，銃管與尾鋬則加長。銃管加長可提高火銃的射程和威力，尾鋬加長則更便於手持作戰。這種火銃進一步發展為擊賊砭銃和獨眼神銃。擊賊砭銃以鐵打造而成，銃管長3尺，柄長2尺，射程達300步，肉搏時銃管可當鐵錘使用。獨眼神銃也以熟鐵打造而成，短者長2至3尺，長者4尺，尾部插入長木柄，可以放在用鐵圈製成的銃架中射擊。

在此時期，中國還研製出了神槍槍系。明代文獻中有三種兵器稱為神槍，一為冷兵器中槍類的一種；一為永樂年間從交趾所

得者，特點是以銃發箭；一為銃狀手持發散彈的神槍。最後一種神槍大約出現在弘治年間，這種神槍銃管長、腹大，可以發射箭矢和彈丸，銃膛內裝上火藥後，墊上木馬子以防止槍管洩氣，木馬前面再放入箭矢或彈丸，點燃火藥之後，箭矢或彈丸被射出，射程可達300步。神槍後來又衍生出了一系列產品，如神威烈火夜叉銃、單飛神火箭、三隻虎鉞等，形成了一個槍系。

　　前面講過，14世紀的火銃存在許多嚴重缺陷，如裝填及發射緩慢，體形笨重，銃上沒有刺刀一類的裝置，沒有瞄準裝置，等等。15世紀火器技術改進的主要目標，就是克服這些缺點。為此，明代設計出了多種多管或多節火銃。這類火銃可以單放、齊放或連放，部分地解決了裝填及射擊速度慢的問題。正統十四年（1449）造出的兩頭銃，可旋轉連放，後來又創制出夾把銃、二眼銃至十眼銃等多管或多節銃。其中運用最多的是三眼銃，這種多眼銃是將三根銃管相疊成品字狀，射擊時三管同發，造成強大的火力。十眼銃則是在一根長型銃管上，由前至後塞入10份火藥與彈丸，由前至後也有十眼火門，一次點火，逐個發射，因此可以連續射擊。與同期西歐發明的多管火銃不同，明代前中期發明的多管火銃大多是小型的，可以單兵使用，因此可以更加廣泛地使用於實戰。

　　此外，景泰元年（1450），根據遼東戍軍的建議，將手把銃的木柄增長為7尺，並安上矛頭，在火銃施放後，可用做矛與敵人進行格鬥，作用相當於現代步槍上的刺刀。這種使火器和冷兵器相結合的設計，加強了士兵在短兵相搏時的主動性和自衛手段。

　　在火砲技術方面，元末明初中國造出了大口徑臼砲，稱為碗

口銃。洪武年間鑄造的碗口銃，砲身通常長31.5至52釐米，口徑10至10.9釐米，重8.35至26.5公斤。1972年在河北寬城出土了一門洪武十八年（1385）河北永平府製造的大碗口銃，全長52釐米，口徑10.8釐米，重26.5公斤。

洪武十年（1377）造出了大口徑鐵砲，口徑21釐米，全長100釐米，兩側有雙砲耳，用於調整火砲的射擊角度，這是當時世界上迄今所知最早帶有砲耳的鐵鑄火砲。這種大口徑直筒形火砲，可以增大火砲威力。

到了15世紀，中國的火砲向著更大的體量發展，製造出來以大將軍砲為代表的大型火砲。土木之變後，為加強北京城防，于謙奏請「領大將軍砲十六個，並量領火砲、飛槍、手把銃以備衝敵之用」，並說「大將軍砲十六個，斤重數多，人力不能背負，合用馳載車輛，亦乞行移工部成造」。這種大型火砲製作數量很大，僅成化三年一年便製造各樣大將軍砲300門。弘治以前，同期製造的火砲有十餘種，每3年造大碗口銃300門。在這十餘種火砲中的「無敵大將軍」砲，重千斤，裝鐵子500個，是一種大威力的遠程火砲。正德、嘉靖之際，楊一清在陝西邊鎮看到「大將軍、二將軍、三將軍諸銃力大而猛，然邊城久不用」，於是「在定邊營教場，取而試之。……先取二將軍試之，乃自裝藥舉火，卻立十餘步以俟，聲如迅雷，遠及三百步。營中皆震懾」。這些將軍砲射程比過去有明顯提高。

總之，在15世紀，中國的火砲技術有新的發展。此時火砲的結構工藝和性能都比第一代火銃更好，種類也更多。從造砲的材質來看，既有銅鑄的，也有鐵製的；從形制來看，既有輕型的，也有重型的；從功用來看，既有相當於現代迫擊砲的短身管大口

銃，也有類似現代榴彈砲的身管較長的小口銃。為了防止火砲射擊時跳動，發明了固定火砲用的鐵爪和鐵錨。在精確計算藥量方面，採用了裝填火藥的銅匙，其上刻有每尊火砲的裝藥量，以方便操作。更引人注目的是，在砲身上配有耳軸和垂直軸，使火砲能高低俯仰和左右轉動，從而使火砲能任意瞄準射擊，提高了火砲火力的機動性。這在結構上與現代火砲很接近，說明此時火砲技術達到了相當高的水準。

（二）16、17世紀中國火器技術的進步

到了16世紀，隨著西歐火器的引進，中國出現了一個軍事技術進步的新高潮。在積極引進以鳥銃和佛郎機、紅夷砲為代表的西歐先進火器的同時，也運用中國的技術對之加以改進和創新，使之成為更好的武器。

如前所述，16世紀初，葡萄牙人把鳥銃帶到了東亞。明朝人馬上認識到了其優點，並積極採用。但是明人在肯定鳥銃優點的同時，也注意到其不足。晚明大科技專家宋應星說：使用鳥銃時，「左手握銃對敵，右手發鐵機逼苧火於硝上，則一發而去。鳥雀遇於三十步內者，羽肉皆粉碎，五十步外方有完形，若百步則銃力竭矣」。火器專家趙士禎更對來自西歐（大西洋）、東南亞（小西洋）、日本（倭）、土耳其（魯密）等地區以及中國原有的各種火槍進行了比較，指出：「鳥銃能命中於數百步之外者，緣用機發火。即其機以品騭各國之器，則未有合機、軒轅、三長之先，魯密為最大，西洋次之，小西洋又次之，倭銃實屬下品。然魯密之銃，其品在各國最上者，緣其機之操縱由我，托床前後又有把持，猛烈更倍於各國。大西洋操縱似亦自由，其如夾火不

便，力小而床不穩，故遠遜魯密。小西洋與倭銃，其機操縱俱不自由。但小西洋機頗簡便，倭機繁瑣，所以倭銃機為最下。又有謂先年南方鳥銃，其機與倭銃一般，畢竟不如倭銃之火易發。嗟嗟，此機上毫釐絲忽之差，特造器用器者，不肯究心耳。細觀倭機發時，機頭磕在火池之邊，機煽藥起，火星隨落，下起之藥與上落之火適會，自然舉發。中國舊機支離屏弱，發時機頭磕在池中，火繩將門堵住，藥又不精，士卒未經服習，忙迫之頃，所以不發。」他又說：「海南各國鳥銃，喜其初為打鳥而作。床尾稍短，後手不甚定準。打放非極精熟者不能命中。若魯密、鷹揚、三長、翼虎諸器，床尾頗長，緊挨肩膀。後手定住，望高打鳥，似覺不如床短者轉動伶俐。至於平闖打人，前後手俱定，其利實

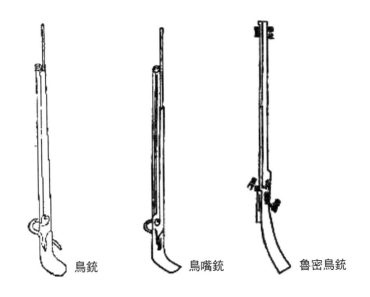

圖3.3　鳥銃、鳥嘴銃、魯密鳥銃

倍之矣。西洋並倭鳥（銃），必須歲月學習方能到家。諸銃不須一月，專心便能打放。向教家人西洋及倭鳥銃，一歲有成；自製諸器，三月之內便能以彈丸為的，命中於二三十步之外。即此一端，足以見諸器與海外鳥銃優劣焉」，「西域魯密銃，因其筒長故遠，藥多故狠，機簡故便，銃床盡制，前後手俱有著落，故不致動搖。然藥必須極精極快，方敢多用。銃筒要沉重，方能壓定前手不動。沉重其鐵方厚，不怕藥多」。經過比較，他得出這樣的結論：「（火銃）遠而且狠無過魯密，次則西洋」，「其機比倭銃更便。試之，其遠與毒加倭銃數倍」。

趙士禎在對各國火槍進行了深入研究的基礎上，以這些火槍中最好的一種—魯密銃—為對象，進一步進行改良。這些改良包括；加長銃管，使之能夠裝入更多火藥，加強彈丸的推進力，並提高彈丸射擊精度；把龍頭機規安裝於銃床內，在安裝了機械回彈的槍機，扣規龍頭落於火門，火藥燃後，又自行昂起，「撥之則前，火燃自回」，簡化了發射動作；銃床尾安有鋼刀，倒轉過來，近戰可作斬馬刀用。通過這些改良，他設計出了一種射程更遠、射擊精度更高的火繩槍，威力比同期歐洲、日本和土耳其的火繩槍更大。

為了對付敵人的重鎧堅甲，明朝人設計出了穿透力強大的大型鳥銃。趙士禎對重型魯密銃進行了改進，成為當時東亞威力最大的火繩槍，大大優於日本的大鐵砲。該銃的槍管較普通鳥銃更長，重量更大，射程也更遠。明末宋應星說當時有一種不同於鳥銃的鳥槍，形狀相似，但槍管長，裝藥多，射程比鳥銃遠一倍，「行遠過二百步，制方仿佛鳥銃，而身長藥多，亦皆倍此也」。這種鳥槍實際上就是一種改進了的大型鳥銃。到了崇禎初年，徐光

啟說：「虜（滿洲）多明光重鎧，而鳥銃之短小者未能洞貫，……宜糾工急造大號鳥銃，……可用洞透鐵甲。」他說的大號鳥銃，應當就是宋應星說的「鳥槍」。這種大號鳥銃可能就是同時期軍事技術專家畢懋康說的「追風槍」，因為追風槍的特點就是「制方仿佛鳥銃，而身長藥多」，「夫火器透重鎧之利，在於腹長。腹長則火氣不泄而送出勢遠有力，射能命中，在於出口，直須用隻眼看後照門，對前照星，對所射擊之人，故十發有九中」。

　　針對火繩槍點火受天氣影響嚴重的問題，趙士禎研製出了不怕風雨的合機銃、軒轅銃等火器，說：「新製合機、軒轅，風雨尚且不怕，又何須虞火不發哉？」其中的合機銃，「因將《譜（神器）》中三長銃增置陰陽機牙，對準之時，火門堅閉，以避驚飆，火到自啟，陽機自上而下，專司發火；陰機從下應上，專司啟閉；一握總機，上下合發，名曰合機銃。是此製造，任教風伯作祟，雨師為梗，我則舉放自如，用塞庸人懦夫之口」。他又將「邊方常用三眼銃如造鳥銃之法，更改式樣，使火送彈，不蹈舊時火帶彈出及鉛彈熔軟化扁，坐致氣弱，不能透甲。再加剛刀，便作短兵，馬步可用」，「銃帶床共長五尺，筒長三尺三寸，重七斤半。用之城守並車上舟中，長四尺，陰陽二機，陽發火，陰啟門，對準之時，即有大風，不怕吹散門藥，中國南北將臣若肯究心則海上塞外，自此鳥銃無有臨時不發之患矣」。

　　因此，趙士禎等軍事專家設計出來的鳥銃和鳥槍，是當時世界上最先進的火槍。

　　明末中國發明的「自生火銃」，是中國乃至東亞文獻中最早的燧發槍。如前所述，燧發槍的出現是火槍技術上的一大飛躍。在西歐，具有實戰價值的燧發槍出現於1620年代的法國，而在幾

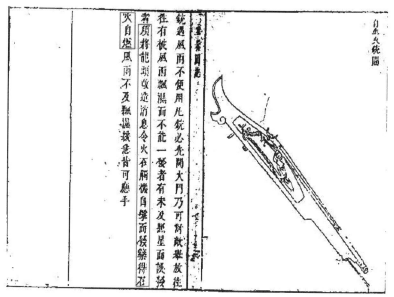

圖3.4 亞洲最早的燧發槍——自生火銃

乎差不多同時，中國也出現了燧發槍。萬曆三十三年（1605），徐光啟就已說火槍「能以石出火，無俟宿火」。崇禎八年（1635），明朝軍事專家畢懋康造出了自生火銃。他說：以往的火繩槍的主要缺陷是「銃遇風雨不便，凡銃必先開火門，乃可對敵舉放。往往有被風雨飄濕而不能一發者，有未及照星而誤發者」。為了克服這個根本性的缺陷，「須將龍頭改造消息，令火石觸機自擊而發藥得石火自燃，風雨不及飄濕，緩急可應手」。簡單說來，就是以燧石槍機代替火繩槍機，發射時士兵扣動扳機，錘擊燧石，產生火星，從而引燃火藥。這種自生火銃就是燧石槍。由於記載過於簡單，難以確知這種自生火銃是畢懋康自己發明的還是受了西方影響研製出來的。但是無論如何，這一重大技術進步確實體

現了當時中國火槍技術水準基本上與西歐保持同步。

在火砲方面，16世紀佛郎機砲流入中國。明軍在戰場上繳獲到了佛郎機砲後，加以認真研究並改進，同時也發現了其局限性。較早接觸佛郎機的顧應詳指出：這種火砲只能用於海戰或守城，「持以征戰則無用矣」。在王瓊、汪鋐等人的努力下，佛郎機由最初的船砲，被改進為用來守城的流星砲、能夠機動使用的架駝佛郎機銃，並結合明代技術開發出來的手把佛郎機銃、銅體鐵心的合金砲中樣佛郎機銃、裝備於戰車的熟鐵小佛郎機等多種佛郎機銃，還有將兩門甚至三門佛郎機銃合到一起以便連續射擊的連二佛郎機和連三佛郎機。明朝造出了各種適用的佛郎機，有大中小不同規格的十多種，最大的長3米、重250公斤，最小的長70釐米、重56公斤，分別用作艦砲、城防砲、戰車砲、野戰砲、騎兵砲等。明朝對佛郎機的改進，不僅體現在佛郎機種類的增加方面，而且也在佛郎機體量的加大方面。明代仿製的佛郎機砲以中小型為主，最大者約300斤，射擊的威力有限度。為了克服這種缺陷，明朝人不斷地進行摸索、創新，從嘉靖時期始至明末，共創造出5種新類型的佛郎機式重火砲。其中一種是名為「神飛砲」的佛郎機類型的大中型火砲。這種火砲兼有西歐新式大砲紅夷砲和佛郎機砲的特長，而克服了它們各自的某些缺點。神飛砲吸收了紅夷砲射擊猛烈、殺傷力強的優點，同時又採用了佛郎機的子銃發射方式，克服了紅夷砲運轉笨重、裝填緩慢的弱點，砲身可以在較長的時間內連續射擊而不炸裂，被明政府封為「神威飛電大將軍」砲。這種砲威力強大，被稱為「火攻中獅子吼」。明末著名軍事技術專家畢懋康認為這種火砲比其他大砲更加適合實戰需要。因此這種火砲達到了當時世界上重型火砲的先進水準。

　　明朝生產出來的各型佛郎機總數達3、4萬門，數量超過世界任何國家。

　　到了萬曆末期，紅夷砲輸入，這是當時世界上最先進的火砲。明朝自製鐵火銃的最大射程不超過3里，而且要冒炸膛的危險；而3,000斤重的紅夷大砲可以打到7、8里外，最遠可達10里。明朝人發現了紅夷大砲的優越性後，迅速大量仿製。天啟四年（1624），廣東虎門白沙巡檢何儒鑄造了14門，其中幾門被帶去寧遠戰場。徐光啟主持製造紅夷砲，1630年2月至8月半年間製成400多門。此後由湯若望主持造砲，先後造成500多門。因湯若望造砲成績顯著，崇禎帝賜獎兩塊金匾。除朝廷造砲外，一些封疆大吏和統兵大員，如兩廣總督王尊德、總督盧象升與洪承疇等人，也都在戰事緊急之時就地造砲。

　　明朝製造的紅夷砲不僅數量大，而且技術先進。北京八達嶺中國長城博物館藏有崇禎元年（1628）造的一門紅夷砲，有準星、照門和砲耳，管壁為鐵芯銅體。現藏於遼寧省博物館的一門吳三桂於崇禎十五年（1642）捐資鑄造的「定遼大將軍」大砲，砲身長381.8釐米，內口徑10.2釐米，外口徑29至64釐米，砲體光亮如漆，重約2,500公斤，也是銅殼鐵心。劉鴻亮指出：崇禎時期明人首先鑄出鐵心銅體的「捷勝飛空滅虜安邊發熕神砲」以及「定遼大將軍」。與先前的鐵砲或銅砲相比，這兩種新型火砲不僅管壁較薄、重量較輕、花費較少，且較耐用。明人把中國的冶鑄技術和歐洲的火砲設計相結合，造出了世界上最高品質的火砲。黃一農更進一步指出明朝能如此迅速進行量產紅夷大砲，與中國當時鑄鐵技術優秀有關。在不斷的仿造中，明代工匠改進了鑄砲技術，使用鐵芯銅體鑄造法，巧妙地利用銅之熔點

（1,083℃）遠低於鐵（1,538℃）的物理性質，在鐵胎冷卻後再以泥型鑄造法或失蠟法製模，並澆鑄銅壁。與先前的鐵砲或銅砲相比，此種新型火砲不僅管壁較薄，重量較輕，花費較少，而且比較耐用。在西方，美國軍官羅德曼（Thomas J. Rodman）在南北戰爭時發明了一種鑄砲新法，即採用中空的模型，在其中導入冷卻水，可使鐵質砲管自內向外凝固，所鑄之砲可以更大，耐用程度可達到先前的5倍至數十倍。明朝的鐵芯銅體的鑄法雖使用兩種金屬，但原理很接近羅德曼法的雛形，而明朝的「定遼大將軍」砲比羅德曼砲早出現了兩個多世紀。因此，明末工匠鑄出了當時世界上最好的大砲。

在明朝後期還開發出一些新的砲種。例如嘉靖年間製造的虎蹲砲，長1尺9寸（約合0.6米），重36斤（約合21.5公斤），配有鐵爪、鐵絆，發射前可用大鐵釘將砲身固定於地面，形似虎蹲，這種砲克服了發射時後座力大、跳動厲害的缺點。

軍事史學家切斯（Kenneth Chase）把18世紀以前的世界各國的火器戰術分成兩類，一種以西歐及日本為代表，另一種則以奧斯曼帝國、波斯薩菲帝國、中國等為代表，認為前者是在一種以步兵、攻城戰為主的戰爭中發展出來的，後者面對的是具有高度機動性的游牧人騎兵，火器的運用原則與西歐和日本很不一樣，因此火器不易得到發展。這種說法很有問題，因為明朝與後金／清的戰爭也是以步兵、攻城戰為主的戰爭。但是從另外一個角度來看，切斯的說法在一定範圍內也可以成立。在明代大部分時期內，主要敵人是蒙古人。對於往來如風的蒙古騎兵，鳥銃和大砲確實有很大缺陷。戚繼光在薊鎮練兵時說：在與蒙古人的戰鬥中，「（鳥）銃盡發則難以更番，分發則數少而不足以卻聚隊。手

槍打造腹口欠圓，鉛子失制，發之百無一中，則火器不足以與彼矢敵矣」。軍事專家何汝賓也說：「鳥嘴（銃）在南多用而北少用，三眼（銃）在北多用在南少。此為何哉？北方地寒風冷，鳥嘴必用手擊，常力不易，一旦火門開而風甚猛，信藥已先吹去，用輾信易壞火門，一放而虜騎如風至，執之拒敵甚為不便。」因此明朝北方邊將往往「以邊地風大，門藥不便為辭」，拒絕使用鳥銃。為了對付蒙古騎兵，明朝軍事專家把外來的技術與本土的技術結合在一起，開發出新的適用於對抗蒙古騎兵的火器。

　　明代後期中國軍事技術人員把鳥銃技術和傳統的多眼銃技術結合，設計出了三眼銃等新式多管火器。晚明兵書《武備要略》說：「三眼銃管約長一尺，銃口如鳥銃大，可容鉛彈三錢。鐵要煉熟，兩筒相包務使合縫密實，眼內大小得宜；亦以鋼鑽稍車之，使眼內光直，出彈方準。三管攢而為一，用箍三道或只用口箍一道。眼要挨底鑽使不後坐。銃後共打一庫箍裝木柄，柄後用一鐵鑽或以鐵箍。」除了材料不是精鐵外，三眼銃的製造幾乎與鳥銃的造法一樣。這種三眼銃主要用於北方防線與蒙古人作戰，比鳥銃有效，但是仍然存在不少問題。趙士禎總結說：「馬上用三眼銃以禦虜騎，虜頗畏之。然放畢舉以搏擊，頭重起艱，利害相半，兼之甚難討準，往往虛發。」他做了改進，創造了名為「翼虎」的騎兵用火器：「因變其制，用照星短床，後尾鉤著帶鞓帶，左手執銃對敵，右手懸刀燃火，放畢為盾，舉刀迎敵，馬上可備出奇摧堅，步下極便伏路急擊，名曰翼虎。」

　　戚繼光鎮守薊鎮時，結合中國的大將軍砲和引進的佛郎機砲兩種火砲的優點，創建了名為「無敵大將軍」的新式重型火砲。這種火砲重1,050斤，母體用大將軍砲，但腹部乃至整個體型均

若佛郎機。發射時，根據射擊目標的上下遠近臨時安放枕木，因此命中率頗高。運行時，用大車一輛，加上活軸十數道，只需3、4人就可上下。無敵大將軍裝有三門子銃，每門子銃裝置了5至7層鐵子共500個，配上足夠的火藥，一發可擊寬20餘丈，形成一個強大的火力網。發放後，只需一人之力就可提換另一門子銃，便捷神速又與佛郎機相似，因此可以連續發射。這種火器成為對付大隊騎兵衝鋒的利器。

明朝人還把鳥銃技術嫁接到傳統的多管火銃技術上，設計出了多種多管連裝用火繩點火連射的單兵槍。趙士禎設計出的迅雷銃是這種火器的代表。該槍由5枝單管火繩槍的槍管組成，成正五角形平行立於圓盤上，中間有一根中空的木柄，柄內裝火球，柄端有鐵槍頭，柄上安發火機，與單管的火門相對應，槍管的前部有牛皮牌套作護盾。作戰時，射手將槍柄架於叉架上，先以發火機對準一管的火門點火射擊，射後將圓盤轉72度，對準第二管的火門點火射擊，其餘依次類推。射畢後即點燃柄內的火球，噴火灼敵。近戰時可將銃身倒轉過來，用做刺殺武器。但趙氏發現迅雷銃過於笨重，不利於當長槍刺敵，且裝彈速度慢，因此他又縮短槍管，將槍管減為三管，去掉盾牌，用三頸火藥罐加快裝彈速度。經過這樣的改進，新的迅雷銃成為可以有效地對付胡騎的密集衝鋒的利器。此外，趙氏還根據子母銃原理，結合鳥銃，開發出後膛裝填的大型鳥銃鷹揚砲和掣電銃。

明代火藥配方也有很大改進。明代兵書《火龍神器陣法》強調：配製火藥時要注意藥性的特點和作戰的需要，以便「知藥性之宜」，「得火攻之妙」。與宋代兵書《武經總要》的記載相比，《火龍神器陣法》中火砲的火藥，成分由14種減為4種，由複雜

到簡單，配製更趨合理，提高了速燃性，增大了威力。到了明末，鳥銃發射藥已經使用粒狀火藥，而不是以前的粉末狀火藥。火藥配方也有很大改進。在明初，火藥配比為硝78.7%，硫磺7.9%，炭13.4%，到了明後期改進為硝75.8%，硫磺10.6%，炭13.6%，已經基本達到黑火藥的最佳配比（硝75%，硫磺10%，炭15%）。

明代在火器改進方面的情況，明代兵書裡有詳細的記載。成書於永樂時的《火龍神器陣法》，將當時使用的火器種類做了總結：「火攻之法，有戰器、有埋器、有攻器、有陸器、有水器，種種不同，用之合宜，無有不勝。」該書列出了多種火器（其中有40多種是明代出現的新火器）。成於天啟元年的《武備志》，收有火器更多達180多種。在所列的火器中，僅管形火器（銃）就有24種。火器種類眾多，表現了當時人們對威力更大的新型武器的期盼，力圖設計出最有效的火器。當然，這些火器中的許多，在實戰中並無很大的使用價值，正如戚繼光所言：「今之製火器者，類越多而越無實用。用火器者失法，而每以自誤」；「有火磚、一窩鋒、地雷、千里砲、神槍等，百十名色，皆不切於守戰」。這些不切實用的火器，逐漸被淘汰，留下的都是經過實戰檢驗的利器。畢懋康說得更明白：「火器名色約三百餘種，一切花法如《火經》所載火人、火馬之屬，皆止可間設一出而不可常恃者也。軍中實實得用，不過數項。」簡言之，「今日之計，以與戰言之，必須各項器械，各長彼一倍，相持之勢，各得便宜數倍，庶可驅膽怯之卒，不堅之陣，而當強悍之敵也。精得火器、火箭、鳥銃、噴筒，則可以長於敵之矢矣」。

這裡特別要一提的是，明代兵書數量之多，為中國各朝之

冠，其中大部分又出自16、17世紀。其中戚繼光的《紀效新書》和《練兵實紀》，俞大猷的《韜鈐續編》，唐順之的《武編》，鄭若曾的《籌海圖編》、《海防圖論》、《江南經略》，何良臣的《陣紀》，王鳴鶴的《登壇必究》，趙士禎的《神器譜》，何汝賓的《兵錄》，茅元儀的《武備志》，孫元化的《西法神機》，焦勗的《火攻挈要》，孫承宗的《車營扣答合編》等，都是中國兵書的精品。《神器譜》、《西法神機》與《火攻挈要》都是以火槍與火砲的製造與使用為基礎論述兵法和戰法的。何汝賓的《兵錄》中《西洋火攻神器說》一章，被認為是中國最早研究西方火砲技術的專著之一。該書介紹了各種西洋火砲的形制尺寸、彈藥用量、鑄造技術和彈道射程等事，其中還繪有數幅銃規的使用圖。《西洋火攻神器說》一章於1799年譯成日文，為日本武器專家所取法。

由上可見，一直到17世紀中葉，中國的火器技術並未落後。因此，中國依然與西歐一同成為火器技術進步最大的兩個地區，也成為世界其他地區獲取先進火器技術的主要來源地。

七、「早期軍事全球化」與早期經濟全球化

從本章所論可見，在早期經濟全球化時期，出現了先進火器技術的全球傳播，從而導致了「早期軍事全球化」。這種「早期軍事全球化」與早期經濟全球化之間有什麼關係呢？

如前所言，在16世紀之前，火器技術傳播主要途徑是戰場接觸。這種傳播方式的局限性很大，因此火器技術從中國傳到西歐用了幾個世紀的時間。同時，在中國與西歐之間的廣大「中間地

帶」和亞洲東部的「東邊地區」，火器技術的運用很有限。這些地區的人士對傳來的火器技術做出了一些改進，但是都不大。到了16、17世紀（亦即早期經濟全球化時代），火器技術的傳播出現了重大變化，這些變化主要是：

首先，在早期經濟全球化時代，各國、各地區之間的聯繫比以往大為加強。由於聯繫加強，各國、各地區之間的利益衝突也隨之增加，因此彼此兵戎相見的機率也加大了。以往許多彼此風馬牛不相及的國家和地區，現在也會成為競爭的對手，進一步發展為潛在的和現實的敵人。這就迫使各個國家和地區不得不積極尋求先進的火器技術。

其次，早期經濟全球化創造了一個全球性的網絡，各種知識和技術都可以通過這個網絡傳播，因此使得技術傳播的時空局限性不斷縮小。這使得先進火器技術的傳播變得更加容易和快捷。

第三，早期經濟全球化的主角是商人，而唯利是圖是商人的本性。如果某種有用的知識和技術在某個地方可以帶來更好的回報，商人就會把這些知識和技術出售給能夠出最高價錢的主顧，而不問他們是何人。這就破除了國家對先進軍事技術的壟斷。

第四，在早期經濟全球化時期，世界一些地區的軍事技術出現了革命性的進步。這個革命使得軍事技術不斷推陳出新，從而迫使陷入衝突的國家和地區必須不懈地追求新的軍事技術並加以改進和創新。結果是更新、更先進的軍事技術得以更快、更廣地傳播，形成全球性的互動，亦即我們所說的軍事技術的全球化。

最後，還要談談火器技術的全球傳播與軍事革命的關係。

恩格斯曾對歐洲軍事史進行過研究，他說：「應當特別強調的是，從裝刺刀的槍起到後裝槍止的現代作戰方法，在這種方法

中，決定事態的不是執馬刀的人，而是武器」。然而軍事史學家
帕克（Jeremy Parker）指出：「單單『技術優勢』本身很少能確保
作戰的勝利，正如瑞士軍事作家安托萬・亨利・約米尼在19世紀
早期所說的那樣：『武器裝備的先進可能增加作戰獲勝的機會，
但贏得戰爭的卻並非武器本身。』甚至直到20世紀，戰爭的結局
較少決定於技術而更多地由其他因素來決定。」這些技術之外的
因素中，最主要的是戰鬥方式和軍隊組織方式。如果戰鬥方式和
軍隊組織方式不發生相應的改變，僅只擁有先進武器並不能保證
獲得勝利，例如我們在中日甲午戰爭中所看到的那樣。比起先進
武器的引進來說，戰鬥方式和軍隊組織方式的變革是一項更為複
雜和困難的工作。然而，只有通過這些變革，才能導致軍事革
命，而只有通過軍事革命，才能建立一支能夠有效使用先進武
器、能夠克敵制勝的近代型軍隊（關於這一點，我們還將在後面
討論）。正是因為如此，在世界軍事史上，1300到1650年的「火
藥革命」與16和17世紀的「軍事革命」是兩個不同的階段。

第四章

大洗牌

早期經濟全球化時代的東亞世界

一、文化圈及其演變：15世紀以前文化視野中的東亞世界

要知道早期經濟全球化時期的東亞變化，首先要知道明朝以前的東亞世界是怎麼一個樣。這裡，我就從「文化圈」的角度來談談。

在今天，「文化圈」是一個很熱門的名詞，如大家津津樂道的「東亞文化圈」、「基督教文化圈」、「伊斯蘭文化圈」，等等。那麼，什麼是文化圈呢？一般而言，所謂文化圈指的是具有相同文化特徵，或包含相同文化要素的地理區域的最大範圍。世界上不同的地區可以同屬一個文化圈，一個文化圈內也可以包括不同的部族和民族。在世界上許多不同的地區，只要其文化中主要的一部分元素相一致，它們就可以同屬一個文化圈。文化圈是獨立持久的，也可以向外遷移。一個文化圈之內的整個文化，包括人類生活所需要的各個部分，如器物、經濟、社會、宗教等。向外遷移的有可能是整體文化的部分，也可能是整個文化模式。

經過諸多變化，明代以前的東亞世界大體上形成了三個文化圈，即位於狹義的東亞的儒家文化圈、位於東南亞和南亞的婆羅門教文化圈和位於中亞的伊斯蘭教文化圈。此外，在明代中國的西部外圍地帶（即東南亞的許多地區、錫蘭以及今天中國的新疆與西藏等地）也存在一個佛教文化圈，以及歷史更為悠久的祆教文化圈等，不過勢力都比較微小。

1、婆羅門／印度教文化圈

東亞世界大多數地區位於中國和印度兩大文明的周圍，深受

兩大文明的影響。這兩大文明對這些地區的影響頗為不同。中國的影響多在經濟方面，而印度的影響主要在文化和宗教方面。相比之下，通過文化與宗教，印度文明更能深入普及各地。

印度文化輸入東南亞比中國文化更早，以宗教影響最大，其他如文字、藝術、建築等也隨著宗教輸入，所以古代東南亞各國都受到印度文化和宗教的支配。印度的婆羅門教形成於西元前7世紀，西元前6世紀至西元4世紀達到鼎盛時期，之後開始衰弱。7世紀中葉，婆羅門教與其他宗派互相融合，誕生了一個新的宗派。西元8、9世紀，這個婆羅門教新宗派吸收了佛教和耆那教的一些教義，結合印度民間的信仰，經商羯羅（Sankara）的改革，逐漸發展成為印度教。印度教與婆羅門教沒有本質上的區別，它們所有的教派別都以撰於西元前1500年的《吠陀經》為經典教義，此外各自還信奉其他不同的經文。因此前期婆羅門教也被稱為古婆羅門教，而印度教則被稱為新婆羅門教。這裡我們籠統地稱之為婆羅門／印度教。

婆羅門教大約於西元前3世紀或者更早一些傳入東南亞，成為東南亞地區最早的主要宗教信仰。尤其是東南亞各地的上層社會，大多接受了婆羅門教。因此東南亞地區出現了一些「印度化王國」。在中南半島上，「印度化王國」的早期代表有占婆（即占城）、扶南、剛迦（即真臘）、狼牙修等，後期則有真臘、高棉、古吉打等國。其中吳哥王國（柬埔寨）在蘇耶跋摩一世在位時期（1002-1050）步入全盛期。他大力崇信婆羅門教，興建了大量的寺廟。今天我們看到的吳哥古城的大部分建築都是婆羅門教建築，建於蘇利耶跋摩二世（1113-1150年在位）和闍耶跋摩七世（1181-1219年在位）兩位國王的時代。在南洋群島，也相繼出現

過幾個婆羅門／印度教王國，其中最主要的有 7 至 13 世紀建立於南蘇門答臘的室利佛逝王國和 13 世紀初爪哇島中部和東部興起的新柯沙里王國。到了 14 世紀，滿者伯夷王國在新柯沙里王國的基礎上繼續進行大規模擴張，其全盛時期的版圖大致相當於今日印度尼西亞和馬來西亞的總和。

然而，婆羅門／印度教在東南亞的影響主要限於社會上層，特別是集中於統治者和宮廷有關的狹窄範圍內，被用來構建禮法制度並鞏固統治，因此基本上是一種上層的宗教，未能扎根於廣大普通民眾之中。今天一些學者已指出：印度文明對廣大的東南亞普通人民和對社會深層的影響有限，因此對於歐洲學者提出的東南亞「印度化」觀點，應該打一個問號。

2、佛教文化圈

佛教在印度興起後，在孔雀王朝時期達到鼎盛。當時的阿育王奉佛教為國教，廣建佛塔，刻敕令和教諭於摩崖和石柱，從此遍傳南亞次大陸的很多地區。同時他又派僧侶到周圍地區傳教，東至緬甸，南至錫蘭（今斯里蘭卡），西到敘利亞、埃及等地，使佛教逐漸成為世界性宗教。佛教向亞洲各地傳播，大致可分為兩條路線：南向最先傳入錫蘭，又由錫蘭傳入今緬甸、泰國、柬埔寨、寮國等國；北傳經帕米爾高原傳入中國，再由中國傳入朝鮮、日本、越南等國。

在印度本土，佛教在阿育王時代之後逐漸衰落。爾後在大夏王彌蘭陀和月氏王迦膩色迦的護持之下，一度盛行一時，其後又逐漸衰落。戒日王、佛陀笈多王和嘉增王統治印度時，佛教復興，盛極一時。後來到了波羅王朝，佛教再度大興，以後即一蹶不振。

隨著印度教的興盛，佛教日益式微。到了西元13世紀，佛教基本上在印度消失，但是在印度周圍地區，佛教的命運卻很不相同。

佛教很早就通過錫蘭傳入東南亞地區，幾乎和婆羅門教同時。但早期佛教在大部分地區的影響力不及婆羅門／印度教，而且也是興衰起伏，命途多舛。

錫蘭是佛教傳播的重要基地，阿育王曾派他的兒子摩哂陀去錫蘭傳授佛教。西元前1世紀，錫蘭出現了大寺派和無畏山寺派兩個佛教派別。大寺派被認為是南傳佛教的正統派，緬甸、柬埔寨、寮國等國的佛教都承受錫蘭大寺派的法統。

錫蘭雖是南傳佛教起源地，但是到了11世紀初，南印度的朱羅人侵入，統治錫蘭達53年之久。統治者大力提倡婆羅門教，打壓佛教。到了毗舍耶婆訶一世（1055-1114在位）復國時，佛教在錫蘭已經衰微。毗舍耶婆訶一世遣使緬甸，邀請緬甸孟族僧團至斯國弘揚佛法及傳授比丘戒法。到了12世紀下半葉，波洛羅摩婆訶一世協助佛教推行改革，促使大寺、無畏山寺、祇園寺三派團結，雖未能完全達成，但從此大寺派勢力日盛。在波洛羅摩婆訶及其繼承人治下，佛教得到極大的繁盛，吸引很多東南亞比丘至錫蘭受戒及求學，使錫蘭大寺派傳到緬甸和泰國等地。後來錫蘭佛教再度衰微，又從緬甸和泰國引進教團。

在中南半島，西元2世紀時已有小乘佛教出現於今日泰國的南部。到了5世紀，佛教在緬甸中部古卑謬（Old Prome）也已存在。從西元6至11世紀，孟族人建立了包括今日泰國及下緬甸的大部分的墮羅鉢底（Dvaravati）國，並接受了小乘佛教。爾後通過與孟族人的接觸，小乘佛教也傳入了中南半島上的一些國家和地區。

　　佛教由錫蘭傳入緬甸，約在西元4至5世紀。在此之前，緬甸已有婆羅門教傳入，稍後佛教由孟加拉、奧里薩等地傳入。最初傳入緬甸的佛教是上座部佛教，10世紀以後，大乘佛教及密教也陸續傳入。1044年，阿奴律陀統一全國，建都蒲甘，建立緬甸最早的統一王朝——蒲甘王朝（1044-1287）。他奉大寺派佛教為國教，在蒲甘修建了瑞德宮佛塔，歷經兩代才完工。1057年，蒲甘王朝征服了打端，請回比丘、三藏聖典、佛舍利、寶物等，又由高僧阿羅漢（Arhan）領導改革僧團，虔誠信仰上座部佛教，原先的大乘佛教、密教、婆羅門教逐漸消失。在蒲甘佛教的全盛時期，上緬甸共有13,000多座塔與僧院。12世紀時，緬甸的僧團分裂為錫蘭宗派與原有的緬甸宗派。錫蘭宗派不久更分為尸婆利、多摩陵陀、阿難陀等三個僧團。雖然分裂，各派仍極力弘揚佛法，所以佛教仍十分興盛。錫蘭國王毗舍耶婆訶一世曾遣使到緬甸，求賜三藏，請派僧團，一時緬甸成為南傳佛教的中心。以後歷代王朝都保護佛教。

　　佛教在5至6世紀時傳入扶南（今柬埔寨）。6世紀扶南改稱真臘，宗教信仰為大小乘佛教和印度教同時存在，這明顯地反映在宗教儀式和9至12世紀吳哥城的許多宮殿建築上。達朗因陀羅跋摩二世（1150-1160年在位）傾向於大乘佛教，轉變了王室的宗教信仰。1181年，闍耶跋摩七世被擁立為王，為吳哥王朝最強盛時代。闍耶跋摩七世在位40年，是一位虔誠的佛教徒。他的兩位王妃也都是熱心的佛教徒。他大力建築佛寺，使大乘佛教普及盛行，佛教獲得迅速的發展。闍耶跋摩七世約1219年去世，死後諡號「偉大最高的佛教徒」。但在他的統治下，婆羅門教並未受到歧視，婆羅門教僧侶依然在宮廷任職。中國旅行家周達觀一行在

1296年抵達真臘，停留大約11個月，寫了《真臘風土記》一書，是今天研究柬埔寨中古史最珍貴的資料。從這本書的記載可以看到，當時柬埔寨的宗教以婆羅門教及佛教為主，而佛教更為深入民間農村，而且佛教可能已從大乘佛教信仰轉變為南傳佛教信仰。

　　佛教傳入今泰國地區的過程頗為曲折。西元8世紀時，南洋群島的室利佛逝王朝國勢強盛，信仰大乘佛教，僧侶越海傳教至今馬來亞、泰國南部和柬埔寨等地。9至12世紀，柬埔寨吳哥王朝興盛，信仰婆羅門教及大乘佛教，勢力伸展至泰境的羅斛、素可泰、披邁等地。到了1044年，緬甸蒲甘王朝興起，熱心推行上座部佛教。泰族人在今泰國北部邊境地區建立的蘭那和蘭滄兩個小國，因受蒲甘佛教的影響，信仰上座部佛教。後來蘭滄一系向泰境東北發展，就成了以後的寮國。素可泰王朝（1257-1436）建立後，大力提倡弘揚錫蘭佛教，特別是第三代坤藍甘亨王（1277-1317），他致力於與錫蘭通好，選派比丘或比丘尼前往錫蘭求戒和學習，回國後成立僧團，精研三藏。在他的大力推動下，上座部佛教在泰國取得統治地位。

　　在寮國，明確記載有佛教信仰是在14世紀後期法昂王創建南掌國之後。法昂王幼年曾追隨父親流亡高棉，受到摩訶波沙曼多長老教養。他的王后是高棉王之女，是虔誠的佛教徒，法昂王受她影響，於是恭請高僧，鑄造佛像，建立波沙曼寺，普通民眾也逐漸轉信佛教。

　　在南洋群島，佛教從西元5世紀起開始傳入蘇門答臘、爪哇、巴利等地。據唐代高僧義淨的記述，在7世紀中葉，今印度尼西亞諸島小乘佛教已盛行，以後諸王朝都信仰大乘佛教與印度教，直至15世紀。

　　簡單說來，在15世紀之前，佛教雖然已經傳到東南亞上千年，但是並未取得實質性的進展，僅只限於少數地區，也沒有像婆羅門／印度教那樣成為上層社會普遍接受的宗教，在普通大眾中更沒有廣泛的基礎，因此常常興衰不一，在許多時候成為婆羅門／印度教的附庸。

　　在北面，佛教的傳播順利得多，也成功得多。西元前3世紀，在阿育王的大力弘揚下，佛教從印度北部傳播到犍陀羅和克什米爾。200年以後，佛教從犍陀羅傳入大夏，從克什米爾傳入于闐，同時也從克什米爾傳到吉爾吉特，從印度北部傳到今巴基斯坦南部，並西傳到安息。西元1世紀時，佛教從大夏向東傳到粟特，並沿著塔里木盆地南緣進一步傳到喀什、樓蘭。2世紀時，佛教勢力達到塔里木盆地北緣，傳到庫車和吐魯番。在西面，佛教於西元1世紀傳到了中亞大國貴霜。貴霜王迦膩色伽（Kanishka）大力弘揚佛教，修建了富樓沙的大講經堂，把脅尊者、世友、眾護、馬鳴等一批出色的佛教學者招到自己身邊，並在脅尊者的提議下召開了佛教高僧大會，對經、律、論三藏重新做出了解釋。貴霜一時成為了佛教中心。貴霜在其鼎盛時期（105-250）疆域從今日的塔吉克地區綿延至裏海、阿富汗及恆河流域，在國王迦膩色伽一世和其承繼者統治之下達至鼎盛，被認為是與漢朝、羅馬、安息並列的亞歐四大強國之一。由於貴霜國土廣大，又是扼絲綢之路的要衝，與中國有密切商業來往，佛教也由此傳入中國。

　　之後，佛教也被中亞和北亞突厥語系諸民族接受。他們建立的柔然汗國，從西元5世紀初起，統治著以蒙古高原為中心、西起庫車，東到今中朝邊境的遼闊地域。柔然人信仰一種于闐式和吐火羅式混合的佛教。西元551年，柔然汗國被其統治下的突厥

人推翻。新建立的突厥汗國很快又分裂成東、西兩部分。東突厥汗國統治著蒙古高原，信奉當地流行的柔然佛教，並添加了漢文化的因素。西突厥汗國則信奉中亞的佛教。在西突厥汗國，佛教十分興盛。唐代高僧玄奘也記述了西突厥統治下的喀什和大夏佛教寺院的興旺情況。在喀什，寺院成百，僧侶數萬；在大夏更有過之而無不及。大夏最大的寺院是位於該國主要城市巴里黑的納縛僧伽藍。該寺院是整個中亞的佛學高級研修中心，在大夏和安息都有其附屬的寺院，與于闐的關係尤為特殊，向于闐派出眾多僧侶。于闐先前信奉小乘佛教，西元5世紀始傳入大乘佛教，在5至8世紀期間成為佛教文化的一大中心，對於佛教的東傳影響頗大。中國高僧法顯於東晉隆安五年（401）到了于闐，見這裡的人民盡都信奉佛教，有僧眾數萬人，多學大乘。到了唐代，玄奘來到于闐，也說此國人知禮儀，崇尚佛法，伽藍百餘所，僧徒5,000餘人，都研習大乘佛教。位於吐魯番地區的高昌也是一個佛教重鎮。9世紀中葉回鶻（即回紇）西遷，有一支進入吐魯番地區，建立了高昌回鶻國。這些回鶻人原來信仰摩尼教，到了這裡後與當地居民融合，改信當地流行已久的佛教，創造了優秀的高昌回鶻佛教文化，歷經數百年而未衰。高昌、龜茲和于闐並稱中國的西域三大佛教重鎮。

　　因此在很長的一個歷史時期中，佛教是中亞地區最重要的宗教，特別是在大夏、克什米爾和塔里木盆地。在犍陀羅和蒙古地區，佛教也受到歡迎，但尚未植根於普通民眾之中，而在吐蕃地區則只是剛剛引進。在中亞、北亞地區，佛教並不是唯一的宗教，除了佛教外還有祆教（瑣羅亞斯德教）、印度教、景教（聶斯脫里派基督教）、猶太教、摩尼教、薩滿教以及其他土生土長

的信仰體系，各種宗教信仰大體上都和平共處。

佛教也從印度向北傳入西藏。佛教未傳入前，西藏居民信奉苯教（又稱苯波教，俗稱黑教），是西藏本土的一種巫教。西元4世紀中葉藏王拉托托日年贊時期，西藏開始出現佛教。到了791年，藏王赤松德贊宣布佛教為國教，禁止苯教流傳。但是在西元836年，信奉苯教的貴族發動政變，刺殺赤祖德贊，擁立其兄朗達磨為王。朗達磨在位期間展開了大規模的滅佛運動，封閉佛寺，塗抹壁畫，焚燒經典，迫害僧侶。這次滅佛行動給西藏佛教帶來嚴重的打擊，史稱「朗達磨法難」，成為西藏佛教史中的「黑暗時代」，也結束了西藏佛教的「前弘期」。到了西元978年，佛教重新傳入西藏，進入了西藏佛教的後弘期。自此以後，佛教在西藏的統治地位確定了。而在此時，佛教在印度屢遭變亂，特別是西元1203年穆斯林入侵，印度佛教各大寺廟都被毀壞，之後很多印度佛教學者紛紛前往西藏取經，可見此時西藏已成為新的佛教中心。元朝建立後，佛教（尤其是藏傳佛教）獲得了朝廷的尊重，薩迦派法師八思巴被忽必烈奉為國師（後升為帝師），賜玉印，任中原法王，命統天下佛教，並兼任總制院（後改名為宣政院）使來管理吐蕃事務。這標誌著佛教在西藏已經成為主要宗教。

佛教也在西元1世紀傳入中國，在南北朝時達到興盛的頂峰。之後又從中國傳到朝鮮、越南和日本。

南朝帝王大都崇信佛教。梁武帝篤信佛教，自稱「三寶奴」，四次捨身入寺，皆由國家出錢贖回。他建立了大批寺廟，在首都建康就有大寺700餘所，僧尼信眾常有萬人。他還親自講經說法，舉行盛大齋會。在北朝，雖然發生過兩次滅佛運動，但總的說來，歷代帝王都扶植佛教。北魏文成帝在大同開鑿了著名的雲

岡石窟；孝文帝遷都洛陽後，為紀念母后營造龍門石窟。北魏末，有寺院約3萬餘座，僧尼約200餘萬人。北齊僧官管轄下的僧尼有400餘萬人，寺廟4萬餘座。在南北朝，有大批外國僧人到中國弘法，其中著名的有求那跋摩、求那跋陀羅、真諦、菩提流支、勒那摩提等。中國也有一批信徒去印度遊學，如著名的法顯、智猛、宋雲、惠生等曾去北印度巡禮，攜回大批佛經。

到了唐代，因為皇室姓李，自稱為老子的後人，所以唐太宗將道教置於佛教之上。但是到武則天登基，就下詔規定佛教列於道教之上。她明確宣稱：「自今已後，釋教宜在道法之上，緇服處黃冠之前，庶得道有識以歸依，極群生於迴向。布告遐邇，知朕意焉。」以後雖然有些皇帝依然尊崇道教，但是崇佛之風越演越烈。在唐代200多年間，先後有高宗、武后、中宗、肅宗、德宗、憲宗、懿宗和僖宗八位皇帝六迎二送供養佛指舍利，每次迎送聲勢浩大，皇帝頂禮膜拜，等級之高，前所未有。其中咸通十四年4月8日，懿宗迎佛骨入長安。唐人蘇鶚的《杜陽雜編》記述這次活動說：「十四年春，詔大德僧數十輩於鳳翔法門寺迎佛骨。百官上疏諫，有言憲宗故事者。上曰：『但生得見，歿而無恨也。』遂以金銀為寶剎，以珠玉為寶帳香舁，仍用孔雀氄毛飾其寶剎，小者高一丈，大者二丈。刻香檀為飛簾花檻、瓦木階砌之類，其上偏以金銀覆之。舁一剎則用夫數百，其寶帳香舁不可勝紀。工巧輝煥，與日爭麗。又悉珊瑚、馬腦、真珠、瑟瑟綴為幡幢，計用珍寶不啻百斛。其剪綵為幡為傘，約以萬隊。4月8日，佛骨入長安，自開遠門安福樓，夾道佛聲振地，士女瞻禮，僧徒道從。上御安福寺親自頂禮，泣下霑臆。即召兩街供奉僧賜金帛各有差。而京師耆老元和迎真體者，悉賜銀椀錦彩。長安豪

家競飾車服，駕肩彌路，四方耆老扶幼來觀者，莫不蔬素以待恩福。時有軍卒斷左臂於佛前，以手執之，一步一禮，血流滿地，至於肘行膝步，齧指截髮，不可算數。又有僧以艾覆頂上，謂之鍊頂。火發痛作，即掉其首呼叫。坊市少年擒之不令動搖，而痛不可忍，乃號哭臥於道上，頭頂焦爛，舉止蒼迫，凡見者無不大哂焉。上迎佛骨入內道場，即設金花帳、溫清床，龍鱗之席，鳳毛之褥，焚玉髓之香，薦瓊膏之乳，皆九年訶陵國所貢獻也。初迎佛骨，有詔令京城及畿甸於路傍壘土為香剎，或高一二丈，迨八九尺，悉以金翠飾之，京城之內約及萬數。是妖言香剎搖動，有佛光慶雲現路衢，說者迭相為異。又坊市豪家相為無遮齋大會，通衢間結綵為樓閣臺殿，或水銀以為池，金玉以為樹。競聚僧徒，廣設佛像，吹螺擊鈸，燈燭相繼。又令小兒玉帶金額白腳呵唱於其間，恣為嬉戲。又結錦繡為小車輿以載歌舞。如是充於輦轂之下，而延壽里推為繁華之最。是歲秋七月，天子晏駕，識者以為物極為妖。公主薨而上崩，同昌之號明矣。」朝野如此崇佛，可見佛教的影響之大。

由於佛教的影響日盛，也導致了政治和社會問題。武宗時，「天下僧尼不可勝數，皆待農而食，待蠶而衣」。這是導致會昌元年唐武宗下令滅佛事件發生的重要原因。

唐代佛教的發展，導致大乘各宗派的建立。智顗創立的天臺宗，吉藏創立的三論宗，玄奘和窺基創立的法相宗，道宣、法礪和懷素分別創立的律宗，善導集成的淨土宗，神秀和惠能分別創立的禪宗，都出現在唐代前中期。唐代中後期，又陸續出現「禪門五家」（即溈仰、臨濟、曹洞、雲門和法眼五派）、華嚴宗、密宗等。這些宗派對於後代的影響很大，並且傳播到海外。

　　北宋建立後也對佛教採取保護政策。太祖建隆元年（960），普度僧人8,000人，繼之派行勤等157人赴印度求法。太宗太平興國元年（976）又普度僧人17萬人，五年設立譯經院，恢復了從唐代元和六年（811）以來中斷達170年之久的佛經翻譯工作。同時，西域、古印度僧人攜經赴華者也絡繹不絕，至景祐（1034-1037）初已達80餘人。在佛教各宗派中，中國化的禪宗（特別是臨濟、雲門兩派）最盛，同時還出現了各宗互相融合，「教（天臺、華嚴）禪一致」、「淨禪一致」。天臺宗分為山家、山外兩派，在民間念佛結社特別興盛，影響最大。天禧五年（1021），天下僧尼近46萬人，寺院近4萬所。

　　元朝統治者尊崇各種宗教，特別是佛教，所以《元史》一再說：「元起朔方，固已崇尚釋教」，「元興，崇尚釋氏」。元朝皇室帶頭崇佛，忽必烈「萬機之暇，自持數珠，課誦、施食」，並下令給佛教寺院的田產以免稅的優待。迄至順帝時止，元朝歷代皇帝都崇信佛教。在他們的帶動下，全國各地大建寺宇，「凡天下人跡所到，精藍、勝觀、棟宇相望」。元朝還建立了特有的帝師制度。至元七年（1270），忽必烈晉封西番僧八思巴為帝師，「皇天之下，一人之上」，地位極為尊崇。英宗稱元世祖「啟沃天衷，克弘王度，實賴帝師之助焉」。從八思巴到輦真吃剌失思，終元一朝，共有12名西番僧被封為帝師，可見朝廷對佛教的優寵。

　　朝鮮和日本的佛教是從中國傳入的。在唐宋時期，很多朝鮮和日本的留學僧來中國學習佛法，歸國開宗。在唐代，新羅著名留學僧有義湘、道倫、惠日、法朗、信行、道義等，學成回到新羅後，分傳賢首、慈恩、密宗、禪宗之學，禪宗還蔚成禪門九山，極一時之盛。日本僧人入唐求學之風更盛，道昭、智達、智

通、智鳳、玄昉、宗睿、惠運、圓行、常曉、圓仁、圓珍、最澄、空海等都是其中知名者，他們學成回國後，在日本創立了中國佛教的各主要宗派，對日本佛教發展起了非常重要的作用。空海（774-835）法師譯經206部，著述160餘部，除弘揚佛教外，還創造了平假名，對日本文化做出了重大貢獻。到了宋代，榮西、道元入宋求法，回國後創立了臨濟、曹洞等宗。此外，也有中國高僧去新羅和日本傳教，著名的如道璿（702-760）、鑑真（688-763）、隱元（1592-1673）等都東渡弘法。道璿成為日本禪宗第二祖、華嚴宗初祖。鑑真、隱元分別開闢了日本律宗和黃檗宗。這些努力，使得佛教在日本得到迅速發展。

3、伊斯蘭教文化圈

　　伊斯蘭教於7世紀興起於阿拉伯半島後，迅速掀起了第一次大擴張的浪潮，征服中東、北非、西亞廣大地區以及歐洲部分地區。這個擴張的浪潮也波及到了中亞。西元715年，阿拉伯人奪取了中亞大國大夏，對納縛僧伽藍寺大肆破壞。許多僧人向東逃往于闐和克什米爾。以後，一些中亞游牧民族（特別是突厥人）逐漸放棄了原來信仰的佛教、摩尼教和祆教而改宗伊斯蘭教。最早皈依伊斯蘭教的突厥喀喇汗王朝（992-1212）統治者，把伊斯蘭教傳入于闐、葉爾羌等地。到了13世紀，伊斯蘭教推進到了位於天山北麓東端、準噶爾盆地東南緣的昌八喇城（今吉木薩爾）。不僅如此，另外一個信奉伊斯蘭教的突厥人王朝——位於統治阿富汗東南部的伽色尼王朝（962-1212年，又稱哥疾寧王朝、伽茲尼王朝），經常向印度北部發動聖戰。該王朝最著名的君主馬哈茂德（998-1030年在位），被稱為「一位偉大的軍事統帥和一位

不倦的伊斯蘭戰士」。他率軍進攻印度達17次之多，遠達恆河的卡瑙吉，併吞以拉合爾為中心的旁遮普，旁遮普從此成為穆斯林地區。他北上聯合喀喇汗王朝共同消滅了中亞大國花剌子模。他去世前，向西占領萊伊（今德黑蘭南部）及哈馬丹，從而建立一個阿巴斯王朝以來版圖最大的穆斯林帝國。西元1026年，馬哈茂德的軍隊攻占位於阿西阿瓦爾的印度著名神廟——索那斯神廟。這座神廟裡的僧侶們向馬哈茂德敬獻財寶，請求他把廟中的神像保留下來，可是馬哈茂德拒絕了這一要求，說：「我要打碎偶像，我不想賣錢。」他還先後占領古吉拉特和曲女城。之後的廓爾王朝（1150-1206）進一步把穆斯林的統治擴大到印度北部大部分地區。到了德里蘇丹國（1206-1526）時期，印度北部完成了伊斯蘭化。德里蘇丹國之後又出現了強大的莫臥兒帝國。伊斯蘭教勢力沿海岸南下，抵達印度河口，征服了印度洋的貿易重鎮胡茶辣國（今古吉拉特），從而使得伊斯蘭教商人控制了阿拉伯海和印度洋貿易，伊斯蘭教也通過海道傳入東南亞。

　　西元1136年和1267年，信奉伊斯蘭教的吉打蘇丹王朝和蘇木都剌國分別在馬來群島建立。到了13世紀初，伊斯蘭教已廣泛傳播於蘇門答臘西北部和北部沿海地區。1292年馬可·波羅自中國歸國途中經過蘇門答臘時，發現那裡的霹靂城已經是座穆斯林城。伊本·巴圖塔於1345至1346年途經蘇門答臘到中國旅行時，也記述了伊斯蘭教在蘇門答臘興盛的情況。自此以後，伊斯蘭教逐步深入到中部和南部地區，最終成為該地區的主要宗教。與此同時，伊斯蘭教也傳到了爪哇島。

　　近代學者認為大約在中國的宋代，伊斯蘭教傳入在中南半島的占城國。但據14世紀埃及作家迪馬斯基（Damashqi）記載，伊

斯蘭教甚至在7世紀中葉阿拉伯第三任哈里發奧斯曼（Uthman）執政時期就已經傳入占城國。在占城南部的賓瞳龍，早自8世紀中葉以來就已經存在著一個穆斯林社會。9世紀後期占城統治中心北移，賓瞳龍的伊斯蘭教勢力迅速發展。根據占城的傳說，真主安拉於1000至1037年「君臨都城」，亦即安拉於1000年從天而降，成為占城的國王，建都於佛逝，統治了37年之後返回麥加。這個傳說反映了占城曾一度出現了一個穆斯林政權，很可能就是賓瞳龍的穆斯林所建立的。在10世紀至1471年，伊斯蘭教在占城社會廣泛傳播，在占城王族中皈依伊斯蘭教者不乏其人，從而促進了伊斯蘭教的政治勢力進一步增長。在占城國內一些地方（特別是在南部地區），穆斯林建立了地方政權。

　　因此在南亞、中亞和東南亞許多地區，15世紀之前，已出現一個伊斯蘭教逐漸取代印度教、佛教和其他宗教的趨勢。在這些地方，逐漸出現了一個伊斯蘭教文化圈。不過，這個文化圈的範圍尚有限。史學大師湯因比（Arnold Joseph Toynbee）在其名著《人類與大地母親》一書中，對西歐人來到東南亞之前這個地區的宗教狀況做了分析，說：「1511年葡萄牙人占領馬六甲時，東南亞已經形成四種宗教並存的局面。其中兩種宗教即上座部佛教和伊斯蘭教，相對來說是較晚傳入此地的。上座部征服了幾乎整個中南半島，只有越南、占城的殘餘部分和馬來半島最南端除外。越南人是中國流派的大乘佛教徒。占（城）人和大陸馬來人成了穆斯林。海島馬來人表面上成了穆斯林，但實際上仍然是印度教徒。巴厘島上的馬來人仍然是虔誠的印度教徒。在婆羅洲、沿海地區的馬來人成了穆斯林，但在廣大的內地，他們仍然是異教徒。」

4、儒家文化圈

隨著東亞經濟的起飛，「儒家文化圈」（亦稱中華文化圈、漢字文化圈、東亞文化圈）是近幾十年來的一個熱門詞彙。在與中國同屬這個文化圈的日、韓／朝、越諸國中，越南是最早接受儒家文化的，這是因為這個地區在漢朝以來的1,000多年中都是中國的一部分，儒家文化也得以移植到此。在朝鮮半島，早在西元前1世紀至7世紀間，高句麗、新羅、百濟等政權已先後接受中國的文化。到了高麗時代（918-1392），儒學傳入朝鮮半島，而高麗王朝在政治制度、考試制度、教育制度等方面也模仿中國。在日本，《論語》早在4世紀就已傳入，而自6世紀中葉開始推行的「大化改新」的特徵就是全面模仿唐代的政治制度。在8至12世紀間，日本還模仿唐朝的科舉制度，實行以貴族子弟為選拔對象的貢舉制度。

關於這個文化圈的情況，我們中國人都大體上耳熟能詳。這裡我想要強調的是：這個文化圈雖然在唐代已經形成，但是在15世紀之前，還處於初期發展階段。

在中國，正如中國思想史學者陳來所說，經學在漢代剛剛開始發展；隨後到魏晉時代，一流的知識分子都被玄學所吸引去信道家，甚至被道教所吸引，隋唐一流的知識分子，一流的精神和心靈都被佛教所吸引。當時就有一句話叫「儒門淡薄，收拾不住」，就是說儒學無法收拾，很多第一流的人才都流失到道教、佛教和其他相關的研究中去了。因此，儒學的核心——「內聖之學」——在漢代以後有一個長期的中斷，到了宋代理學興起，才致力於把這個儒學的內在傳統接續起來。不僅如此，經過漢唐之間的幾個世紀的戰亂和民族遷徙，連儒家文化的發源地中原也已

部分地「胡化」了。陳寅恪先生直截了當地說：「當日（唐代中期）河北社會全是胡化，非復東漢、魏晉、北朝之舊。」典型的例子如范陽秀才盧霈，「自天寶後三代或仕燕，或仕趙，兩地皆多良田畜馬，生年二十，未知古有人曰周公、孔夫子者，擊毬飲酒，馬射走兔，語言習尚無非攻守戰鬥之事」。《新唐書》更加明確地說：「天下指河朔若夷狄然。」儒學在此情況下，儒學的地位可想而知。

　　到了宋代，發生了重大變化。陳寅恪先生說：「佛教經典言：『佛為一大事因緣出現於世。』中國自秦以後，迄於今日，其思想之演變歷程，至繁至久。要之，只為一大事因緣，即新儒學之產生及其傳衍而已。」這個「新儒學」即兩宋理學，其中又以朱子之學為集大成者，這是漢代以後逐漸走向沒落的儒學的強有力的復興。這個復興是儒學自身變革的結果。在儒、道、釋三教思想長期共存、衝突、交流融合的過程中，儒學發生了重大變化。儒學在魏晉時期被進行玄學改造，而到了此時，又被佛、道改造。改造後的儒學，既保持了儒學的核心價值觀，又吸收了佛、道兩教的一些思想以及宗教的大眾接受性。因此，「舊儒學」僅只限於部分學者中，而「新儒學」逐漸進入普通中國人的精神生活，從而獲得了強大的生命力，形成一場聲勢浩大、影響久遠的儒學運動。到了元代，情況發生逆轉。元朝統治者雖然也希圖利用儒家學說以鞏固其統治，但儒學在元代並不像歷史上大多數朝代那樣尊崇，伯顏等權臣還曾竭力排漢抑儒。儒士的社會地位很低，以致被鄭所南《心史》說是「九儒十丐」。

　　中國尚且如此，越南、朝鮮和日本等地的情況更可想而知。

　　越南在宋以前一直是中國的郡縣，今天越南史學界稱之為

「郡縣時代」或「北屬時期」。早在秦末趙佗建立南越國時，儒學就已傳入越南。到了兩漢時期，朝廷派往越南的地方官吏都以儒家思想為指導，建立社會秩序，移風易俗，並實施儒學教育，輸入儒家經典。影響最大者當推東漢末交趾太守士燮。他精通儒學，對《尚書》、《左傳》等經典頗有造詣。治理交趾四十年，「習魯國之風流，學問博洽，謙虛下士，化國俗以詩書，淑人心以禮樂」。士燮因此被稱為「南交學祖」，被尊為「士王」。越南舊史稱：「我國通詩書，習禮樂，為文獻之邦，自士王始。其功德豈特施於當時，而有以遠及於後代，豈不盛哉！」後經魏晉至隋唐，依靠國家的倡導、地方官吏的推行以及南遷的中原文人學者的宣揚、移民與當地居民的密切交往，推動了儒學在越南的深入傳播。尤其是唐代，國勢強盛，在交州設立了安南都護府，地方官吏也注重興辦教育，提倡儒學，以儒學移易風俗。安南士人亦絡繹不絕地遊學中原，並可以參加唐朝的科舉考試，入仕為官。唐朝著名文人杜審言、劉禹錫、韓渥等也都曾流寓安南。

　　然而，此時儒學雖然已在越南具有一定地位，但傳播並不如佛教廣泛，也不像佛教作為一種信仰為民眾接受。在越南獨立初期的吳朝（939-965）、丁朝（968-980）和前黎朝（980-1009）三朝依然奉佛教為國教，實行崇佛抑儒的政策。直到李朝（1009-1225）建立，局面才開始發生變化。李朝仍然崇尚佛教，但改變了以往唯重佛教的政策，開始重視儒學，推行儒、釋、道並尊的政策，並採取了一系列舉措，提高儒學的地位，因此雖然佛教在李朝達到鼎盛，但是儒學也日益發展。到了陳朝（1225-1400）末年，佛教日衰，儒學已形成取佛教而代之的趨勢。

　　在朝鮮半島，雖然儒學傳入已有長久的歷史，但是在14世紀

末以前，尚處於發展的第一階段。從中國傳入的漢唐儒學，僅限於少數知識分子中，也尚未完全確立起主導意識形態地位。西元958年，高麗政府「始制科舉」，把儒學經典列為考試科目。992年又設立最高學府國子監，在地方設立了鄉校，並派經學博士教育貴族子弟，儒學教育得到了相當的發展。但是，由於993年開始的歷時30年反抗契丹入侵的戰爭，極大地阻礙了官辦儒學教育的正常發展。儒學教育不得不轉向民間，出現興辦私學的新傾向。

在日本，在幕府時代（1192-1867）以前傳入的儒學也主要是以五經為核心內容的漢唐儒學。進入幕府時代以後，儒學的傳播內容發生了大轉向，宋代理學取代了漢唐儒學輸入日本。不過即使是到此時，儒學還只是作為佛教的附庸傳入的。在鎌倉時代（1192-1333）中期，日本與宋朝的文化交流日漸密切，中、日兩國的遊學僧人逐漸增多，他們為宣傳禪學，多持儒佛一致論，理學因藉禪學得以傳播。

由此可見，在15世紀之前，雖然儒家文化已經成為中國的主流官方文化，但是在普通民眾中的影響力十分有限。在越南、朝鮮和日本，儒家文化更是主要限於上層社會，尚未在普通民眾中生根。因此在後來的儒家文化圈諸國的普通民眾中，此時儒家影響往往不及佛教或其他宗教的影響。

5、基督教文化圈

基督教傳入東亞已有長久的歷史。基督教入華，可以追溯到唐代的景教。

明朝天啟三年（1623），陝西長安（今西安）附近一戶人家在蓋房子的時候，無意中發現了一塊碑石，刻著「大秦景教流行

中國碑」的大字，碑身則刻滿了敘事文字。經過考證，這竟是記述唐太宗時景教傳入中國事蹟的碑。後來在1908年，考古學者在甘肅省的敦煌石室中又發現了一些景教的文獻，為景教傳入中國提供了進一步的佐證。對照西方教會的歷史以及中國唐朝的歷史記載，終於確定「景教」就是當時基督教在中國的名稱，進入中國的時間是西元635年。這塊景教碑也成為了基督教傳入中國的最早歷史紀錄。

景教是中國人對基督教聶斯脫里派（Nestorian）的稱呼，該教派在中國又稱為波斯經教或大秦教。西元5世紀早期的西方基督教社會因為教義上的爭執，原任君士坦丁堡主教長的聶斯脫里（Nestorius）被當成異端，因而遷往波斯一帶，另行建立教會。這個以波斯一帶為基地的教派懷抱強烈的宣教願望，派遣傳教士前往東方，循行絲綢之路到了中國傳教。景教受到唐朝上層社會的關注，唐玄宗本人就對景教頗感興趣，但似乎是出於他對音律的嗜好，而非景教的教義。景教教士受到唐朝的優待，容許他們在中國傳教，於是他們在中國建立了以長安為中心的主教區。為適應中國的國情，景教也做出了一些變革。例如景教教會雖然自稱「克恭纘祖」，但推出獨立的人事制度，即「式封法主」之制，使得景教不再拘泥於聶斯脫里派基督教會的轍跡，而能兼容其他東方教會的特色，從而更趨向為基督教在中國的代言人。由於朝廷的支持和自身的變革，景教在中國有一定的發展。景教碑說：景教當時在中國「法流十道，……寺滿百城……」，可見頗為興盛。景教在中國流傳了約200年，到了會昌五年（845），唐武宗下令滅佛，景教和祆教等宗教也受到牽連，結果導致了景教在中國從此一蹶不振，後來甚至從中原完全消失。

　　但是景教退出中原之後，其活動轉到了中國邊境的地區。考古學家在吐魯番及內蒙古地區發現了許多景教教徒的墓碑，西伯利亞也出土了許多刻有十字架與敘利亞文墓誌銘的墓地，年代都在武宗會昌滅佛之後400年左右。這些發現證實了景教教徒依然滯留在塞外地區。有學者指出，一些蒙古部族在西元11世紀已接受了景教，元朝君主忽必烈的母親就是景教教徒。元朝入主中原之後，景教教徒隨著蒙古人再度回返中國。由於元朝優待色目人，信奉景教的又多是色目人，因此景教教徒在中國獲得很多特權，如無須服兵役、免繳賦稅等。有研究指出，鎮江地區的景教寺竟然有80多所，鎮江外來的人口中，每167戶即有一戶基督徒（主要為景教徒）。

　　蒙古帝國興起之後，羅馬天主教教廷極力與這個超級強權建立關係。教廷聽說蒙古軍中有基督徒，派遣使者出訪蒙古，從此展開了交往。1289年，教宗尼古拉四世派遣方濟各會會士孟高維諾的約翰（John of Montecorvino）為欽使，攜國書前往元朝。1294年，孟高維諾的約翰抵達大都，覲見元成宗，獲准居留大都。1307年，教宗克萊孟五世設立汗八里（北京）總教區，任孟高維諾的約翰為總主教，統理中國及遠東教務。天主教在他的努力下發展很快。1328年，享年81歲的孟高維諾的約翰在大都去世，此時大都的天主教徒人數已達到6萬之多。

　　除了景教和天主教兩大教派之外，基督教的其他教派也進入了中國。1275年，在中國有3萬名來自高加索北部山地信奉東正教的阿蘭人在忽必烈手下服務。他們也把東正教帶到了中國。

　　元朝統治者將基督教各教派的信徒統稱為也里可溫。也里可溫的總數最多時估計在10萬人以上，這是基督教在中國的一個黃

金時代。

　　然而，與唐朝景教的情況頗為相似，元朝的基督教的傳教活動也是依附政治勢力進行的，信眾亦主要外來民族，未能在中國社會中生根。當朝廷的支持消失後，教會也就無法立足了。同時，基督教內部的教派鬥爭也削弱了基督教的發展，例如孟高維諾的約翰初到北京時，一直被景教教徒排斥，幾乎無法立足。更為重要的是，處於民族壓迫政策下的漢人，大多對享有特權的蒙古人、色目人及其所熱中的外來宗教信仰沒有好感。1368年，明朝軍隊攻占大都。1375年，因為中國的天主教徒在兵禍中死傷殆盡或者逃離了中國，汗八里總教區也隨之撤銷。因此元朝在中國的統治瓦解後，基督教也就隨之而去。

　　到了15世紀，情況開始發生巨變。這個變化表現為伊斯蘭教的擴張、印度教和佛教的衰落和有限復興、基督教文化圈的出現以及儒家文化圈的縱深發展幾個方面。

二、伊斯蘭教第二波東擴浪潮：15至17世紀東亞世界的區域整合之一

　　15至17世紀中期亞洲宗教文化版圖的最大的變化是伊斯蘭教的第二次大擴張。這次大擴張的主要力量不是阿拉伯人，而是皈依了伊斯蘭教的突厥人；擴張的主要方向是中亞、南亞和東南亞。這次擴展的結果，就是今天亞洲的伊斯蘭世界。

　　伊斯蘭教的第二次大擴張徹底改變了中亞、南亞和東南亞的宗教文化版圖。在這些地區，先前流行的宗教差不多都受到毀滅性的打擊。印度教僅只在南印度還能保住了統治宗教的地位，而

在南亞其他地區和東南亞則遭到了滅頂之災。佛教在印度本土和中亞、南洋群島基本消失，而摩尼教、祆教等中亞千年宗教也被連根拔除。伊斯蘭教在除了印度南部和錫蘭之外的中亞、南亞和東南亞地區都取得了統治地位。

　　由於佛教與中國有特殊的關係，這裡稍微多說幾句佛教的命運。佛教興起之後，一度成為南亞、中亞以及中國、日本、朝鮮和越南最重要的宗教，但是後來卻命途多舛。在印度的大部分地區，印度教復興後，逐漸將佛教融合於其中，不僅在廣大民眾中扎下了根，而且也得到統治者的支持。只有孟加拉等地方，佛教還得到統治者的推崇，能保有一席之地。當伊斯蘭教第二次擴張到印度時，在穆斯林軍隊咄咄逼人的攻勢之前，印度教統治者和民眾奮起反抗，不僅保持了南印度的半壁江山，而且在北印度，印度教民眾此起彼伏的起義也使得穆斯林統治者不得不適當放寬宗教政策。然而佛教徒卻沒有組織起任何像樣的反抗。一個原因是佛教的「非暴力」信條，使得佛教徒不能拿起武器進行反抗。著名佛教史專家渥德爾（A. K. Warder）說：「佛教教義，尤其是它反暴力的社會綱領，……對伊斯蘭教的殘暴做不出直接的回答」。這一說法有些偏頗，但也不失為一個有道理的解釋。對於印度的佛教的最後一擊，發生在12世紀和13世紀之交。德里蘇丹國將領巴克提亞・契吉（Bakhtiar Khilji）率領穆斯林大軍入侵印度，攻入比哈爾和孟加拉，印度佛教最高學府那爛陀寺以及佛教大寺飛行寺、超岩寺等都被摧毀洗劫一空，僧侶要麼被殺，要麼逃逸。在印度傳承了1,700餘年的佛教，至此消亡。

　　在中亞，伊斯蘭教於10世紀通過和平的方式傳到喀什。由於佛教在中亞已有千年的歷史，成為當地民眾的主要宗教信仰，因

此在很長一段時期中，伊斯蘭教勢力沒有出過喀什一帶。伊斯蘭教於10世紀中葉首先由中亞傳入喀什噶爾，建立了以喀什噶爾為中心的喀喇汗王朝。之後積極由西向東發展。喀喇汗國貴族出身的11世紀的著名語言學家馬赫木德・喀什噶里編了一部《突厥語大詞典》，其中收錄了許多突厥民歌。有一首《戰歌》描寫了伊斯蘭教東擴的洶湧波濤之勢：「我們勢猛如山洪，攻陷他們的座座城，佛堂廟宇全毀掉，菩薩身上屙一泡」。他這樣描述喀喇汗王朝對回鶻人的戰鬥：「我們猶如洪水一般沖向他們，占領了他們的城市，毀壞了他們的寺廟，在佛像上屙了屎。穆斯林的習慣就是這樣，侵入了異教徒的地區時，為了侮辱他們而在佛像頭上拉屎撒尿。」著名中亞史專家巴爾托里德（V. V. Barthold）指出：「當時伊斯蘭教往東傳播比較困難，那裡有文化的回鶻人像一堵牆似地擋住了該教的傳播。」喀喇汗王朝向信奉佛教的于闐國發動了歷時數十年的聖戰，於1006年擊滅統治于闐的漢人李氏王朝，千年佛教古國于闐最後滅亡。到12世紀初，伊斯蘭教已在塔里木盆地西部和南部綠洲居民區傳播開來，達到阿克蘇至且末、若羌一線。喀什噶爾派兵攻打和田，打了40年，消滅了這個千年佛教王國，轉向下一個目標吐魯番。喀喇汗王朝和高昌回鶻，雖然出自於同一族源並且操基本相同的突厥語，但由於宗教信仰不同，彼此長期對峙，經常處於交戰狀態。《突厥語大詞典》中也多處描述了喀喇汗王朝與高昌回鶻之間的戰爭。他將高昌回鶻人稱為「塔特」，意思是不信仰伊斯蘭教的回鶻人，並說他們是「最凶惡的異教徒」。喀喇汗王朝軍隊曾多次攻入回鶻地區，試圖以武力強迫居民放棄佛教信仰，但遭到信奉佛教的回鶻人的有力抗擊。回鶻人不僅成功地保持了自己的宗教信仰和文化傳統，而且

還幾次攻入喀喇汗王朝的轄地，使喀喇汗王朝統治者感到畏懼。

14世紀中葉，蒙古察合台後王禿黑魯·帖木兒汗在伊斯蘭教蘇非派阿訇賈拉里丁和其子額什丁和卓的勸喻下，率領屬下16萬蒙古人皈依伊斯蘭教。這是一個意義重大的歷史事件，揭開了新疆境內伊斯蘭教大規模傳播的序幕。額什丁和卓在帖木兒汗的支持下，率領傳教隊伍進入庫車展開宣教活動。他們以可汗的名義號召居民皈依伊斯蘭教，對於自願加入者，給予布施、撒乃孜爾等獎勵，並承諾減免賦稅，保護人身財產安全等；不願放棄佛教信仰的僧侶則遭到迫害，或被殺或被流放。這裡佛教寺廟被搗毀，經書被焚燒，有些佛教徒逃往吐魯番等地避難。在這種形勢下，庫車居民改宗了伊斯蘭教。庫車這道屏障一旦失去，高昌的佛教王國也勢必難保。帖木兒汗死後，其子黑的兒火者汗繼位，也大力推行伊斯蘭教。畏兀兒（維吾爾人的祖先）史學家米兒咱·馬黑麻·海答兒記述說：「黑的兒火者汗在位時，曾舉行過聖戰進攻契丹（指中國）。他親自攻占了契丹的兩個邊陲鎮哈剌和卓和吐魯番，強迫當地居民皈依伊斯蘭教。因此，這兩個地方現在被稱為『達爾·阿勒·伊斯蘭』。」吐魯番成為伊斯蘭地區後，佛教遭到沉重打擊，僧侶被殺或被迫害，普通佛教徒被迫改宗伊斯蘭教，佛教建築、文物、典籍也遭到大破壞。戰勝者自豪地寫道：「我們摧毀了回鶻異教徒的寺廟，我們在他們的寺廟上拉屎拉尿。」回鶻人的佛教信仰一直延續到18世紀。傳說當時哈密王很生氣，說全世界都已經歸順安拉了，怎麼這些人還在拜佛？於是下令派毛拉（伊斯蘭教教士）上山蓋清真寺，讓他們皈依伊斯蘭教。

吐魯番地區被伊斯蘭教勢力統治後，佛教並沒有很快消失。

在幾十年的時間內，佛教還和伊斯蘭教並存。1420年中亞撒馬爾罕王沙哈魯派往明朝的慶賀使臣路經吐魯番時，還看到該城居民大部分仍是佛教徒。但是到了16世紀，伊斯蘭教已成為吐魯番居民普遍信仰的宗教，佛教則在這一地區逐漸消失。

　　伊斯蘭教在中亞的擴張，到了明代變得更加咄咄逼人。差不多就在明太祖建立明朝的同時，中亞興起了一個極富侵略性的游牧人帝國——帖木兒帝國。這個帝國的創始人是帖木兒（Timur, 1336-1405），歷史上也稱「跛子帖木兒」（Tamerlane）。他自稱是成吉思汗的嫡派後裔，並以成吉思汗的繼承人自居。帖木兒的勢力興起於中亞的河中地區，迅速成為中亞最強大的軍事力量。這個人以殘暴著稱，對一切敢於抗拒的敵國進行大屠殺，並用被殺者的頭顱建立人頭金字塔，以警告他人不得反抗。他一生都在征戰：三征花剌子模，六、七次征伊犁，兩征東波斯，三征西波斯，打敗了西亞的奧斯曼帝國、東歐的金帳汗國、中亞的東察合台汗國和印度的德里蘇丹國等伊斯蘭強國，並對俄羅斯發動了兩次戰爭。中亞、中東、印度的重要城市報達（今巴格達）、布魯薩、薩萊、焉耆和德里等著名城市都遭到過他的洗劫。通過三十多年的征戰，他建立了從德里到大馬士革，從鹹海到波斯灣的帖木兒帝國，定都於撒馬爾罕。他到了晚年，打算要征服中國。此時明太祖建立了明朝，於1385年派使者傅安、劉惟等到中亞，要求原察合台汗國的首領對新朝效忠。使者到達哈密、吐魯番和亦力把里後，當地的察合台家族可汗們表示效忠。但是使者來到撒馬爾罕後，被帖木兒王朝逮捕，經過長時期的談判後才獲釋。爾後，帖木兒於1387、1392、1394年（洪武二十、二十五、二十七年）三次派使者攜帶禮物到明朝，呈上了措辭謙卑的稱臣書信，

以刺探明朝的虛實和麻痺明朝。1395年，朱元璋派傅安攜帶一封向帖木兒表達感謝的信到撒馬爾罕。但在此時帖木兒已經宣布他要征服中國以迫使中國人皈依伊斯蘭教，並且開始在位於今哈薩克斯坦南部的訛答剌（Otrar）城聚集大軍。傅安尚未返回，明成祖已即位。成祖得到帖木兒準備入侵的消息，立即命令甘肅總兵宋晟進行戒備。永樂二年（1404），帖木兒興兵20萬遠征中國，途中突然於1405年1月19日在訛答剌城病逝，終年69歲。在他壯麗的藍色圓頂的陵墓內綠玉色的棺材上，寫著他的豪言：「只要我仍然活在人間，全人類都會發抖！」著名作家柏楊在《中國人史綱》中對此事進行評論說：「僅只比明王朝晚一年，在中亞興起的帖木兒汗國，正決心恢復蒙古帝國東方的固有版圖。1404年，靖難結束之後第二年，帖木兒大汗從他的首都撒馬爾罕出發東征，進攻中國。不料在中途逝世，軍事行動中止。如果帖木兒不適時的死，根據已知的資料推斷，以明王朝那殘破的力量，勢將無力抵抗。一個新的異族統治可能再現。」柏楊僅只提到「新的異族統治」，然而與以前對各種宗教都持寬容態度的成吉思汗、忽必烈不同，明朝面對的是一位狂熱的穆斯林征服者，力圖用武力迫使中國人改宗伊斯蘭教。

　　帖木兒死後，他的後裔展開了爭權奪位的血戰，他建立的帝國也因此四分五裂。最後，其四子沙哈魯取得勝利，但是其控制區域只限於河中、阿富汗和伊朗東部，實力已非乃父時代可比。儘管如此，沙哈魯在1412年給明成祖的表文中，仍然以帖木兒詔令全國奉伊斯蘭教為名，要求明朝尊奉伊斯蘭教：「我皇考帖木兒駙馬受大統，君臨國內，皆昭令全國謹守謨罕默德教律。……望貴國亦崇奉謨罕默德先知教律，藉增聖教之力量，以溝通『暫

今世界之帝國』與『未來世界之帝國』。」誠如邵循正先生所指出的那樣：「沙哈魯自命為回教之保護者，欲以宗教與中國抗衡，不容其干涉內政，用意固甚深也。」西方的亞洲歷史研究泰斗格魯塞（René Grousset）說：帖木兒帝國之後，中亞突厥化的蒙古人建立的察合台汗國統治者，依然試圖把帖木兒王朝的穆斯林突厥－伊朗文化帶到明朝中國邊境地區。《明史》和《拉失德史》都記載了滿速兒汗對中國的戰爭。《拉失德史》指出這是一次反異教的聖戰。1513年，哈密王公拜牙即臣服於滿速兒汗。1517年滿速兒汗駐在哈密，並由此向甘肅的敦煌、肅州和甘州方向攻擊中國本土。與此同時，他的弟弟、喀什噶爾的統治者賽德汗把聖戰引入了吐蕃人的拉達克地區。明初設立哈密衛等「關西七衛」，到了15世紀遭遇了來自吐魯番的強烈衝擊，最後被迫東撤入關，嘉峪關以西地區各族人民大多皈依了伊斯蘭教。

在南面，伊斯蘭教東擴的浪潮也勢不可擋。來自中亞的突厥穆斯林征服印度北部後，伊斯蘭教繼續東進。與孟加拉接壤的緬甸西部地區，早已有由海道而來的伊斯蘭教商人定居，在他們的影響下，不少人接受了伊斯蘭教的信仰。緬甸西部阿拉干地方本來流行佛教，但1430年阿拉干王那羅彌迦羅（Narameihkla）從印度流亡返國時，帶有穆斯林軍隊，因此伊斯蘭教也傳入了這裡。後來的國王雖大多還信仰佛教，但伊斯蘭教的勢力也在迅速發展。在中南半島的東部，千年古國占城也接受了伊斯蘭教，許多居民在17世紀變為穆斯林。

從14世紀開始，伊斯蘭教在馬來半島大規模傳播開來。不久，海上強國馬六甲興起，控制了馬六甲海峽貿易。15世紀中葉，馬六甲王國征服海峽兩側地區，到1480年，控制了馬來半島

南部人口稠密的地區和蘇門答臘沿海地區。馬六甲的統治者原來信奉佛教、印度教，這時紛紛改宗伊斯蘭教，國王帕拉米斯瓦拉（1390-1413年在位）便是其中之一。他改奉伊斯蘭教以後，取名伊斯坎達爾·賽亞赫。國王的改宗帶動了大批的臣民，他的繼承人均為穆斯林。至此，馬來半島基本上實現了伊斯蘭化。與此同時，伊斯蘭教在爪哇島也迅速擴張。伊斯蘭教首先在港口城鎮立住了腳，進而在爪哇島內地迅速傳播開來。早在14世紀下半葉，信奉印度教／佛教的滿者伯夷帝國的一些王室成員和爪哇貴族就已改宗伊斯蘭教。穆斯林的力量日益壯大，相繼建立了獨立的政權。其中沿海的穆斯林王國淡目國勢力日益強大，1478年已奪取了滿者伯夷帝國的部分領土。到15世紀末，滿者伯夷帝國更加衰落，國內信奉伊斯蘭教的地方長官一個個宣告獨立。滿者伯夷帝國也於大約1513至1528年間被皈依了伊斯蘭教的一些爪哇小國聯合推翻。1575年，蘇托威吉約統一這一地區，建立伊斯蘭教的馬打蘭王國（1582-1755），滿者伯夷的殘餘勢力最終被肅清。馬打蘭王國統治著東爪哇和中爪哇，於1639年滅亡東爪哇最東端信奉印度教的巴蘭巴安。在此之前，信奉伊斯蘭教的萬丹王國已滅亡了西爪哇的印度教國家巴查查蘭。至此，爪哇島已基本上實現伊斯蘭化。

東南亞許多地區之所以迅速伊斯蘭化，一個原因是當地的穆斯林統治者得到了當時伊斯蘭世界領袖奧斯曼帝國及其同盟者印度莫臥兒帝國的大力支持。他們皈依伊斯蘭教後，即可從這兩大伊斯蘭強國獲得支持和資源（特別是軍事技術）。這使得他們在與原有的印度教／佛教統治者的鬥爭中處於優勢地位，從而節節取勝。

三、「佛教長城」的形成：15至17世紀東亞世界的區域整合之二

伊斯蘭教的東擴不僅改變了東亞世界的文化版圖，也使中國有史以來第一次暴露在一個強有力的異文化的咄咄逼人的攻勢面前。如果不是出現另外一個變化的話，中國乃至東亞世界的歷史可能就會是另外一個樣子。這個變化就是佛教的復興，或者用約翰‧麥克尼爾（John McNeill）的話來說，就是「在16、17世紀，佛教也經歷了有限的擴張的過程」。這個復興或者有限的擴張也分為南北兩部分。

早在西元7世紀的印度，隨著印度教的復興，佛教修行者吸收了印度教的一些修行方式（例如念咒語，比手印等簡單而易學的方式），形成了密宗。密宗在佛教教義方面也略有改變，自認比大小乘佛學更進步，自稱真言乘。這是印度佛教的最後一種重要形態。

密宗興起後，很快進入了西藏。在8世紀，藏王赤松德贊把密宗上師洛本貝瑪從印度請到西藏來。洛本貝瑪後來被尊為蓮花生大士，成了西藏佛教的開宗教主，其宗派為寧瑪派。由於該派的僧人都戴紅色僧帽，所以也稱為紅教。到了11世紀，密勒日巴大師創建了一個新的宗派──噶瑪噶舉派，稱為白教，成為勢力最強、影響最大的一個派別，也是藏傳佛教中第一個採取活佛轉世制度的宗派。到了14世紀，宗喀巴大師發起了宗教改革，認為先前的做法有失佛教宗旨，生活易於胡作亂為。於是他建立新宗派──格魯派，即黃教。他強調戒律，提倡苦行，不娶妻、禁飲酒、戒殺生；在教義上必先學習顯宗，尤其是大乘各法，然後才

能進入密宗的學習。明朝永樂七年（1409）藏曆正月，宗喀巴在帕竹地方政權闡化王札巴堅贊和內鄔宗（今拉薩西郊柳梧區）宗本南喀桑布及其侄班覺桑布的支持下，在拉薩發起大祈願法會，參加的各宗派僧人1萬餘人。法會後，宗喀巴又在帕竹地方政權屬下貴族仁欽貝和仁欽倫布父子的資助下，在拉薩東北40餘公里的旺古爾山建立甘丹寺，獨樹一派。甘丹寺的建造標誌該教派的正式形成。由於宗喀巴的改革，西藏密宗發展成為最重要的藏傳佛教宗派。今天所說的藏傳佛教主要就是指這個教派。

永樂五年（1407），明成祖冊封噶瑪噶舉派第五世法王得銀協巴（哈立麻）為大寶法王。噶舉派勢力逐漸抬頭，大寶法王這個封號至今一直被噶瑪噶舉派歷代法王所專用。黃教創立後，發展迅速，很快成為藏傳佛教的最大教派。嘉靖二十五年（1546），哲蚌寺的索南嘉措正式稱活佛，成為格魯派的領袖。萬曆六年（1578），索南嘉措應蒙古土默特部俺答汗之請，到青海傳教，受俺答汗贈予達賴喇嘛的稱號，是為達賴名號的開端。索南嘉措被認為達賴三世。崇禎十五年（1642）蒙古和碩特部固始汗受此派領袖人物達賴五世羅桑嘉措和羅桑確吉堅贊之請，出兵擊敗該派各敵對勢力集團，格魯派也因此而位居其他宗派之上，成為藏傳佛教最大的宗派。

蒙古人先前信奉薩滿教，成吉思汗統一蒙古諸部建立蒙古汗國時，薩滿教發展到興盛的頂峰。忽必烈統一中國建立元朝後，藏傳佛教進入蒙古宮廷，從忽必烈的個人信仰很快變成蒙古王室的共同信仰。1260年，忽必烈封八思巴為國師。1264年，忽必烈遷都北京，設置總制院管轄全國佛教和藏族地區事務，任命八思巴以國師身分兼管總制院，八思巴成為元朝中央政府的高級官

員。

　　然而佛教傳入蒙古後，廣大蒙古百姓並沒有皈依佛門。佛教在普通蒙古人的宗教生活中影響有限，他們主要還是遵循當地習俗與薩滿規範。元朝覆滅，蒙古汗廷北撤塞外後，在蒙古民間具有深厚傳統的薩滿教復興，佛教一度在蒙古銷聲匿跡。到了16世紀後期，經過宗喀巴改革過的藏傳佛教格魯派再度傳入蒙古，開始了第二次弘傳。在這次弘傳中，兩個人起了關鍵性作用，即庫圖克台徹辰洪台吉和俺答汗。庫圖克台徹辰洪台吉是成吉思汗第十九代孫，也是俺答汗的侄孫。明朝嘉靖四十五年（1566），庫圖克台徹辰洪台吉率兵遠征土伯特（即西藏），在錫里木濟之三河交匯地方，派使者致信於藏族佛教首領說：「你們要是歸降於我，我們就共同信仰你們的宗教，不然的話，我就加兵於你們。」藏族佛教首領歸降後，他把其中三位帶回蒙古，並奉他們為師，學習藏、漢文佛經，在藏族宗師的教習下，他掌握了藏文，成為了通曉蒙古、畏兀兒、藏、漢多種文字的人。他與俺答汗關係密切，多次勸說俺答汗接受藏傳佛教。因此清初成書的《蒙古源流》說庫圖克台徹辰洪台吉是第一位信仰藏傳佛教的蒙古皇族。

　　俺答汗（1507-1582），亦稱阿勒坦汗、索多汗，他皈依藏傳佛教後又稱格根汗，明人稱為阿不孩、俺灘、諳達等，是成吉思汗黃金家族後裔，達延汗的孫子，蒙古土默特部首領。他皈依藏傳佛教後，在其影響下，蒙古各部汗王相繼皈依藏傳佛教，促使藏傳佛教再次傳入蒙古地區。萬曆六年（1578），俺答汗以高規格禮節與索南嘉措在青海湖畔察卜齊雅勒會晤，史稱「仰華寺會晤」。俺答汗親自主持了這次會晤，蒙、藏、維、漢等各族十萬多人與會。在會見儀式上，庫圖克台徹辰洪台吉代表蒙古向索南

嘉措一行發表了熱情洋溢的歡迎辭，並在大會上接受了索南嘉措給予的封號。宴會上，俺答汗燒毀其供養的「翁袞」像，從此取締了蒙古人長期信仰的「翁袞」偶像。他還下令在蒙古地區傳播藏傳佛教格魯派、修建召廟、翻譯佛經、頒行戒律、禁止薩滿教、取締殉葬制度，採取行政手段禁絕薩滿教，使得薩滿教急劇衰落。到了萬曆八年（1580），俺答汗病重彌留之際，土默特部分貴族對藏傳佛教產生了懷疑，甚至要毀經滅教。庫圖克台徹辰洪台吉得到消息後，從鄂爾多斯趕來，協助俺答汗把諸首領和官員召集起來，給他們講經教的好處，制定法規，讓他們發誓遵守法規，不毀經滅教。在庫圖克台徹辰洪台吉的大力協助下，這場風波最終得以平息。到了17世紀中期，大漠南北的大部分蒙古人已信仰藏傳佛教。

俺答汗決定接受藏傳佛教的決定，對中國意義非常重大。中國大陸學者范文瀾在談到唐代吐蕃興起、占領西域時說：「這個新形勢，從長遠處看，吐蕃阻止武力傳教的大食東侵，使漢族文化免於大破壞，又為後來回紇西遷，定居在天山南北做了準備，對中國歷史是一個巨大的貢獻。」他的這個論斷，對於明代中國更是貼切。

在南方，佛教也取得了重大進展。

在緬甸，蒲甘王朝沒落後，政權轉移到撣族手中，此後緬甸陷於分裂達200餘年。不論北方的阿瓦王朝，還是南方的白古王朝，都重視弘揚佛教。但是由於孟族僧團和錫蘭系僧團互相對立，影響了佛教的傳播。到了達磨悉提王（1473-1492）當政時，進行佛教改革，選派僧眾至錫蘭在大寺重受比丘戒，回國後依錫蘭大寺制度，規定比丘重新受戒，不合法的命令捨戒還俗，至此

緬甸300多年僧團的分裂，重歸統一。到了16世紀，東吁王朝（1531-1752）興起，成為東南亞強國，佛教也得到更大發展。

在今日的泰國地區，在大城王朝以前處於墮羅缽底、室利佛逝、羅斛國的勢力範圍之內。墮羅缽底人民信仰的是最早傳入的小乘上座部佛教；室利佛逝因受到爪哇的勢力影響，人民大多信仰大乘佛教，但也有少數人信仰原有上座部佛教和婆羅門教；羅斛國則信奉印度教和採用佛教禮儀中的一些習俗。1238年泰人建立了自己的國家，即素可泰王國，也就是中國史籍中所稱的「暹國」。1350年，拉瑪鐵波底（烏通王）建立大城王朝後，進行了佛教改革，派遣使節到錫蘭迎來僧人，整頓僧伽組織。自此，大城王朝（1350-1766）、吞武里王朝（1767-1783）、曼王朝（1782-至今）都以南傳上座部佛教為唯一的信仰。1408年，鄭和第二次下西洋時，到達暹羅國。隨從馬歡在《瀛涯勝覽》中說：暹羅國「崇信釋教，國人為僧為尼者極多，僧尼服色與中國頗同，亦住庵觀，持齋受戒」。14世紀中葉後，柬埔寨成暹羅的屬國，上座部佛教隨之傳入。以後，寮國又從柬埔寨傳入上座部佛教。

由於緬甸和暹羅都是中南半島上的強國，在它們的擴張中，佛教也得到發展，形成了中南半島的佛教文化圈，從而在中國的南方遏制了伊斯蘭教的東進。

這樣，從蒙古、新疆北部、青藏高原到中南半島的緬甸、暹羅、柬埔寨和寮國，佛教取得了支配性地位，形成了一道環繞中國西、北、南三面的「佛教長城」。這道「長城」遏制住了伊斯蘭教的東擴，從而使得中國避免了印度的命運。因此對於中國以及東亞世界來說，這道「佛教長城」的出現，具有非常重大意義。

四、儒家獨尊：15至17世紀東亞世界的區域整合之三

在東亞世界文化圈大洗牌的同時，儒家也正在經歷著一個復興和深化的過程。作為結果，自15世紀起，儒家文化圈在東亞世界取得實質性的進展。

儒家文化的核心是儒學，儒學在其長期的發展過程中經歷了不同的階段，並以不同的形態存在。在早期階段，儒學主要以一種學術或思想的形態存在，只限於少數學者之中，尚未得到官方重視，也與普通民眾的生活無關。在第二階段，儒學以官學的形態存在，已經上升為官方意識形態，但尚未深入民間。到了第三個階段，儒學出現了民間形態，即儒家倫理滲透到了普通民眾之中。儒家學說要發展成為民間形態，本身必須發生改變，以適應這一任務。

錢穆先生指出：宋明之儒從以往注重吏治技術與王權統治合理性論證的「官學之儒」中分離出來，重新強調「以教化為先」的世俗人文傳統，逐漸完成了向「教化之儒」的角色轉換。他們通過舉辦各種社會事業，如義莊、社倉、保甲、書院、鄉約等，投身於廣闊的基層社會。宋、明以下社會，由於世族門第消滅，社會間日趨於平等而散漫無組織，社會的一切公共事業，必須有「主持領導之人」，若讀書人不管社會事，專務應科舉、做官、謀身家富貴，勢必日趨腐敗。因此，「宋明理學精神乃是由士人集團，上面影響政治，下面注意農村社會，而成為自宋以下一千年來中國歷史一種安定與指導之力量」。

明朝建立後，大力復興儒學。明太祖早在洪武元年（1368）便詔諭群臣說：「天下甫定，朕願與諸儒講明治道」，科舉試士也

「專取四子書及《易》、《書》、《詩》、《春秋》、《禮記》五經命題試士」，並下令在鄉試、會試中，一律採用程朱一派的理學家對儒家經典的標準注本，提高程朱理學在官方學說中的地位。到了永樂十三年（1415），在明成祖的指示下，以程朱思想為範則，編成《五經大全》、《四書大全》、《性理大全》，確立了朱子學獨尊的地位。三部「大全」頒布後，國家以強制的方式作為學校教育和科舉考試的內容，使得程朱理學成為國家的意識形態，以此規定士人的閱讀與理解的取向，進而用官學化的理學來統一人民的思想。這些舉措，導致了儒學成為中國社會的支配性意識形態。自此以後，通過政府和地方仕紳的各種「教化」活動，即把儒學所倡導的社會理想和倫理道德規範向基層社會滲透。明代儒學教化網絡的廣闊和嚴密程度大大超過了前代。儒家思想由此深入民間，對民間社會產生了深遠影響。

　　無獨有偶，也正是在明代，以程朱理學為主的儒家思想也在安南、朝鮮、日本取得重大發展，成為支配性的意識形態。

　　在安南，胡季犛建立胡朝（1400-1407）後，實行限佛尊儒政策，積極倡導儒學，為儒學從後黎朝開始居於正統地位奠定了基礎。經過後黎朝（1428-1789）和阮朝的獨立時期（1802-1858）統治者的大力提倡，儒學（特別是宋明理學）在越南的傳播與發展進入鼎盛時期。後黎朝的黎聖宗將僧道排斥於國家政治生活之外，全面實行以儒學為中心的政治、法律及文化教育政策，從政治、經濟、文化教育到規範民風民俗，均實施貫徹儒家思想。由後黎朝至阮朝中期的400餘年是越南的獨尊儒教時期，儒學成為越南居於主導地位的意識形態。

　　14世紀末以後是儒學在朝鮮半島傳播的第二階段，傳播的內

容是程朱理學。朱子學傳入朝鮮半島的時間可追溯到高麗王朝末期。14世紀末，高麗王朝開始衰落，一批文人為了挽救國家的危亡，維繫人心，開始引進朱子學。14世紀末李朝王朝建立，學者鄭道遠、權近等人以朱子學為理論武器批駁佛教，從而為朱子學取代佛教以及儒學在15、16世紀的興盛奠定了理論基礎。隨著李朝「崇儒排佛」政策的確立，儒家思想開始在朝鮮半島占有絕對的統治地位，確立了其在官方哲學及正統學術思想的地位。儒學也完成了在朝鮮本土化的演變過程。

在日本，室町時代（1336-1573）的禪僧中出現了以五山禪僧為代表的一批倡導宋學的人。宋學逐漸深入宮廷，公卿貴族學者開始研習宋學。室町末期，一些尊宋學的學者為避戰亂，寄身於地方豪族，宋學隨之擴展到地方，逐漸打破了禪僧獨占宋學的局面，並形成博士公卿、薩南、海南三個研究宋學的學派。在鐮倉、室町時代，朱子學雖已傳入日本，但只是佛教的附庸。到了16世紀中葉，朱子學成為顯學，在幕府政權的保護下，高據官學地位，統治日本思想界260多年。其中，京師朱子學派以藤原惺窩、林羅山等人為代表，簡稱京學。藤原惺窩（1561-1619）是日本朱子學最早的開創者。他原為禪僧，後來脫離佛門，轉向儒學並蓄髮還俗，這是日本儒學走向獨立的象徵性事件。他大力倡導朱子學，使日本儒學結束了依附禪宗的歷史，走向獨立發展的路程。繼藤原惺窩之後的林羅山（1583-1657）繼續致力於儒學的獨立，進一步發展了朱子學，並使之官學化。他終生仕奉幕府，歷四代將軍，受到幕府厚遇，深得德川家康的重用，掌握幕府的學政，並直接參與幕府政事，起朝儀，定律令，還依據朱子學理論規範幕藩體制的等級秩序以及道德準則。他更為堅決地批判佛教，

力排基督教，同時也批評陸王心學。到了室町時代末期，在關西、土佐等地方，儒學思想逐漸占了主要地位，並且成為該地區統治的思想基礎。這一切，為江戶時代（1603-1867）儒學的發展創造了條件。此時執政的德川幕府在國家意識形態方面，由佛儒並用轉向獨尊儒家思想學說，把儒學定為官學，不遺餘力地加以獎勵、提倡，同時強行禁止「異學」，使日本儒學進入鼎盛期。有些學者認為在明代，由於倭寇問題導致的中日交惡，日本與中國在文化上漸行漸遠。但事實上，正是在明代，由於日本「獨尊儒術」，以儒家文化為核心的中國文化才真正深入到日本社會，因此可以說是「越走越進」。景泰四年（1453），日本派遣9艘遣明船來到中國進行朝貢貿易。其中有一僧人笑雲瑞訢，將此過程進行了簡單記錄，這就是《笑雲入明記》。其中談到一位明朝中書舍人對笑雲說：「外域朝貢於大明者凡五百餘國，唯日本人獨讀書。」

五、基督教到來：15至17世紀東亞世界的區域整合之四

15世紀末16世紀初的地理大發現，帶來歐洲國家的海外擴張，也帶來了基督教在全球範圍內的廣泛傳播。

基督教是促成歐洲海外擴張的重要因素之一。作為海外探險先鋒的葡萄牙和西班牙，有著長期與伊斯蘭教戰鬥的記憶。他們不僅在精神上受這種記憶激勵，而且在戰鬥中積累很多航海術和地理學方面的知識和技能，因此在宗教義務與利益誘惑的驅使下，率先投身海外冒險事業。傳教士緊隨殖民者，在歐洲以外的廣大地區熱忱地傳教。亞洲是一個重要的傳教區域。早在1494年，教宗亞歷山大六世就頒布劃分葡萄牙和西班牙勢力範圍的第

一道訓諭，規定以大西洋為界，在佛得角群島以西370里格（1里格約合6公里）處，自北至南劃出一條分界線，該線以西所發現的非基督教國土地歸西班牙所有，以東則歸葡萄牙所有。這條線後來被稱為「教宗子午線」。此後經過多方調停，印度、馬六甲、摩鹿加群島乃至中國和日本被劃歸葡萄牙，同時西班牙對拉丁美洲和菲律賓的控制得到默許。

起初，基督教在海洋亞洲的傳教活動並不成功。達・伽馬到達印度西海岸之後，第一批包括聖芳濟會、多明我會、耶穌會的歐洲傳教士緊隨其後。1541年，葡萄牙傳教士先在果阿成立了隸屬於羅馬天主教會的耶穌會，在1580至1595的15年間，耶穌會先後派遣三個布道團進駐莫臥兒帝國。葡萄牙人對伊斯蘭教採取敵視政策。1560年葡萄牙人在果阿成立一個宗教法庭，開始殘酷的宗教迫害，甚至對穆斯林中那些表示懺悔的皈依者也施以拷問和焚燒。這種偏執的宗教態度，激起了印度民眾的強烈反感，從而導致葡萄牙人傳教活動難以成功一個重要原因。此外印度種族語言複雜，社會等級森嚴，伊斯蘭教和印度教深入民間，實力強大。因此，無論是葡萄牙人還是後來的英國人，在印度的傳教活動都收效甚微。

1540年，葡萄牙國王約翰三世向教宗保羅三世申請委派傳教士與葡萄牙新任果阿總督同行去印度。教宗派耶穌會創始人方濟各・沙勿略（Francois Xavier, 1506-1552）為教廷遠東使節，於1541年7月從里斯本出發，翌年5月6日抵達果阿。1543年，沙勿略去馬六甲，後在日本逃犯安日祿陪同下，於1549年8月間到達日本鹿兒島商埠傳教。他看到日本很多人信仰佛教，認為「在日本傳教最好的法子就是先到中國傳教，因為它是日本的文化和

思想的策源地」。回到果阿後，他向葡萄牙國王提出到中國傳教的報告，獲准後於1552年4月14日離開果阿前往中國，8月到達廣東台山縣的上川島，謀求入廣州傳教未成，後患瘧疾於12月3日死去，被耶穌會士稱為「遠東開教之元勳」。

耶穌會士未能進入內地，於是在澳門開始了傳教。據統計，嘉靖四十四年（1565），全澳門已有天主教信徒5,000人。有鑑於此，教宗庇護五世於1566年任命卡內羅（Melchior Carneiro）為澳門主教，於1568年5月抵澳門任職，成為以公開的主教身分到澳門傳教的首任主持人。卡內羅到澳門後，曾兩次赴廣州，向廣東當局請求入廣州建立會所傳教，均未獲批准。他旋即回澳門於1569年建立慈善堂與醫院，收容棄嬰孤兒和為人治病，以吸引澳門的中國居民皈依天主教。同時，他建立了澳門第一個正式的天主教教堂——望德堂（Igreja de Lázaro）進行傳教，澳門從此變成了天主教在遠東的駐地。在卡內羅於澳門取得進展的情況下，教宗額我略十三世（Gregorius XIII）於1576年頒布詔令，成立澳門教區，管理中國、日本和安南的傳教事務，隸轄於果阿總主教。由於澳門教區的建立，耶穌會傳教進展加快。至1640年，澳門的天主教徒已發展到4萬人之多，澳門也成為天主教在中國傳教的基地和在遠東活動的中樞。

耶穌會吸收羅明堅、利瑪竇在中國傳教活動的成功經驗，規定凡入華傳教的耶穌會士，一律先在澳門集中學習中國語言文字和禮儀。為此，於1594年12月1日將澳門原來只有小學規格的聖保祿學院（Coligio de San Paulo）擴大和升格為大學，按傳教的需要設置中文、拉丁文、神學、哲學、數學、醫學、物理、音樂、修辭等門課程。其中以中文課程為最重要的必修課，人人必學，

學時也最多。招生對象是歐洲的耶穌會士及中、日的修生。曾先
後在該學院任教的耶穌會士有30多人，其中著名的有教數學的艾
儒略、畢方濟、湯若望，教哲學的孟儒望、安文思、教神學的王
豐肅、李若望、陽瑪諾等。曾在學院攻讀畢業的耶穌會士達到200
多人，占1583至1770年間入華傳教的467名耶穌會士的26%左右。
因此聖保祿學院成了耶穌會入華傳教的訓練基地。耶穌會士經過
培訓後進入中國內地傳教，傳教活動在全國的南北直隸、山東、
山西、陝西、河南、四川、浙江、江西、廣東、廣西等12個省區
迅速發展起來。中國天主教信徒不斷增加，據不完全統計，從1555
年的20人，增加到1615年的5,000人，1636年的38,200人和1644
年的15萬人。信徒中包括明朝的宗室內臣、皇親眷屬。崇禎末
年，宗室親王信教者達到140人，內宮信教者40人，皇帝賜封的
誥命夫人信教者80人。地方政府的「許多重要的官員，如督憲、
縣知事、總兵等，因為好奇心所衝動，公然到小聖堂裡參加彌撒
祭禮」。可見到了明代末期，天主教在中國已發展到了一定規模。

　　基督教在日本的傳播比在中國取得更大的成功。1542年葡萄
牙人首次來到日本，1561年日本肥前地方大名（領主）大村純忠
答應了葡萄牙人在橫瀨浦的開港要求，並為他們提供了優厚的條
件，將港口周圍3里範圍之內的土地和農民交給天主教會使用，
凡不願信教的佛教徒一律遷走，同時在當地進行貿易的商人可免
除10年賦稅，等等。在1563年3至6月間，大村純忠與25名家臣
一起在橫瀨浦接受了洗禮，正式皈依天主教，並取教名為堂‧巴
爾特羅密歐，成為日本歷史上的第一位天主教大名。在他的帶動
下，橫瀨浦和大村附近在短期內便出現了1,200餘名天主教徒。
由於不斷受到其他不信奉天主教的大名的襲擊，大村純忠遂向羅

馬教廷的使者瓦利格納諾‧亞歷山德羅請求，將長崎以及附近的茂木完全獻給教會，其目的在於利用教會的力量，維護長崎的安全。瓦利格納諾於1580年同意了這個要求，隨後有馬晴信亦將領內的浦上獻給教會。爾後，大批日本人皈依了天主教，其中包括不少日本大名（例如豐臣秀吉的大將小西行長和加藤清正等）。但是西班牙人於1571年征服了菲律賓群島，使豐臣秀吉和後來的德川幕府感到威脅，害怕西班牙人會把皈依天主教的日本人作為他們征服日本的「第五縱隊」。1587年，豐臣秀吉下令驅逐天主教傳教士。1614年，德川幕府發布敕令，禁止天主教在日本活動，之後基督徒在日本受到殘酷迫害。1637至1638年，日本基督徒舉行起義並遭鎮壓。接著，1638年，日本驅逐了在日本的葡萄牙人。在1603年獲准進入日本的荷蘭人被允許留在日本，因為荷蘭人使日本人相信：他們的興趣僅在貿易，並不想使日本人皈依基督教。即使如此，荷蘭人仍然被限制在長崎港口的一個人工島出島上，不得外出。

在東南亞，基督教傳播取得了一定程度的成功。1512年，葡萄牙人在摩鹿加群島的特爾納特島建立據點，開始傳播天主教；17世紀，他們又在今越南和泰國地區傳教。1521年，西班牙人開始在菲律賓中部傳播天主教。1571年，西班牙占領馬尼拉，在菲律賓全境傳教。西班牙在菲律賓實行天主教會與殖民政權相結合的政教合一統治，使得菲律賓社會天主教化，菲律賓也成為今天東亞唯一的天主教國家。1605年，荷蘭占領安汶，1619年占領雅加達，開始傳播基督教新教。1588年，西班牙無敵艦隊被英國海軍擊敗，英國和法國逐漸取代葡萄牙和西班牙在東南亞的地位，獲得該地區基督教傳播的控制權。法國傳教士1615年在越南成立

耶穌會，1668年取得在越南的傳教權，17世紀中葉成為在泰國傳教的主力。不過，信奉基督教新教的英國和荷蘭更關心的是商業，對傳教活動並不熱心。成立於1602年、旨在開拓殖民事業的荷蘭東印度公司，將天主教徒視為西班牙和葡萄牙的潛在支持者，明令天主教徒不得擔任高級雇員，也不允許在當地開展傳教活動。因此在荷蘭和英國的殖民地，基督教傳播並未取得多大成功。

　　簡言之，16世紀以來，基督教在東南亞迅速傳播開來，但只有在菲律賓群島獲得真正的成功。然而，雖然基督教在東亞世界只贏得了菲律賓這個較大的地區，但是以澳門等地為據點，形成了網狀的基督教文化圈。通過這個文化圈，東亞世界得以與西方

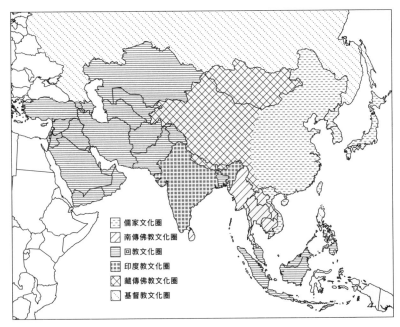

圖4.1　今日亞洲主要宗教文化區

基督教世界形成更為緊密的文化、經濟、技術的交流。不僅如此，由於這時的西歐正處於科學技術的迅速發展時期，因此這個文化圈也成為東亞世界科學技術知識的重要來源。正如湯因比所言：「由西方商人和帝國的創建者們掀起的層層浪潮所帶來的西方文明，是形態各異的。以西班牙人和葡萄牙人為代表的第一個浪潮，力圖完整地輸出西方文明，包括他們本民族的宗教。而在任何文明中，本民族的宗教都是該文明整體的核心。所有具有力量的非西歐民族都成功地抵抗了西班牙和葡萄牙人的這一企圖。所以，荷蘭人—法國人—英國人掀起的，在不信基督的異教地區傳播西歐文明的第二個浪潮，輸出的僅是經過篩選的西歐文明。荷蘭和英國的私商和官方都對傳教士的活動皺眉蹙額、表示不滿。從17世紀開始在人類文明世界中滲透的、這種刪節了的西方文明中最重要的因素，不是宗教，而是技術。其中，第一位的也是最重要的是為戰爭服務的技術。」

六、文化圈大洗牌與早期經濟全球化

15至17世紀中期東亞世界的文化版圖的大洗牌與本書所說的早期經濟全球化這兩大歷史事件之間有什麼關係呢？

首先，我想強調：這兩大歷史事件之間有著非常重要的聯繫。在這四大文化圈中，三個都與宗教有關；而在宗教傳播中，商人往往扮演著重要的角色。伊斯蘭教的傳播與商人有密切關係，特別是到了「伊斯蘭黃金時代」，穆斯林商人掌控了非洲與阿拉伯、阿拉伯與亞洲之間的貿易路線，影響力很大，伊斯蘭文化也通過商人傳播到中國、印度、東南亞及西非廣大地域。佛教

和基督教的傳教士也往往與商人同行，隨著貿易的發展傳播到各地。只有儒家文化的傳播方式頗為不同，這是因為儒家學說不是宗教的緣故。但是儒家文化圈的發展，與相關國家內部商業化所導致的經濟整合有密切關係。這種商業化即經濟區域化，因此可以視為經濟全球化的一個方面。正如我在本書第二章中所說，早期經濟全球化的動力是貿易，因此早期經濟全球化對於東亞世界文化圈的大洗牌，當然是至關重要的。

瑞德（Anthony Reid）說：經濟的變化促進了東南亞地區社會的變化，而這又為文化和政治力量的滲透、傳播鋪平了道路。伊斯蘭教和基督教在東南亞海島地區的長驅直入，基本都遵循了同樣的道路。而在大陸地區，緬甸南部活躍的孟族商人也成為小乘佛教改革的急先鋒。很久以來，由控制市場和貿易流通所獲得的財富一直是東南亞國家的主要資源。為了應對接踵而來的挑戰，這些財富和宗教思想最終都逐漸演變為加強王權的強大武器，用以削弱國內敵人的勢力。本書的一位書評者維舟寫道：「這是一個令人眼花撩亂的分水嶺時代，各種力量交替興起，相互矛盾的趨勢同時並存。一方面地方自治更加強化，另一方面外國富商成分更加多元化；既是一個經濟空前繁榮的時代，又是政治力量的束縛日益加強的時代。其結果，由於經濟、軍事和政治等各方面因素的合力，產生了一種複雜的化學反應：15至16世紀與世界經濟緊密互動，到17世紀中葉起卻又決定性地將東南亞推離了國際貿易的軌道。」

當然，我們也要注意到：東亞世界地域廣大，各地情況差別很大，因此上述兩大歷史事件之間的關係也頗為複雜。大體而言，在東亞世界的北部、西部和南部的大陸地區（即中亞、北

亞、青藏高原和中南半島），伊斯蘭教文化圈和佛教文化圈的發展和擴張，更多地是借助於政治和軍事力量，而在東亞世界的東部和南部的海洋地區（即東北亞、中國和南洋群島），伊斯蘭教、基督教文化圈的發展和擴張則更多地依靠商業貿易。至於儒家文化圈的發展，則主要依靠相關國家內部商業化，較少依靠外力。

其次，這些文化圈的發展對於早期經濟全球化也有著重大意義。由於文化上的共同性，處於同一文化圈中的各地人民，不僅獲取知識、技術和其他資源更加容易，而且進行貿易活動也更加方便。這種情況在儒家文化圈、南方伊斯蘭教文化圈和基督教文化圈表現得最為明顯。在儒家文化圈內，中文成了共同的書面溝通手段。不僅中、日、朝、越諸國人民可以無障礙地從中文文獻中獲取知識和技術，並且在相互貿易中也使用中文作為共同的工作語言。在南洋群島，各穆斯林土邦通過伊斯蘭教的聯繫，從南亞莫臥兒帝國和西亞奧斯曼帝國獲得軍事技術知識，學習伊斯蘭教世界的貿易方式，與東亞世界其他部分進行商業往來。基督教文化圈更將西方的商業習慣、技術知識引入東亞世界，葡萄牙語也成為跨越東亞世界各文化圈的商業通用語言，從而在東亞世界的國際貿易中發揮了重要作用。

第三，在這些文化圈的擴大和深化過程中，商人起了重要的作用。我在本書第二章中，已經談到在早期經濟全球化時代各國商人活躍於亞洲各地（特別是海域）的情況，在第三章中又談到在早期經濟全球化時代軍事技術的全球傳播中商人也扮演了重要的角色。這些情況對於15世紀開始的東亞世界文化大洗牌都具有重大意義。本來，西方世界的兩大宗教——基督教和伊斯蘭教——就有武力傳教的傳統。14世紀時，拜占庭皇帝曼努埃爾二世

（Manuel II Palaiologos）批評伊斯蘭教先知穆罕默德，說他是「一手拿劍，一手拿古蘭經宣揚教義」。但早在12世紀，基督教也已變得日益激進。西班牙天主教徒在與穆斯林的戰鬥中，使用了著名的卡勒多拉巴（Calatrava）十字架作為標誌。這種標誌由騎士的劍和牧師的十字架組合而成，因此可以說是「一手拿劍，一手拿十字架」。到了地理大發現之後，歐洲人在征服殖民地的過程中，也是「一手拿劍，一手拿十字架」。因此這種傳統的武力傳教方式，在15世紀以來亞洲文化圈大洗牌過程中仍然扮演著重要角色。不過，在這一時期，傳統的武力傳教方式之外又出現了新的文化傳播方式。這些新方式包括使用武力或者以武力為後盾的商業化文化傳播，以及和平的商業化文化傳播。前者的典型例子是17世紀世界上最成功的企業——荷蘭東印度公司，其典型的形象是「左手拿著帳冊，右手拿著刀劍」。荷蘭人為了商業的目的，在亞洲建立了廣大的殖民地和貿易網絡，通過這個網絡，先進的軍事技術（如紅夷砲）傳到了東亞世界。荷蘭人雖然是基督教徒，但是對傳教並不熱中，關心的只是商業利益。除此之外也有和平的商業化文化傳播，是通過為數眾多的各國商人來進行的。例如伊斯蘭教是以和平的方式傳入南洋群島的，一方面是通過穆斯林商人的經商活動，吸引當地人民皈依伊斯蘭教，另一方面則是通過這些商人把奧斯曼帝國的火器技術傳到馬六甲等地，使得掌握了這些技術的地方政權變得強大起來，從而對伊斯蘭在南洋群島的擴張起了重要作用。又例如西歐商人把火器技術帶到緬甸、暹羅，大大提高了它們的軍事實力，從而在南傳佛教的復興中功不可沒。這些例子都說明，在15世紀以來亞洲文化圈大洗牌過程中，商人的確扮演了非常重要的角色。

第五章

角力海陸
早期經濟全球化時代的東亞國際紛爭

一、「愛恨交織」與「恩怨並存」：經濟全球化與國際關係

　　以往中國學界對中國與鄰國關係歷史的研究，大多出於一種「中國中心論」的史觀。這種史觀的一個特點，就是只從中國人的角度看這種關係，但忽視了鄰國人對這種關係的看法。而在事實上，鄰國人的感受與中國人的感受在許多方面並不相同，有時甚至截然相反。下面就以與中國關係最為密切的幾個鄰國為例，說明這一點。

　　中國人常說「遠親不如近鄰」。因為中國人把近鄰看得這麼重要，因此也就不難理解為什麼睦鄰政策會是中國的傳統國策。然而通過睦鄰而求得大家和睦相處，往往只是中國人的一廂情願罷了。由於存在利益衝突，近鄰們對中國並不是都有這種「遠親不如近鄰」的感情的。就今天的情況來看，多個近鄰似乎都有某種對中國不友好的情緒。這裡僅就與中國在文化上聯繫最密切的「儒家文化圈」諸國來看看這種情況。

　　中國人常說，中國和日本是一衣帶水的鄰邦，有2,000年的友好交往歷史。但是日本副首相麻生太郎2013年5月4日在印度首都新德里演講時聲稱：「印度與中國在陸地上接壤，日本與中國在海上相連，但在過去的1,500年歷史中，沒有任何一個時期內我們的關係是圓滿的。」

　　中國人常說中國和朝鮮半島是唇齒相依的鄰國。但是2005年6月15日韓國總統盧武鉉在與美國總統布希的會談中宣稱：「中國是在歷史上侵略韓國多達數百次的國家。」至於在朝鮮半島北部（即北韓），當年說的「鮮血凝成的友誼」早已被拋到九霄雲

外，而歷史上朝鮮對中國的關係被冠以「事大主義」的標籤而狠加批判。北韓領袖金日成早在1960年代就明確宣稱：「在高句麗繁盛時期，我們國家沒有事大主義。高句麗人民屢次擊退鄰近大國隋、唐的侵略，勇敢地捍衛了國家的主權，從而使國威大振。然而高句麗滅亡之後，我國腐敗的封建統治集團開始信奉『以小事大』的反動儒教教條，這種事大主義到了李朝末期，達到了登峰造極的地步。」朝鮮勞動黨章程亦明確將「事大主義」列入鬥爭對象之一。

同樣的情況發生在另外一個曾經高唱「同志加兄弟」情誼的國家──越南。這個國家本來是中國的一部分，直到西元10世紀才脫離中國而建國，但仍維持對中國的藩屬關係。到了19世紀後期，越南淪為法國的殖民地，中國還為越南的獨立與法國打了一仗。20世紀中期，中國在越南抗法援越、抗美援越戰爭中給了越共巨量援助，使之得以取勝，大部分中國人也以為越南應對中國心存感激。然而事實卻完全相反。在歷史上，這個今天被稱為越南的地區爆發了許多次反抗中國中央王朝統治的抗爭，但是這些抗爭屬什麼性質，是「地方叛亂」還是「抗擊侵略」，都是值得討論的問題。不過在今日越南的歷史教科書中，卻充滿了抗擊「北方（即中國）侵略」和「北方」對越南進行「殘暴統治」的內容。1974年西沙海戰之後，越南政府出版的《越南古代史》更將越南對中國的真實心態一洩無遺：「越南歷史就是一部中國侵略史。」仇視中國的言論在1979年的中越邊境戰爭以後更達到極致。今天越南雖然在經濟上嚴重依賴中國，但是仍然不時掀起反華浪潮。

這幾個國家歷史上曾深受中國文明的薰陶，與中國一起組成

了「儒家文化圈」，可以說是與中國關係最為密切的國家。中國一向把它們視為最親近的鄰邦，而它們對中國的看法卻如此不同，這是不能不注意的。

當然，這些國家的民眾中也存在對中國友好的感情。例如針對日中關係緊張、日印關係友好的現狀，日本最大的綜合交流社區2ch最近做了一項調查，題為「如果公司派你到國外分公司工作，你會選擇中國還是印度？」日本網友回饋踴躍。對此選擇，日本網友究竟會做何選擇？結果基本上是一邊倒：中國。特別是在「日本人對文化的認同程度」這個問題上，中國更是「秒殺」印度。日本網友說：「中國和日本早在2,000多年前就開始交往了；日本受到中國文明的影響極大。而印度和日本一直到20世紀為止都沒有什麼交集，就算佛教也是從中國傳到日本來的」，「不管怎麼說，日本都是中華文明的一員，還是有不少共通點的」。「中國文化情結」在這幾個國家裡是怎麼也擺脫不掉的。

這種「愛恨交織」的感情，今天在中國其他鄰國的民眾心中也都程度不等地存在。例如印度獨立以後的首任總理尼赫魯（Jawaharlal Nehru），1944年在英國人的獄中寫了一本關於印度過去的歷史和正在經歷的現實的名著——《印度的發現》。書中寫道：「世運巨輪，周而復始。印度與中國彼此相互瞻望著，引起滿懷的憶舊心情。新的香客正越過或飛過兩國分界的高山，帶著歡欣友好的使命，正在創造著新的持久友誼。」1960年中國總理周恩來在訪問印度時也說：「中國、印度，都有著5,000年的古老文明，印度的聖河佛殿、經典頌文，曾經給中華民族的成長注入過豐厚的營養。中國的四大發明，特別是造紙術和火藥，也為印度的經濟、文化的繁榮做過貢獻。幾千年來，我們一直和平相

處，休養生息，在歷史的長河中，中印之間從未發生過真正的戰爭。」在1950年代，「中國印度是兄弟」的口號響徹喜馬拉雅山兩側。不過到了1962年之後，這一切都已成為過眼雲煙，代之以半個多世紀的相互敵視。

我在本書前言裡引用過克羅齊（Benedetto Croce）的名言「一切歷史都是當代史」。這些國家民眾對中國的這種愛恨交織的感情，實際上主要是到了近代才出現的，到了今天則達到高峰。從時間上來說，這種感情的出現與發展，與經濟全球化的出現和發展是如影隨形的。那麼，這就出現了一個問題：這種感情與經濟全球化之間，究竟是一種什麼樣的關係？

今天大家都認為經濟全球化是一件大好事。經濟全球化把世界各地連在一起，形成一個地球村，各種生產要素或資源可以在這個村中自由流動，實現生產要素或資源在世界範圍的最優配置。在此過程中，村中各家各戶（即各國）居民可以依據合理分工的原則進行合作，從而享受國際分工帶來的巨大好處。由於各家各戶彼此聯繫緊密，利益密不可分，誰也離不開誰。如果一個國家只是一味損人利己，這種分工是難以長期持續下去的，因為別人也不是永遠願意吃虧的，往往要奮起反抗。結果不論是這個國家打敗對手還是被對手打敗，都要付出沉重的代價。因此長遠來說，只有互利雙贏才是可持續發展之道。既然如此，遇到衝突時訴諸武力的做法，在許多時候變得得不償失。各家各戶之間原有的衝突，必須也有可能通過協商來解決，從而減少衝突的頻度和強度，因此全球化會給世界帶來繁榮和和平。

這是一個美好的願景，世界人民也正在為此進行持續不懈的努力，希望全球化確實能夠造福人類。然而凡事都有兩面，全球

化也是這樣，有利也有弊。近年來，一股反全球化的浪潮席捲世界。2000年，馬來西亞總理馬哈蒂爾說：「全球化使得發展中國家變得貧窮，富國更加富有」，「直至現在，我們沒有看到任何發展中國家從正在進行的全球化中得到好處，我們看到的是西方的富國越來越富，發達國家和發展中國家之間的擁有財富的差距越來越大」。美國前國務卿季辛吉（Henry Alfred Kissinger）也認為：「全球化對美國是好事，對其他國家是壞事……因為它加深了貧富之間的鴻溝。」同年，美、德、加、法、義等14國政府領袖參加的柏林國際會議通過了《21世紀現代國家管理柏林公報》，說：「全球化沒有給所有人，尤其是發展中國家帶來利益。」聯合國《人類發展報告》也承認：「迄今為止的全球化是不平衡的，它加深了窮國和富國、窮人和富人的鴻溝。」英國《衛報》則發表了題為《全球化的受害者》的文章，更明確指出西方國家利用全球化推行「新殖民主義」。諾貝爾經濟學獎得主薩繆爾森（Paul Samuelson）總結說：「全球化是一把雙刃劍：它既是加快經濟增長速度、傳播新技術和提高富國和窮國生活水準的有效途徑，但也是一個侵犯國家主權、侵蝕當地文化和傳統、威脅經濟和社會穩定的一個有很大爭議的過程」。許多人更把全球化視為國家之間衝突的根源。

　　全面地來看，經濟全球化對國際關係的影響是雙方面的。一方面，全球化加強了各國之間的聯繫，各國之間的利害關係也隨之變得密切相關，在許多情況下導致了衝突的增加，另外一方面，全球化又提供了解決衝突的新方式，以削弱或者消除衝突。這種關係使得全球化時代的國際關係也變得更加複雜多樣。這一特點在早期經濟全球化時代就已顯現出來了。

　　中國位於東亞世界中心地區，為多個鄰國環繞。這些鄰國在民族、文化、生活方式乃至社會形態方面各異，因此中國與鄰國之間的關係也非常複雜。早期經濟全球化時代到來之後，這些國家和中國的關係更為緊密，所以彼此利益衝突也就更加明顯，原有的複雜關係也變得更加複雜了。

二、多姿多彩：早期經濟全球化時代的國家

　　國際紛爭是國際關係的一個方面。所謂「國際關係」，就是國與國之間的關係。在今天，國際關係中的主要行為體是民族國家（nation state），而民族國家的出現是一個近代的現象。在世界歷史的大部分時間內存在的「國家」並不是今天的民族國家，因此「國際關係」當然也與今天有很大不同。為了更好地了解15至17世紀東亞世界的國際紛爭，需要先對歷史上的「國家」做一個簡單的討論。

　　「國家」是政治學中的一個概念。中文中的「國家」一詞，包含著英文中的country、nation和state幾個詞的意思。本節中所談到的國家，只是英文中的state。State一詞最早來自於文藝復興時期義大利著名思想家馬基雅維里所用的statos一詞，而statos一詞又源於拉丁文中的status，並無「家」的意思。而中文中的「國家」一詞，由「國」與「家」二字組成，「國」的涵義類似於歐洲觀念中的「國家」，而家則指家庭、家族。「國」與「家」這兩個概念早先是有區別的，因此《周易》說：「是以身安而國家可保也。」秦漢以後，中國實現了大一統。由於儒家文化強調「家國同構」，從而形成了「家」、「國」並提的「國家」，指的是

一國的整體，即如西漢劉向《說苑》中的「苟有可以安國家，利人民者」，《明史》中的「國家正賴公耳」。但是這種「國家」並非近代的民族國家。到了清末西學東漸時，中國人才用「國家」一詞來附會西方的state。因此我們今天在談近代以前的「國家」時，總是不自覺地把這種「國家」理解為近代國家。這一點，在我們研究歷史上的國家時要予以特別的注意，不要用今天的國家概念去認識過去的「國家」。

什麼是國家（state）？對於這個問題，學界答案甚多。韋伯說：「國家是這樣一個人類團體，它在一定疆域之內（成功地）宣布了對正當使用暴力的壟斷權。」巴澤爾（Yoram Barzel）給國家下的定義包括兩方面：(1)國家由多個成員組合，但受到第三者以武力監管；(2)這些成員在一個地域界限之內居住，而這界限是監管者的武力鞭長可及的，內容包括立例管治、權力架構、公眾事宜與監管費用等。從他們的定義可見，國家的兩大要素是暴力和疆域。但是這個定義太寬泛，不一定能適用於一個具體的時代。對於「國家是什麼」這個問題，我認為社會學家提利（Charles Tilly）所做的回答最為全面。他在其名著《強制、資本和歐洲國家（西元990-1992）》（*Coercion, Capital and European States, AD 990-1992*）中說：「5,000多年來，國家是世界上最龐大、最強有力的組織。讓我們把國家定義為不同於家庭和親屬團體運用強制性組織，它在大片的領土範圍內在某些方面實施著明白無誤的對其他所有組織的優先權。因此這一術語包括城邦國家、帝國、民主國家和許多其他形式的政府，但是同樣地不包括部落、宗族、公司和教會本身。」出於這個定義，世界歷史上的國家有多種形式；而在這些形式中，民族國家出現很晚：「在大

部分歷史中，民族國家——即通過中央集權的、有偏向的自治結構來治理眾多相鄰地區和城市的國家——出現的很少。大多數國家是非民族的：帝國、城邦國家，或其他類型的國家。」

近代出現的民族國家是指一個獨立自主的政治實體。與傳統帝國或王國不同，民族國家成員效忠的對象乃有共同認同感的「同胞」及其共同形成的體制，認同感的來源可以是傳統的歷史、文化、語言或新創的政體。因此從一個民族構成政體，或者由數個民族經同一共享的政體構成的國族，都是民族國家的可能結合型式。其基本特徵包括民族獨立和民族統一、中央集權制、主權人民化、國民文化的同質性、統一的民族市場，等等。

世界歷史上的國家，形式多姿多彩，絕非只有一個模式。從不同角度來看，傳統的國家形式有部落國家（tribal state）、封建國家（feudal state）、土邦國家（princely state）以及農業帝國（agrarian empire）、游牧帝國（nomad empire）等。到了近代早期，新出現的國家形式有領土國家（territorial state）、民族國家（nation state）、商棧帝國（trading post empire）、殖民帝國（colonial empire），等等。在早期經濟全球化時代，世界上多種國家形式並存，而非如今天這樣是民族國家占壓倒性優勢。清楚了這一點，我們就不能用今天的民族國家概念去認識早期經濟近代化時代世界上的「國家」。

在近代早期世界上，各種國家形式的地理分布大體如下：在西歐，先前基本上是封建國家，但此時出現了由封建國家向民族國家轉變的潮流；在伊斯蘭世界，以伊斯蘭三帝國為代表，占主要地位的是農業—游牧帝國；在北亞和中亞，不穩定的游牧帝國占主導地位；在東南亞和南亞，則主要是一種被稱為「曼荼羅國

家」的國家形式。

關於歐洲的封建國家，以往學界已有諸多研究，這裡可以略而不言。

關於游牧帝國，人類學學家巴菲爾德（Thomas J. Barfield）提出了一種理論，認為這種「游牧帝國」是一種「帝國聯盟」，即「它們在對外事務上是像國家那樣獨裁的，但內部組織則是協商與聯盟化的」。這種結構保證了帝國基層的相對自治，適應了游牧生產與生活模式，同時又使帝國擁有了中央決策機制，可以集中力量實現集團外交與大規模征服。游牧民族很多時候是以鐵和金錢來處理外交的，即在游牧民族內部進行草原爭霸，對農耕民族則進行征服戰爭或收取貢金。這種帝國聯盟的穩定是「通過從草原之外榨取資源以支撐國家的方式而得以維持」。一旦中央力量衰弱而無法保證群體利益時，這種制度就會趨向瓦解，而「一旦制度崩潰及地方部落首領得以自由行事，草原就重回混亂之中」。

東南亞和南亞的「曼荼羅國家」則屬另外一種國家形式，這種國家有兩大特點：第一，邊疆流動性很強；第二，王權與神權緊密結合。所以當一個國家的國王力量強大時，該國控制的區域就會廣闊一些，但並不牢固，而當強大的國王的統治一旦結束，王國的繁盛便不復存在。由於邊疆的流動性強，每個「曼荼羅國家」中心所控制的範圍有限，因此距離中心較遠的邊疆地區，中央不易控制。同時，各國都企圖吸收他國以壯大自己，因此紛爭不斷，而邊疆地帶則成為各國極力爭取的最為波動不定的地區。王權與神權的緊密結合是曼荼羅國家的重要特點。在15世紀之前的東南亞，王權以婆羅門教或佛教為特徵，到了15世紀之後，王

權則與伊斯蘭教結合。

在儒家文化圈中的國家，又是另外一種情況。在這些國家，神權未與王權緊密結合。如前所言，日本、安南、朝鮮自15世紀開始，經歷了一個宗教和政權分離的歷史進程，因此與上述那些「曼荼羅國家」很不相同。不僅如此，就是在這個時期，日本正處在從封建國家向中央集權制的主權國家的轉變之中，而朝鮮和越南則是模仿中國而形成的中央集權制的主權國家。這種主權國家有領土和主權，但其領土沒有明確邊界或者國境線，只有邊疆（frontier）的概念。同時，它們雖然各自有一個主體民族，但人民的國民認同（national identity）也尚未明確。

在世界各國的國家形成和發展方面，中國是一個例外。哲學家黑格爾感歎說：「中國是一切例外的例外，邏輯到了中國就行不通了。」羅素（Bertrand Russell）也說：「中國是一切規則的例外。」中國在國家形成和發展方面的特殊性，也證實了他們的話很有道理。

中國在國家形成和發展方面的特殊性首先表現在：從秦始皇統一後，中國在2,000多年中基本上是一個統一的國家。伊懋可（Mark Elvin）說：「從最廣泛的視野來看，中華帝國在『前近代』（premodern）的世界裡是一個例外，其他一些領土和人口與中國相仿的政治單位，都沒有像中國這樣長時期的穩定。……中華帝國於西元前3世紀就已經形成，一直持續到4世紀初方因異族征服而暫時分裂，……在6世紀下半葉重新統一；並且自此以後，除了10世紀上半葉以外，中國本部沒有同時受兩個以上的政權統治。1275年以後，沒有長期受一個以上的政權統治。」這種經歷在世界歷史上是絕無僅有的。

　　中國在國家形成和發展方面的特殊性，使得生活在這片土地上的人民能夠融合為一個具有共同語言、文化和認同感的巨大族群——漢族，成為主體民族。儘管在漢族之外，中國還有眾多少數民族。但是提利仍然把中國視為一個民族國家。他說：「有著近3,000年的連續的民族國家的經驗（但是，考慮到它眾多的語言和民族，沒有一年可以被看成一個民族一國家）的中國構成了一個特別的例外。」

　　不僅如此，中國在國家形成與發展方面的特殊性還表現在：中國自秦代以來，就已建立了中央集權的官僚制國家，並且發明出了一套制度，能夠把社會各階層的精英吸收到國家管理之中，從而實現一種高效率和相對公平的治理。過去在西方中心論的支配下，中國在國家形成與發展方面的這個特點，學界大多予以負面的看法。直到近來，一些學者如福山（Francis Fukuyama）才一反過去的看法，對中國歷史上的國家發展情況提出了非常正面和積極的看法。他在新近出版的《政治秩序和政治衰敗：從工業革命到民主全球化》（*Political Order and Political Decay: From the Industrial Revolution to the Globalisation of Democracy*）中，從全球史和比較史的角度，做了如下闡述：

　　　　如要研究國家的興起，中國比希臘和羅馬更值得關注，因為只有中國建立了符合馬克斯·韋伯定義的現代國家。中國成功發展了統一的中央官僚政府，管理眾多人口和廣闊疆域，特別是與地中海的歐洲相比。中國早已發明一套非私人和基於能力的官僚招聘制度，比羅馬的公共行政機構更為系統化。西元1年時，中國總人口可與羅馬帝國媲美，而中國

人口比例中受統一規則管轄的，要遠遠超過羅馬。羅馬自有其重要遺產，尤其在法律領域中。作為現代負責制政府的先驅，希臘和羅馬非常重要。但在國家發展上，中國更為重要。⋯⋯

偉人所編寫的經典現代化理論，如卡爾・馬克思、艾彌爾・涂爾幹（Emile Durkheim）、亨利・緬因（Henry Maine）、斐迪南・滕尼斯（Ferdinand Tonnies）、馬克斯・韋伯（Max Weber），傾向於認為西方經驗是現代化的範本，因為工業化首先在西方發生。⋯⋯現代政治機構在歷史上的出現，遠早於工業革命和現代資本主義經濟。我們現在理解的現代國家元素，在西元前3世紀的中國業已到位。其在歐洲的浮現，則晚了整整1,800年。⋯⋯

經典現代化理論，傾向於把歐洲的發展當作標準，只查詢其他社會為何偏離。我把中國當作國家形成的範本，而查詢其他文明為何不複製中國道路。

中國的上述特殊性，使得中國在近代早期世界上擁有一種無與倫比的地位，即如史景遷所總結的那樣：「西元1600年，中國是當時世界上幅員最遼闊、人文薈萃的統一政權。⋯⋯歐洲各國、印度、日本、俄國以及奧斯曼帝國的統治者，此刻無不致力於建構有系統的官僚組織，俾以擴張稅基，有效統治領土臣民，吸納農業和貿易資源。然而當時中國已經具備龐大的官僚體系，既受千年文化傳統所浸潤，也受律令所約束，至少在理論上，這套官僚架構連市井小民的日常生活問題也能處理。」

因此大致而言，在15至17世紀中期的東亞世界，各種各樣

的國家形式都存在，它們處理內政外交的方式都非常不同。這些國家之間的關係不僅複雜，而且隨著時間而不斷變化。因此，我們不能用今天民族國家的觀念去看待這個時期的國際關係。《劍橋中國明代史》（*The Cambridge History of China*, The Ming Dynasty, 1368-1644）說：在這個時期東亞世界出現了一些新型的政權，如日本的室町政權、沖繩的尚氏政權、朝鮮半島的李朝、越南的陳朝、湄南河流域的阿瑜陀耶、馬來半島的滿剌加、爪哇島的滿者伯夷等。這些政權與以往政權的不同之處，在於把各自的國內統合為一個經濟圈，進行對外交易。在15世紀之前，以中國的朝貢制度為基礎的東亞世界國際關係體系，基本上能夠處理這一地區的國家之間的交往中的各種問題。特別是在元代，由於蒙元帝國強大，中國成了東亞世界的「共主」，無人敢挑戰其權威。但是到了15世紀，這種國際秩序開始動搖。之所以如此，是由於早期經濟全球化時代到來之後，國家之間的關係更為緊密，所以彼此利益衝突也就更加明顯。同時也拜早期經濟全球化之賜，新的資源（宗教、技術、制度等）也來到東亞世界，促進了東亞世界一些國家的發展，成為新興的地區強權。它們力圖改變原有的東亞世界的國際秩序，從而導致了新的矛盾和衝突。當各種矛盾無法解決時，相關國家之間不得不刀兵相見，從而使得衝突與戰爭日益增多，原有的複雜關係也變得更加複雜了。

　　由於新興的地區強權擁有相對強大的武力，而它們彼此之間的利益衝突往往是長期性的，因此它們之間的戰爭往往是長期的，戰爭的規模和強度也都比過去更大，成本也更高。必須有更大的經濟實力，方可進行戰爭。這些情況使得參與衝突的各方必須處於一種常年性的備戰和作戰的狀態。這是在過去很少見到的。

在15至17世紀中期，東亞世界的地區強權有哪些呢？大致說來，傳統的（或者舊有的）地區強權中，最主要的是蒙古。而新興的地區強權，在東南亞的中南半島有安南、暹羅和緬甸，在東北亞有日本和後來的滿洲，此外還有三個外來的西方強權，即葡萄牙、西班牙和荷蘭。

三、舊「北狄」與新「南蠻」：陸上強權的爭鬥

所謂「戎」、「狄」、「蠻」、「夷」，都是古代華夏人對周遭非華夏人的稱謂，最早見於《禮記・王制》：「中國、戎夷，五方之民，皆有其性也，不可推移。東方曰夷，被髮文身，有不火食者矣。南方曰蠻，雕題交趾，有不火食者矣。西方曰戎，被髮衣皮，有不粒食者矣。北方曰狄，衣羽毛穴居，有不粒食者矣。」這些稱謂具有文化上的歧視含義，因此今天已經不再使用。在這裡，我借用這些古代術語說事，但是並不具有貶義。為了避免誤解，所以都加上引號。

依照明朝人的說法，「北虜南倭」是主要的外部威脅，對中國的政治、經濟和社會有重大影響。其中的「北虜」主要是北方的游牧人，而南方威脅除了倭寇之外還有其他，因此這裡統稱為「南蠻」。這裡我簡要地說一下「北虜南蠻」是指哪些。

明代中後期有一個官員嚴從簡，任職於管理外事的機構——行人司。他接觸過許多外來使臣，因此對海外和邊疆的情況相當了解。在這個職位上，他也可以閱讀大量內部文件和紀錄。萬曆二年（1574），他寫了一部關於明朝邊疆歷史和中外交通史的書——《殊域周咨錄》。在撰寫此書時，他參考了大量前人的著

作，但更倚重當代的文件，特別是中外來往的內部文件。他寫作此書的主要目的是為明朝出使外國的使臣提供參考，因此秉承厚今薄古的原則，偏重記述當代事件。嚴從簡之子嚴其漸在為《殊域周咨錄》卷十《西北夷考》寫的引言中說：「列番之狼吞虎噬，足為疆場痛毒。」也就是說，上述「蠻夷」都對中國造成程度不等的威脅，但是「我所當儆戒者，南倭北虜而已」。也就是說，給明代中國造成重大威脅的，還是「南倭北虜」，即日本和蒙古。日本的問題我將在後面談到「東洋」時講，這裡說「南蠻」時就只包括位於中國南部邊疆、並對中國造成威脅的鄰國。

（一）「北狄」

《殊域周咨錄》卷十七《北狄》說：「夫天地嚴凝之氣，聚於玄冥之區，其風剛勁。故虜為中國患獨強。若匈奴、突厥、契丹、女真、蒙古，代相踵焉。」明代情況與前代有所不同，因此《殊域周咨錄》中的「北狄」主要指東部蒙古各部，包括在蒙古高原的韃靼和在其東面的兀良哈。至於西部蒙古的許多部落（如哈密、罕東、赤斤蒙古、安定阿端、曲先、火州、土魯番、亦力把里、于闐、撒馬爾罕、哈烈），因其大多已皈依伊斯蘭教，而且與中國的關係較為疏遠，因此被嚴從簡歸入「西戎」。

1、蒙古

蒙古高原上的游牧人是中國歷代王朝的主要威脅。到了13世紀，蒙古人更是橫掃歐亞大陸，把中國也置於其統治之下。到明代，蒙古依然是明朝的主要威脅。

明朝人以蒙古高原的戈壁沙漠為中心，把蒙古分為漠南、漠

北和漠西三大部分。大漠以南各部稱為漠南蒙古，大漠以北為喀爾喀蒙古，大漠以西為漠西蒙古。這些概念一直沿用至清朝末年。

　　元朝滅亡後，明朝在遼寧西部、漠南南部、甘肅北部和哈密一帶先後設置了衛所20多處，各衛所長官都由歸順的蒙古部落首領擔任。15世紀初，漠西蒙古的瓦剌部和東部蒙古的韃靼部先後向明朝稱臣納貢，與明朝建立了臣屬關係。1409年，明朝封瓦剌部三個首領馬哈木為順寧王、太平為賢義王、把禿孛羅為安樂王，1413年又封東部蒙古首領阿魯台為和寧王。16世紀中葉以後，東部蒙古的喀爾喀部逐漸向漠北遷移，成為漠北蒙古。其他部分仍留居於原地，形成了漠南蒙古。1571年，明朝封漠南蒙古右翼首領、土默特部俺答汗為順義王，並授予其他很多首領以官

圖5.1　明代蒙古各部

246 of 416 火槍與帳簿：早期經濟全球化時代的中國與東亞世界

職。漠南蒙古左翼則繼續與明朝處於對立狀態。漠西蒙古瓦剌部
在16世紀時分為準噶爾（綽羅斯）、杜爾伯特、土爾扈特及和碩
特四部。到了明末，土爾扈特部移牧於伏爾加河下游，到了清朝
乾隆三十六年（1771）才又返回故土。而和碩特部則向東南遷
徙，移牧於青海等地。

　　1368年，元朝殘餘勢力在元順帝妥歡帖睦爾率領下退至元朝
的上都（今內蒙古正藍旗境內），在北方草原繼續保持著元朝政
權，史稱北元。北元政權持續了260多年，差不多與明朝相始
終，但是一直很不穩定。1388年，也速迭兒汗殺死北元皇帝，廢
棄大元國號，自立為汗，稱蒙古可汗，明人稱韃靼可汗。1434
年，瓦剌勢力東進，韃靼勢衰。到15至16世紀之交，被稱為
「小王子」的達延汗崛起。他被後世蒙古人稱為蒙古的「中興之
主」，認為是成吉思汗、忽必烈汗之外的第三個最重要的蒙古領
袖。他平定了蒙古右翼，消滅了哈密一帶皈依了伊斯蘭教的亦思
滿（亦思馬因），並討伐瓦剌，重新將勢力延伸到西域。到了達
延汗的孫子俺答汗的時代，東部蒙古達到全盛，成為明代「北
虜」問題最突出的時期。從達延汗到俺答汗，明朝在長城沿線全
面被動，最重要的事件就是俺答汗於嘉靖二十九年（1550）兵臨
北京城下的「庚戌之變」。

　　瓦剌部分布在阿爾泰山麓至色楞格河下游的廣闊草原。到了
脫歡汗時，他與漠西蒙古其他部分結盟，強大了起來。脫歡攻殺
了成吉思汗後裔黃金家族的阿岱可汗（阿台王子），開始控制東
部蒙古。脫歡和其子也先又擊敗了統治新疆和中亞的伊斯蘭化的
東察合台汗國，使得瓦剌成為從東部蒙古以西直到阿爾泰地區最
強大的力量。明正統十四年（1449），也先在土木堡擊潰明朝大

軍，俘虜了明英宗，兵臨北京城下。之後，漠南蒙古在蒙古右翼
首領俺答汗時強大了起來，兩度向西攻打瓦剌。瓦剌被迫繼續西
遷，進入哈薩克人的地區。到萬曆初年，東部蒙古在與瓦剌角力
的過程中幾次受挫，接受雙方分庭抗禮的局面。

　　在明代大部分時期內，蒙古始終是國家安全的主要威脅。朱
元璋在將元朝殘餘勢力趕回漠北以後，沿北邊長城一線置軍設
鎮，構成了一條防禦北元勢力的北邊防線，控制著東起遼河，向
西延至陰山、賀蘭山、河西走廊北，直抵哈密的廣大地區。然而
自明中葉始，北元蒙古殘餘勢力頻頻南下侵擾，北部邊防幾乎年
年有警，在嘉靖二十九年（1550）的「庚戌之變」中，俺答汗率
領蒙古鐵騎進逼京師，在北京城外搶掠達8天之久，然後捆載而
歸。這是繼1449年蒙古人在土木堡大勝明軍近一個世紀之後，對
明朝作戰的又一次重大勝利。

　　到了隆慶四年（1570），明朝與俺答汗達成了和議。俺答汗
接受明朝封的順義王爵位，其弟、子及各部頭目都被授以都督、
指揮、千百戶等官職。雙方也商定了通貢互市條款，規定蒙古每
年一貢，又先後於大同、宣府、延綏、寧夏、甘肅等近邊地區開
設馬市11處，互市貿易。從此開始了明、蒙幾十年和平友好的局
面，使得明朝的北方邊境得到了較長時間的安寧。與此同時，在
隆慶和議之後，明朝政府根據漠南蒙古勢力左、右翼格局的形
成，對蒙古左翼實行了「拒貢」政策，拒絕對方提出的互市貿易
要求。這導致了蒙古左翼對明朝遼東邊境地區的入侵襲擾加劇，
明朝不得不於萬曆年間開始逐步改變政策，並以變通的方式，通
過第三方與蒙古左翼進行互市貿易，同時對蒙古右翼的政策進行
戰略性微調，以進一步鞏固與蒙古右翼的關係。不過，這種和平

是需要代價的。明朝在這種朝貢貿易往來中給予蒙古人巨量的撫賞。萬曆二十一年（1593）浙江巡按彭應參在奏疏中說：「思天下財賦歲入不過四百萬，北虜款貢浸淫至今，歲費三百六十萬，罄天下之財僅足以當虜貢！」兵科給事中張貞觀也在奏疏中說：「中國款虜歲以百萬計，和款二十年，則已飽虜二千萬矣！虜有二千萬之增，則中國有二千萬之損，即虜不渝盟，中國亦且坐困，恐異日憂方大耳！」因此可以說，這種和平是一種贖買來的和平。

隆慶和議後，蒙古的威脅有所緩和，但是沒有消失。萬曆年間，由於蒙古右翼首領約束部屬不嚴，其屬下屢次侵擾明邊，嚴重違反了隆慶和議，給明朝邊境的安全帶來威脅。明朝不得不於萬曆十八年採取「逆革順賞」的政策，成為以後對付蒙古反叛部落長期貫徹實施的策略，以維護邊境安全。

此外，中亞皈依了伊斯蘭教的突厥化蒙古統治者也不時對明朝發動攻擊。正德十一年（1516），統治吐魯番的蒙兀兒部滿速兒汗以明朝扣留其使臣為由，派騎兵3,000餘人進攻明朝。在嘉峪關附近的沙子壩，蒙兀兒軍同明軍開戰，擊敗明將芮寧，明軍七百餘騎全部覆滅。蒙兀兒軍乘勝深入肅州、甘州等地，攻陷城堡，將明朝守兵殺戮殆盡。嘉靖三年（1524），滿速兒汗再次出兵進攻甘、肅二州，在附近地區的蒙古統治者也加入，組織成二萬餘騎的大軍。蒙兀兒軍先攻打肅州，並分兵攻打甘州，在甘州城附近的張欽堡擊敗明軍。同蒙兀兒汗經過反覆較量之後，明世宗採納尚書胡世寧「置哈密勿問」的建議，不再過問哈密政事。從此，哈密成為蒙兀兒的屬地。中亞察合台後王時期的著名歷史著作《拉失德史》也證實了上述事件，並指出這是一次反異教的

聖戰。

　　值得注意的是，滿速兒的軍隊在與明朝的衝突中也使用了奧斯曼帝國傳來的火器。不過幸運的是，他們使用的火器顯然未起到重要的作用。

　　由於早期火器威力有限且不可靠，不適合騎兵使用，蒙古人對火器技術的態度不很積極。正統十四年（1449），明軍在土木之役中大敗，京營裝備的大批神機銃砲均為瓦剌擄獲，但是瓦剌人視之如敝屣，委棄不顧，為守邊明將拾回。提督居庸關巡守都指揮同知楊俊撿到「神槍一萬一千餘把，神銃六百餘個，火藥十八桶」，宣府總兵楊洪拾回「神銃二萬二千餘把，神箭四十四萬枝，砲八百個」。不過情況後來發生了變化。到了16世紀末、17世紀初，火繩槍等火器也傳入西部蒙古衛拉特部。由於巴圖爾琿台吉的重視，衛拉特人在火器使用方面取得迅速的進步。他們的宿敵哈薩克人在1598至1599年奪取了布哈拉汗國的軍器製造重鎮撒馬爾罕、安集延和塔什干，並長期統治塔什干，獲得了穩定的武器來源。為與之抗衡，巴圖爾琿台吉積極擴充軍備，於1639年遣使回訪俄國托波爾斯克，要求鎧甲、槍砲和鉛彈。1637至1642年，進軍西藏時，準噶爾投入了700名火繩槍手，這個數字對游牧部落而言已相當可觀。

　　雖然西部蒙古人沒有直接進攻明朝，但是對明朝而言，仍然是一個潛在的威脅。如果西部蒙古人採用了更為先進的火器，明朝將面臨嚴重的威脅。雖然這種威脅在明朝幸未出現，但是明朝滅亡後不久就出現了。使用了這些技術的準噶爾蒙古人，給清朝帶來了巨大的麻煩。

　　無論是戰和，為了防範蒙古人的侵襲，明朝都不得不投入巨

額經費，以鞏固和維持長城防線。因此終明之世，「北虜」威脅一直是困擾著明朝的重大問題。《明史・兵志》總結說：「終明之世，邊防甚重。邊境之禍，遂與明終始云。」

2、滿洲

由於明代的女真（後來的滿洲）情況與前代有所不同，因此《殊域周咨錄》卷二十五《女直》將女真單獨列出，稱為「東北夷」。其情況在本書後面還會談到。

（二）「南蠻」

如前所說，「南蠻」本是古代中原華夏人對南方非華夏人的稱呼，具有貶義。但是有意思的是，這個稱呼也往往被北方胡人採用，用來稱呼南方的漢人。在南宋末年和明朝末年，蒙古人和滿洲人都稱南方漢人為「南蠻」。

明代「南蠻」包括的範圍與過去有很大不同。《殊域周咨錄》卷五《南蠻》說：「夫南方曰蠻。……其正南則曰安南，曰占城，曰真臘，曰滿剌加，曰暹羅，曰爪哇；西南則曰渤泥、曰鎖里、古里，曰蘇門答剌，曰錫蘭山，曰三佛齊，而雲南百夷、佛郎機附焉。」換言之，在南方的國家或地區都屬「南蠻」，包括南方海上來的葡萄牙人。日本人也接受了這種觀念，稱葡萄牙人為「南蠻」。

明代以前的「南蠻」主要是指中國南方的非漢族人民。到了唐代，在諸多場合，「南蠻」特指位於南詔。《新唐書・南蠻傳》中，三分之二都是講南詔。《新唐書・南蠻傳》之所以用如此大篇幅談論南詔，是因為在唐代以前，中國從來沒有遇到來自南方

的威脅。到了唐代，這種威脅出現了，即南詔興起於雲南，並成為一個強權。據《新唐書‧南蠻傳》，南詔的疆域為「東距爨，東南屬交趾，西摩伽陀，西北與吐蕃接，南女王，西南驃，北抵益州，東北際黔、巫」。換言之，其疆域東面包括兩爨（雲南），東南到達安南，西北連接吐蕃，南面和女王國（國都在今泰國的南奔）接界，西南和驃國（政治中心在今緬甸曼德勒一帶）接界，北抵大渡河，東北抵黔、巫（今貴州和四川的長江南岸），儼然成為中南半島上的超級強權。

南詔的兩大鄰國——唐與吐蕃——都是強國，南詔向東、北、西北幾個方向發展都十分困難，因此積極向南、東南和西面發展。南詔設置了開南節度和銀生節度，統治中南半島的許多地區。晚清民初時期學者沈曾植說：「開南、安西所部，遠皆達於南海。以《地理志》所記通天竺路互證，知非誇辭不實者。蓋驃之屬國，皆為南詔屬國矣。」可見南詔勢力範圍一直達到南海。南詔軍隊曾與女王國、崑崙國發生衝突，到過真臘國（今柬埔寨）「蒼波洶湧」的大海邊。

南詔與唐朝進行過多次戰爭。唐太和三年（829），南詔大舉進攻西川（亦稱益州，中心在成都平原）。南詔軍占領了成都外城，雖然未能攻入內城，但退兵的那一天，南詔強迫成都各種技術工匠舉家南遷，人數達數萬人。兩年後，李德裕任西川節度使，要求南詔放回被虜的人，南詔放回了4,000人。咸通十年（869），南詔軍第二次進攻西川，與唐軍大戰，雖然最後被擊敗，但戰爭對益州造成了重大損害。當時人說天下最富庶的地區為「揚一益二」，即位於東部長江下游的揚州和位於西部成都平原的益州，是唐代後期中國最富裕的兩個地區，因此也是中央政

府兩大最重要賦稅來源地之一。南詔幾次進攻益州，對唐朝造成嚴重危害。不僅如此，唐咸通元年（860），南詔出兵東下，攻破唐朝的安南都護府首府交趾城（今越南河內市）。唐軍不久後收復安南。但3年之後，南詔再次攻破交趾，唐軍退守嶺南。南詔不斷攻擊唐朝，兩陷安南，迫使唐朝不得不調用重兵鎮守在南方的最大要塞桂林，導致「龐勛之亂」，嚴重削弱了唐朝的根基，使之無力鎮壓黃巢之亂，最終滅亡。這個「唐亡於南詔」的觀點得到陳寅恪先生的肯定，也得到其他史家的認可。向達先生指出：南詔之患，「以懿宗時為最繁，幾乎每年都有邊警，而以中國的南部如安南、邕管為最甚。咸通時安南為南詔攻陷，於是邕管騷然，乃調東南之兵以戍桂林，卒之龐勛叛變，遂兆唐室滅亡之機。所以南詔的盛衰，安南的得失，關係於唐朝者甚大」。

南詔衰落後，代之而起的是大理國。大理國也是中南半島地區的強國，其疆域「東至普安路之橫山，西至緬地之江頭城，凡三千九百里而遠；南至臨安路之鹿滄江，北至羅羅斯之大渡河，凡四千里而近」。大致說來，包括了今雲南省和川西南地區，以及今緬甸東北部、寮國北部和越南西北部地區，與南詔國大致相同。除此之外，廣西的許多地區也在大理國的勢力範圍之內。北宋皇祐年間，廣西廣源州（今靖西、田東一帶）少數民族首領儂智高起兵反宋，率眾攻占安德州，建立南天國。後來兵敗，遂投奔大理國。在大理國的支持下，準備進攻廣西和四川的黎、雅等州。與南詔不同，大理國與宋朝始終保持著良好的關係，即便在雙方政治關係幾乎斷絕的時期也未發生過戰爭。不過這不意味著大理是一個弱小國家。北宋大中祥符八年（1015），大理國出動20萬大軍進攻安南國。南宋紹興二年（1132），大理又介入安南

國的王位繼承之爭。安南國王李乾德有一庶子，從小被送入大理國寄養，改名趙智之。紹興八年安南國王李陽煥死，大理國派軍隊護送趙智之歸國，與嗣子李天祚爭奪王位。宋朝支持李天祚，這次爭奪安南王位的戰爭以趙智之的失敗而告終。

在西元738年南詔皮邏閣統一六詔至1253年大理國滅亡的五個世紀中，雲南一直是中國西南部和中南半島上超級強權。元朝滅了大理國後，雲南成為中國的一個行政區，從而以往幾百年的南方威脅也隨之消失。然而南詔、大理的相繼滅亡，造成了中南半島地區出現權力真空。原先處在南詔、大理威懾之下的安南、緬甸得以乘機發展。到了15至17世紀中期，安南、緬甸以及暹羅興起，積極向外擴張，成為中南半島的新興強權，其中的安南和緬甸則成為明朝的威脅。

1、安南

今天的越南從西元前3世紀的中國秦朝開始，一直是中國的一部分，名為交趾。「安南」之名最早見於唐永徽六年（655），以後一直沿用到清代嘉慶時，才由嘉慶帝賜新國名越南。唐代安南隸於廣州，長官稱為五府（管）經略使，由廣州刺史兼任。唐調露元年（679）設置安南都護府，治所在今河內，與廣州、桂州、容州、邕州四個都督府一起，被稱為嶺南五管。到了五代十國時，安南地方首領乘機發動叛亂，從中國分裂出去。北宋乾德六年（968），安南將領丁部領削平群雄，建立了「大瞿越國」。開寶六年，丁部領遣使入貢，宋太祖詔以丁璉（丁部領之子）為安南都護、交趾郡王，默認了安南的獨立。但是「安南國」之名，到南宋紹興年間才開始見於記載。到了淳熙元年（1174）

東京（越南北部
地區的舊稱）

安南

占城

交趾支那

1697

圖5.2　安南的擴張

初，越南李朝國王李天祚遣使入貢，宋孝宗始正式「詔賜國名安
南，封南平王李天祚為安南國王」，次年8月又「賜安南國王
印」。「安南國」成為一個國名，自此才開始。

　　明朝初年，安南內亂，權臣胡季犛篡奪了陳朝政權，建立了
胡朝。明朝為恢復正統的陳朝，派軍討伐胡氏，攻克安南全境。
永樂六年（1408），明朝改安南國為交趾布政使司，安南又再成
了中國的一個行政區，受到中央政府的直接統治。但之後安南兵
連禍結，明軍數次作戰不利。明宣宗決計罷兵，詔尚在安南的王
通等人率軍8萬餘人北返，宣德二年（1427）明朝宣布廢交趾布

政使司，安南之地仍為安南國，作為中國的藩屬國。安南於是由中國版圖中再次分出。

　　這時剛從中國獨立出來的安南國，領土只包括今越南的北部。位於今越南南部的是中南半島上的千年古國占城國。占城（Champa）即占婆補羅（梵語之意為城），也被簡譯為占婆、占波。占城上古時被稱為象林邑，簡稱林邑，為秦漢象郡象林縣故地。西元192年（一說137），日南郡象林縣功曹之子區連（也作逵或達，又稱釋利摩羅），起兵殺死縣令，占據了原日南郡的大部，後自立為王，始建占城國。8世紀下半葉至唐末，占城國改稱環王國，五代復稱占城。占城是中南半島上的大國，國都位於因陀羅補羅（今茶蕎），國土北起今越南河靜省橫山關，南至平順省潘郎、潘里地區，並有舊州、烏麗、日麗、烏馬、拔弄等15個屬國。明朝洪武二年（1369），占城王阿塔阿者遣使奉表入貢，明太祖封他為占城國王。占人的語言屬馬來—波利尼西亞語系，因深受印度文化影響，使用南天竺文字，並以婆羅門教為國教。占城是一個文明古國，著名的占城稻就產自這裡。北宋大中祥符五年（1012），江淮兩浙大旱，水田不登，宋真宗遣使到福建，取占城稻種3萬斛，分給以上地區播種，獲得成功。不久，今河南、河北一帶也種上了占城稻。南宋時期，占城稻遍布各地，成為廣大農民常年食用的主要糧食之一。占城稻的引進是中國歷史上的大事，何炳棣先生對此予以高度評價說：「近千年來，我國糧食生產史上曾經有過兩個長期的『革命』。第一個革命開始於北宋真宗1012年後，較耐旱、較早熟的占城稻在江淮以南逐步傳播。『早稻』、『秈稻』的品種越來越多，水源比較充足的丘陵闢為梯田的面積越來越廣。這不但增加全國稻米的生產，

並因早熟之故，不斷地提高了稻作區的複種指數。雖然農業生產的進步經常是逐漸、緩慢的，但是早熟稻在近千年中對糧食生產積累影響深而且鉅，不愧生產『革命』之稱。」

安南於西元939年從中國獨立出來後不到40年，就開始向南擴張，而占城國成為其擴張的主要目標。到西元1000年，安南已經吞併了占城國最北部的3個省分，1312年取得了對占城其他地區的宗主權。1402年，安南向占城大舉進攻，將安南領土擴展到今越南的廣南、廣義地區。1471年，安南後黎朝黎聖宗親征占城，攻陷占城首都，生擒占城國王茶全，在占城故地設置廣南道，領土進一步擴張到今歸仁一帶。1693年，阮朝大將阮有鏡領兵入侵占城，生擒占城王及皇親大臣。在阮朝的持續打擊下，到了1697年，曾經擁有燦爛文化的千年古國占城國就從此消失了。

2、緬甸

西元13世紀末，緬甸蒲甘王朝滅亡，緬甸進入大分裂時期。在北部是以阿瓦城（今曼德勒附近）為中心的撣族統治的阿瓦王朝，而在南部則形成以白古（今勃固）為中心的孟族統治的白古王朝。從1386年到1425年，兩國不斷發生衝突，史稱「四十年戰爭」。除了這兩個大國之外，尚有東吁、木邦、孟養、孟密、阿拉干等國，其中尤以緬族的東吁國最強。到了明吉逾（1486-1531年在位）時，東吁通過與阿瓦王朝聯姻，獲得皎克西的「糧倉」地區，又通過與白古王朝結盟，牽制住阿瓦王朝的進犯，實力不斷增強。1531年，東吁首領莽瑞體（緬名德林瑞體）建立了東吁王朝（Taungoo Dynasty，中國史籍稱為洞吾、東胡、底兀剌，1531-1752）。隨後他積極征戰，1539年攻滅白古王朝，1541

年又攻占對外貿易要港馬都八。莽瑞體去世時，緬甸中部和南部
基本統一。1551年莽應龍繼位，滅了阿瓦王朝，征服各撣邦，完
成了緬甸的第二次統一。東吁王朝是緬甸歷史上最強盛的王朝，
在莽應龍統治時達到鼎盛，國土東到寮國的萬象，西到印度的曼
尼普爾，南到印度洋，北到現中緬邊境的九個撣族土邦，占據了
大半個中南半島。1581年，莽應龍去世。著名緬甸史專家哈威
（G. E. Harvey）說：「毫無疑問，在莽應龍統治期間，他的人格
影響了整個印度支那半島，贏得了各種民族集團的敬畏。」莽應
龍死後，內亂不已，位於緬甸西南部的阿拉干王朝國王明耶娑基
派葡萄牙人勃利多（亦譯菲利浦・德・布里托）率葡萄牙雇傭軍

圖5.3　中南半島上的超強王國──緬甸東吁帝國

於 1595 年攻占白古，俘獲緬王莽應里，東吁王朝危在旦夕。莽應龍幼子良淵挽救了這一頹勢，占領以阿瓦為中心的「糧倉」地區，保住了上緬甸半壁河山。繼其王位的阿那畢隆（1605-1628年在位）又收復了下緬甸的失地，並於 1613 年收復了被葡萄牙人占領的沙廉，把葡萄牙人驅逐出緬甸，再次完成了緬甸的統一。他隆執政時（1629-1648），緬甸國富民強。他死後，平達力繼位（1648-1661），國力日衰。1659 年，明朝末代皇帝永曆逃亡到緬甸。當時緬甸無力抵禦吳三桂的進攻，只好引渡永曆，以換取清軍撤兵。

3、暹羅

　　西元 1238 年，素可泰王國建立。14 世紀中葉，泰人首領烏通王吞併了素可泰王國，於 1351 年建立了大城王朝（Ayutthaya Dynasty，又稱阿育陀耶王朝或阿瑜陀耶王朝）。到了 15 世紀中葉，戴萊洛迦納王推行改革，暹羅日益繁榮。16 世紀中葉以後，暹羅與緬甸發生曠日持久的戰爭，內憂外患交錯，國勢暫衰。1767 年京都被緬軍攻陷，皇室、寺院、民房和典籍文物焚毀殆盡。爾後在華裔領袖鄭信領導下，暹羅得以復國，遷都於吞武里，建立了吞武里王朝。

　　暹羅雖然未與中國接壤，但有海路與中國相連，兩國關係十分密切。中國史書記載，在 1370 至 1643 年之間，暹羅使節來到中國訪問和貿易達 102 次，中國明朝使者回訪也有 19 次之多。大城王朝與葡萄牙、荷蘭等國商務交往也很頻繁，以「夏利腦」（新市的意思）之名聞名於西方世界。

　　這三個新興的地區強權積極向外擴張，主要受害者是占城國

和柬埔寨。占城國的情況已如前述，這裡看看柬埔寨。

柬埔寨在中國古代史書中有多個名稱，漢代稱為究不事，隋唐稱真臘，又稱為吉蔑、閣蔑（音譯自Khmer，即高棉），宋代亦稱真臘（又作真里富），元朝則稱甘勃智。到了明前期稱甘武者，萬曆後方稱柬埔寨。這裡我們總的稱之為柬埔寨。

柬埔寨建國於西元1世紀下半葉，歷經扶南、真臘、吳哥等時期。西元790年，高棉國王閣耶跋摩征服了爪哇人統治的崗伽王國（Kambuja，即柬埔寨，Cambodia是其現在的拼寫形式）。812年，閣耶跋摩國王正式宣布柬埔寨脫離爪哇王國，建立了吳哥王朝。吳哥王朝國勢強盛，疆域包括從今緬甸邊境到馬來半島北部的廣大地區。經過對占城國的戰爭，到了944年，吳哥王朝向東擴展至今屬越南的長山山脈，西至緬甸，南達暹羅灣。11世紀初，吳哥王朝領土繼續擴充，在蘇耶跋摩一世在位時期（1002-1050）步入全盛期，勢力範圍擴展到湄公河下游和寮國的琅勃拉耶。在閣耶跋摩七世統治期間（1181-1220），又將占城納入版圖。此時吳哥王朝擁有戰象近20萬頭，成為地區強國。12世紀和13世紀初，吳哥王國達到了極盛，版圖除柬埔寨之外，還包括今泰國、寮國、越南南部、馬來半島北部和緬甸的一部分，被稱為「高棉帝國」（Khmer Empire）。首都吳哥城建築雄偉，被稱為「中世紀全球最大的城市」，中心區域地帶面積為1,036平方公里，呈發散狀向外延伸數百平方公里，城區直達洞里薩湖邊，面積和今天英國的大倫敦市（1,554平方公里）相當，全城人口可能多達100萬人，成為當時世界上最大的城市之一。在元明時期，因為這裡「民俗富饒。天時常熱，不識霜雪，禾一歲數稔」，所以有「富貴真臘」之諺。

　　12至13世紀，吳哥王朝與暹羅、占城之間不斷發生戰爭，國勢日漸衰落。1431年，暹羅入侵，吳哥城被圍7個月後陷落，吳哥王朝也從此滅亡。1434年真臘復國，因為首都吳哥太靠近暹羅邊境，因此不得不放棄之，遷都金邊，此後中國文獻中稱之為柬埔寨。柬埔寨雖然避免了占城滅國的命運，但也從先前的地區強國淪為一個夾在越南和泰國兩個強鄰之間的弱小國家。

　　上述變化導致的一個結果是中國出現了來自南方的威脅。對中國來說，這是史無前例的。以往與中國友好的兩個國家占城和柬埔寨，一個滅亡了，另外一個變成了弱小國家。新興的三個地區強國中，只有暹羅與中國保持良好的關係，而安南和緬甸則與中國存在利益衝突。這樣，明朝就不得不對付這兩個強勁的對手。

四、「東洋」與「南洋」：東亞世界紛爭的新場所

　　隨著向海外交通的探索實踐，宋元時的中國人已對國際貿易水運進行了海區範圍劃分。由於唐宋海外貿易港以廣州為主，而元代以泉州為主，所以「東洋」和「西洋」都是以廣州或泉州為基點，按航向、針路（航海羅盤的指航路）的實際來劃分的。

　　「東洋」和「西洋」這兩個名詞，在元代航海文獻中已屢有出現。汪大淵《島夷志略》多處提到「西洋」。周致中《異域志》內列有「西洋國」，指的是馬八兒（即今位於印度西南海岸Ma'abar）。「東洋」一詞，最早見於元大德年間陳大震著的《南海志》。該書中將「東洋」地區劃分為「小東洋」和「大東洋」各國。其中「小東洋」主要指今菲律賓諸島和加里曼丹島，「大

東洋」則指今印度尼西亞諸島。明初鄭和航海時期所說的「西洋」、「東洋」，也是繼承元代而來的。

　　但是在不同的歷史時期，同一名稱的「東洋」和「西洋」，內涵和範圍並非一貫相同，而是動態的。不但明代與元代有所不同，而且就是明代前期與後期也有變化。

　　到了明代中期的嘉靖時期，又出現了一個新的海區概念——「南洋」。這個概念出現後，有漸取替「小西洋」之勢。胡宗憲等著的《籌海圖編》中引用太倉生員毛希秉的話說：「然聞南洋通番海舶，專在琉球、大食諸國往來。……南洋、西洋諸國，其隔閡廣也，近則數千里，遠則數萬里，通番船舶無日無之，使其下海必遭漂沒，人亦何苦舍生而求死哉。況東洋有山可依，有港可泊，南北不過三千里，往來不過二十日，非若南洋、西洋一望無際，舟行而再不可止也。」施存龍指出：這裡所說的「南洋」並不是一個很確定的海域，有時覆蓋到東海的琉球和印度洋沿岸的阿拉伯國家，有時「南洋」、「西洋」兩個概念並存，有時則「南洋」、「西洋」和「東洋」三者並存。此外，陳佳榮指出：「《籌海圖編》等書另有多處記及南洋，但未必專指南海地區，須加辨別。如該書卷十三云：『沙船能調戲，使鬥風，然惟便於北洋，而不便於南。北洋淺，南洋深也……。』……此南洋、北洋或以長江口而區分。」由此可見，這些概念之間的界線並不很明確。到了後來，這三個概念的範圍逐漸明確了。「東洋」越來越多地指東亞（特別是日本），「南洋」越來越多指東南亞，而「西洋」則越來越多指歐美。在這裡，我使用後面這種比較近代的說法，把「東洋」定義為中國東海海域，「南洋」為中國南海和南洋群島海域。在15至17世紀中期，西歐國家中只有葡萄牙、西班牙

和荷蘭積極參與了東亞世界的事務，並建立了殖民地，因此我們也將它們視為東亞世界中的國家。它們在東亞世界的主要活動範圍在上述「南洋」海域內，因此我們把它們放到「南洋」部分來講。

下面，我們就來看看，在15至17世紀中期，「東洋」和「南洋」兩大海域發生了什麼變化。

（一）「東洋」：日本的興起

15至17世紀中期的「東洋」地區的國家，有日本、朝鮮、琉球。其中以日本為最重要。

許多中國人對日本的歷史缺乏了解，加上由於近代日本對中國的侵略而產生的仇日情緒，對日本採取一種蔑視的態度，稱之為「小日本」。但是在近代早期以來東亞世界的歷史上，日本是中國之外最重要的國家，日本與中國的關係也構成東亞世界國際關係中最重要的雙邊關係。

日本在近代早期東亞世界上的重要性，可以從以下事實略窺一斑：

首先，日本的人口在1500年已達1,540萬，此時中國的人口約為1.3億，朝鮮為800萬。因此日本人口為中國的七分之一，比朝鮮幾乎多出一倍。此時西方最大的國家是蘇萊曼大帝時代（Kanuni Sultan Süleyman, 1520-1566年在位）的奧斯曼帝國，正處於其巔峰時期，其領土達到450萬平方公里，但是人口卻只有1,400萬。歐洲強國西班牙的人口僅有500萬，英格蘭1524年人口更僅有230萬。歐洲第一人口大國俄羅斯帝國，1550年人口大約1,100萬，到了1600年也才達到1,300至1,500萬之間。在亞洲，印度莫

臥兒帝國沒有人口統計數字，其1600年代的人口估計約在1至1.5億之間，不過其中比較可靠的人口數字是統治族群穆斯林的人口，只有1,500萬。在東南亞，1600年整個地區的人口合計不過2,200萬，其中的三個地區強權人口也不多：安南約為470萬，暹羅220萬，緬甸310萬。因此在16和17世紀前期的世界上，日本是除了中國和莫臥兒帝國之外人口最多的國家。

其次，如我在本書第二章中所說過的那樣，進入16世紀後，日本發現了多個銀礦。這些銀礦的開發使得日本一躍而成為世界最重要的白銀產地之一。到16世紀末，日本白銀產量占世界總產量的四分之一到三分之一，成為世界上購買力最強的國家之一。而這個時期的中國是全世界最大的商品出口國，也是最大的白銀進口國。因此對於中國來說，日本是最重要的貿易對手。

由於其人口規模和貿易實力，日本成為東亞世界中僅次於中國的重要國家。日本的國內變化，也必然影響到東亞世界的變化。

日本在西元8世紀的「大化改新」中，積極學習中國，不僅引入了漢字，而且採納唐朝的政府形式，按照唐朝的模式建立國家機構。日本按照唐朝首都長安的形制，建起了奈良和京都。但是這個學習中國的運動並未成功，日本也沒有成為一個中央集權的統一國家，各地統治者實際上成了獨立並世襲的諸侯。在935至1185年間，爆發兩大豪族平氏與源氏之間的內戰，最終源賴朝取得勝利，以位於關東的鎌倉為基地，建立了鎌倉幕府，以天皇的名義對全國實行統治，而在京都的天皇完全沒有實權。1199年源賴朝死後，北條家族獲得鎌倉幕府將軍的攝政權，一直掌權到1333年。1331年後醍醐天皇策劃了一次流產的政變，導致了北條

家族和鎌倉幕府在1333年的滅亡。1338年，幕府所在地遷至京都，實權也落入足利家族手中，但是足利幕府未能有效地統治整個日本。後醍醐天皇被足利尊氏從京都驅趕出來後，在京都以南的山區維持著一個獨立的政權。這種分裂的局面從1336年持續到1392年，各地的藩主和大名變成了事實上獨立的諸侯。1467至1477年持續10年之久的內戰，史稱「應仁之亂」，更把京都變成了戰場。在此之後，足利幕府統治權力喪失殆盡。1281至1614年間成為日本歷史上無政府狀態最嚴重的時期。

此後，在織田信長（1534-1582）、豐臣秀吉（1536-1598）和德川家康（1543-1616）三個軍事強人相繼努力下，日本獲得了政治上的統一。織田信長在1568年攻占了京都，並於1573年消滅了足利幕府。1582年，織田信長被反叛的家臣殺害，其親信豐臣秀吉隨即打敗並殺死了反叛者。到1590年時，豐臣秀吉成了整個日本的主宰。1598年豐臣秀吉死後，內戰爆發，德川家康在1600年的關原大戰中獲勝。1603年，德川家康取得將軍的稱號，建立了德川幕府。1615年德川家康攻陷了豐臣秀吉之子豐臣秀賴固守的大阪城，此舉使他成為日本的新主宰。他建立的德川幕府對日本的統治，一直延續到19世紀中葉的明治維新，方告結束。

足利幕府時期，國內戰亂不已，日本國力微弱。1404年，足利幕府承認了中國對日本名義上的宗主權，並且勉強接受了明朝政府對中日雙邊貿易額的限制。但是軟弱的足利幕府無法約束日本各地的藩主和大名，因此諸多大名紛紛下海為寇，足利幕府時期也成為倭寇最猖獗的時期。到日本統一之後，情況迅速發生巨變。豐臣秀吉於1592至1593年和1597至1598年兩度發動侵略朝鮮的戰爭，作為侵略中國的序幕。這一點，我們在後面還要說到。

由於「倭患」長期危害中國，因此明人把日本的威脅與蒙古的威脅相提並論，稱之為「南倭北虜」。

（二）「南洋」：西洋人的到來

這裡說的「南洋」，指的是南洋群島及其海域。南洋群島亦稱馬來群島或東南亞島嶼區，位於亞洲東南方，在太平洋與印度洋之間的海洋上，北起呂宋島以北的巴坦群島，南至羅地島，西起蘇門答臘島，東至東南群島，南北延伸約3,500公里，東西相距約4,500公里，陸地面積約200萬平方公里。南洋群島是世界上最大的群島，有島嶼2萬多個，包括大巽他、小巽他、努沙登加拉、呂宋、摩鹿加、西南、東南和菲律賓等群島。在今天，人們也根據現在的政治版圖，把除菲律賓以外的諸群島統稱為印度尼西亞群島。

南洋群島在近代早期的世界經濟史上具有非常重要的地位。布勞代爾認為，在近代以前，中國、印度、伊斯蘭是遠東的三大「經濟世界」。從15世紀起，這三大經濟世界的聯繫逐漸加強，整個遠東的經濟生活被納入到一個遼闊又脆弱的經濟世界之中，構成了一個龐大的超經濟世界。這個超經濟世界的中心是位於亞洲邊緣的南洋群島，因為這裡是印度、中國乃至伊斯蘭對外擴張和產生影響的交匯點。這個超經濟世界中的任何一個地區要得到迅速的發展，要麼得到中心地帶的有力帶動，要麼爭取成為這個經濟世界的中心並擴展該經濟世界的範圍。由於沒有相同的文明作為基礎，這個超經濟世界的內部聯繫不如歐洲那樣緊密。作為中心的南洋群島很難深入影響其他地區。就中國而言，出路在於擴大活動空間，突破南洋群島的局限，為自己開闢邊緣地帶以爭取

經濟世界的中心地位。

南洋群島的這種「中心」位置是到了早期經濟全球化時代才形成的。布勞代爾說這是因為早期印度的擴張和後來中國的擴張，把南洋群島變成一個往來繁忙的十字路口。他認為這種「中心」位置的形成應從1403年馬六甲建城或者1409年馬六甲建國算起。從這個時候開始，原先荒涼落後的南洋群島變成了外來力量競逐的天地。

如前所言，西元1至15世紀蘇門答臘、爪哇和婆羅洲出現了一些印度化的王國，相續興起和衰亡。其中最主要的是7至13世紀建立於南蘇門答臘的室利佛逝王國和13世紀初在爪哇島中部和東部興起的新柯沙里王國。後者在克塔納伽拉王（Kertanagara）在位時期（1268-1292），國勢強盛。先後征服蘇門答臘南部的末羅游、巴厘島和馬來半島的彭亨，勢力達到加里曼丹南部，控制了包括整個爪哇島的印尼東部地區和馬來半島南部地區，成為取代室利佛逝地位的海上貿易大國。

1290年，新柯沙里國王克塔納伽拉（Kertanagara）將三佛齊逐出爪哇，之後他的女婿克塔拉亞薩（Kertarajasa）建立了滿者伯夷王國。元朝至元二十九年（1292），元世祖派遣由1,000艘戰艦組成的龐大艦隊從泉州出發，登陸爪哇，和滿者伯夷國王克塔拉亞薩（Kertarajasa）聯合攻打賈亞卡特望，滅新柯沙里國。克塔拉亞薩隨後反戈，打退元軍，統一爪哇。到了14世紀，滿者伯夷大規模擴張，在哈奄·武祿（Hayam Wuruk）王統治時期（1350-1389）基本控制了今印度尼西亞的大部分島嶼，勢力範圍甚至達到馬來亞和菲律賓群島，領土面積大約162萬平方公里，人口600多萬。這是印度尼西亞在古代歷史上的唯一的一次基本

統一，其全盛時期的版圖大致相當於今日印度尼西亞和馬來西亞的總和。隨後，1397年，滿者伯夷又出動海軍攻占舊港，滅宿敵三佛齊，成為東南亞地區最強大的政權。1370年，明朝向文萊派出使節敦促朝貢。文萊國王擔心滿者伯夷出來干涉，最終沒有給出承諾。派往蘇門答臘巨港的明朝使節，也被滿者伯夷的勢力所殺害。

明洪武三年（1370），滿者伯夷國王遣使奉獻金葉表，明朝與滿者伯夷之間開始了邦交和貿易往來。永樂二年（1404），滿者伯夷國王維克拉馬法哈納（Vikramavardhana）遣使朝貢，明成祖遣使賜鍍金銀印。明正統八年（1443），定三年一貢，以後朝貢無常。這種關係一直維持到15世紀末滿者伯夷王國被信仰伊斯蘭教的馬打蘭王朝所滅。不願意成為穆斯林的滿者伯夷王朝的王族流亡到了巴厘島，在此建立新的政權，並繼續維繫印度教的傳統。巴厘島到現在都還是信奉印度教，也是印度尼西亞唯一以信仰印度教為主的島嶼。

滿者伯夷與明朝的關係基本上良好，而滿者伯夷滅亡後南洋群島不再有強大政權，因此在明代時期，南洋群島未對中國構成威脅。

瑞德（Anthony Reid）在《東南亞的貿易時代》中說：與東亞世界其他部分相比，南洋群島在地理上非常獨特。水和森林是對東南亞環境影響最大的兩個因素。森林的阻隔使得從陸路抵達東南亞非常艱難，但這一地區的水路卻四通八達，是一個特別適宜海上活動的地區，從而吸引中國人、印度人、波斯人、阿拉伯人、西洋人等源源不斷地進入到這裡。換言之，這是一個開放的地區，因此也成為各種外來勢力活動和競爭的場所。因為以往戰

爭不多，因此在這個地區，除了各土邦的都城外一般都不設防，沒有任何圍牆，因此當時的歐洲人認為這裡的一些城市不過是「一群村莊合在一起而已」。這裡國家的軍事力量薄弱，無法抵抗歐洲艦船和火力。因此也很輕易地成為西方殖民者的獵物。到了16至17世紀，東南亞大部分重要的海上貿易中心被歐洲人摧毀或者占領。具有轉折意義的一年是1629年。在這一年，南洋群島地區最強大的亞齊和馬打蘭兩個王國都在遭遇慘敗後一蹶不振。在隨後的200年內，南洋群島從繁盛一時的東西貿易的十字路口，已經淪為世人眼裡的蠻荒之地。

到了早期經濟全球化時代，西洋人來到南洋群島。他們先後在菲律賓群島、東印度群島以及馬來半島沿海地區建立殖民地，將其納入自己的殖民帝國。這段歷史，我們許多人都已耳熟能詳。這裡僅只簡單提一下。

1510年，葡萄牙占領了印度西海岸的果阿，作為其東方殖民帝國的基地。1511年占馬六甲，為東擴的據點。16世紀中期，葡萄牙先後在盛產香料的摩鹿加群島與馬六甲之間的一些港口建立堡壘或商館，以定期航行的艦隊為後盾，向過往船隻和據點周圍勒索貢稅，收購香料。但是除果阿外，葡萄牙人並未在東南亞的商業據點建立完整的殖民行政體系，各據點也很分散。葡萄牙在東南亞建立的「殖民帝國」僅是少數孤立的貿易據點，遠非近代意義上的殖民體系，因此有人稱之為「商棧帝國」。

幾乎與葡萄牙同時來到東南亞的西班牙，於1571年占領呂宋島上的馬尼拉。10年後，菲律賓成為西班牙君主直轄殖民地，對菲律賓實行了殖民化。西班牙人發現這裡既不產黃金，也不產香料，於是計畫以此為基地遠征摩鹿加，以奪取香料，但由於葡萄

牙和荷蘭的阻撓而告失敗。荷蘭人和英國人來到東南亞稍晚，其早期活動也同葡萄牙人一樣，主要目標是貿易而非領土。他們在摩鹿加群島、爪哇、蘇門答臘等地建立商業據點，築堡壘，造貨棧，並用武力或其他手法進行掠奪。與葡萄牙、西班牙不同的是，荷、英以私人貿易公司方式進行殖民活動。這些公司不同於現代的貿易公司，擁有國家授予的任免官吏、招募軍隊、徵稅、貿易壟斷等特許權，並且有國家為後盾。

這些新來者在東南亞各地建立殖民地一個主要目的，是以此為基地與中國進行貿易。由於他們手裡有大量的白銀，因此中西貿易的規模越來越大，從而導致中西關係也越來越密切，糾紛和衝突當然也隨之增加。這些新來者擁有比較強大的軍事力量，而他們在東亞的主要活動場所是南海。因此南海從此成為衝突的主要策源地，他們占領下的南洋群島也成為中國越來越嚴重的威脅。

這裡我要強調，上述新地區強權之所以能夠興起，一個重要原因是火器技術的引進和傳播。狄宇宙（Nicola Di Cosmo）指出，15世紀中葉以後奧斯曼土耳其和葡萄牙人，先後將火器技術及使用方法傳播到阿拉伯世界、印度和東南亞。在東南沿海的「倭亂」中，日本的火器也受到了戚繼光的注意。至於來到東亞世界的葡萄牙、西班牙、荷蘭人，更是船堅砲利，所以在東南亞處處得手。17世紀荷蘭人稱雄於東南亞，但荷蘭人在亞洲各地駐守兵力總共還不到2,000人（其中在摩鹿加400人，安汶357人，班達300人，巴達維亞360人，臺灣280人）。1635年在亞洲的葡萄牙人總數也不過4,947人，另有黑人7,635人（其中在澳門的有白人和黑人各850人）。西班牙占領菲律賓後，儘管西班牙當局大

力招攬西班牙人移居菲律賓，但是在馬尼拉的西班牙人總數，到
1612年也只有2,800人。為什麼這麼少的歐洲人能夠如此順利地
征服東南亞廣大地域呢？一個原因是因為他們擁有先進的火器及
相應的戰術、軍隊組織方式等。在此之前的冷兵器時代，軍隊是
人工密集型的，因此決定戰爭的主要因素是交戰雙方作戰人員的
人數。但是到了火器時代，先進的軍隊日益變得技術密集型和資
本密集型。因此，一支武器先進、組織良好的小型軍隊，可以打
敗武器落後、組織不佳的大軍。這一點，對早期經濟全球化時代
的東亞世界非常重要，這也是為什麼這個時期成為中國多事之秋
的一個原因：原先無法挑戰中國制定的國際遊戲規則——朝貢制
度——的那些國家如日本、安南、緬甸以及人數很少的葡萄牙、
西班牙、荷蘭等殖民者，為什麼到了現在也居然能與中國作對，
甚至發動對中國的攻擊。之所以如此，即如英國史家卡萊爾
（Thomas Carlyle）所說：火藥的使用，使所有的人變得一樣高，
戰爭平等化了。就我們正在討論的問題來說，這個論斷非常中肯。

五、中華朝貢體系的失效：東亞世界傳統的國際關係格局的變化

　　世界上任何國家都命中注定要與其他國家相處。不同國家之
間的相處就形成了國際關係。有兩個國家共存，彼此之間就有雙
邊的國際關係；有多個國家並存，它們相互之間的關係就是多邊
的國際關係。這些關係相互連接交織，從而形成了國際關係體
系。相關的國家通常就在這種體系內處理相互關係。

　　在近代以前，東亞世界各國在國家形態以及其他諸多方面都

千差萬別，它們對「國際關係」的理解也各不相同。要處理彼此之間的關係，就必須有一個大多數國家認可和接受的體系，通過這個體系來解決矛盾和衝突。那麼這種體系是什麼體系呢？在其中，各國又是如何相處的呢？

濱下武志指出：在近代以前的東亞世界確實存在一種處理各國之間相互關係的國際關係體系。這種體系是「以中國為中心，幾乎覆蓋亞洲全境的朝貢制度，即朝貢貿易體系，是亞洲歷史上，也只是亞洲歷史上獨特體系」。這種體系是近代早期以前的東亞世界國際關係的基石，以此為基礎形成了國際秩序。

這裡要指出，中華朝貢體系是東亞世界國家關係體系並不是這種體系的全部。這不僅是因為有不少國家處於這個朝貢體系之外，而且中國的一些鄰邦也都努力建立了它們自己的朝貢體系。例如日本對琉球，朝鮮對女真，安南對占婆、南掌等，都提出了朝貢的要求，從而形成了次級的朝貢體系。但是不可否認的是，中華朝貢體系是東亞世界最大、也是最重要的國際體系。

這種體系之所以以中國為中心，原因很簡單，是因為中國的特殊分量。無論在疆域、人口、經濟實力、政治制度等方面，中國都處於特殊的地位，沒有一個國家能夠與中國抗衡。正是由於這種地位，中國的鄰國一直從中國獲取各方面的資源（包括制度、科技、文化等方面的資源），而中國從鄰國獲得的資源則很有限。此外，中國在地理上位於東亞的中心地區，而其他國家則圍繞著中國，中國人自古也因此把自己的國家視為「天下之中」。

這種世界歷史上獨一無二的國際關係體系是建立在中國傳統的外交理念上的。這種理念就是依照儒家「家天下」的觀念，要把遠近鄰邦變為一個大家庭，使大家和睦相處。在這個大家庭

裡，中國是家長，其他國家則是子女。在政治上，中國和這些國家是一種宗主國和藩屬國的關係，在經濟上則通過朝貢貿易進行交流。藩屬國家對中國的主要義務是承認中國在政治上和文化上的優越地位，在規定的年限內派遣使節向中國表達象徵性的歸順，但不要求實際接受中國的統治。作為回報，中國皇帝授予那些藩屬國的統治者以綬帶和金印，以賦予那些統治者以合法性，通過這種冊封方式來表現他作為天子的權威。這些藩屬國的君主必須向中國皇帝進呈本地土產作為貢品，而從中國皇帝那裡得到比這多得多的回賜。所以費正清（John Fairbank）說：「不能說中國朝廷從朝貢中獲得了利潤。回贈的皇家禮物通常比那些貢品有價值得多。在中國看來，對於這一貿易的首肯更多的是一種帝國邊界的象徵和一種使蠻夷們處於某種適當的順從狀態的手段。」正因為這樣，我們也就很容易理解為什麼今天有許多對歷史有興趣的國人抱怨，在這種朝貢體系中，中國在經濟上得不償失，只是為了滿足中國皇帝的虛榮心，「花錢賺吆喝」。

在這種朝貢體系中，中國有責任維持地區穩定和天下繁榮。那些藩屬國，一方面在內政方面保持獨立，另一方面在國家安全方面需要中國保護。如果受到侵略或者發生內亂，其統治者往往向中國求援，而中國也有責任幫助他們抵抗入侵或者平叛。可見，這種朝貢體系的宗旨是維護地區穩定，而中國並未從中獲取經濟利益，在大多數情況下也不追求用武力來維持地區穩定，除非這些國家對中國的安全造成直接的威脅。由於中國並不干涉藩屬國的內政，也不謀求從藩屬國牟取經濟利益，同時在解決這些國家之間的糾紛時也極少使用武力，因此有些外國學者認為中國與鄰國之間的朝貢與宗藩關係並不具備「朝貢」和「宗藩」的實

質，中國與鄰國的「宗藩關係」並沒有相應的義務和權利規定，中國統治者似乎也不樂意擁有實際的權力，而朝貢不過是貿易的外衣。他們提出：平等相處，互不干涉，是朝貢制度下中國與鄰國政治關係的本質特徵。不論這些看法是否合乎歷史真實，有一點是無可置疑的：以中華朝貢體系為基礎的東亞世界國際秩序，基本上是一種不依靠武力處理國際關係的國際秩序。

縱觀歷史，我們必須承認：因為有了這個體系，東亞世界各國之間在近代以前發生的衝突，無論是從數量還是規模來說，都遠遠少於同期的歐洲、中亞、西亞等地區。在這種體系中的大多數國家，彼此之間得以保持長期的和平關係。在這個意義上可以說，這種以中國為中心的國際關係體系是一種以互信、包容、合作、共贏為特點的國際關係。當然，即使是一家人，各個成員之間也總會存在各種矛盾和利益衝突。這些矛盾和衝突，通常是通過宗主國中國的調停而以和平手段解決。但是這種調停也不是在任何時候和任何地方都能奏效。到了無法奏效時，戰爭就不可避免了。

這種用和平手段維持東亞國際秩序的中華朝貢體系，是明朝對外關係的基石。早在明朝建立之初，明太祖就定下兩項明確的對外政策：對海外國家不得加以攻打；不得利用朝貢關係牟利，朝貢貿易不可與私人海外貿易相混淆。在他制定的《祖訓錄》中明確地對他的後繼者們說：「凡海外夷國如安南、占城、高麗、暹羅、琉球、西洋、東洋及南蠻諸小國，限山隔海，僻在一隅，得其地不足以供給，得其民不足以使令。若其自不揣量來擾我邊，則彼為不祥，彼既不為中國患，而我興兵輕伐亦不祥也。吾恐後世子孫倚中國富強，貪一時戰功，無故興兵致傷人命，切記

不可。但胡戎逼近中國西北，世為邊患，必選將練兵時謹備之。」他還特別列出15個「不征之國」：朝鮮、日本、大琉球國、小琉球國、安南、真臘、暹羅、占城、西洋、蘇門答剌、爪哇國、湓亨國、白花國（拔逻或西爪哇）、三佛齊國（室利佛逝或巴鄰旁）、浡泥國。由於這種基本國策，明朝對於朝貢體系中國家之間的糾紛，除非真正危及中國自身，通常也不動用武力進行干預。晚明著名文人袁宏道在談到朝鮮和日本的糾紛時說：「譬如鄰人自相訐訟，我乃鬻田宅、賣兒女為之佐鬥，不亦惑乎？」這句話，非常好地表現了中國人對於鄰國之間的糾紛的態度。

在明代大部分時期，這種朝貢體系大體上能夠奏效，從而維持了東亞世界的長期和平。在某些時候，中國也不得不幫助一個藩屬國，抵禦外敵，或者制止另一個藩屬國的入侵。前者如正德六年，滿剌加被葡萄牙人攻陷，滿剌加國王派使節向明朝求援。明政府即譴責佛郎機（即葡萄牙），令其歸還滿剌加之地；後者則如安南不斷侵略占婆，明朝對此亦予以干涉。但是動用武力的情況很少發生，也正是因為如此，朝貢體系不能有效地解決國際關係中的糾紛。

到了晚明，隨著東亞世界新的地區強權的興起，它們不斷挑戰中國在既有的國際秩序中的主導地位，甚至直接向中國發起攻擊。至此，這種國際秩序也名存實亡，其主導者明朝不得不面對一個不同的和充滿危險的新局面。

六、「祖國在危險中」：處於亂世中心的中國

「祖國在危險中」是世界近現代史上的一個著名口號。1789

年法國大革命爆發，引起歐洲各國君主的恐慌和仇視。這些國家派兵組成聯軍，向法國本土逼近。面對外國干涉，1792 年 7 月 11 日法國革命政府發布「祖國在危險中」的法令，號召人民奮起抵抗外敵入侵。俄國十月革命後，遭到西方列強的圍攻，新生的蘇維埃政權也發出了「社會主義祖國在危險中」的號召。1941 年 7 月 3 日，納粹德國對蘇聯發動閃擊戰，「社會主義祖國在危險中」的口號再次響徹蘇聯。這裡我借用這個著名的口號，描述明代中國的國際處境。

到了早期經濟全球化時代，各國之間的關係變得更加密切，從而糾紛也隨著增加。同時，由於「火藥革命」所導致的「戰爭平等化」，小國也開始敢於挑戰「天朝」的權威以及朝貢體系下的國際關係準則，甚至向「天朝」發動攻擊。因此到了明代，中國從南到北，從西到東，都遇到程度不等的威脅，中國陷於敵國的包圍之中。

在明代初期（洪武至正統，1368-1449），明朝的主要威脅是蒙古，因此朝廷對於國家安全問題的論爭主要集中於北部的威脅。「土木之變」後，情況丕變。在景泰至隆慶期間（1450-1572），北部、西北、東北、南部邊疆危機以及海上安全危機（即「嘉靖大倭寇」）全面爆發。以「隆慶封貢」和「隆慶開禁」為轉折點，明朝與蒙古的關係走向緩和，倭寇問題也逐漸淡化。但是到了萬曆、泰昌、天啟及崇禎時期（1573-1644），新的威脅又出現，東北邊疆危機嚴重，南方此起彼伏的動盪也加劇了邊疆危機。因此，明朝自始至終都處於一種四面受敵、危機頻繁的狀態之中，而且這些危機還不斷加劇，最後導致明朝的滅亡。在此意義上可以說，對於晚明時期的中國人來說，「祖國在危險中」

是一個不容忽視的現實存在。

明朝北方的威脅是蒙古。晚明學者章潢說：「或有問於論者曰：今天下之患何居？論曰：北邊最可憂，餘無患焉。曰：何以為可憂也？曰：我太祖皇帝迅掃之後，百餘年來，生聚既蕃，侵噬漸近。開平、興和、東勝、河套之地，皆為所據，額森和碩之後，益輕中國，恃其長技，往往深入，風雨飄忽，動輒數萬。我軍禦之不過，依險結營，以防衝突，僅能不亂，即為萬全，視彼驅掠，莫敢誰何！」這種傳統的威脅，到了隆慶合議達成之後有所緩和，但是明朝依然不敢放鬆北方防衛，不得不在長城防線駐紮重兵以防萬一。

圖5.4　明代中國的北方威脅

　　明代中國東、西、南三方的威脅來自日本、安南、緬甸以及葡萄牙、西班牙和荷蘭這些新的地區強權。到了晚明，後金興起於東北，更成為關係到明朝生死存亡的嚴重威脅。下面，就分頭看看這些新威脅的情況。

1、日本

　　日本經過多年內戰，到了16世紀後期才在織田信長、豐臣秀吉、德川家康的武力之下開始統一。然而統一日本的工作尚未完成，日本就已萌生侵略朝鮮和中國的野心了。

　　早在1577年，當時還是織田信長部將的豐臣秀吉便向織田信長建議：「率兵掃平朝鮮，更收朝鮮兵馬，席捲明國四百餘州，為主公大人混一日本、朝鮮、明國，此為臣之宏願！」1587年在征討九州軍中，豐臣秀吉也念念不忘「在我生存之年，誓將唐之領土納入我之版圖」。1590年豐臣秀吉在統一日本之後，更進一步明確了侵略朝鮮和中國的計畫。他於1591年致信朝鮮國王李昖說：

　　日本國關白秀吉，奉書朝鮮國王閣下：雁書薰讀，舒卷再三。抑本朝雖為六十餘州，比年諸國分離，亂朝綱，廢世禮，而不聽朝政。故予不勝感慨，三四年之間，伐叛臣，討賊徒，及異域遠島，悉歸掌握。竊案事蹟，鄙陋小臣也。雖然，予當於托胎之時，慈母夢日入懷中。相士曰：「日光之所及，無不照臨。壯年必入表聞仁風，四海蒙威名者。其何疑乎？」依有此奇異，作敵心者自然摧滅，戰則無不勝，攻則無不取。既天下大治，撫育百姓，憐愍孤獨。故民富財足，土貢萬倍千古矣。本朝開闢以來，朝廷盛世，洛陽壯

觀，莫如此日也。夫人生於世也，雖歷長生，古來不滿百馬，鬱鬱久居此乎！不屑國家之隔，山海之遠，一超直入大明國，易吾朝之風俗於四百洲，施帝都政化與億萬斯年者，在方寸中。貴國先驅而入朝，依有遠慮而無近憂者乎！遠邦小島在海中者，後進者不可作許容也。予入大明之日，將士卒臨軍營，則彌可修鄰盟也。予願無他，只顯佳名於三國而已。方物如目錄，領納，珍重保嗇！

　　他的計畫是首先占領朝鮮，作為進攻中國的跳板，再發動侵華戰爭，征服中國，將天皇移駕北京，他自己則進駐中國寧波，厲兵秣馬3年後，從寧波出海取南洋、印度，征服世界。

　　豐臣秀吉的野心並非狂人妄想，後來的明清易代，也表明這樣的事不是不可能。但是明朝的領土和人口都10倍於日本，豐臣秀吉要進行征服中國的戰爭，必須具有強大的實力，並進行充分的戰爭準備。從當時的情況來看，這些條件日本都具備。首先，如前所述，日本是當時世界上第三人口大國，擁有豐富的人力資源，可以徵調大量的人力參加戰爭。其次，日本是當時世界上主要的產銀國之一，擁有大量的國際貿易硬通貨白銀，從而擁有強大的購買力，可以支付軍費和購買作戰物資。再次，經過多年內戰，日本在火槍的製造和使用技術方面已處於國際前列，軍隊久經沙場，具有豐富的實戰經驗。由於日本擁有這樣的實力，因此豐臣秀吉才有可能有征服世界的野心並將其付諸於實踐。

2、安南

　　明初平定安南之役失敗後，明朝和安南後來基本上沒有發生

過戰爭。但是安南一方面承認明朝的宗主國地位，另一方面也一直對明朝充滿猜忌和戒備，即如嘉靖時人林希元所說：「我雖未嘗覬覦於彼。彼之提防於我者無所不至。」不僅如此，安南還時時窺伺中國的邊疆地區。後黎朝黎聖宗（1442-1497）統治時期，一方面維持對中國的宗藩關係，另一方面也屢與明朝發生糾紛。1474年，安南在雲南邊境「以軍民嘯取竊掠為詞，輒調夷兵萬眾越境，攻擾邊寨，驚散居民」。對此，明廷一方面下令雲南、廣東、廣西等地官員加強邊備，「各守境土，以備不虞」，另一方面透過外交途徑，警告安南「不許輒調夷兵，越境侵擾，驚疑良民」。此後，中國邊境仍有安南意圖入侵的警報。1480年，雲南官員向明廷報稱「今復聞（後黎朝）練兵，欲攻八百（今泰國清邁）。內侵之患，不可不慮」。1483年，雲南臨安府建水州又發生安南人與本地居民的衝突，「累相爭訟」。明廷對安南多次騷擾邊境並攻占占城十分不滿，向安南發出警告：「朝廷（指明廷）一旦赫然震怒，天兵壓境，如永樂故事，得無悔乎？」經此警告，黎聖宗才「自是有所畏」，行動才有所收斂。到了嘉靖初年，安南又「侵奪廣東欽州四峒，朝議欲問其罪」。嘉靖六年（1527），後黎朝權臣莫登庸逼黎恭皇讓位，自立為皇帝，建立莫朝。嘉靖十六年（1537），明世宗下令征討安南。出兵的消息傳至安南後，莫登庸先下手為強，首先出兵打敗與雲南結盟的後黎朝大將武文淵，然後以3萬大軍攻打後黎朝王子黎寧，將其趕到寮國境附近。雲南巡撫汪文盛恐怕莫登庸突入雲南，隨即調動寮國、車里、元江府等地土兵7.5萬人，戰象500頭做防禦。此後莫登庸到北京請和，兩國幸未發生戰爭。之後安南雖然不敢公開進攻中國，但依然暗中支持雲南、廣西的一些土司，授予他們官職，提

供交銃等火器，增強他們的力量，不斷發動叛亂。明朝末年雲南巡撫王伉上奏說：「全滇心腹大患，最劇最迫者惟阿迷土酋普名聲而已。蓋此酋狡悍頗善用兵，其眾萬人，類皆百戰餘。賊且滇省良馬日買無虛，有名交銃逾二千，外是殆非常勁敵。」雲南總兵官黔國公沐天波也說：「竊逆酋普名聲謀反出其性，……（普名聲）偽受交官，陰購交銃，與安邦彥合謀欲從中起兵，首尾相應，……逆賊兵強馬壯，銃狠甲堅，技兼倭虜之長，未能撲滅之。」

3、緬甸

　　1531年緬甸東吁王朝莽應龍繼位後，積極向外擴張。1555年攻占阿瓦，滅阿瓦王朝，繼續北進，開始對中國邊境形成威脅。到了萬曆時期，緬甸不斷向雲南發動攻擊，釀成中緬之間長達30年的長期戰爭，最後以明朝失敗而告終。明人沈德符說：「（嘉靖三十四年）緬酋阿瓦攻圍木邦宣慰司，我軍不能救，遂失之，因是五宣慰司復盡為緬所陷，而廟堂置不問矣。此後緬地轉大，幾埒天朝，凡滇黔粵西諸邊裔謀亂者，相率叛入其地以求援，因得收漁人之利，為西南第一逋逃藪，識者憂之。」關於萬曆時期的中緬戰爭，我在最後一章中還會談到。

4、葡萄牙、西班牙和荷蘭

　　葡萄牙和西班牙是歐洲環球探險和殖民擴張的先驅。葡萄牙人開闢的航線從西歐沿非洲海岸到達好望角，穿越印度洋，到達印度，隨後又到達東亞。西班牙人開闢的航線則從西歐橫跨大西洋到美洲，從美洲橫跨太平洋到東亞。它們到處占領殖民地，建

立了全球性的殖民帝國。葡萄牙帝國是世界歷史上第一個全球性帝國以及歐洲建立最早、持續最長久的殖民帝國（1415-1999）；而西班牙帝國則是世界上第一個日不落帝國。葡萄牙人和西班牙人探險的初衷，就是找到去中國的航線。而他們最後都如願以償，來到了中國。

最先來到中國的是葡萄牙人。正德六年（1511），葡萄牙人來到中國，在沿海騷擾，剽劫行旅，販運違禁物品。正德十二年（1517），葡萄牙人抵達廣東屯門島，並在此建築堡壘，製造火銃，殺人搶船，掠賣良民。正德十三年（1518），3艘葡萄牙船擅自駛入廣州水域，鳴砲致意，引起驚恐。正德十六年（1521），明軍在廣州附近的屯門島驅逐了葡萄牙人。隨後又在廣東新會縣的西草灣打退了葡萄牙人，並繳獲了他們所攜帶的佛郎機砲。嘉靖三十二年（1553），葡萄牙人託言商船遇到風濤，請求在澳門晾曬貨物，賄賂明朝海道副使汪柏，得到允准，遂得入據澳門。葡萄牙殖民者在澳門，開始不過搭棚棲息，不久漸次築室居住，聚眾至萬餘人。明朝政府並未將澳門割讓給葡萄牙，中國澳門的主權仍在，葡萄牙人每年繳納地租銀，明朝政府每年在澳門徵收稅銀2萬餘兩。

西班牙人來到中國稍晚。他們於1571年（隆慶五年）侵占呂宋島，立足之後，便派艦隊騷擾中國海面，並在呂宋多次屠殺華僑。1626年（天啟六年），西班牙人占領了臺灣北部的基隆和淡水。

葡萄牙、西班牙雖然是海上強國，但是到了16世紀末已開始走下坡路，因此對明朝並未構成嚴重威脅。也正是因為如此，明朝能夠容忍葡萄牙租借澳門，作為一個對外貿易和獲取歐洲軍事

技術的窗口。對於明朝來說，比葡萄牙、西班牙更具威脅性的西歐國家是荷蘭。荷蘭經過反抗西班牙統治的多年戰爭，於1581年建立了獨立國家。建國還不到100年，荷蘭就成了世界最大海上貿易強國，其對外貿易額占到了西方世界的一半，一萬多艘荷蘭的商船橫行在全球各海域。憑藉著航海技術和對外貿易優勢，荷蘭通過荷蘭西印度公司和荷蘭東印度公司，建立了龐大的海外殖民帝國。荷蘭東印度公司在東亞世界是首屈一指的海上強權，因此也成為明朝的潛在威脅。這種潛在威脅很快就變為現實威脅了。

　　同葡萄牙人一樣，荷蘭人來到東亞世界的主要目的之一是和中國進行貿易。1605年，荷蘭艦隊司令瓊治（Matelieff de Jonge）率領11艘船到達東方，帶來了荷蘭執政王奧蘭治親王的兩封信，一封致中國皇帝；另一封則給暹羅國王，請求他協助荷蘭人在中國取得貿易權利，但是計畫流產。1608年、1609年、1617年，荷蘭東印度公司阿姆斯特丹董事會又多次下達了開闢對華貿易的命令，但是都沒有獲得成功，因此認為必須用武力打開中國的大門。荷方的檔案資料記載：「據我們所知，對中國人來說，通過友好的請求，我們不但不能獲得貿易許可，而且他們將不予以理會，我們根本無法向中國大官提出請求。對此，我們下令，為節省時間，一旦中國人不做出任何反應，我們不能獲許與中國貿易，則訴諸武力，直到消急傳到中國皇帝那裡，然後他將會派人到中國沿海查詢我們是什麼人以及我們有何要求」，「要阻止中國人對馬尼拉、澳門、交趾以及整個東印度（巴達維亞除外）的貿易往來。而且需在整個中國沿海地區盡力製造麻煩，給中國人以種種限制，從而找到適當的解決辦法，這點毫無疑問」。1619

年，荷蘭人在總督燕‧彼得遜‧昆（Jan Pieterszoon Coen）的率領下，奪取了爪哇島，建立了巴達維亞城。巴達維亞荷蘭評議會做出了決定：「應派船前往中國沿海，調查我們是否可奪取敵人與中國的貿易（對此我們盼望已久）。為此，我們暫時組成一支12艘船的艦隊，配備1,000名荷蘭人和150名奴僕。」

萬曆二十九年（1601），荷蘭商船首次來到中國海岸。1604年，荷蘭人侵占澎湖，不久被明朝驅逐。荷蘭人來到福建沿海後，大肆劫掠。據荷蘭方面的記載，荷蘭人侵擾漳州時，焚燒中國帆船60至70艘，並搶劫、焚毀了許多村莊。此後，他們在福建沿海不斷地搶劫中國的船隻，擄賣人口達1,400名之多。1622年，荷蘭人再度侵入澎湖，企圖長期占據。1624年福建巡撫南居益派兵收復澎湖，大敗荷蘭人，荷蘭霸占澎湖的計畫未能得逞。崇禎十五年（1642），荷蘭打敗了西班牙，獨占臺灣，建立了殖民地。

5、滿洲

關於滿洲的興起以及清朝取代明朝的歷史，國人從各種讀物和媒體中，都知道不少。這裡就只簡單地說一下滿洲興起對明朝的威脅。

16世紀後期，建州女真興起。努爾哈赤羽翼漸豐，逐漸擺脫明朝的藩屬地位。1608年，努爾哈赤逼迫明朝遼陽副將同他立碑為界。碑文云：「各守皇帝邊境，敢有私越境者，無論滿洲、漢人，見之殺無赦。如見而不殺，罪及不殺之人。明朝如負此盟，廣寧巡撫、總兵、遼陽道、副將、開原道、參將等六衙門官員，必受其殃。如滿洲負此盟，亦必受其殃。」這個界碑暴露了明朝

已經無力控制建州。經過多年征戰，努爾哈赤統一了女真各部，於1616年即汗位，正式建立金朝，改元天命，史稱後金。他把明朝稱為「南朝」，表明後金是和明朝處於同等地位的政權。之後，後金不斷向明朝發動攻擊，成為晚明時期最主要的威脅。經過多次戰爭之後，最後奪取了天下。這些，我們在本書最後一章還要討論。

　　總之，在明代，由於國際形勢的巨變，中國的國家安全面臨著前所未有的挑戰。春秋時期，位於中原的華夏諸國受到來自「南蠻」和「北狄」的攻擊，古人形容這種情況是「南夷與北狄交，中國不絕若線」。不料時隔兩千年後，這種情況再次出現，明朝處於多個地區強權的包圍之中。這一點，晚明時期的有識之士看得很清楚。徐光啟對當時的形勢極感焦慮，說：「竊念國勢衰弱，十倍宋季」；「一朝釁起，遂不可支」。也就是說，明朝面臨著亡國的危險。因此在這個意義上我們可以說：對於此時的中國人來說，確實是「祖國處於危險之中」。

第六章

戰略與軍隊

晚明的國家安全形勢與軍事改革運動

一、「劃疆自守，不事遠圖」：中國國家安全的傳統國策

在近代西方主導的國際體系中，強國總是傾向於使用武力對付其他國家，以獲取最大利益。在近代早期的亞洲，情況與此不同。在中華朝貢體系中，作為中心國家的中國很少使用武力對付其他國家，也不積極對外擴張，這在世界歷史上是非常獨特的。這一點，中國人都認為是事實，但是一些鄰國人士卻有完全不同的看法。因此在歷史上，中國到底是侵略者還是被侵略者。是一個不能回避的問題，有必要在此談談。

中國的鄰國安南和緬甸，自立國伊始就奉行向外擴張的國策。與此形成鮮明對照，中國自秦代以來，就奉行一種「劃疆自守，不事遠圖」的政策。早在晚明時期，傳教士利瑪竇（Matteo Ricci）就已敏銳地注意到了這一點。他說：

> （中國）四周的防衛非常好，既有由自然也有由科學所提供的防禦。它在南方和東方臨海，沿岸有很多小島星羅棋布，使敵艦很難接近大陸。這個國家在北部則有崇山峻嶺防禦敵意的韃靼人的侵襲，山與山之間由一條四百零五英里長的巨大的長城連接起來，形成一道攻不破的防線。它在西北方面被一片多少天都走不盡的大沙漠所屏障，能夠阻止敵軍進攻邊界，或則成為企圖入犯的人的葬身之所。在王國的西部，群山圍繞，山外只有幾個窮國。
>
> （對這些弱小鄰邦）中國人很少或根本不予理睬，因為他們既不怕它們，也不認為值得吞併它們……
>
> 可以放心地斷言：世界上沒有別的地方在單獨一個國家的

範圍內可以發現有這麼多品種的動植物。中國氣候條件的廣大幅度，可以生長種類繁多的蔬菜，有些最宜於生長於熱帶國度，有些則生長在北極區，還有的卻生長在溫帶。中國人自己在他們的地理書籍中為我們詳細敘述了各省的富饒及其物產種類。全面討論這些問題，不在本文範圍之內。一般地，可以真確無誤地說，所有這些作者都說得很對：凡是人們為了維持生存和幸福所需的東西，無論是衣食或甚至是奇巧與奢侈，在這個王國的境內都有豐富的出產，無需由外國進口。

如果我們停下來想一想，就會覺得非常值得注意的是，在這樣一個幾乎具有無數人口和無限幅員的國家，而各種物產又極為豐富，雖然他們有裝備精良的陸軍和海軍，很容易征服鄰近的國家，但他們的皇上和人民卻從未想過要發動侵略戰爭。他們很滿足於自己已有的東西，沒有征服的野心。在這方面，他們和歐洲人很不相同，歐洲人常常不滿意自己的政府，並貪求別人所享有的東西。西方國家似乎被最高統治權的念頭消耗得筋疲力盡，但他們連老祖宗傳給他們的東西都保持不住，而中國人卻已經保持了達數千年之久。這一論斷似乎與我們的一些作者就這個帝國的最初創立所做的論斷有某些關係，他們斷言中國人不僅征服了鄰國，而且把勢力擴張到遠及印度。我仔細研究了中國長達四千多年的歷史，我不得不承認我從未見到有這類征服的記載，也沒聽說過他們擴張國界。正相反，我常常就這一論斷詢問中國博學的歷史學家們，他們的答覆始終如一：即情形不是這樣的，而且也不可能是這樣的。

　　利瑪竇的觀察非常深刻，事實也證明了這個看法確實正確。從利瑪竇的話可見，中國之所以在對外關係上通常採取保守而非積極的國策，主要原因在於在很長的時期中，中國是亞洲最富裕的國家，中國自身擁有的資源足以維持這種富裕。全球史學家約翰‧麥克尼爾（John McNeill）說：

> 自宋代以來的中國政府在大部分的時間控制了巨大而多樣的生態地帶，具備了一整列有用的自然資源。從海南至滿洲和新疆，中國各朝代所控制的地區橫跨三十個緯度和自熱帶至北極圈附近的生態區。結果是，可供中國國家使用的是大量而多種的木材、糧食、魚類、纖維、鹽、金屬、建築用石材，以及偶爾有的牲畜和牧地。這多樣的生態資產轉化而成為國家的保障和彈性。它提供了戰爭所需的一切，除了馬以外。它保證如果在帝國的一部分糧食歉收且歲入減少，可由其他部分補足短缺。森林火災、動物流行病、作物蟲害可能毀壞許多地方而不危及國家的穩定。生態多樣性之作用也有助於說明中國國家的彈性。直到歐洲人海外帝國之時代以前，沒有其他國家曾與它略相匹敵。

　　由於中國擁有足以自給自足的豐富資源，所以不需要通過擴張以獲取海外資源。清朝乾隆皇帝在1793年致英國國王喬治三世的那封著名的信中說：「天朝物產豐盈，無所不有，原不藉外夷貨物以通有無。」他的兒子嘉慶皇帝也說：「天朝富有四海，豈需爾小國些微貨物哉？」這些話，後來被許多人說是中國皇帝妄自尊大的大話，但從世界史的角度來看，這些話是當時的世界各國

有識之士的共識。例如在18世紀後期，亞當·斯密在著名的《國富論》中明確地指出：「中國比歐洲任何國家富裕得多。」在歐洲具有重大影響的法國的重農學派也認為中國是世界上最富裕的國家。歐洲文藝復興的旗手但丁在《論世界帝國》中說：「只要是無所不有，貪欲也就不復存在，因為對象消失了，欲念也就不可能存在，一個一統天下的君主就無所不有。」中國既然無所不有，當然對他國財富和資源的貪欲也就不存在了。同時，中國的鄰國在經濟發展水準上不如中國，因此在中國人的眼中這些國家都是貧窮之地，正如本書前一章中引用過明太祖的話說：「凡海外夷國如安南、占城、高麗、暹羅、琉球、西洋、東洋及南蠻諸小國限山隔海僻在一隅，得其地不足以供給，得其民不足以使令。」因此即使征服了這些國家，中國也乏利可圖。富裕而對外部資源需求不多，而外部資源又不豐富，使得中國滿足於自身發展，沒有對外擴張的動力，即如杜甫詩所云：「君已富土境，開邊一何多？」

在另外一方面，如利瑪竇所言，中國所處的地理環境也制約了中國的擴張。布勞代爾說：在長期的歷史上，「中國向外界開放得很少，傾向於主要靠自己的資源生存。事實上，它只有兩個大的出口，一個是海洋，一個是沙漠。就連這兩者也只能在條件有利的時候，在旅途的終端有潛在的貿易夥伴時才可能使用」。這兩個出口，就是中國古代對外關係史上經常說的「西域」和「南海」。中國要擴張，只能沿著這兩個方向進行。

中國位於歐亞大陸的東端，東面是世界上最廣闊的大海——太平洋，西面是世界上最高和最大的高原——青藏高原，北面是世界上面積最廣大的凍土地帶——西伯利亞，南面則是世界上生

態環境最為複雜的熱帶地區之一的東南亞地區。這種地理位置，使得中國對外擴張既無必要，也無可能。

　　首先，我們看看西面和北面。西面的青藏高原的自然條件極為嚴酷，絕大多數地區不宜人居，直至今日仍然如此。北面的北亞地區，通常指烏拉爾山以東、白令海峽以西，阿爾泰山脈、哈薩克斯坦、蒙古和中國以北的廣大地區，東西長超過 7,000 公里，南北寬約 4,000 公里，面積約 1,300 萬平方公里，占亞洲面積的三分之一。這個地區具有極端大陸性的冷溫氣候、高緯度的地理位置、冰洋冷海的深刻影響、完整的陸地輪廓以及多山地高原且向北敞開的地形。這些使得北亞氣候具有明顯的極端寒冷的大陸性氣候特徵。在近代以前，北亞一直是難以開發的地區。

　　中國的南面是東南亞地區。東南亞的自然條件遠比上述地區優越，但是對於中國來說，向這個地區擴張也有許多問題。全球著名史學家斯塔夫里阿諾斯（Leften Stavros Stavrianos）在其名著《全球通史》（*A Global History: From Prehistory to the 21st Century*）中說：幾千年來，非洲一直同歐亞大陸保持著聯繫，但是歐洲人侵入鄰近的非洲卻比侵入遙遠的美洲要遲緩很多。在美洲被開發、被殖民化以後的幾個世紀中，非洲仍是一塊「黑暗的大陸」。到 1865 年美國南北戰爭結束時，非洲還只有沿海地區和內陸幾個不重要的地區為人們所知曉。甚至到 1900 年時，大約還有四分之一大陸未被開發。非洲之所以不受歐洲推動力的影響，在某種程度上應歸因於它的各種地理條件；這些地理條件結合起來，使非洲大陸有力地抵抗了外界的入侵，其中特別是炎熱、潮濕的氣候以及由這種氣候引起的熱帶病，擋住了歐洲人進入非洲的道路。

　　對於中國人來說，要開發東南亞也面臨著類似的問題。中國

古籍裡經常說到南方有「瘴氣」。所謂瘴氣就是南方的熱帶地方病。這些病有很多種類，其中最主要的一種是具有高度傳染性的惡性瘧疾。北宋太平興國三年（978）平定南漢之後，宋太宗想出兵收復自行宣布獨立的交州（即後來的安南）。大臣田錫上疏反對說：「交州瘴海，得之如獲石田，臣願陛下務修德以來遠，無鈍兵以挫銳，又何必以蕞爾蠻夷，上勞震怒乎？」太宗讀了奏疏後，停止了這次軍事行動。由此可知，交州之所以能夠獨立，重要原因是那裡有瘴氣。北宋軍人大都來自中原，不僅很難適應這裡的酷暑，而且對這裡流行的「瘴氣」缺乏抵抗力。因此這種可怕的「瘴氣」，阻止了北宋收復交州的軍事行動。

事實上，即使是在比交州更北的嶺南地區，瘴氣也曾令人聞之色變。北宋仁宗時，監察御史蔣堂說：「五嶺，炎瘴之地，人所憚行，而比部員外郎江澤三任皆願官廣南，若非貪黷，何以至此？」這段話說因為嶺南是「炎瘴之地」，官員都不願去那裡任職。體諒到官員的這種恐懼的心態，宋仁宗於明道元年（1032）下詔，規定官員到嶺南任職，不得超過兩任。到了慶曆六年（1046），又下詔廣南東路轉運鈐轄司說：「方今瘴起，戍兵在邊者，權徙善地以處之。」他還對大臣說：「蠻猺未平，兵久留戍，南方夏秋之交，常苦瘴霧，其令醫官院定方和藥，遣使給之。」一直到了明清時期，雲南和廣西的一些地區仍然瘴病流行，嚴重影響到軍事行動。明朝萬曆年間數度出兵征討緬甸，均因「暑瘴退師」，「瘴作而還」。清朝乾隆三十四年（1769）傅恆率大軍由騰越征緬，尚未交戰，副將軍阿里袞就染瘴而死，士卒也病死大半，31,000人的大軍僅有13,000人倖存，傅恆本人亦病，只得撤軍。

　　因此之故，熱帶的特殊環境制約了中國的向南發展。

　　中國東面的大海，今天是各國爭奪的對象，但在歷史上並無多少經濟意義。由於缺乏經濟誘因，中國對海外擴張也興趣缺缺，所以黑格爾說：對於中國來說，「海只不過是大地的盡頭、中斷，他們與海並沒有積極的關係」。

　　由上可見，中國到秦漢之後，所謂「中國本部」（China Proper）疆域相對穩定，可能擴張的空間基本上都是沙漠、高山、寒冷荒原等貧瘠甚至寸草不生的土地。對於中國這樣一個農耕社會來說，這些土地沒有多大經濟價值，而占有之卻需要付出巨大的開支。耗費鉅資，派遣大軍去征服並占領那些經濟上意義不大的國家，對於中國來說是很不合算的。用經濟學術語來說，中國向外擴張，成本太高而收益太低。因此，由所處的地理位置所決定，中國命中注定不是一個擴張主義國家。

　　這個道理，中國人早已懂得。我們說到中國歷史上雄才大略的皇帝，首先都會提到秦皇漢武，他們在開邊拓土方面都不遺餘力，至今尚為許多人津津樂道。但是當秦始皇決定要征匈奴時，丞相李斯卻當面指出：「不可。夫匈奴無城郭之居，委積之守，遷徙鳥舉，難得而制。輕兵深入，糧食必絕；運糧以行，重不及事。得其地，不足以為利；得其民，不可調而守也，勝必棄之。非民父母，靡敝中國，甘心匈奴，非完計也。」漢武帝要征討閩越，淮南王劉安上書勸阻說：「越非有城郭邑里也，處溪谷之間，篁竹之中，習於水鬥，便於用舟，地深昧而多水險，中國之人不知其勢阻而入其地，雖百不當其一。得其地，不可郡縣也。」秦始皇積極開邊拓土，取得了很大的成功。漢朝賈誼在著名的〈過秦論〉中說：秦始皇「南取百越之地，以為桂林、象郡；百

越之君，俯首繫頸，委命下吏」，「（北）卻匈奴七百餘里。胡人不敢南下而牧馬，士不敢彎弓而報怨」。然而這種擴張導致了民怨鼎沸，被徵發戍邊的民眾揭竿而起，「戍卒叫，函谷舉，楚人一炬，可憐焦土」（杜牧《阿房宮賦》），威震四海的秦朝也土崩瓦解了。漢武帝積極經營開邊，把漢朝的疆域擴大到了中亞。但是到了晚年，他看到多年戰爭「擾勞天下，非所以優民也」，於是下了著名的《輪台罪己詔》，「深陳既往之悔」，說：「朕即位以來，所為狂悖，使天下愁苦，不可追悔！」盛唐時代，唐玄宗也大力經營西域，使得中國的西部疆域空前擴大。但是這種開邊給人民帶來巨大的苦難，給社會經濟造成了嚴重的破壞，因而也受到時人的批評。李白在〈戰城南〉中說：「去年戰，桑乾源，今年戰，蔥河道。洗兵條支海上波，放馬天山雪中草。萬里長征戰，三軍盡衰老。」杜甫更在千古名篇〈兵車行〉中描寫說：「邊庭流血成海水，武皇開邊意未已。君不聞，漢家山東二百州，千村萬落生荊杞。縱有健婦把鋤犁，禾生隴畝無東西。」這種大力開邊的結果，導致強盛的唐朝幾近崩潰。

　　由於開邊拓土所失遠遠大於所得，因此一直受到中國主流輿論的強烈反對。劉向批評秦始皇發兵攻嶺南是出於私利：「利越之犀角、象齒、翡翠、珠璣。」司馬遷批評漢武帝說：「窮奢極欲，繁刑重斂，內侈宮室，外事四夷，信惑神怪，巡遊無度，使百姓疲敝，起為盜賊，其所以異於秦始皇者無幾矣。」嚴安上書漢武帝，直言不諱地說：「（秦始皇）欲威海外，使蒙恬將兵以北攻強胡，辟地進境，戍於北河，飛芻挽粟以隨其後。又使尉屠睢將樓船之士攻越，使監祿鑿渠運糧，深入越地，越人遁逃。曠日持久，糧食乏絕，越人擊之，秦兵大敗。秦乃使尉佗將卒以戍

越。當是時，秦禍北構於胡，南掛於越，宿兵於無用之地，進而不得退。行十餘年，丁男被甲，丁女轉輸，苦不聊生，自經於道樹，死者相望。及秦皇帝崩，天下大畔。……今徇南夷，朝夜郎，降羌僰，略薉州，建城邑，深入匈奴，燔其龍城，議者美之。此人臣之利，非天下之長策也。今中國無狗吠之警，而外累於遠方之備，靡敝國家，非所以子民也。行無窮之欲，甘心快意，結怨於匈奴，非所以安邊也。禍挐而不解，兵休而復起，近者愁苦，遠者驚駭，非所以持久也。今天下鍛甲摩劍，矯箭控弦，轉輸軍糧，未見休時，此天下所共憂也。」唐代政治家和史學家杜佑對古今歷史教訓進行了總結，說：「秦氏削平六國，南取百越，北卻匈奴，築塞河外，地廣而亡，逮戰國之酷暴也。漢武滅朝鮮、閩越，開西南夷，通西域，逐北狄，天下騷然，人不聊生。追悔前失，引咎自責，下詔哀痛，息戍輪台，既危復安，幸能覺悟也。隋煬逐吐谷渾，開通西域，招來突厥，征伐高麗，身弒祀絕，近代殷鑒也。……秦漢之後，以重斂為國富，卒眾為兵強，拓境為業大，遠貢為德盛，爭城殺人盈城，爭地殺人滿野，用生人膏血，易不殖土田。小則天下怨咨，群盜蜂起；大則殞命殲族，遺惡萬代，不亦謬哉！」「我國家開元、天寶之際，宇內謐如，邊將邀寵，競圖勳伐。西隳青海之戍，東北天門之師，磧西怛邏之戰，雲南渡瀘之役，沒於異域數十萬人。天寶中哥舒翰克吐蕃青海，青海中有島，置二萬人戍之。旋為吐蕃所攻，翰不能救而全沒。安祿山討奚、契丹於天門嶺，十萬眾盡沒。高仙芝伐石國，於怛邏斯川七萬眾盡沒。楊國忠討蠻合羅鳳，十餘萬眾全沒。向無幽寇內侮，天下四征未息，離潰之勢豈可量耶！前事之元龜，足為殷鑒者矣」。明智的統治者如唐太宗，也深刻地認

識到「中國百姓，天下根本；四夷之人，猶於枝葉」，因此「治天下猶植樹焉，所患根本未固，根本固則枝幹不足憂」。

這些歷史的教訓，對後世統治者有深刻的警示作用，因此明太祖在給子孫後代的《皇明祖訓》首章裡就諄諄教誨說：「四方諸夷，皆限山隔海，僻在一隅；得其地不足以供給，得其民不足以使令。若其自不揣量，來擾我邊，則彼為不祥。彼既不為中國患，而我興兵輕伐，亦不祥也。」當然明代中國未進行對外擴張，並不完全是統治者出於「敬天法祖」的儒家信條（例如明成祖就未遵祖訓，多次興兵討伐鄰邦，並派鄭和外出宣揚國威。但是成祖之後皇帝，都基本上遵循了太祖的祖訓），主要是出於經濟和政治方面的考慮。如果經濟破產，政權就不穩，因此對於明朝統治者來說，開邊拓土當然不是明智的做法。

另外，秦漢奠定了中國本部的疆域後，南方諸多地區還有待開發。布勞代爾說：「在11世紀之前的幾個世紀的時間裡，中國南方一直是一個『遠西地區』，一個半處於蠻荒狀態的『梅佐喬諾陷阱』，除偶爾有一些難以控制的土著部落外，居民很少。……自11世紀起，由於有了可以一年兩熟的早期稻子品種，南方從其半殖民的沉睡狀態中蘇醒過來」，「我們可以這麼說，南方是中國的美洲」。事實上，一直到清代，開發南方的工作仍在進行，我們都熟知的「湖廣填四川」、西南地區「改土歸流」等南方開發的大事，都主要發生在清代。因此，中國的疆域在秦漢時代基本確定後，在南方開發「內部邊疆」成為主要工作。與向外部的貧瘠地區擴張相比，這種「內部邊疆」的開發成本低而收益高。既然如此，中國為何還要向外擴張？

因此，作為東亞世界的中心的中國不想擴張，而朝貢體系的

作用就是在承認各國主權的基礎上實施一種互惠的關係。倘若有人違規，中國往往也會發出警告甚至出手予以糾正，但使用武力不是為了奪取他國領土。因此在中國能力所及範圍之內，戰爭就較少發生。中國對鄰國的戰爭也不以消滅該國、併吞其領土為目的，因此屬一種局部戰爭或者有限戰爭、低強度戰爭，而與近代歐洲的情況大不相同。這種情況，即如杜甫詩所云：「殺人亦有限，列國自有疆。苟能制侵陵，豈在多殺傷。」用晚清著名人士鄭觀應的話來說，就是「劃疆自守，不事遠圖」。

　　基於這樣一種基本看法，中國在解決衝突時，盡可能不使用戰爭手段。費正清說：「中國的軍事傳統含有許多非暴力的方法。……打仗的目的是使敵人屈服，並不一定要消滅他們，要獲得一種心理上的而不是肉體上的戰果。」因此，只有在直接威脅到中國本身的安全時，中國才會把戰爭手段提上日程。

二、孰為勁敵？──明朝的國防戰略

　　不同國家之間總會發生矛盾和衝突。一旦矛盾和衝突不能用和平手段解決，就會導致戰爭。因此不管人們的主觀意願如何，戰爭都不可避免，正如蘇聯紅軍的締造者托洛茨基的名言所說：「也許你對戰爭不感興趣，但戰爭卻對你興趣甚濃。」

　　一個國家面臨的威脅和潛在威脅，很大程度上取決於其地理位置的特點。在近代以前，最直接的威脅通常都來自相鄰的國家或者地區。到了近代早期，隨著技術進步和經濟全球化的發展，相距遙遠的國家也會變成敵手或者潛在的敵手。如前所述，因為缺乏誘因，中國對於向外擴張興趣不大。但是中國不是一個孤立

的國家，其周邊環繞著形形色色的「國家」。這些「國家」與中國的關係十分複雜，時而友好，時而敵對。即使中國對它們發動戰爭不感興趣，它們中的一些，在某些時候、某些地方、某些情況下，對攻擊中國卻興趣甚濃。

前面引用利瑪竇的話說：「（中國）四周的防衛非常好，既有由自然也有由科學所提供的防禦。」但是他只說對了一半，因為中國的地理位置並不能使它免於受到外來的攻擊。相反，中國歷史上多次受到外族入侵，並且幾度「亡國」。

中國歷史上多次受到入侵，一個主要原因是中國的地理位置不利於防守。中國是一個陸上大國，同時也是一個海洋大國，今天中國的海岸線北起鴨綠江口，南止北崙港，長達18,000公里。這一特點，使得中國成為一個「陸海複合型國家」。在地理政治學中，這種陸海複合型國家也被稱作邊緣地帶國家（Rimland Power）。斯皮克曼（Nicholas J. Spykman）說：「東半球的權勢衝突向來與心臟地帶（Heartland）和邊緣地帶的關係有關，與邊緣地帶的權勢分布有關，與海上勢力對大陸沿岸的壓迫所起到的影響有關，最後，與西半球參與這種壓迫的程度有關。」中國位於歐亞大陸邊緣地帶，不得不同時面對海陸兩個方向的安全威脅。

在歷史上，北亞、青藏高原人口稀少，資源貧乏，經濟落後，因此對中國也不構成威脅。僅只在唐代，青藏高原上的吐蕃忽然勃興，成為唐朝的勁敵，但是爾後這個地區又沉寂了下去，不再構成威脅。然而，有一個地區與上述各個地區不同，成為中國兩千多年的主要威脅來源地。這就是介乎北亞和中國華北之間的中間地帶。這個地區，塞諾（Denis Sinor）稱之為「中央歐亞（Central Eurasia）」，但學界更多稱之為「內陸亞洲」

（Inner Asia），簡稱「內亞」。提出「內亞」這個概念的拉鐵摩爾（Owen Lattimore）說：「從太平洋到帕米爾高原，又從帕米爾高原南下，到達分隔中國與印度的高寒地帶，在這個範圍內所包括的是滿洲、蒙古、新疆和西藏。這是亞洲中部的隔絕地域，世界上最神秘的邊疆之一。這一邊，限制了中國的地理及歷史，正和那邊海洋的限制一樣。有的時期，中國的大陸邊界有著很清晰的分界線。若干世紀以來被認為人類最偉大標誌的長城，就是中國歷史的這種象徵。但是在其他時期，中國的大陸邊疆並沒有像長城那樣清晰的界線，而只有一些邊疆地帶，其南北的深度不同（在西藏是東西的闊度），深度不等地伸展到西伯利亞的原野及山林、中亞的深處以及西藏的荒涼高原。……雖然在這片地區曾發生過若干歷史上極其重要的征戰與移民，但一般說來，它只是一

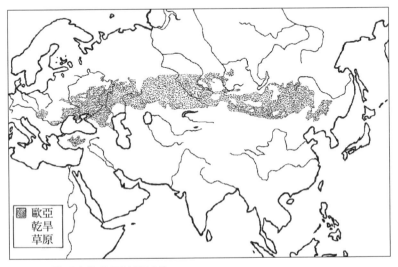

圖6.1　歐亞大陸草原沙漠地帶

個阻隔地帶，時斷時續地維持著中國與中東、近東和歐洲僅有的交通。雖然在中國的南海、印度洋、地中海、歐洲的大西洋岸及北冰洋之間有世界最大的一片陸地，其東部和西部的歷史進步過程卻不一樣。直到我們今天，產生一個新時代的可能性才表現出來。」

拉鐵摩爾把這個地區視為一個「阻隔地帶」，但塞諾認為這一地區處於各個大文明（如歐洲—俄羅斯文明、中國文明、印度文明等）彼此競爭角逐的關鍵區域。事實上，這個地區在經濟上確實是一個阻隔地帶，但是在人員流動方面卻是一個連接歐亞大陸兩端的大通道。歐亞大陸的人口流動，很大程度上就是通過這個大通道進行的。布勞代爾形象地把歐亞大陸兩端的東亞和歐洲稱為兩個氣壓區，一旦一端出現大的氣壓變化，就會通過這個通道傳到另一端。這種傳導是通過生活在這個通道上的游牧部落實現的。

為什麼這條通道上的游牧民族會不斷地長途移動？這是這個地區的自然條件所決定的。內亞地區主要由沙漠和乾旱草原組成。布勞代爾說：這個地區生存條件惡劣，「沙漠和大草原（對中國來說在其西部和北部，對印度來說是在其北部和西部），那裡夏季裸露在陽光曝曬之下，酷熱無比，冬季則被埋在厚厚的積雪下」。雖然有一些綠洲可以耕作，但主要生存方式是游牧，因此主要居民是各種各樣的游牧人：「在這些環境惡劣的地區生活著各游牧民族：土耳其人、土庫曼人、吉爾吉斯人、蒙古人……。他們在歷史上剛一出現，直到他們輝煌的歷史終結之時，也就是說到17世紀中葉，留給人們的就是這種印象：凶猛、殘酷、富於亡命徒精神、騎著大馬的暴徒。事實上，只是到了17世紀，在火

砲的幫助下，定居民族才真正擊敗了這些野蠻的游牧民族。」

　　游牧生活方式決定了這一地區的游牧民族尚武好戰的傳統。布勞代爾進一步指出：「真正對文明地區構成威脅的蠻族，幾乎屬同一種人，即在舊大陸中心的沙漠和草原生活的游牧部落。而這些異乎尋常的部落僅在舊大陸出現。從大西洋到太平洋沿岸，這些自然條件惡劣的荒漠地帶是一條綿延不絕的火藥線。顆粒細小的火星足以點燃整條火藥線。這些以畜養馬匹和駱駝為業的牧民耐苦而又凶殘。當他們因衝突、乾旱或人口增長而被逐出自己的草地時，便侵入臨近的草地。經過多年的積累，人口流動能在幾千公里沿線引起連鎖反應。」

　　這種流動的主要目標是進入該地區之南的富裕的農業地區——中國、印度和歐洲。而要進入這些農業地區並不困難：「中國塞外人口稀少，幾乎是任何人都可進入的真空地帶。印度的旁遮普早在10世紀已是穆斯林的天下，來自伊朗和海拜爾山口（引者按：The Khyber Pass，通常譯為開伯爾山口）的游牧部落從此可以長驅直入。至於東歐和東南歐的堤壩，其牢固程度隨著不同的世紀而異。游牧部落正是在這些疏忽、軟弱和防範不力之間找到活動的空隙；根據歐洲、伊斯蘭國家、印度或中國便於他們生存擴張的程度，他們按照物理法則做出選擇，在東西兩個方向飄忽不定。草原的游牧部落隨著狂風蜂擁而來，它們始終根據防線的強弱而向東或向西發展。」

　　面對這股飄忽不定的嚴重威脅，中國在地理上處於一種非常不利的地位：「印度只有一個穿過阿富汗山脈的狹窄的開伯爾山口向游牧世界開放，而中國很不幸與廣袤無比的戈壁沙漠接壤。自西元前3世紀起開始興建的中國萬里長城是一道重要的軍事屏

障，但它與其說卓有實效，不如說是象徵性的，在歷史上曾多次被突破。」而在明代，這種威脅依然很嚴重：「中國於1368年驅逐了蒙古人，明朝皇帝焚毀了蒙古人在戈壁沙漠中的喀拉崑崙（引者按：應為哈拉和林）大本營。但在這次勝利後，長期的駐足不前又促使游牧部落向東反撲，以往歷次騷擾造成的真空容易引起新的騷擾，每次騷擾的間隔由1、2年至10到20年不等，而其運動的範圍卻越來越推向西方。諾蓋人（引者按：Nogay，一種高加索突厥人）於1400年從西向東渡過了伏爾加河，沙漏在歐洲開始慢慢地倒轉過來：200多年來向西方和脆弱的歐洲湧來的部落從此被遙遠而衰弱的中國所吸引，在今後的200至300年內朝東方發展。我們的地圖概括地反映了這一倒轉，其決定性事件是巴卑爾征服印度北方（1526）和滿人於1644年攻占北京。風暴再一次襲擊了印度和中國。」

因此在明代以前，內亞地區的游牧人從草原和沙漠入侵是中國最大的安全威脅，正如拉鐵摩爾在回顧邊疆與海洋對中國歷史的影響程度時所指出的那樣：「在歐洲舊世界及近東與中東，歷史的大陸模式占有決定地位。」

基於這種情況，中國必須制定國防戰略，以保護自己的國家安全。林霨（Arthur Waldron）總結了歷史上的中國國防戰略，指出中國有兩種戰略傳統，一種來自北方游牧民族的遺產，表現為擴張主義和進攻性戰爭；另一種來自本土華夏國家的文明，表現為武力為輔，文化、經濟和外交手段為主的「懷柔」面相。中國就是在北方邊境不斷遭到游牧人挑戰時，交替運用這兩大戰略。林霨的說法有道理，但並不完全符合中國的歷史。例如秦朝和漢朝是所謂「本土王朝」，但在其強盛之時也採取積極進取的政策

開邊拓土。

　　大體而言，除了元代之外，中國歷代王朝基本上都是採取防禦的國防戰略。但是這種防禦又包括積極防禦和消極防禦。所謂積極防禦，就是禦敵於國門之外，具體做法是出兵境外，占據戰略要點，進而在敵境內殲滅敵人有生力量，從而達到保障本國安全的目的。所謂消極防禦，則是禦敵於國門之下，即沿著邊境建立一條防線，以阻止敵人入侵。

　　中國對鄰國開戰，基本上都屬防禦性戰爭。即使是許多看似向外擴張的戰爭，實質上也是積極防禦戰爭。例如漢、唐、清三朝在中亞進行的戰爭就是這樣。陳寅恪先生說盛唐時期積極在西北進行擴張，原因是「唐關中乃王畿，故安西四鎮為防護國家重心之要地，而小勃律所以成唐之西門也。玄宗之世，華夏、吐蕃、大食三大民族皆稱盛強，中國欲保其腹心之關隴，不能不固守四鎮。欲固守四鎮，又不能不扼據小勃律，以制吐蕃，而斷絕其與大食通援之道。當時國際之大勢如此，則唐代之所以開拓西北，遠征蔥嶺，實亦有其不容已之故，未可專咎時主之黷武開邊也」。而宋朝在開國之初企圖收復被遼國占領的燕雲十六州的北伐戰爭失敗之後，轉而採取對遼國的「消極防禦」的戰略。在西北邊境地區，北宋仁宗景祐五年（1038），宋朝的藩屬黨項首領李元昊宣布除去宋朝給的封號，自稱皇帝，建國號「大夏」，史稱西夏。次年，元昊致函宋廷，希望承認這一事實。宋廷不能接受，仁宗下詔削去元昊官爵，懸賞捉拿，於是爆發了長達3年之久的第一次宋夏戰爭。仁宗慶曆四年（1044），北宋與西夏達成和平協議，史稱「慶曆和議」。在這個和議中，宋朝承認了西夏的地位。以後宋朝對西夏還進行了多次戰爭，但大都是屬防禦性

質。不僅宋朝如此，事實上，在中國歷史上的大多數時期，都採取消極防禦的戰略。中國人引以為自豪的萬里長城，就是這種「消極防禦」戰略的產物。

　　這兩種戰略在明朝都採用過。明朝初年採取的是積極防禦戰略。明成祖率大軍深入蒙古草原追擊北元殘部，同時在東南亞也進行主動的軍事行動（例如對安南的戰爭）。但以1449年的土木之變為轉折，明朝轉而奉行消極防禦戰略，開始收縮國防的戰略目標，把注意力集中到位於黃河河套內、水草肥美的鄂爾多斯草原，因為此地可以建立灌溉農業，能夠供給駐紮的部隊，成為對抗蒙古的前沿據點。然而明朝無法動員足夠的兵員和財力來實施收復鄂爾多斯草原的計畫，最終不得不採納另外一種更加消極的戰略，即沿該地區的邊緣修築長城，駐軍戍守。

　　今天我們看到的長城是明長城。明朝長城修建時間超過200年，長城的長度達6,400至7,300公里，使用磚石5,000萬條塊，夯土1.5億立方公尺，工程量極為浩大。明朝沿長城設立了13個邊鎮（即邊防軍區）。駐守這些邊鎮的駐軍人數，嘉靖十年（1531）為37.1萬人，十八年（1539）增到61.9萬，萬曆十年（1582）更達到68.6萬。明朝政府不僅要為這支龐大的邊防軍提供軍餉糧秣，還需要為他們配備武器裝備，包括技術先進、價格昂貴的火器。隆慶三年（1569）後，僅日常駐守在長城的敵臺上的官兵人數達6萬餘人，需配備佛郎機八千餘架，神槍一萬二千餘枝，神箭三十六萬支，火藥一百五十噸以上。

　　要供養和裝備這支邊防軍，需要投入巨量的資源。這筆開支成為明朝政府財政支出的主要部分。依據賴建誠的研究，明朝邊軍的開支，每年所編列的銀兩數從嘉靖十年的336萬餘兩，暴增

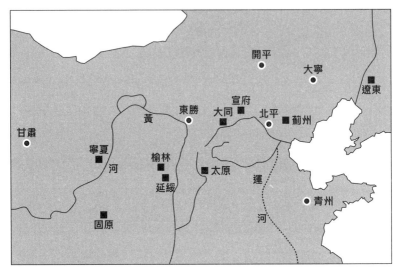

圖6.2　明代九邊圖

到萬曆十年的827萬餘兩。這827萬兩邊鎮軍費，是萬曆六年太
倉銀庫收入367萬餘兩的2.25倍。這個沉重的負擔大大限制了明
朝在其他方面進行軍事行動的能力。

　　南方和海上本來不是中國的威脅來源。可以說，明代以前，
基本上不存在「南患」和「海患」。因此之故，在明代以前，中
國始終未把對付南方威脅和發展海上力量作為國家安全戰略的重
要內容。

　　到了早期經濟全球化時代，情況發生了巨大變化。在以前，
游牧民族的機動性一直是克服地理限制、實現跨區域征服的唯一
有效工具。到了15世紀末，航海技術和地理科學已發展到足以改
變海陸間的力量對比，使得海上強權成為中國的威脅。同時，作
為早期經濟全球化的一個產物，東南亞的地區強權也興起，成為

中國的新威脅。因此對於明朝來說，一方面，「北患」依然存在，但是另外一方面，「南患」和「海患」又出現，成為中國越來越難對付的問題。

　　由於明朝不得不將有限的資源集中對付傳統的「北患」上，因此很難發展一種能夠有效對付新出現的「南患」和「海患」的國防戰略。典型的例子是嘉靖十六年（1537）明廷對於征討安南的討論。提督兩廣軍務兵部右侍郎蔡經上了一份十分詳盡而務實的報告，指出如果出兵30萬人，以一年為期，需要糧餉162萬石，造舟、買馬等用銀73萬餘兩。即使竭盡兩廣的儲備，尚欠兵17萬員，米120萬石，銀34萬兩。假如不能在一年內征服安南，那麼兵源和糧餉將是更大問題。一位積極主張對安南用兵的官員林希元也承認，雖然數字不如蔡經所說那麼大，但攻取安南也需要用兵20萬，作戰兩年，軍費大約160萬兩銀，糧400萬石。因此為將安南再次納入中國版圖而用兵，代價十分沉重。結果朝廷採納了蔡經等人的意見，取消了這次軍事行動。

　　布勞代爾說：在近代早期的經濟成長方面，法國是其幅員的「犧牲品」，因為較之英國而言，法國的國土「過大」。這個道理運用到明代中國的國防問題上，是再合適不過了。明朝雖然有一支規模很大的軍隊，但是面對國內外的各種威脅，實際可以使用的軍力其實非常有限。在此情況下，明朝必須將主要力量放在防禦威脅最大的方面，而對其他方面的防務則只能採取消極應付的戰略。因此之故，明朝在南方常常處於被動挨打狀況，在海上更是如此。元代中國擁有強大的海軍和實施大艦隊外海作戰的能力，可以出海遠征日本、爪哇等國。但在明朝卻沒有一支強大的海上力量，以致倭寇得以橫行達一個半世紀之久。爾後葡萄牙、

西班牙、荷蘭等西歐海上強國來到東亞海域，積極搶奪殖民地，
壟斷貿易，屠殺華人，損害中國的海外利益，明朝政府只能聽之
任之。

三、不堪大任：問題叢生的明代軍隊

明代中國的國家安全面臨著日益嚴峻的局勢，需要一支強大
的軍隊來保衛自己。那麼，明朝是否擁有這樣一支軍隊呢？這就
需要我們對明朝軍隊的總體狀況有一個大概的了解。

明朝擁有一支在東亞世界規模最大的軍隊。明初這支軍隊的
總兵力，在洪武後期達180萬人以上，永樂時期更擴大到280萬
人。根據隆慶三年（1569）兵部侍郎譚綸的報告，明朝全國軍隊
定額為313.8萬人。到了萬曆時期，全國軍隊總額為120萬人。這
支人數眾多的軍隊，在武器裝備上也比前朝的軍隊有改進，亦即
從過去那種單純使用冷兵器的軍隊，逐漸演變為冷兵器和火器並
用的軍隊。

在宋代以前，世界各國軍隊都是使用冷兵器的軍隊。宋代出
現了火器，拉開了世界軍事史上的「火藥革命」的序幕。不過宋
代火器尚處於初始階段。到了元代，金屬管形火器銅火銃出現，
成為火器發展史上的里程碑。但是總的來說，這些火器威力小、
射程低，使用頗為有限。因此在宋元時期，軍隊仍然是主要使用
冷兵器。

到了明朝，情況發生了重大變化，火器使用達到了前所未有
的程度。洪武十三年（1380）令：「凡軍一百戶，銃十，刀牌二
十，弓箭三十，槍四十」，亦即火銃手已占到衛所兵的十分之

一。永樂時，京軍中組建了專門的火器部隊——神機營，比歐洲最早成建制的西班牙火槍兵要早一個世紀左右。在明代中後期，京軍火器裝備水準繼續提高，以致有「京軍十萬，火器手居其六」之說。邊軍也大量裝備了火器。有人說：「大率軍以十人為率，八人習火器，二人習弓矢」。雖然此言有所誇大，但是從實際情況來看，在明後期的邊軍的裝備中，火器所占比重相當可觀。甚至在一些地方的民兵裝備中，火器也成為重要武器。

　　明代軍隊的組織也發生了相當大的變化。明軍主力京軍（亦稱京營），明初基本上是一種備操編制，嘉靖二十九年進行改革，變為備操編制和戰鬥編制合一。京營的兵源，不僅有通過募兵制招募來的軍卒，還有邊軍、班軍加入；突破了先前簡單的步騎合編，增加了車兵的新兵種；其中的神機營裝備的火器數量和質量比舊神機營有很大提高。這種新體制一直延續到明亡。

　　然而，儘管有上述重要變化，明代軍隊也存在著嚴重的問題。

　　首先，明軍所使用的火器，在質量兩方面都存在著很大的局限性。明初的管形火器，稱為槍、銃、砲（爆炸性火器也常稱為砲），名稱上沒有嚴格的區分，反映出其分化程度尚不高。明代中後期使用的火砲和火槍在技術上比明初有重大進步，但仍然存在很多缺陷，因此在許多情況下實戰效果甚至不及弓弩。戚繼光說：「夫今強敵（按：指蒙古人）之技，遠惟弓矢，近惟腰刀。……弓矢射不能及遠，近可五十步，使我兵敢於趨前擁鬥，敵矢不過三發，則短兵相接，弓矢無用矣，此無足畏也。……（然而）銃盡發則難以更番，分發則數少而不足以卻聚隊。手槍打造腹口欠圓，鉛子失制，發之百無一中，則火器不足以與彼矢敵矣。」晚明軍事專家何汝賓也說：「鳥嘴（銃）在南多用而北少

用，三眼（銃）在北多用在南少。此為何哉？北方地寒風冷，鳥嘴必用手擊，常力不易，一旦火門開而風甚猛，信藥已先吹去，用輾信易壞火門，一放而虜騎如風至，執之拒敵甚為不便。」

火器本身的缺陷對明軍的戰鬥能力有很大的負面影響，而明朝火器製造業存在的問題更大大加劇了這些負面影響。

明代的火器生產主要由軍器局負責。在軍器局轄下的各部門中，盔甲廠和王恭廠兩家大型的「央企」（中央直屬企業）又是主要軍器製造機構。到了萬曆末年，二廠製造了相當數量的火器，年產量為各種鉛彈40萬枚、各種火藥36萬斤、藥線30萬條、各種火槍（夾靶槍、快槍）7,000枝、各種火砲（湧珠砲、連珠砲）1,400門。這些火器看起來數量不小，但實際上連供京營操練所需數量都遠遠不夠。不僅如此，「央企」的產品質量低下，也難以適應實戰需要。萬曆時軍事專家趙士禎說：「中國承平日久，土苴茲器（引者按：即火器），每令庸工造之，……不解前人製作，唯圖駭目易售，添足畫蛇，弄巧成拙，坐致不效」，結果是「目前軍火器械，皆非克敵制勝之具」。萬曆十九年（1591）工部給事中張貞觀上條陳說：佛郎機、火筒等件，「軍伍不習，朽敝無用，相應改造」。萬曆四十七年（1619）兵部尚書薛三才奏說：「京營額設戰車、火器，所以備緩急，預不虞之用也。查得軍營十枝額該戰車一千四百輛，自三十六年間已多破壞，移文工部先修二百五十輛，至今止修完二十輛耳，續又破損三百五十九輛。……火器槍砲，原額七萬九百九十二具，內查堪用者止四萬六千餘。近以遼左告急，借發三千六百具，止存堪用者四萬二千餘具；盔甲十五千餘頂副，內破壞者一萬八千餘，而選鋒之明盔甲七千頂副、帽兒盔紫花甲九千零二十頂副，則大半破壞。

又，內庫所貯銅鑄火器如滅虜砲、佛郎機之類，略一試用便即炸碎，此皆須逐一試驗，另行補造者也。」稍後徐光啟在練兵時，發現工部提供給部隊的火器如湧珠砲、漁鼓砲、銅佛郎機、合縫子砲等，因「每放炸損」，故他都繳還工部，而請工部代之以戊字庫存貯鳥銃2,000門，但這些鳥銃也「止是機床，不堪諮取」。由於火器質量差，一些部隊即使裝備了火器，往往棄而不用。天啟二年遼東監軍道御史方震孺在奏疏中，就明確指出遼東明軍使用兵器時存在的主要問題是：「一曰用短不如用長。……何謂用長？奴長弓矢，我長火器。昔者遼陽火器如山，盡以資敵。此用者之不善，非器之不善也。而遼將遼兵遂言火器不得力，不如短棍腰刀之便。今車營火器，僅杜學伸一營。其餘火器擺列城堡，可以為守不可以攻也。遼將既不知火器為何物矣，西將習火器者，大將獨李秉誠、偏將獨譚克從、魯之由一二人。夫以火器如此之多，而習者如此之少，自舍其長以趨短，豈有幸乎！」

　　中央軍器製造業生產的軍器，無論是數量還是質量都遠遠不能滿足國防所需，因此到了晚明時期，只能主要依靠地方軍器製造業提供軍器。到了明末，廣東以及福建已成為先進火器的主要產地。然而，廣東等地製造的火器，千里迢迢運到北京和遼東，不僅需時很久，運費高昂，而且存在著途中損毀、失竊等風險。一旦戰事緊迫，難以為力。

　　因此雖然明朝生產出了大量的火器，但是其數量既不足以全面裝備軍隊，質量也參差不齊，難以充分發揮作用，

　　其次，明代軍隊體制存在嚴重問題。

　　明朝的軍隊體制頗為複雜，最基本的是衛所制。衛所制下的軍人平時在各自衛所屯田操練，戰時出征，戰後散歸原衛所。朱

元璋創建這種「寓兵於農」的體制，目標是「以軍隸衛，以屯養衛」，除京師的衛所外都實行軍屯自給。然而這種做法是以犧牲軍隊的專業化為代價的。在這種亦兵亦農體制下，士兵並非真正的職業軍人。同時衛所也不是戰鬥編制，軍人很少接受正規的訓練，特別是複雜而大規模的實戰訓練。即使是日常訓練，也只是農閒時進行。不僅如此，雖然洪武時制定了訓練制度，但未能持久，到正統時已經廢弛，衛所士兵「手不習攻伐擊刺之法，足不習坐作進退之宜，目不識旗幟之色，耳不聞金鼓之節」。衛所兵平時主要工作是種田或者從事其他生業，後來逐漸被軍官占役，成為類似佃戶或者長工一類的勞工。這樣的士兵，嚴格來說已經不是軍人。

　　明代的另外一主要軍隊體制是營兵制。永樂時，以京衛和中都、山東、山西、河南、陝西、大寧各都司及江南、江北諸衛所番上兵組成京軍三大營，營制開始成為京軍的操練編制。與此同時，為運送漕糧而組成的漕軍，為邊境防務所需而設置的戍兵，以及為地方治安而增置的總兵、巡撫所屬軍，都從衛所抽調並以營為建置。直至明末，明軍的編制實際上是衛所制和營兵制並存。衛所制為法定的軍事編制，但只是軍籍管理及屯種、駐防單位。營兵制為明軍機動兵力的編制，但這是一種不成熟的兵制，在明代中後期一直處於不斷調整的過程之中。營兵制本來是要克服衛所制下亦兵亦農、訓練不足的弊端，但未能擺脫。明代中期王廷相說：「今團營軍士派之雜差，撥之做工，留之拽木，終歲不得入操，困苦以勞其身而敵愾之氣縮，畚鍤以奪其習而弓馬之藝疏，雖有團營、聽征之名，實與田畝市井之夫無異，欲其戰勝攻取，以張皇威武，夫何敢望！」

　　由於各衛所有固定的駐地，而明朝進行軍事活動的地點則不斷變化，因此需要根據新的情況，從各地衛所兵中抽調人員自備生活用品，到指定的地區從事以防禦為主的活動以及其他與軍事相關的活動。這些部隊稱為班軍，其中最重要的是抽調到北京的外衛班軍。他們按照一定的年限，輪番來到北京與京軍三大營編組，以操練戍守為主，也從事一些緊要的修造事務。但是由於各方面的原因，班軍的主要職能逐漸從操練禦守轉變為差役造修，以致逐步喪失其戰鬥力。嘉靖二十九年（1550）職方主事沈朝煥在點發班軍月餉時，發現有大部分是雇乞丐代替的。後來索性專以班軍做工，既不營操，也沒有人把他們當作軍人。他們若是不做工或不在工作期間，便改行做商販工藝，按時給他們所屬的班將一點錢。到明代後期邊事日急，又索性把他們調到邊方，做築垣負米的勞役。從班軍一變而為「班工」，從應役番上到折幹雇募，雖然名義上還仍舊慣，可是實質上卻已完全改變了。

　　在衛所制下，軍人（軍戶）身分世襲，只能世代為兵，非特恩不得除豁。宣德以後，募兵成為明軍兵力的重要來源。土木之變後，更出現了大規模的募兵。但是正德時募兵由地方行政系統管轄，依然奉行「寓兵於農，兵農合一」的政策。所募之兵秋冬操練，春夏務農，或冬春操練，夏秋務農。到了明代後期廣泛實行營兵制，營兵的主要來源是募兵，一般不世襲，也不終身服役，多戰時創設，事畢汰兵撤營。因此與衛所兵相比，營兵更接近職業兵。但是，明代士兵待遇低下。徐光啟說：「今京營之軍月米一二石，……營軍操日不多，且質明而散，正須各尋生業以餬其口。若食餉一二石，又須日日肄習，必皆化為餓殍矣。營軍所以不振而易譁者，病根在此，非獨性異人也。……都下貧民，

傭工一日得錢二十四五文，僅足給食，三冬之月，衣不蔽體。食今傭工之食，而欲收岳飛背嵬之效，臣不能也」；「諸人實有父母妻子，目今月糧六斗、銀六錢，僅足餬口，無暇及於內顧」；「月餉六錢六斗，給其衣食，又分以贍家，而能使之安心練習，奮勇敵愾，此則情理之所必無」。這樣的待遇，自然難以招到合格的士兵。

　　明代士兵的社會地位非常低下，為一般人所看不起。利瑪竇清楚地看到這一點，說：

　　　　這個國家中大概沒有別的階層的人民比士兵墮落和更懶惰的了。軍隊的每個人必定過的是一種悲慘的生活，因為他們應召入伍並非出自愛國心，又不是出自對皇上的忠誠，也不是出自任何想獲得聲名榮譽的願望，僅僅是作為臣民不得不為雇主勞作而已。軍隊中大部分人是皇上的奴隸，他們服奴役，有的是因為自己犯過罪，有的則是為其祖先贖罪。當他們不從事軍事活動時，他們就被派去幹最低賤的活計，例如抬轎，飼養馱畜以及其他這類的奴婢行業。只有高級官員和軍事長官才在軍隊範圍內有一定威權。供給軍隊的武器事實上是不能用的，既不能對敵進攻，甚至不能自衛。除了真正打仗時外，他們都只攜帶假武器，發給他們假武器是為了在演習時不致完全沒有武器。我們已經描述過，無論是官是兵，也不論官階和地位，都像小學生一樣受到大臣鞭打，這實在荒唐可笑。

由於軍餉微薄，地位低下，士兵生活困難，也沒有榮譽感，

因此所到之處，往往搶奪民財，成為民眾的禍害。在抗倭戰鬥中表現良好的廣西土司瓦氏率領的「狼兵」，「所至騷擾，雞犬不寧。（民眾）聞瓦氏兵至，皆閉門逃出，殆與倭寇之過無異焉」，以致民間諺語說：「寧遇倭賊，毋遇客兵（即狼兵）；遇倭猶可避，遇兵不得生。」明人沈德符也說：「土司兵最不宜調，其擾中國甚於胡虜。嘉靖間倭警，調陽麻兵、調瓦氏狼兵，俱貽害東南最慘，而終不得其用。頃救朝鮮，又赦播州楊應龍之罪，調其兵五千，半途不用遣歸，以此恨望再叛。正德間流賊劉六、劉七之亂，亦調永順、保靖兩宣慰兵協剿，一路聚劫，人不能堪。流賊戲謂我民曰：『吾輩來，不過為汝梳；彼土司兵乃為汝篦矣。』蓋誚其搜剔之愈密也。」萬曆朝鮮戰爭中，入朝明軍也有騷擾本地居民之事，以致有朝鮮人說「倭賊梳子，天兵篦子」，引起明朝政府的重視，為此特別詢問了朝鮮使臣柳成龍。雖然柳成龍說：「古語云：師之所在，荊棘生焉。小小擾害，豈能盡無。亦理勢之不能無者。至『篦子』說，千萬無是理矣。必是中間造言者為之。」但是明軍中的一些部隊在國內尚且大肆劫掠，在國外的所作所為，決不會就是另外一種情況。由於軍紀蕩然，因此士兵難以管束，動輒鼓譟鬧事。例如萬曆二十六年4月，「征倭川兵鼓譟，毆傷副將，命督撫巡按查處具奏。仍諭速報。調兵鼓譟諸將紀律安在，還嚴行戒諭，再犯者重處」。

不僅士兵素質低下，軍官問題也很嚴重。明代軍職，自衛指揮使以下至百戶，都是世襲，結果是軍官多為紈褲子弟，一如于謙所言：「皆出自膏粱，素享富貴，惟務安逸，不習勞苦，賢智者少，荒怠者多。當有事之際，輒欲委以機務，莫不張皇失措，一籌莫展。……詳其所自，皆由平日養成驕惰，不學無術之所致

也。」戚繼光也說這些世襲軍官「率狃于紈褲之習，無復鷹鸇嗛虎之氣」。明代著名學者呂坤則說：「臣惟國家世貴武臣，匪直酬先世勳閥，亦欲習先世箕裘，需他日緩急用耳。今紈褲子弟，口不談韜略，身不習戰陣。乃國家今日武舉循習故事，豈得真材！」

　　為了培訓軍官，明代建立了武學（即軍校）。入武學需要考試，但考試內容陳舊，流於形式。中選者進入武學學習，學習內容以儒家經典為主，連學校體制也仿照普通儒學。不僅如此，即使是這種武學也往往形同虛設。崇禎五年（1632），山東道御史劉令譽上奏指出：「國家承平日久，天下巧力俱用之鉛槧以取功名，而天文、地理、戰陣、騎射、火器、戰車，進退攻守之妙，曾未有專門習之者。」結果是大多數軍官根本不懂軍事，即如呂坤所說：「臣徧閱三關，求一武職曉暢兵法、堪為中軍把總者，未見一人。」

　　由於缺乏嚴格和有效的選拔制度，只要有關係和門路，人人都可獲得軍官之職，因此軍官人數與日俱增，大批不符條件之人混進軍官隊伍。從洪武二十五年（1392）至成化五年（1469）的70多年中，京軍軍官數由兩千七百餘人暴增至八萬餘人。其後雖然經過兩次裁汰，可是仍持續增加，尤其在天啟年間，魏忠賢專政，武職更加氾濫。這些軍官不是真正的軍人，他們在軍隊中混只是為了牟私利。

　　由這些士兵和軍官所組成的軍隊，情況當然可想而知。嘉靖時，都御史王廷相上奏指出：京營「軍士多雜派，工作終歲，不得入操。雖名團營聽征，實與田夫無異」。吏部侍郎王邦瑞指出：「即見在兵，率老弱疲憊、市井遊販之徒，衣甲器械取給臨時。此其弊不在逃亡，而在占役；不在軍士，而在將領。蓋提

督、坐營、號頭、把總諸官，多世冑紈褲，平時占役營軍，以空名支餉，臨操則肆集市人，呼舞博笑而已。」隆慶時張鹵說：「其將領軍人，渾忘本來面目，俱寸梃不持，空身備武，與無軍同。」這些軍人全無戰鬥意志，因此一旦敵人來襲，往往畏敵如虎。《明史》說：嘉靖二十九年（1550），俺答汗率軍來犯，「兵部尚書丁汝夔核營伍不及五六萬人。驅出城門，皆流涕不敢前，諸將亦相顧變色」。崇禎末年王章巡視京營，軍人居然「聞砲聲掩耳，馬未馳而墜」。

到了明末，明軍主力京營更是「兵惟注名支糧，買替紛紜，朝甲暮乙，雖有尺籍，莫得而識。」京營將「非中官廝養，即市井之遊食。既乏智勇之能，但熟躲閃之技，見賊輒遁」。崇禎末年，額設京營兵十一萬餘人，不離京都，專門保衛聖駕，號稱天下最精銳之兵，但實際毫不濟事。李自成兵臨城下，京營兵望風先潰。高起潛、盧九德、劉元斌等宦官所轄軍隊，餉銀最厚，平時耀武揚威。及崇禎委派分守九門，卻多逃逸，「平日多金厚賞，教養十有餘年，卒不得收一人之用」。

因此，明軍的很大一部分（甚至可以說是大部分）官兵都不是可以有效作戰的軍人，甚至不是職業軍人。面臨強敵時，要他們保家衛國，肯定是不中用的。此外，明朝軍隊指揮系統也頗為複雜，效率低下，難以勝任實戰。

到了晚明，這些問題更加暴露無遺。隆慶初年戚繼光被派去鎮守薊門時，對明軍的情況做了深刻的概括：「薊門之兵，雖多亦少，其原有七：營軍不習戎事，而好末技，壯者役將門，老弱僅充伍，一也。邊塞逶迤，絕鮮郵置，使客絡繹，日事將迎，參遊為驛使，營壘皆傳舍，二也。寇至，則調遣無法，遠道赴期，

卒斃馬僵，三也。守塞之卒約束不明，行伍不整，四也。臨陣馬軍不用馬而反用步，五也。家丁盛而軍心離，六也。乘障卒不擇衛緩備多力分，七也」；「七害不除，邊備曷修」。到了萬曆、天啟之際，徐光啟總結說：「目前軍火器械皆非克敵制勝之具」，軍隊「大半烏合之眾，既不相習，又非素練，器甲朽鈍，全無節制」。泰昌元年（1620）冬，徐光啟視察京郊駐軍，所見情況令人駭然：「據臣所見七千五百人中，略能荷戈者不過二千，併入可充廝養者不過四千，求其真堪教練成為精銳者不過一二百人而已。此臣簡選之大略也。廠庫領出盔甲，止頭盔可用，其暗甲止可披戴操演，稍令習於負重，臨事無一足恃者。器中止有鋼快刀可用，其餘亦止堪操習。他若臣所酌用槍筅鈀鎗鐮棍長短器械等，全然未備。……其領出湧珠、佛郎機、三眼等大小砲位，炸裂極多，悉不敢用，止有鳥銃一種，曾經試放不壞，陸續改造機床，分發演習。其餘應造者，料價全無，悉在停閣。此三營軍火器械之大略也。」

　　像這樣的一支軍隊，其作戰能力也可想而知。戰國時荀子評論各國軍隊，說齊國的「技擊」是「事小敵毳，則偷可用也；事大敵堅，則渙焉離耳；若飛鳥然，傾側反覆無日，是亡國之兵也，兵莫弱是矣，是其去賃市傭而戰之幾矣」。這也可以說是明朝大部分軍隊的寫照。

　　總之，儘管明代軍隊比前代有相當大的變化，但是由於上述原因，這支軍隊是一支問題叢生的軍隊。明軍戰鬥能力之差，從與倭寇的戰鬥中可以清楚看到。嘉靖三十四年（1555），一股僅有53人的倭寇，居然橫掃浙、皖、蘇三省，攻掠杭州、嚴州、徽州、寧國、太平等州縣二十餘處，直逼留都南京城下。這股倭寇

暴走數千里，殺死殺傷四五千官兵，歷時八十餘日，才被圍殲。由於明軍戰鬥能力太差，明朝不得不徵調西南少數民族武裝「土兵」和「狼兵」來參加抗倭戰鬥。這些「土兵」和「狼兵」所使用的都是比較原始的冷兵器，然而在與倭寇實戰中功勳卓著，取得了明朝正規軍所無法取得的勝利。此後，明朝在內外戰爭中大量使用「土兵」和「狼兵」，南至安南，西達西藏，北抵蒙古，東北則到遼東。在崇禎初年著名的寧遠保衛戰中，袁崇煥的守城部隊中也有5,000名廣西「狼兵」。不得不使用「土兵」和「狼兵」，正是明朝正規軍戰力低下的明證。

四、應對挑戰：晚明軍事改革運動

正如在前面我們已經說過的那樣，在晚明時期，東亞世界的安全形勢發生了巨大變化，而且變化之快簡直令人目不暇接。借用晚明名相張居正的一句詩來說，就是「別來不覺再稔，眼前世局凡幾變矣」。面對這種不斷加劇而又瞬息萬變的世局，明朝落伍而腐朽的軍事機器顯然難以勝任保家衛國的重任。因此對於明朝人來說，已經到了「祖國處在危險之中」的嚴重時候。在此情況下，軍事成為明代中後期精英高度關注的問題，不僅武臣著書立說成為時尚，而且文士討論兵事也蔚然成風，出現了中國歷史上罕見的「文士論兵」的現象，一如宋應星所說：「火藥火器，今時妄想進身博官者，人人張目而道，著書以獻，未必盡由試驗。」在「論兵」方面表現突出的精英有戚繼光、俞大猷、孫承宗、袁崇煥、唐順之、何汝賓、徐光啟、畢懋康、孫元化、李之藻等。

　　明代中後期精英關於軍事改革的言論和實踐，大多見於他們的著作中，尤以他們專門討論軍事的著作（即兵書）最為集中。明代兵書數量之多為中國各朝之冠，而其中大部分又出自明代中後期。明代精英關於軍事改革的言論，也見於他們撰寫的奏摺、文告和條陳等重要文獻中。從上面說到的這些著作中可以看到，不僅火器，而且軍隊的組織和訓練方式等方面的問題，都受到高度重視。他們倡導的軍事改革的最終目標，是要創建一支具有強大戰鬥能力的新型軍隊，以擔負起保衛國家的重任。那麼，一支什麼樣的軍隊才是這些精英力圖創建的新型軍隊呢？

　　從軍事科學的角度來看，軍隊的戰鬥力生成主要由以下基本要素構成：軍人、武器裝備以及兩者的組合方式。採用今天我們熟悉的話來說，這些要素大體上可以分為「硬體」和「軟體」兩類，前者主要是武器與軍人，後者則是各種制度性因素，特別是體制編制與軍事訓練。明代中後期的精英們努力創建一支新型軍隊，就必須使這支軍隊在這些要素上與過去的軍隊有異。下面，我們就從這幾個要素出發，來看看這支新型軍隊是一支什麼樣的軍隊。

1、武器

　　在明代中後期的戰爭中，先進火器通常是克敵制勝的關鍵。對於這一點，當時的精英已有共識。嘉靖時，唐順之就已指出：「虜所最畏於中國者，火器也。」隆慶時，戚繼光進一步說：「孟子曰：『執梃可以撻秦楚之堅甲利兵。』非真言梃之可禦堅利也，蓋言人心齊一，即梃非可與堅甲利兵敵者，用之亦取勝。今夫敵甲誠堅矣，兵誠利矣，而我人心何如？乃以白棒當敵為長技，迷

而不悟，即孫、吳復起，毋能轉移，何其謬訛入人之深也。弓矢遠不如火器，命中不如鳥銃，而敵以堅甲當之，每每射不能入，亦明知而不肯變其習者，緣上司抄閱偏於此耳。火器不精，不如無。今知以火器當敵而不知精，亦無埒也」；「薊鎮之防，九邊腹裡，⋯⋯我所恃以為勝，而且利且遠，可以代矢者，謂非火器乎？」到了萬曆時，軍事技術專家趙士楨更倡言：「深信神器之利，用之有方，足以挫賊凶鋒，則息肩有望；除之有素，堪稱不餉之兵，則勞費可節。」徐光啟則強調：「大都攻守之備，無論其軍器焉，火器焉，其材美，其工巧，其費巨，其日力多，其造者自為用，五者備，然後可以為良矣。」

為了爭取和保持在武器方面的領先地位，必須不斷引進先進火器，並迅速大批量生產以裝備部隊。晚明精英們注意到歐洲國家由於彼此之間的激烈競爭，火器技術得以不斷提高，因此西洋火器比中國火器先進。徐光啟說：「至彼國（葡萄牙）之人所以能然者，為在海內外所當敵人如紅毛夷之類，技術相等，彼此求勝，故漸進工也。」因此為了獲得最先進的火器，晚明精英們特別強調引入西洋技術。孫元化說：「弓矢遠於刀槍，故敵（滿洲）常勝。我銃砲不能遠於敵之弓矢，故不能勝敵。中國之銃，惟恐不近，西洋之銃，惟恐不遠，故必用西洋銃法。」到了明末，邊事危急，徐光啟提出「目前至急事宜」之一，是大造西洋火器；而在製造火器時，「銃藥必須西洋人自行製造，以夫力幫助之。⋯⋯大小銃彈亦須西人自鑄，工匠助之」，藉此以保證火器的先進性。在徐光啟等人的積極推動下，明朝政府從澳門聘請了多位葡萄牙銃師到北京和登州指導鑄造西洋大砲，並且取得了頗大的成功。到了崇禎初年，明軍對紅夷火砲的仿製更已能進入量

產的階段，為明軍提供先進的火砲。關於這方面的情況，軍事史學界近年來已有不少研究，這裡從略。

2、軍人

戚繼光說：「有精器而無精兵以用之，是謂徒費；有精兵而無精器以助之，是謂徒強。」一支優秀的軍隊不僅要有先進武器，而且還要有能夠有效地使用這些武器的優秀軍人。

軍人的素質是軍隊戰鬥能力的基礎。這種素質包括體力、專業知識、紀律性、戰鬥意願、作戰技能等。其中雖然有些（如體力）可以說是先天的（或者先天起了很大作用的），而更多的則是後天的，甚至是進入軍隊後才培養起來的。傳統型軍隊和近代型軍隊對軍人素質的要求，在一些方面是一致的，但是在另外一些方面則有很大差別。這裡，我們將集中討論兩個問題：第一，選拔軍人的素質要求（亦即軍人選拔標準）；第二，軍人入伍後素質的提高和改善（亦即軍人培訓）。

（1）軍人選拔

強健的體力是所有軍隊選拔軍人的基本要求，歷代對此都有明確的標準。明代中後期精英提出的軍人選拔的標準，首先也是身體健壯，但是在此之外又加上一些新的條件，如勇敢、機靈、誠實、吃苦耐勞等。嘉靖、萬曆時，何良臣說：「今之選卒，多以三百斤鐵石器，令其試力，然亦一說也。但徒試其力，而不觀其精神，是粗礦鈍漢耳。臣謂能舉鐵石器，而更觀其耳目伶俐，手足便捷者為中選；年齒膂力、耳目手足如式，而膽藝過者為上選；身軀偉大，而膽氣武技倍者為頭領；年齒相若，耳目手足如式，而力不能舉重涉遠者為下選。中有勤於學藝，敢於作氣者，

即是用命之士，又當復選於中上之上」；「首取精神膽氣，次取臂力便捷，須二十歲以上，四十歲以下者選之」。關於士兵的品德，戚繼光提出：「（選兵）第一切忌不可用城市游滑之人，但看面目光白、形動伶便者是也。奸巧之人，神色不定，見官府藐然無忌者是也。第一可用，只是鄉野老實之人。所謂鄉野老實之人者，黑大粗壯，能耐辛苦，手面皮肉堅實，有土作之色，此為第一。」萬曆時徐光啟提出的「選練之格」（即選擇兵員標準）則為：「須年二十以上，四十以下，力舉五百斤以上，穿戴盔甲四十斤以上；又須精悍周捷，有根著，有保任，不合格者不取也。」

在冷兵器時期，主要作戰方式是面對面的廝殺。這種戰鬥主要依靠體力，不需要多少文化知識。因此傳統軍隊基本上是文盲軍隊。明代大多數軍人也不例外，用戚繼光的話來說就是「行伍之卒，愚夫也；介冑之士，未閑文墨者也」。然而，自從軍隊裝備了殺傷威力越來越大、使用方法越來越複雜的火器之後，情況也隨之發生很大變化。士兵進行肉搏的機會減少，主要依靠火器隔著一定距離打擊對方。軍官的主要職責也不再是帶頭衝鋒陷陣，而是搜集軍事信息，了解敵方的兵器配備、使用方法、作戰距離、戰鬥企圖等情況，然後制定作戰方案，準確地把握有利的攻擊時機和攻擊方向。這些都對官兵的素質提出了更高的要求。

在新型軍隊中的軍官，必須有一定的文化知識。戚繼光說：「率為名將，蓋未有不習一法、不識一字、不經一事而輒能開闔變化運用無窮者；即有之，亦於實陣上經歷聞見，日久乃能，否則吾知其斷不能也。……吾人童兒習之，幼兒學之，又須長壯之日履名將之門，處實境之間，方知兵法為有用，方能變化兵法，以施之行事之際。至於見任將領，付以邊場之寄，歲有桴鼓之

舉，可謂學法於實境之間矣。卻恃其驍勇，或因幼年失學，不解文字，或不知兵法之有助於實用，遂又棄之而不講。夫有資可習者，無實履之地；有實屬之地者，無可學之資，如何而得全材為干城之器乎？」

士兵也必須具有一些起碼的識字和計算能力，方能勝任火器戰法。特別是紅夷砲，使用方法甚為複雜。中國原有的火銃和佛郎機都僅設準星、照門，按三點一線射擊，命中率不高。紅夷砲則有窺遠神鏡、量銃規、砲表等輔助設施的配合，「量其遠近而後發」，「對城攻打，準如設的」。這些設施的使用頗為不易，徐光啟說：「（大銃）一切裝放皆有秘傳，如視遠則用遠鏡，量度則用度板，未可易學。」李之藻也說：西洋大砲「每銃約重三五千斤，其施放有車，有地平盤，有小輪，有照輪，所攻打或近或遠，刻定里數，低昂伸縮，悉有一定規式。其放銃之人，明理識算，兼諸技巧」；否則「雖得其器，苟無其人，鑄煉之法不傳，點放之術不盡，差之毫釐，失之千里，總亦無大裨益」。孫元化則說：使用西洋砲，「非用遠鏡，精銃，以先殺於十里之外，則敵不挫」，「輔以機器（指砲車），瞭以遠鏡，量以勾股」，方可「命中無敵」，「用一以當千」。因此，要很好地使用先進的火器，士兵必須多少有一些識字能力和數學知識，以掌握使用儀具以提升火砲瞄準精密度的操作方法。

如何才能獲得素質高的軍人？晚明精英提出了一個非常重要的原則：厚餉募精兵。在募兵制下，士兵與國家的關係是一種市場上的買賣關係，即如徐光啟所說：「養士如買市，物價高一分，貨值一分。」基於這種基本關係，必須用厚餉吸引合格人材當兵，方能訓練出高素質的軍人。徐光啟說：「蓋兵精必須厚

餉，使一人食三人之食，則可當十人之用，比之見敵而逃者，又無數可論。」只有「用厚餉挑選」，才能「招募海內奇才異能之士」。因此合理的薪餉應當是：「其隊兵，應照例給月糧一兩二錢，四等兵士每加六錢。上士照東征事例，月給三兩而止。若給本色以時估扣算，其操賞銀又須優厚，以示激勵，及冬衣布花，皆不在餉銀之數」；「新兵日用最少者必須四分（銀子），差等而上，越精越厚」。大體而言，兵餉必須至少提高到每月銀一兩一錢，米六斗，方能招募到「自足練習且亦可久」的士兵。依照明代後期北京一帶米價，月餉六錢，米六斗，合計為每年10.8兩；月餉一兩一錢，米六斗，合計為每年16.8兩；因此新餉標準比原有標準高出一半以上。一兵一年16.8兩，加上戰時額外得到的補貼和賞賜等，總數應為20兩或者更多。實際上，戚繼光等人早已不同程度地這樣做了。他建立的戚家軍，初在南方，以每人年餉銀10兩為原則，以後在北方薊鎮則增為18兩。

對於具有高級技能的軍事技術人才，明朝政府給的待遇更高。崇禎初年，明朝政府從澳門招募葡萄牙銃師、工匠和傔伴工31人，攜大鐵銃7門，大銅銃3門以及鷹嘴銃30門。這些人於崇禎三年到達北京。明朝政府答應付給領隊公沙・的西勞（Gonçalo Teixeira Corrêa）每年150兩的薪水，每月再加15兩的額外花費，其餘之人年支100兩，每月另給10兩的伙食錢。此條件非常優渥，正是徐光啟「厚餉募精兵」政策的體現。在這個政策的吸引下，崇禎三年，在陸若漢積極奔走下，招募到了一百多名葡國軍士，另加約200名隨從，自澳門出發來華助戰。

（2）軍人培訓

招到合格的軍人，還要對他們進行訓練。這裡僅談談一般的

素質培訓。

　　明代軍人的培訓主要是在軍隊中。戚繼光非常注意提高所部官兵的文化素質，對部下提出明確的要求：「以後將士識字者，於冬日夜長之時，宜將兵法、將傳每夜飯後限看數頁，然後或有室家之擾，或庭階散步以舒其懷，睡則枕上，且細細玩味，內有不省義意者，次日仍復質問於先知之人，自然有得。不識字者，端坐澄心，令書手識字之類，或通文武生、秀才為之高聲朗讀數頁，省其大概，復令講說數遍，歸枕之際，亦如前玩味，自然有得，久則開口議論，誰謂此人不學耶？」士兵也要在軍官指導下學習文化和戰法，採取的辦法是：「給習之術，必須先以練將冊給將，練卒冊給卒，每隊一冊，每一旗擇一識字人誦訓講解，全隊口念心記。」

　　培養嚴格的紀律性是提高軍人素質的重要方面。軍事史學家帕克（Geoffrey Parker）指出：戰爭的勝利取決於多種因素，「最重要的是嚴格的軍事紀律。儘管其他因素也都起著相應的作用，但長期以來，西方一直把軍事紀律視為將分散的個體轉化為統一的作戰整體中的組成部分所仰賴的首要手段」。明代中後期精英在討論「練兵」時也高度重視軍紀的培養。何良臣說：「凡束伍之法，在疾而條理，嚴而簡便。……少有犯禁違令，實時處以重刑，更嚴連坐，使其心知畏法相信也。」在此方面，戚家軍樹立了良好的榜樣：「浙兵三千至，陳郊外。天大雨，自朝至日昃，植立不動；邊軍大駭，自是始知軍令。」由此可見軍紀之嚴明。

　　（3）作戰編伍　　．

　　武器和人這兩大軍隊戰鬥力生成要素，只有通過一定的組織有機地結合起來才能形成現實的戰鬥力。組織越合理，戰鬥力也

就越能得到充分的發揮。

軍隊的基本組織是戰鬥編組，戚繼光稱為編伍。編伍的形式服從於作戰方式，而作戰方式又在很大程度上取決於武器裝備。在冷兵器時代，基本的作戰方式是面對面的肉搏，因此主要採取人員密集的陣形作戰。到了火器時代，作戰方式有很大改變。為了克服火器的缺陷，充分地發揮火器的威力，必須改變原有的戰鬥編組。

早期經濟全球化時代的火槍是前裝火繩滑膛槍。這種火槍裝藥費時，發射速率慢，射程近，槍體笨重，使用不便，因此當著大批敵軍（特別是騎兵）突陣時，往往難以應付，正如戚繼光所說：「往者，敵人鐵騎數萬衝突，勢銳難當。我軍陣伍未定，輒為衝破，乘勢蹂躪，至無子遺。且敵欲戰，我軍不得不戰；敵不欲戰，我惟目視而已。勢每在彼，敵常變客為主，我軍畏弱，心奪氣靡，勢不能禦。」為了保護火銃手，必須組織使用冷兵器的士兵與火銃手協同作戰。戚繼光創建了火銃和冷兵器配合的步兵戰鬥編組。隆慶時他在薊州、昌平、保定、遼東四鎮練兵，設立了步兵營。該營在建制方面打破了原來的十進制或五進制的編組方式，按部、司、局、旗、隊序列編制，12人為一隊，3隊為一旗，3旗為1局，4局為一司，2司為一部，3部為一營，全營官兵總計2,700人，其中鳥銃手1,080人，占全營編制的40%。加上火箭手，使用火器的士兵約占50%左右。

晚明時期的火砲主要是前膛滑膛砲。這種火砲也有與火槍類似的缺陷。即使是最先進的紅夷大砲，裝填發射速率也很低，每次發射都會嚴重偏離原有射擊戰位，需要經歷復位、裝填、重新設定方向角和仰角的步驟。同時，發射一次以後，必須灌水入砲

膛，熄滅火星，用乾布綁在木棒上伸入砲膛擦乾水，再填入火藥，塞進砲彈，然後點放。由於動作繁瑣，耗時甚多，在發射過程中很容易受到敵人突襲，因此在野戰中必須有其他兵種對砲兵進行保護。同時，火砲重量大，移動時需要戰車運載。在明代前期，戰車僅作為運載工具之用。到了明代中晚期，戰車逐漸被改進為配有火砲和防護裝置、具有作戰能力的砲車。以此為主要武器的車營也應運而生，逐漸完備，形成一個獨立兵種——車兵。車兵所使用的火器，不論範圍、種類和數量，均大幅超越步兵和騎兵，成為可以從事野戰的火砲部隊。具有作戰能力的戰車出現於明代中葉後，到了隆慶時發展成為一種獨立作戰編組——車營。車營是隆慶時戚繼光所創，這是中國軍事史上的一大創舉，由此火砲可以運用於野戰。

此外，戚繼光還創建了騎營和輜重營，使得戚家軍成為一支步、騎、車、輜重四個營組成的軍隊，形成了以火器為主的火器與冷兵器相結合的合成軍團。這支軍隊比傳統軍隊有很大進步，使得綜合作戰能力有了重大提高。但是，步、騎、車（砲）三個兵種獨立成軍，相互配合仍然是一個相當困難的問題。到了天啟時，孫承宗對車營進行了重大改革，把戚繼光的步、騎、車、輜重四營合而為一，組建成為新的車營。較之戚繼光的車營，孫承宗的車營不僅在火力更加強大，而且編組也更為合理。崇禎四年（1631），徐光啟更進一步提出：「夫車營者，束伍治力之法也。……臣今所擬每一營用雙輪車百二十輛，砲車百二十輛，糧車六十輛，共三百輛。西洋大砲十六位，中砲八十位，鷹銃一百門，鳥銃一千二百門，戰士二千人，隊兵二千人，甲冑及執把器械，凡軍中所需，一一備具。然後定其部伍，習其形名，閑之節

制。行則為陣，止則為營。」依照這個設計出來的車營，火力比起孫承宗的車營來，又更為強大。

　　為了彌補火槍發射速率慢、射擊精度差等缺陷，實戰時往往不是單兵作戰，而是以密集隊形進行齊射。適應這種需要，出現了多層更迭射擊法，而這種射擊法的使用，又改變了軍隊的戰鬥編組，並對軍隊的紀律提出了更高的要求。

　　多層更迭射擊法的出現是世界軍事史上的一件大事。以往學界認為在東亞世界，這種方法是日本織田信長發明的，因此被稱為「信長三段擊」。但是依照我的研究，明代初期中國就已發明了這種射擊方法，其源自弩的更迭射擊法。從弩的輪射到火銃的輪射，技術上完全沒有問題，只是改換一下武器而已。景泰時王淳說：「國朝神機槍，誠為難敵之兵，但用之不當。蓋槍率數層排列，前層既發，退居次層，之後裝槍，若不量敵遠近，一時數層亂發，後無以繼，敵遂乘機而進，是亂軍引敵，自取敗績。」爾後邱浚說：「天助國家，賜以自古所無之器（按：指神機火槍，又叫神槍）。……自有此器以來，中國所以得志於四夷者，往往藉此。然用久人玩，敵人習知其故，或出其巧志以為避就者，亦不能無也。何也？蓋士卒執此槍而用之，人持一具，臨時自實以藥，一發之後倉卒無以繼之，敵知其燃，凡臨戰陣，必伏自身，俟我火發聲聞之後，即衝突而來。」戚繼光也說：「初謂銃手自裝自點放，不惟倉卒之際遲延，且火繩照管不及，每將火藥燒發，常致營中自亂；且一手托銃，一手點火，點畢且托之，即不中矣。令砲手另聚為伍，四人給砲四管，或專用一人擎、一人點放，二人專管裝藥、抽換其點火，一人兼傳遞，庶無他失，可以成功。」

　　王淳說永樂時神機營的火槍手的戰鬥編組是三排迭放：「每隊五十七人，隊長副各一人，旗軍五十五人，內旗槍三人，牌五人，長刀十人，藥桶四人，神機槍三十三人。遇敵牌居前，五刀居左，五刀居右，神機槍前十一人放槍，中十一人轉槍，後十一人裝藥。隔一人放一槍，先放六槍，餘五槍備敵進退，前放者即轉空槍於中，中轉飽槍於前，轉空槍於後，裝藥更迭而放，次第而轉。擅動濫放者，隊長誅之，裝藥轉槍怠慢不如法者，隊副誅之。如此則槍不絕聲，對無堅陣。」到了嘉靖時，明軍使用了更加先進的鳥銃，火銃手的作戰方式也由三排迭放變為五排迭放。因此丘浚說：「請自今後，凡火槍手必五人為伍，就其中擇一人或二人心定而手捷目疾者專司持放，其三四人互為實藥，番遞以進，專俾一人司放，或高或下，或左或右，應機遷就，則發無不中者。」萬曆時趙士禎則說：在這個五人的戰鬥編組內，需「於銃手五人之中擇一膽大有氣力者，專管打放，令四人在後裝砲，時常服習」。

　　這種更迭發射法，需要士兵之間有高度的紀律性和密切的相互配合，如戚繼光所說：「鳥銃第一，火箭次之。南方則大砲、火箭、鳥銃，皆為利器。……前項火器，往往打放無節，賊未至而打放已盡。賊既至而空手無可打放者，其弊在於場操時不曾照臨陣實演。及至對陣時，頭目不在，前列火器之兵，信不過殺手立得腳根定，中軍復無主令，以為火器之放止耳。」為了掌握這種戰法，必須對士兵進行嚴格和經常性的訓練。故徐光啟說：「其慣行火兵，尤宜訪取教師，作速訓練。」這對軍人的訓練提出了更高的要求。只有經過這樣的訓練，軍隊的基層戰鬥編組才能變成一個機體。

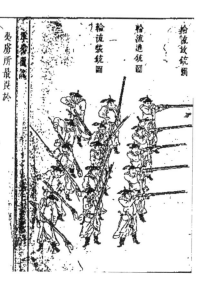

輪流放銃圖
輪流進銃圖
輪流裝銃圖
軍器圖說
夷虜所最畏於
中國者火器也惟慮裝放或滯臨陣未必能應手耳
今爲輪班發銃之法更番迭進則連發既日響不停
聲敵無不敗衄者矣嘗考嘉靖間鳥嘴銃最後出而
最猛利以銅鐵爲管木案承之中貯鉛彈所擊人馬
洞穿其點放之法如弩牙法機兩手握管手不動而
藥線已燃其管背施雌雄二臬以目對臬以臬對所
欲擊之人三相直而後發擬人如無不著者若復
照此三層輪班發之火技至此而極其法壹如輪流
發弩圖式

圖6.3　火銃的三排輪射方法

輪流發弩圖
輪流進弩圖
輪流上弩圖
古人用弩齊發勝敵今試以少取勝假令弩手三百
人先用百人列于前弩已上箭已搭名爲發弩再用百
人列於次弩已上箭已搭名爲進弩再又用百人列於
後方上弩搭箭名爲上弩先百人發弩者發完退後以
次百人進弩者上前變爲發弩以後百人上弩者上前
變爲進弩以先百人發完者退後變爲上弩如此輪流
發矢則弩不絕聲矣

圖6.4　弩的三排輪射方法

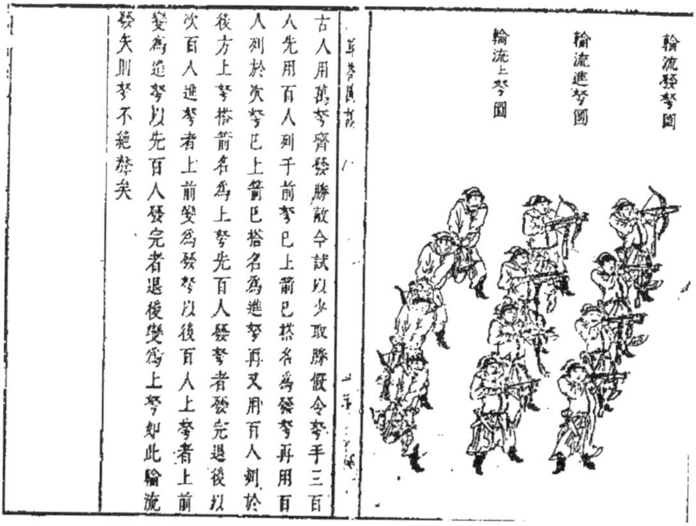

晚明時期，紅夷砲成了明軍最倚重的火器。紅夷砲操作技術難度更大，因此更需要士兵接受良好的訓練。為此，徐光啟、孫元化等積極聘請葡萄牙教官來指導砲兵訓練。

由於火器戰鬥對軍人在各方面的要求都更高，因此軍隊必須進行嚴格訓練，必須「擇名將定節制，日夜教習之，……服習經歲，藝術既精，大眾若一，驅之若左右手」。

在士兵的綜合日常訓練方面，戚繼光做出了突出的貢獻。明史學者黃仁宇（Ray Huang）指出：「戚繼光的訓練方法得自專家的口授。這些寶貴的經驗過去由於不為人所重視而沒有見諸文字。到俞大猷才做了扼要的闡述，而戚繼光則把所有的細節寫成了一部操典式的書本。……在戚繼光以前，在軍隊中受到重視的是個人的武藝，能把武器揮舞如飛的士兵是大眾心目中的英雄好漢。各地的拳師、打手、鹽梟以至和尚和苗人都被招聘入伍。等到他們被有組織的倭寇屢屢擊潰以後，當局者才覺悟到一次戰鬥的成敗並非完全決定於個人武藝。戚繼光在訓練這支新軍的時候，除了要求士兵擁有熟練技術以外，就充分注意到了小部隊中各種武器的協同配合，每一個步兵班同時配置長兵器和短兵器。」戚繼光在總結練兵經驗的《練兵實紀》一書中，對軍隊訓練的各個方面進行了全面的說明。這裡特別要強調的是，戚繼光對部隊的紀律性訓練的要求達到了非常高的水準。例如，戚繼光要求部隊行動如鐘表一般準確。由於當時還沒有鐘表，因此在部隊進行時，他用一串740個珠子的念珠，按軍隊標準步伐的時間，每走一步移動一珠，作為計算時間的根據。要做到如鐘表一般準確，當然需要長期的和嚴格的訓練。在世界軍事史上，每日進行的操練具有非常重要的意義。它除了提高軍人的作戰能力外，還有另

外的一個重要作用——加強紀律性，加強服從命令，強化軍人之間關係，發展軍人的集體觀念，使得軍事單位形成一種專門化的集體。軍事史學家帕克（Geoffrey Parker）對戚繼光在士兵訓練方面的卓越表現予以高度評價，說：在世界軍事史上，「只有兩大文明發明了步兵操練：中國和歐洲，而且都進行了兩次。第一次是西元前5世紀在北中國和希臘，第二次是在16世紀末。此期代表人物——中華帝國的戚繼光和荷蘭共和國的莫里斯都明確主張恢復傳統做法」。

此外值得注意的是，晚明精英還提出以西洋方法來訓練士兵。焦勖說：「西洋教練火器，未肯令草率粗疏之人，便許當兵食糧。必令有學教官，大設教場，聽從民間願習武者，各開籍貫投詞，里老親族連絡保結。法：入學內投拜學師，群居肄業，教官量材教授，各藝朝夕演習，就如幼童學藝一般，不得時刻間斷，以期速成。俟藝將熟，教官自行十日一考，先將應用什物查看，如一有遺忘，一不如法者，即照例行罰。次以考藝簿冊，每人各居一行，注名於下上三等九級，款例隨藝，填注高下。進者有賞，退者有罰，原等者免罰，再次原等者量責示辱，以為激勸。三次原等者倍責，四次原等者再責，五次原等者免責逐回改業。又，約學藝限期以一季為度，必欲造成。若逾期不成，即行革退，不許復留以滋勞費。其一應器械飯食，悉系官給，學者一無所費，但亦無廩糧，必俟學成精藝，方許教官開送選武官處，先將一切器械藥彈等件，逐一察驗是否全備合法，驗畢無差，然後試演各技。大約以十發而僅中五六者止稱通藝，不准收用，仍令回學再習，十發不差一者稱為成藝。」焦勖所言並非空想。徐光啟說：要想收復遼東，應該借助葡萄牙人，讓其督導訓練我們精選的兩

三萬有經驗的士兵，原因是「蓋教練火器，必用澳商」。在徐光啟等的努力下，崇禎三年葡萄牙統領公沙‧的西勞（Gonçalo Teixeira Corrêa）率銃師隊伍抵京，負責練兵教砲，頗有成效。

五、成功與局限：晚明軍事改革運動的結果

雖然晚明精英大力倡導和推動軍事改革運動，但是這個運動並未挽救明朝。那麼，這個運動是成功還是失敗了呢？要判別這個運動成敗與否，就要看看它是否達到了預期的目標。這個運動的目標是創建一支與過去軍隊不同的新型軍隊，因此這支軍隊到底創建出來了沒有，是看這個運動成敗的關鍵。

晚明精英創建一支新型軍隊的努力取得了一定的成功，其中最早的是戚繼光創建的戚家軍，其次是孫承宗創建的遼東車營和徐光啟等創建的登州火砲營。

1、戚家軍

戚家軍於嘉靖三十八年（1559）成軍於浙江義烏，有士兵3,000人，以後不斷增加，嘉靖四十一年（1562）擴大到1萬人。這支軍隊轉戰南北，在對倭寇和蒙古人的戰鬥中屢建奇功。萬曆十一年（1583）戚繼光去職後，以戚家軍為底子的浙兵一直在明代後期軍事活動中具有重要地位。明末軍事家孫承宗、袁崇煥等也都從戚繼光建軍實踐中得到啟迪。徐光啟說：「昔者戚繼光之練兵薊鎮也，……請用浙江殺手三千，鳥銃手三千，以為教練張本。……而後繼光乃得行其志，而薊鎮之兵獨強。」因此戚家軍可以說是明代後期軍事改革運動的第一批成果。在過去民間文學

中，對戚家軍談得最大的是其使用冷兵器的鴛鴦陣法等。但實際上，火器在戚家軍的武器裝備中占有最重要的分量。這裡特別要提的是戚繼光首創了野戰火器兵團——車營。他的車營，每營轄2部，每部轄4司，每司轄4局，局編2聯，聯編2車。每車配佛郎機砲2門，兵20人。每營總計有官兵2,604人，砲車128輛，載佛郎機256門。另外，每營在砲車之外，又配有鼓車2輛，編士兵20人；火箭車4輛，編士兵40人；坐車3輛，編士兵30人；大將軍車8輛，編士兵160人，合計編制官兵250人。滿員的車營編制，包括雜役人員在內，共計3,109名，配備有佛郎機265門，鳥銃512門，子銃3,304門；使用火器的士兵所占比率為總人數的41%。可見這是一支以火器為主要武器的軍隊。

　　戚繼光軍隊配備的火器，威力最大的是佛郎機砲。但是到了晚明，紅夷大砲已取代佛郎機成為最重要的火器。隨著對西方軍事技術了解的進一步深入，晚明軍事改革運動並非僅只停留在戚繼光樹立的典範上。到了明末，創造出了更高水準的新型軍隊。在這方面，成功的例子是孫承宗創建的遼東車營和徐光啟等人創建的登州火砲營。

2、孫承宗車營

　　天啟二年，吏科給事中侯震暘上疏指出：「中國長技在火器，然火器用以臨敵，必藉車用。」火器必須與戰車結合，孫承宗創建的車營是晚明軍事改革運動的一個重要產物。車營的一個重要特點是充分裝備先進火器。

　　孫承宗則說：「禦虜當急練車砲，不當盡倚騎卒。」因此他一到山海關，就著手組建車營。他將熊廷弼任上所丟棄的迎鋒車

600輛全面修理，改為偏廂車，並奏報工部，請撥款製造戰車；同時大量製造火器，以供戰車使用。天啟三年秋，對歷朝兵車、車戰頗有研究的學者茅元儀到來，加快了車營的組練進程。由於宣府、大同一帶的士兵使用車砲熟練，孫承宗從那裡選調精兵12,000名到山海關作為骨幹，編組成12車營。每營官兵6,627人，其中步兵3,200人，騎兵2,400人，輜重車夫512人，各級軍官、侍從、傳令兵、軍醫、獸醫、雜役等共515人。其裝備以火器為主，其中鳥銃256枝，三眼槍1,728枝，佛郎機256架，大砲16門，滅虜砲80門；偏廂車128輛，準迎鋒車256輛，輜重車256輛，戰馬3,320匹，駄運畜力408頭。此外還配備了多種其他兵器。這種車營的編組情況，也與戚繼光車營有所不同，每偏廂車4輛為1乘，4乘（16輛）為1衡，2衡（32輛）為1沖，4沖（128輛）為1營。每乘有步兵100人，騎兵50人，輜重車夫16人，牛（牽引砲車用）8頭，每衡有步兵400人，騎兵200人，輜重車夫64人，牛32頭，每沖有步兵800人，騎兵400人，輜重車夫128人，牛64頭。每乘為一基本戰鬥編組，每營為一完整的作戰部隊。孫承宗特別制訂了《車營練陣規條》，令士兵熟讀牢記，熟練應用，規定三日一小操，五日合操，十日會哨，二十日大閱，熟練者加賞，否則重罰。技術低劣的，再經過一段訓練仍不合格的，予以淘汰。他還將車營在行軍、迎敵、搗巢中可能遇到的問題和對策，編成《車營百八叩》和《車營百八答》，指導作戰，並常常親躬校場，日夜操練。他還將騎兵編為前鋒、後勁兩部，與車營配合作戰。天啟四年（1624），他大閱車營於八里鋪，「騎與騎，步與步，自相更迭，騎與步，步與騎，又互相更迭，三鼓成列，百戰不亂」。

經孫承宗的苦心經營，車營成為了遼東明軍最精銳的部隊。崇禎二年（後金天聰三年，1629），皇太極率八旗精兵數萬繞道蒙古，從大安口突破長城防線，至11月初連陷遵化、三屯營，巡撫王元雅、總兵朱彥國自盡，後金軍抵北京城下，展開猛攻。崇禎帝急召孫承宗進京，命他統轄京城防務，他即「詳奏守城器具、藥物、守垛丁夫及關門車營火砲更番子母之制」。

崇禎四年，徐光啟提出了進一步改良的方案：「夫車營者，束伍治力之法也。……臣今所擬每一營用雙輪車百二十輛，砲車百二十輛，糧車六十輛，共三百輛。西洋大砲十六位，中砲八十位，鷹銃一百門，鳥銃一千二百門，戰士二千人，隊兵二千人，甲冑及執把器械，凡軍中所需，一一備具。然後定其部伍，習其形名，閑之節制。行則為陣，止則為營。」不過這個方案是否得到實行，則不得而知。

3、登州火砲營

登州火砲營是徐光啟倡導和推動建立的。徐光啟在軍事改革方面的努力，主要是透過其入室弟子孫元化來實行。崇禎三年，明廷任命王徵為登萊監軍僉事，孫元化以右僉都御史巡撫登萊；此時的登萊副總兵是張燾。這幾個人都是天主教徒，對西學（包括西洋火器技術）有相當深入的了解。他們風雲際會於山東的登萊地區，把理念付諸實踐，著手編練砲營。經徐光啟安排，一批葡萄牙銃師來到登州。從崇禎三年正月初抵京至五年正月，葡萄牙銃師為明朝效力共達兩年之久，不僅指導西砲製作，而且傳授西式大砲的操縱點放之法。經過精心經營，這個砲營不僅擁有當時最先進的西洋火砲，而且掌握了一般明軍尚不曾完整掌握的西

式大砲的使用知識（如銃尺的使用）。這支軍隊成為全國最精銳的部隊，不僅穩住了牽制後金軍事進攻的戰略要地——東江，而且數度重創後金軍隊。

以這三支軍隊為代表的明末創建的新式軍隊，與明軍的其他部隊有重大差別。徐光啟說這種軍隊與現有軍隊相比，「器械之費，一人當十；糧餉之費，一人當三」。這正是技術密集型和資本密集型軍隊的絕佳總結。這支新型軍隊也有新的組織和訓練方式，具有近代早期西歐軍事革命中創立的軍隊的主要特徵。也正是因為如此，這種新型軍隊的戰鬥能力大大高於原有的軍隊。徐光啟說：「如是者得二萬人，服習經歲，藝術既精，大眾若一，驅之若左右手，以是出關，益以遼士二萬，北關一萬，更欲征朝鮮二萬，兩路牽制，一路出攻，約周歲之內，可以畢事。費不過五六百萬，而所得肥饒之地，足以固圍；所絕敕書之賞，足以省費；所造器甲諸事，尚留為千百年之用。既而坐鎮遼東，西虜弗靖者，便可勦滅，規取舊遼陽，截河為守，已甚易事。若能更一振作，廣行招募，備加練習，益為三四萬人，即九塞之虜，咸可鞭箠制之，大寧、河套，亦益恢復。更益為十萬人，以二萬為禁旅，邊各一萬，即京營各邊之餉，咸可減省十之五六也。」

除了創建新型的軍隊外，晚明軍事改革運動還有另外一個重要方面，即改造原有部隊，提高其實戰能力。經過改造的軍隊部隊雖然不是上述的新型軍隊，但與未經改造的軍隊部隊也有明顯的差別。在這方面最突出的例子，就是孫承宗對遼東明軍的改造。

天啟二年（1622），孫承宗被任命為遼東經略，負責遼東防務。此時遼東的明軍在屢敗之餘，彌漫著失敗主義的悲觀氣氛。

孫承宗總結遼東明軍的心態，就是一個字——「怕」：「今天下只有一怕耳。初怕而開（原）、鐵（嶺）失，退寧遼陽；再怕而遼陽失，退守廣寧；三怕而廣寧失，退守山海。今山海之怕更甚，曰遼陽一十萬而敗，廣寧十八萬而敗，三敗之後，何特而不怕，縮項斂足，徒延挨以了目捷，曰勿惹。」在這種心態下，明軍畏敵如虎，視山海關以外為「鬼國」。孫承宗採取一系列措施，大刀闊斧地改造這支軍隊。他本著「實著在及時選練精兵」的原則，淘汰副總兵以下的軍官六十餘員，千把總數百人，總計淘汰不合格的官兵一萬七千餘人。隨後對精簡之後的軍隊進行嚴格訓練，訓練包括練心、練耳目、練手足、練技藝、練陣勢。他特別強調練心、練氣，目的是激發士兵「奮起忠勇之心」，振作敢戰之氣。他訓練出野戰部隊9.4萬人，除了新創的車營12個外，還有水營5個、火營2個、前鋒後勁營8個，另有專事城防的守兵1.6萬人，總共11萬人。孫承宗對火器十分重視，認為「練火器為救急之著」。他到任時全軍中熟悉操作者不過數十人，於是他「日短服，親至營中按教之……。每大犒，則厚能火器者，以表異之」。並命李秉誠教授使用之法，3月之間，教成火器手8,000人。

　　經過孫承宗的努力，這些部隊都具有較強的戰鬥能力。他選拔出來的將領滿桂、祖大壽、吳襄、趙率教、袁崇煥等，也都是一時之選。他去職後，這支軍隊的一部分為袁崇煥指揮。袁崇煥繼續進行孫承宗的改造遼東軍隊的工作。當時遼東四鎮兵共15.3萬人，每年開支銀600萬兩以上。袁崇煥整頓軍隊，開支省去120餘萬兩後，人均開支約32兩，大大提高了軍人的待遇。同時，他也繼續改進軍隊的武器，特別是積極引進先進的火砲。史稱孫承

宗「雖去國，而城地將士、兵馬器械，皆公在時所經理，其得力多藉西洋砲，茅元儀與滿桂依式為之，欲載以取蓋州，乃置寧遠，竟用以殲敵」。所以有史學家認為，寧遠大捷的首功應歸孫承宗。崇禎三年，明軍收復遵化、遷安、灤州、永平四城時，在灤州以「攢砲數十，連破數堆，敵少避，大砲分擊其勞，使不得回救，師從問以登」。因此這支軍隊雖然不是徐光啟、孫元化等人企圖建立的那種理想的軍隊，但也是晚明軍事改革運動的重要成果。

　　除了上述工作之外，晚明時期的軍事改革運動還包括提高明軍的整體火器裝備水準，特別是在遼東明軍的裝備水準。孫承宗到遼東以前，明朝已為遼東明軍配備了大量火器。天啟元年（1621）李之藻奏稱：「顧自奴酋倡亂，三年以來，傾我武庫甲仗，輦運而東以百萬計。其最稱猛烈如神威、飛電、大將軍等器，亦以萬計。」天啟二年（1622），工部開列自萬曆四十六年到天啟元年的三年零八個月中，因遼東戰事發往廣寧以資補充的軍器數目，累計有大砲18,154門，佛郎機4,090架，槍類2,080枝，火藥類1,773,658斤，大小鉛彈142,368斤，大小鐵彈1,253,200個。當時最先進的火器是紅夷砲。明朝從1622年開始仿製紅夷砲，至1644年明朝滅亡時已造出各類紅夷砲1,000餘門。這些紅夷砲大多數被送到遼東前線，裝備遼東守軍。遼東明軍裝備這些先進火器後，作戰能力有所提高。其中最顯著的例子，就是天啟六年正月袁崇煥率總兵滿桂等人在寧遠力挫努爾哈赤大軍。在此戰鬥中，寧遠城頭共布置有11門大砲，「循環飛擊，殺其貴人，每發糜爛數重」，「一砲輒殺百人」。其中威力最強者，即天啟元年李之藻自廣信運往京師的四門大銃之一。茅元儀取得其中一門

大銃，本欲以之進取蓋州，因計畫受阻，乃將其置於寧遠，並在天啟五年遭罷歸時，將操作的方法傳授滿桂。此砲因功被受封為「安國全軍平遼靖虜大將軍」。因此，在明與後金／清的遼東戰爭中，面對咄咄逼人的後金軍攻勢前，明軍雖因主將無能等原因而屢戰屢敗，但是仍然還有一定抵抗能力。

值得注意的是，晚明軍事改革運動不僅限於官方的努力，民間也在積極進行，而且成就斐然。主要產物就是明末福建鄭芝龍家族建立的鄭氏武裝。

鄭氏武裝是一支不同於往昔的新式海上武裝。鄭氏水師中有大熕船、水艍船、犁繒船、沙船、烏龍船、銃船、快哨等8種各式戰船。過去一些學者依據中文史料，對鄭氏海上武裝的戰船與火砲進行了研究，指出其主力艦隻──大熕船、水艍船──採用了福船、西洋夾板船的特點，闊1.6丈，高6至7丈，吃水1.2丈；船上樓櫓以鐵葉包裹，外掛革簾，以防敵方砲彈；船上裝有火砲，船中部有風門施放砲弩；兩旁有水輪，士兵可以在船艙內踏輪前進，不懼風浪；每船能容兵500名；因此這些戰艦具有相當好的航行性能和戰鬥性能。但是他們認為與鄭氏集團的主要對手荷蘭東印度公司的主力戰艦──夾板船──相比，上述戰艦頗為遜色。荷蘭在亞洲建造的夾板船長30丈，高6丈，厚2尺有餘，5桅3層，帆檣可八面受風，船速較快，不懼逆；兩側設有許多小窗，可放置小銅砲，甲板上安放2丈長的巨砲，每船置各種砲20至30門；還裝有照海鏡，作為瞄準之用。相比之下，鄭軍每艘戰艦上只裝有2門大砲，火力遠遠不及荷蘭戰艦，鄭軍戰艦高度僅為荷艦的三分之一，在海中相搏時往往被荷蘭艦船撞翻或被壓沉。

　　新銳學者歐陽泰（Tonio Andrade）在其《1661，決戰熱蘭遮：中國對西方的第一次勝利》（*Lost Colony: The Untold Story of China's First Great Victory over the West*）中，運用中西文文獻的資料，對鄭、荷雙方武器裝備情況進行進一步分析後指出：「鄭芝龍採用了荷蘭的科技，打造了一支新的艦隊，主力是30艘按照歐洲式設計建造的巨大船隻，每一艘都有兩層經過強化的大砲甲板，可以架設30或36具大型火砲——和荷蘭戰艦一樣多，而大部分的中式帆船只能架設6至8具小型火砲。這些新式的戰船甚至具有歐式砲門，並設有滑動砲架，上面裝有環釘與繩子，能夠拉向後方以裝填砲彈。這些都是很重要的創新。西班牙無敵艦隊在1588年之所以會遭到英國擊敗，就是因為缺乏這樣的構造。（荷蘭艦隊司令）普特曼斯對此深感驚豔：『在這個國度，從來沒有人見過像這樣的艦隊，有著如此精美、巨大而且武器犀利的中式帆船。』」所以，「荷蘭的優勢並不在於大砲與火槍。如同揆一所認，中國軍隊的大砲威力並不遜於荷軍。臺灣的一名學者指出，只要對國姓爺的火砲及其使用方式加以分析，不免令人『訝異於他麾下軍隊的現代化程度』。此外，荷蘭的火槍部隊雖然採用本國發明的排槍射擊法，能夠達成連續致命效果，但面對國姓爺的部隊卻無用武之地。實際上，中國早在兩百多年前就發展出排槍射擊的方法。國姓爺的士兵訓練精良、紀律嚴明，又受到妥善的領導，因此荷軍部隊的陣式無可避免地潰散，導致人員四散奔逃」。

　　鄭氏武裝是明亡之後整個東亞世界唯一能夠抗衡清朝，並對清朝構成重大威脅的力量。1658年（清順治十五年，南明永曆十二年），鄭成功統率17萬大軍與浙東張煌言部會師，大舉北伐。

大軍進入長江之前，於洋山海域遭遇颶風，損失慘重，只得退回廈門。次年鄭成功再次率領大軍北伐，會同張煌言部隊順利進入長江，勢如破竹，接連取得定海關戰役、瓜洲戰役、鎮江戰役的勝利，包圍南京，一時江南震動。後因鄭成功中了清軍緩兵之計，意外遭到清軍突襲，致使大敗。鄭成功兵敗後，試圖攻取崇明作為再次進入長江的陣地，卻久攻不克，只好全軍退回廈門。儘管如此，鄭氏集團依然是清朝的最大威脅，並且在明亡後能夠抗衡清朝達二三十年之久。因此，鄭氏海上武裝是一支堪與當時世界海上霸主荷蘭海上武裝相媲美的新式武裝。鄭氏在此方面所做的工作，可以說是晚明時期朝野精英人士為創建新式軍隊所進行的努力的另外一個方面。

雖然晚明軍事改革運動取得了相當成就，但是這些成就是很有限的。

首先，晚明精英們希圖建立的那種新式軍隊，雖然已經建立起來了，但規模很小。戚家軍的人數不過數千，戚繼光在薊鎮練出的兵也只有 2 萬人。徐光啟計畫訓練新軍 2 萬人，但是朝廷大臣都說「費多而效緩」，未予批准。孫承宗、袁崇煥在遼東改造原有部隊，總數不超過 10 萬人，其中有多少真正得到改造還是一個問題，因為如果大部分都得到了改造，那麼袁崇煥守寧遠就不必倚重廣西來的「狼兵」了。因此總的來說，訓練出來的新軍和得到有效改造的原有軍隊，在明朝的軍隊中只占一個很小的比例。晚明時期，這些新軍和改造後的軍隊基本上都部署在遼東前線。在其他地方，基本上還是原來那種戰鬥力低下的舊式軍隊。正因如此，清軍入關後，就輕而易舉地擊潰各地明軍的抵抗。只有晚明軍事改革運動的另外一個產物——鄭氏集團的海上武裝，

才成為唯一一支清軍無法打敗的明朝軍隊。

　　由於新型軍隊以及得到有效改造的原有軍隊數量太少，因此明朝在對外戰爭中不得不大量使用原有的軍隊。前面已經說過，明朝軍隊體制混亂，軍隊五光十色，情況十分複雜。到了晚明，新舊相雜，魚龍混雜，軍隊實際上是一個由各種性質不同的部隊組成的大拼盤。再加上明朝的軍事指揮體制的陳舊落後，使得問題更為嚴重。從明初至明末，凡有戰事，都是朝廷命將作為總兵官（統帥），從各衛所中抽調的精壯官兵，臨時組合成戰時編制。這些來自各地的官兵素不相識，也未曾進行過聯合訓練和合同作戰演習，因此協同作戰十分困難。在萬曆朝鮮戰爭中，明廷任命李如松總理薊、遼、保定、山東軍務，並充任防海禦倭總兵官，從全國各地調集軍隊，由他率領入朝作戰。1592年底，李如松率領首批明軍46,000人入朝，其中遼兵大約有12,000人，鎮守長城沿線九鎮的部隊（即九邊將士）約23,000人，南兵大約11,000人。這些軍隊雖然都是明軍中比較精銳的部隊，但彼此過去並無在一起訓練和作戰的經驗，難以在同一統帥指揮下配合默契地協同作戰。

　　這些來自不同地區、具有不同背景和不同身分的部隊，不僅難以指揮，而且往往因小事發生衝突，如果處理不當，衝突可能發展為兵變。典型的例子是朝鮮之役中南兵與遼兵之間的衝突，最後導致戰爭結束後南兵因統帥李如松賞罰不公而鬧事，回國後竟因索要錢糧而被屠殺。崇禎二年（1629），在遵化的部隊中，南兵每人每月軍餉為一兩五錢銀子，北軍則每月米一石折銀一兩，其新設營兵皆折色一兩五錢，本色米五斗，北兵感到不平。後來欠餉日多，諸兵絕望，向朝廷索餉，各營聞風倡煽。於是集

於遵化西門外，伐木立寨，服蟒豎旗，大書「赤心報國，饑軍設糧」八字。這就是有名的薊州兵變。

尤為嚴重的是，在明末，由於皇帝不信任臣下，因此除了命宦官提督京營外，在一些緊急情況下，還委派宦官直接領兵出戰。在天啟朝，遼東戰局就受宦官干擾。魏忠賢及閹黨任用親信，將孫承宗等人罷職後，代以閹黨。熹宗又改變以往派遣文臣任遼東前線監軍的做法，改以宦官監軍於天啟六年（1626）設鎮守內臣隨軍參預軍務，任務是監督文武將吏之言行，清查糧食、器械數目、兵馬強弱，隨時馳報皇帝。此舉令文武百官大感震驚，紛紛上疏反對，但熹宗一概不理。崇禎朝派宦官做監軍更為普遍。這種做法，導致監軍和前線將領不和，無法順利作戰。宦官是皇帝的私人代表，表達的是皇帝的意見，而崇禎完全不懂軍事。因此，前線將領遵照他的旨意行事，總是敗多勝少。崇禎最信任的宦官高起潛就是一例。崇禎十一年（1638）清兵越過長城，大舉深入。明廷派遣盧象升為督師，高起潛為監軍，率軍迎敵。高起潛不欲戰，對盧象升事事掣肘，導致盧象升孤軍奮鬥，在巨鹿賈莊血戰而死。崇禎十七年，李自成軍攻京師，高起潛監寧、前諸軍，聞知後中道棄關逃走。不僅如此，在崇禎朝，宦官直接指揮軍隊作戰的情況更加普遍，例如崇禎十四年遣太監盧九德率京營兵入豫，崇禎十七年派太監盧九德協剿張獻忠，等等。這些毫無軍事才能的宦官指揮軍隊，結果當然可想而知。

因此，儘管晚明軍事改革運動確實訓練出來一批作戰能力較強的部隊，但在明朝的整個武裝部隊中，這些部隊只是很小的一部分。而即使是這些作戰能力較強部隊，在晚明落伍而且腐敗的管理體制之下，也往往是問題叢生。最具諷刺意義的是，這場軍

事改革運動的最終結果，是這場運動訓練出來的精銳部隊的主體，不僅未能如晚明精英所希望的那樣成為衛國之干城，反而為敵所用，成為新朝奪取明朝天下的利器。這一點，我將在下一章中講。

第七章

烽煙四起

晚明東亞世界四大戰

一、強敵壓境：晚明時期東亞主要強權的軍力對比

由於國際形勢的巨變，中國的國家安全在明代面臨著前所未有的挑戰，到了晚明時情況更為嚴峻。這時中國所面臨的不僅有傳統的北方威脅，而且也有新興的地區強權的威脅。明朝不得不把軍隊主力放到長城防線上以對付北方威脅，但在此同時，新興強權的威脅更日甚一日。這種威脅源自這些強權所擁有的軍事實力，這裡我們就簡單地看看它們的軍事實力有多強，以了解中國面臨的威脅有多大。

1、安南

安南自從中國獨立出來之後，一直奉行向外擴張的國策，並為此建立了一支規模可觀的軍隊。在永樂初年明朝發動的平定安南之戰中，安南胡季犛政權出兵對抗明軍，水陸兩軍總計7萬人，號稱21萬；而征安南的明軍號稱80萬，實際兵力則不下30萬。由此可見，當時的安南已擁有在東南亞地區規模最大和戰力最強的軍隊。1471年，安南後黎朝對占城國發動戰爭，國君黎聖宗親自掛帥，督軍26萬，號稱70萬，不到兩個月就攻破占城國都。到了16世紀中後期，安南處於南北朝時期（1533-1592），國內出現多個政權，其中最強大的是北方的鄭氏政權和南方的阮氏政權，此外還有在高平的莫氏政權和在宣光鎮的武氏政權。這些政權莫不窮兵黷武，都竭盡全力擴軍備戰。在鄭阮戰爭中，鄭氏政權出動軍隊和民壯近10萬人，另有留守兵力5萬，還有戰象500頭，戰船500艘。阮氏則擁有兵力4至5萬人，戰象100頭。雖然國內紛爭不斷，但是安南依然積極向南開拓，持續侵略占

城，蠶食其領土，最後完全併吞了該國。

宣德二年（1427）明朝從安南撤軍後，兩國之間沒有發生大戰爭。但是由於安南擁有相當強大的武力，因此兩國一旦開戰，明朝將不得不投入大軍。這一點，在嘉靖十六年的征討安南之議中，已很清楚。

2、日本

經過多年內戰的錘煉，到了豐臣秀吉統一日本時，日本已擁有一支久經沙場、裝備精良的強大軍隊。這支軍隊的人數達到30萬，可以派遣20萬以上的軍隊出國作戰。1590年底，在日本的華人許儀俊從薩摩藩主處得知豐臣秀吉侵略朝鮮的計畫後，派人向福建當局報告：「關白（豐臣秀吉）吞併列國，……欲渡海侵唐。……令薩摩整兵兩萬，大將二人，到高麗會取唐。……關白親率兵五十萬，……大將一百五十員，戰馬五萬匹，……長刀五十萬，鳥銃三十萬……。來年（1592）壬辰起身，……三月初一日開船。」1592年，豐臣秀吉在全國動員了三十餘萬兵力，以其中西國部隊為主的158,700人，編成9個軍團，輔以水軍9,200人、船隻700艘，組成進攻朝鮮的大軍。1597年，豐臣秀吉又派遣由陸軍141,490人和水軍22,100人組成的大軍，水陸並進再度入侵朝鮮。這些百戰之餘的強悍軍隊登陸後如入無人之境，橫掃朝鮮，朝鮮全軍覆滅，在短短三個月時間內朝鮮全國三都（漢城、開城、平壤）八道全部陷落。

3、緬甸

緬甸東吁王朝是中南半島的超強，擁有強大的軍力。在萬曆

時期明緬戰爭中，緬甸多次出動大軍攻擊明朝。1593、1606年緬甸兩次大規模入侵雲南，每次出動的部隊都達30萬人（或者號稱30萬人）之多。參戰緬軍不僅人數眾多，而且其主力都在中南半島各地長期作戰，是久經沙場的強悍之兵。

4、荷蘭

如前所述，荷蘭在東亞的殖民統治是通過荷蘭東印度公司。該公司有強大的武力，到了1669年，擁有150艘武裝商船和40艘戰船，1萬名傭兵。公司以巴達維亞為主要司令部，錫蘭、馬六甲、爪哇、馬來西亞群島等地設有分部，在好望角也築有驛站，為途經的船舶添加燃料、補給並實施維護修船工作。由於船堅砲利，該公司成為東亞世界最強大的海上武裝之一。

5、滿洲

早在萬曆二十年（1592），努爾哈赤已建立了一支強大的軍隊。在中日朝鮮戰爭前夕，這支軍隊已有騎兵3至4萬人，步兵4至5萬人，普遍認為其作戰能力勝過日本軍隊。經努爾哈赤、皇太極父子積極經營，後金／清建立了一支東亞最優秀的陸軍，即由滿、蒙、漢八旗組成的八旗軍。這支軍隊把東亞世界最優秀的步兵（滿洲重甲步兵）、最優秀的騎兵（蒙古騎兵）和最優秀的火器部隊（漢軍火器兵）結合為一體，總人數大約在20萬左右。這支軍隊集中在遼東地區，可以在戰場上一次投入數萬乃至10萬人以上的部隊。例如在明清薩爾滸之戰中，清軍參戰部隊約6萬人，在遼瀋之戰和廣寧之戰中約10萬人左右，寧遠之戰中5至6萬（號稱13萬），在錦州之戰中和山海關之戰中均在10萬人以上。

　　這裡我們把這些國家（或政權）在對明朝的戰爭中可以投入的兵力，與當時西方強國在大型國際戰爭中可以投入的兵力做一比較。軍事史專家克列威爾德（Martin Van Creveld）在《戰爭與後勤》（*Supplying War: Logistics from Wallenstein to Patton*）一書指出：在1560至1660年這一被稱為「軍事革命」的時期，歐洲各國軍隊人數出現巨大增長。1567年，西班牙阿爾巴公爵鎮壓尼德蘭叛亂時，只帶了9,000名步兵，1,600名騎兵，就已給人聲勢浩大的印象。但是只過了幾十年，西班牙用於鎮壓法蘭德斯起義的軍隊人數，就動輒以數萬計了。在17世紀歐洲最大的戰爭——天主教國家聯盟和新教國家聯盟之間的「三十年戰爭」（1618-1648）中，戰爭雙方最大規模的軍隊是新教方的瑞典國王古斯塔夫和天主教方的神聖羅馬帝國軍隊統帥華倫斯坦（Albrecht Wallenstein）指揮的軍隊，在他們武功達於頂峰的1631至1632年間，各自統率的軍隊都超過10萬人。但是到了三十年戰爭的後期，各國已不能保持這樣龐大的軍隊。「三十年戰爭」席捲整個歐洲，雙方前後投入的兵力累計不過百萬（其中天主教方共40至50萬，新教方共60至70萬）。

　　從16世紀的歐洲戰爭的主要戰役來看，參戰軍隊的數量也頗為有限。在16世紀後半葉法國胡格諾戰爭的一些最重要戰役，參戰雙方人數大體上各為10,000至15,000人。到了三十年戰爭期間，戰場兵力投入大大增加，法國、神聖羅馬帝國和瑞典各以30,000人以上的軍隊進行的會戰屢見不鮮，但是沒有一次單一戰場投入20萬部隊的會戰。直到17世紀末，才有像維也納會戰這樣的20萬人級會戰（在這次會戰中，9萬波蘭和奧地利聯軍擊敗了15萬奧斯曼土耳其軍隊）。而在晚明時期的中緬、中日和明清

戰爭中，20萬人以上級別的戰爭卻不罕見。

因此，晚明時期中國所面對的敵人，僅從兵力數量來說，就遠遠超過歐洲的全面大戰。

不僅如此，比起歐洲強權來說，這些新興的東亞地區強權在火器使用技術方面也毫不遜色，甚至有過而勝之。

日本接受了歐洲人傳來的先進火器之後，迅速將其用於戰爭。貝林（Noel Perrin）在《放棄槍械》一書中指出：16世紀末日本陸上火器之精良和應用之普遍，已經超過英、法等西歐先進國家。日本內戰中已大量使用了先進的鳥銃。在1555年的甲越戰役中，武田氏軍隊3,000人中已裝備火槍300餘枝。1570年的近江小谷山戰役中，織田信長的部隊也已擁有火槍近500枝。1575年，織田信長和德川家康的聯軍與武田勝賴軍會戰於長篠。在這場大戰中，織田信長首次大規模地使用了裝備火槍的3,000名輕步兵（「足輕」），並運用了「三段擊」的戰術。這種戰術類似西方黑騎士的半回旋戰法。火槍不間斷的齊射形成了密集彈雨，予敵軍重大殺傷。同時，織田軍還設置了馬柵，並配置了持5.6米長槍的足輕長槍兵，為火槍兵提供了必要的保護。除了馬柵和長槍，射擊還會產生濃厚的煙霧，對鳥銃手形成另一重保護。在這種火槍使用技術面前，武田家世代經營、被認為是日本戰國時代最強大的精銳騎兵（「赤備」）遭到毀滅性打擊，死亡、失蹤達1萬多人，武田軍由此元氣大傷，最終導致7年後武田氏的滅亡。手持火槍的輕步兵在此次戰爭中大顯神威，此後火槍逐漸成為日本軍隊的主要兵器。日本人掌握了先進的火器技術後，當然也用於對外劫掠。因此到了「後期倭寇」時代，鳥銃成為了倭寇手中的利器。明代後期人鄭若曾也說：「倭之火器，只有鳥銃，⋯⋯

第聞倭製火銃，其藥極細，以火酒漬製之。故其發速，又人善使，故發必中。……倭銃每發無聲，人不及防，類能洞甲貫堅，諸物難禦。」豐臣秀吉發動侵朝戰爭時，3,000 人的部隊中專設「鐵砲足輕」200 人。這種火槍步兵使得在朝明軍吃了很大苦頭。

　　清朝奪取天下後，統治者一直自詡「以弓馬騎射取天下」。確實，女真人本以弓馬、重甲和善戰著稱，後金繼承了這些傳統並加以發揚光大。但是在與明朝的戰爭中，後金發現火器的優越性，於是積極引進採納。崇禎時李之藻說：「臣惟火器者，中國之長技，所恃以得志於四夷者也。顧自奴酋倡亂，三年以來，傾我武庫甲仗，輦運而東以百萬計。其最稱猛烈如神威、飛電、大將軍等器，亦以萬計。然而付託匪人，將不知兵，未聞用一器以擊賊。而昨者河東駢陷，一切為賊奄有，賊轉驅我之人，用我之砲，佐其強弓鐵馬，愈以逆我顏行。」兵部尚書崔景榮等也說：「中國長技，惟恃火攻，遼沈陷而技反為敵資也。」後金／清對火器技術的學習和掌握非常迅速。徐光啟說：「賊中甚畏火器，模仿製用，刻意求工。」在崇禎十二至十五年（1639-1642）的松錦大戰中，雙方均大量使用了紅夷大砲和其他火器，而且明軍對清軍火砲的長足進展感到十分驚訝。爾後，清軍在火器方面逐漸取得優勢。徐光啟說：「連次喪失中外大小火銃，悉為奴有。我之長技與奴共之，而多寡之數且不若彼遠矣。」到了崇禎末年，清軍火砲在數量和質量上都超過明軍。崇禎十六年（1643），遼東巡撫黎玉田奏稱：「我之所以制酋者，向惟火器為先，蓋因我有而酋無，故足以取勝。後來酋雖有，而我獨多，猶足以僥倖也。今據回鄉稱說，酋於錦州鑄造西洋大砲一百位。……設不幸卒如回鄉所言，酋以大砲百位排設而擊，即鐵壁銅牆亦恐難保……。

以物力言，酋鑄百砲而有餘，我鑄十砲而無力……。奴之勢力，在昔不當我中國一大縣，……迄於今，而鑄砲、造藥十倍於我之神器矣！」火器使後金／清軍如虎添翼，明朝火器專家焦勗說：「彼（指清軍）之人壯馬潑，箭利弓強，既已勝我多矣，且近來火器又足與我相當……。目前火器所貴西洋大銃，則敵不但有，而今且廣有矣。我雖先得是銃，奈素未多備！」滿洲人積極引進先進火器的結果，是使得清軍成為當日東亞世界最強大的武裝力量。

　　強敵環繞，四面受敵，而明朝的國防資源卻非常有限。明朝雖然擁有一支百萬大軍，但是這支軍隊的實際規模要小得多。隆慶三年（1569）兵部侍郎譚綸說：全國軍隊定額為313.8萬人，而實際上僅有84.5萬人。為什麼會出現這樣大的差距？原因之一是軍人大量逃亡。正統三年（1438）兵部奏，逃兵總數達到120萬人，幾乎占全國軍伍總數的一半。嘉靖以後，情況更為嚴重。唐順之在複勘薊鎮邊務之後給世宗的奏疏中說道：「從黃花鎮起至居庸關，盡鎮邊城而止，凡為區者三，查得原額兵共二萬三千二十五名，逃亡一萬零一百九十五名。」居庸關是軍事重鎮，情況尚且如此，其餘地方軍隊渙散的情況就更可想而知了。隆慶二年（1568）九邊鎮的軍額100萬，僅存60萬，逃亡40萬，約占軍額的40%。特別值得注意的是，明軍的主力部隊京軍，減員也非常厲害。京軍明初總數在80萬以上，土木之變中受到嚴重損失。後來雖有恢復，實際兵力不過10餘萬。嘉慶時年，「額兵十萬七千餘人，而存者僅半」。而到了萬曆時期，京軍員額為武官2,727員，軍士206,280人，但實存的京衛軍約只有員額的一半。到了崇禎末年，派遣京軍出去執行任務，甚至無兵可用，只好雇遊民

充數。

　　由於兵員不足，在多數對外戰爭中，明朝能夠投入的作戰部隊人數十分有限。明代中期最大規模的戰場部隊投入是土木堡之役。在此役中，明英宗本人親任統帥（即「御駕親征」），戰場在北部邊防線上，距離北京不遠，可以動用現成的京軍和邊軍，因此比較容易調集軍隊投入戰場。在此情況下，投入此役的明軍號稱50萬之眾，實則只有25萬左右。在萬曆朝鮮之役和明末遼東之役這兩場大規模的戰爭中，明朝所能投入的部隊也都只在10至20萬之間。與此相對，明朝的主要敵人如日本、緬甸、滿洲以及蒙古，則常常可以傾全國之力投入對明戰爭。加上明朝大部分軍隊作戰能力頗差，使得明朝在軍事上處於非常不利的地位。這種相對虛弱的地位，成為這些敵人對明朝發動攻擊的一個重要誘因。因此之故，在明朝（包括南明）的最後一個世紀（1573-1662），中國不斷受到攻擊，不得不與它們進行了四次大規模戰爭。依照戰爭發生時間的先後，這四場戰爭依次是中緬邊境戰爭（1576-1606）、中日朝鮮戰爭（1592-1598）、明清遼東戰爭（1616-1644）和中荷臺海戰爭（1663-1662）。從戰爭的規模來說，這四場戰爭都屬當時世界上最大的戰爭，對世界歷史有深遠影響，因此這裡稱之為「晚明東亞世界四大戰」。

　　下面，我們就簡單看看明朝軍隊在這四場大戰中的表現，特別是晚明軍事改革運動創建的軍隊的表現。

二、西南戰事：中緬邊境戰爭（1576-1606）

　　在這四場戰爭中，中緬邊境戰爭較少受到世人的重視，對這

場戰爭的研究成果也遠不如對其他三場戰爭的研究成果豐富。但是這場戰爭在規模和持續時間上，與其他三場大戰相比都不遜色。

洪武十四年（1381），明太祖派大將沐英在雲南消滅了元朝的殘餘勢力後，在雲南西部和南部建立了六個宣慰司，即孟養宣慰司（轄境相當於今緬甸八莫，伊洛瓦底江以西、那伽山脈以東地區）、木邦宣慰司（轄境相當於今緬甸撣邦東北部地區）、緬甸宣慰司（即緬甸阿瓦王朝，其地在木邦以西，孟養以南，今緬甸曼德勒為中心的伊洛瓦底江中游地區）、八百宣慰司（其地在今緬甸撣邦東部和泰國清邁地區）、車里宣慰司（轄境相當於今中國雲南西雙版納）、老撾宣慰司（其地在今寮國境內）。明廷授予這些地方的統治者以宣慰使的職銜，被稱為土司，由雲南當局管轄。但是這些土司有相當大的獨立性，其中一些宣慰使司（如緬甸、八百、寮國等）實際上是獨立的政權。

緬甸的東吁王朝強盛起來後，四處征戰，兼併了今緬甸大部分地區。到了萬曆三年（1575），木邦、蠻莫都已處在緬甸控制之下。萬曆四年，緬甸大舉進攻孟養。孟養土司思個一面積極準備抵抗，一面向雲南當局告急。金騰屯田副使羅汝芳要求思個堅守待援，同時部署軍事行動。他以重金招募往來於中緬邊境的商人，派他們深入緬人控制地區，偵察其山川道路、兵馬糧餉等情況，又傳檄鄰近的各土司增援孟養。在摸清緬軍的情況後，即發兵前往增援。萬曆四年底，明軍到達騰越（今雲南騰衝）。思個得知援軍即將趕到，命令手下頭目烏祿剌率1萬多人馬深入緬軍後方，絕其糧道，他自己則率兵埋伏在戛撒（在今緬甸傑沙）地勢險隘之處，引誘緬軍深入。緬軍果然進攻戛撒，思個堅壁固

守，不與之戰。緬軍欲進不能，糧道又被截斷，陷入了困境，「饑甚，以攝金易合米，始屠象、馬，既剝樹皮，掘草根，軍中疫作，死者山積」。走投無路的緬軍只得向思個求和，遭到拒絕。思個派出使者，要求援兵迅速趕來，殲滅緬軍。但是雲南巡撫王凝「防邊將喜事，遂一切以鎮靜待之」，害怕「兵興禍速」，急忙傳羅汝芳，不准他發兵增援思個。羅汝芳「接檄憤恨，投檄於地，大罵而罷」，只得撤兵。思個久等而不見援兵來，大為失望。他得知陷於困境的緬軍逃跑，於是「率兵追之，且追且殺，緬兵大敗，生還者什不一二」。緬軍這次進犯孟養雖然遭到慘敗，但是由於明軍未能增援思個，全殲入侵的緬軍，「一時士民以為大失機會」。

萬曆五年（1577），陳文遂出任雲南巡撫，鑒於邊境的嚴重局勢，提出「檄諸夷，撫三宣，設將領，築城垣」等十策，「銳意請上經營」，「然與時見相牴牾，事亦寢」。萬曆六年（1578）明朝又遣使將在孟養所俘的緬甸兵、象，連同禮物送還緬甸，並「好言慰諭之」。但是緬王不領情，「不稱謝」。由於明朝採取姑息政策，又不加強邊防，雲南邊境的土司陷於孤立無援的不利處境，緬軍遂得以捲土重來。萬曆七年（1579），緬軍再次進攻孟養，思個因無援而敗，將走騰越，中途為其下所執，送給緬軍，不屈遇害。於是孟密、木邦、孟養等大片土地都淪於緬軍之手。儘管如此，明朝還是沒有採取積極的反擊措施。萬曆八年（1580），雲南巡撫饒仁侃又派人去招撫緬甸，但是緬王不予理睬。

萬曆十年（1582）冬，投靠緬甸的中國商人岳鳳帶引緬甸兵及各土司兵數十萬人，分頭進攻雷弄（今雲南盈江南）、盞達

（今盈江）、干崖（盈江東北）、南甸（今雲南騰衝西南）、木邦
（今緬甸新維）等地，大肆燒殺搶掠，繼進逼騰越（今雲南騰
衝）、永昌（今雲南保山）、大理、蒙化（今雲南巍山）、景東、
鎮沅（今雲南景谷東北）、元江等地。萬曆十一年正月，焚掠施
甸，陷順寧（今雲南鳳慶）、破盞達，岳鳳又令其子曩烏領眾6
萬，突攻孟淋寨（今雲南龍陵東北）。明軍指揮吳繼勳、千戶祁
維垣等率兵阻擊，但都戰死。為對付緬軍入侵，鎮守雲南總兵官
沐昌柞從昆明移駐洱海，巡撫都御史劉世曾移駐楚雄，調動數萬
軍隊，分道出擊。同時雲南巡撫劉世曾、巡按董裕一起上疏朝
廷，請求任命名將劉綎為騰越游擊，鄧子龍為永昌參將，趕赴前
線，全力反擊。這時緬王也「西會緬甸、孟養、孟密、蠻莫、隴
川兵於孟卯（今雲南瑞麗），東會車里（今雲南景洪）及八百
（今泰國北部清邁一帶和緬甸東北部）、孟良（今緬甸東北部，府
治在今緬甸景棟）、木邦兵於孟炎（在今緬甸興威以北），復並眾
入犯姚關」。劉綎和鄧子龍的部隊在當地土司軍隊的配合下，大
破緬軍於姚關以南的攀枝花地。

　　攀枝花大捷後，鄧子龍軍又取得三尖山戰役勝利，收復了灣
甸、耿馬。劉綎軍長驅直入，逼近岳鳳盤踞的隴川。在大軍壓境
的情況下，岳鳳知道無法逃脫，於萬曆十二年（1584）正月到劉
綎軍中投降，「盡獻所受緬書、緬銀及緬賜傘袱器、甲槍鞍、馬
蟒衣，並偽給關防一顆」。岳鳳及其子曩烏後來被押送北京處
死。在此前幾天，緬將散奪已騎象逃走，僅留數十緬人留守隴
川。劉綎部隊順利地占領了隴川，「奪獲緬書、緬碗、緬銀、緬
傘、緬服、蟒牙、衣甲、刀槍、鞍馬等衣物甚眾」。明軍占領隴
川後乘勝前進，分兵三路進攻蠻莫，蠻莫土司兵敗乞降，明軍隨

後又收復了孟養和孟璉（今雲南孟連）。劉綎軍擊敗緬軍後，「夷緬畏綎，望風內附者踵至」，木邦土司罕鳳、巡西（孟養）土司思義都殺了緬甸使者，投歸明朝。孟密土司思混也派他的弟弟前來投降，獻出了大象和緬王發給的印章。萬曆十二年（1584）二月，劉綎在威運營（今緬甸曼昌瑞亨山）築壇誓眾，受誓的有孟養、木邦、隴川三地的宣慰使和孟密安撫使。至此，明軍已收復了被緬軍占領的全部領土。劉綎「糾合諸夷，歃血剖符，定縱連橫，合營進討」，進兵阿瓦（今緬甸曼德勒附近），緬軍守將莽灼投降。

緬王莽應里得知後，發兵進攻莽灼。這時明兵已返回，莽灼力不能敵，棄城內奔，途中病死。萬曆十二年，緬軍再次入侵，攻占孟密，包圍五章。明軍把總高國春率500人前去救援，擊敗數萬敵軍。萬曆十一年到十二年（1583-1584），明軍反擊以勝利而告結束，東吁王朝的勢力基本上被趕出了木邦、孟養、蠻莫等廣大地區，邊境地區的土司紛紛重新歸順明朝。萬曆十二年，明朝政府升孟密安撫司為宣撫司，添設了蠻莫、耿馬兩安撫司，孟璉、孟養兩長官司，姚關、孟淋寨兩千戶所（都名為鎮安），並在蠻莫設立了大將行署，任命劉綎以副總兵署臨元參將，移鎮蠻莫。為了對付緬軍的象陣，劉綎還買了大象，「衝演兵馬」。這些措施鞏固了雲南邊防，加強了抵禦緬軍入侵的力量。

萬曆十三年（1585）冬，蠻莫土司思順因不滿劉綎及其部將的貪賄勒索，叛投緬甸。緬王派出大寨長等占據蠻莫，孟養土司也暗中依附緬甸。雲南按察使李材認為不收復蠻莫、孟養兩地，就無法制止緬軍入侵，派人成功地招撫了這兩個地方的土司。孟養境內有密堵、送速兩城（都在今緬甸孟養以南）仍為緬軍占

據。萬曆十五年（1587），孟養土司思威聯絡了孟密土司思忠、蠻莫土司思順一起進兵，並要求明軍援助以收復這兩座城市。雲南按察使李材、游擊劉天俸派軍前去配合作戰，殺敵千餘，斬殺緬將大襄長，收復密堵、送速兩城。萬曆十六年（1588），孟密土司思忠、蠻莫土司思順又投緬甸。緬軍入侵，占領了孟密。十八年（1590），緬軍進兵孟養，攻破猛拱（今緬甸猛拱），隨後又攻破孟密宣撫司管轄的孟廣（在今緬甸境內）。緬軍繼續東進，進攻隴川，被擊退。萬曆十九年（1591），因緬軍頻頻入侵，「諸夷力不能敵，紛紛求救，永（昌）、騰（越）震動」，明朝重新起用鄧子龍，統軍抗擊緬軍。鄧子龍趕到羅卜思莊（在今雲南梁河縣以南）時，由於天氣酷熱，大軍行動不便，派兵在夜間趕到蠻莫，到處燃起火炬。緬軍以為明軍大隊人馬趕到，於是退走。萬曆二十年（1592），緬軍再次入侵蠻莫，鄧子龍駐兵等煉，緬軍則進抵遮放。鄧子龍與緬軍大戰於控哈，緬軍退到沙州。明軍因為沒有船隻，無法進攻。兩軍相持了一個月，緬軍退去。

　　萬曆二十一年（1593）底，緬軍再次大舉入犯，號稱大軍30萬，戰象百頭，占領蠻莫後，分兵三路，一路進攻臘撒（在今雲南隴川縣境內），一路進攻遮放、芒市（今雲南潞西），一路進攻杉木龍。隴川土司多思順抵不住，退入孟卯（今雲南瑞麗）。雲南巡撫陳用賓此時正在永昌，率兵直入隴川，收復了蠻莫，但因輕敵，受到緬軍伏擊，損兵折將，而緬軍也無力追擊。萬曆二十二年（1594），陳用賓在騰越州西北至西南邊界築神護關等8座關口，以加強邊防。這八關址距當時的中緬邊界數十里至數百里不等。緬軍數擾八關，叛投緬甸的孟卯土司多俺殺天馬、漢龍兩關工役。明朝廣南知府漆文昌派木邦土司罕欽殺了多俺，並在孟卯

大興屯田。在加強邊防的同時，陳用賓又派人聯絡暹羅夾攻緬甸，暹羅方面口頭上答應了，但懾於緬甸的強大，未敢出兵。

萬曆二十三年（1595），緬軍入侵蠻莫，被明軍擊退。從萬曆二十四年到二十六年（1596-1598），中緬邊境一度趨於平靜，原因是莽應里在派兵侵犯中國的同時，從1584年到1593年連續5次發動侵略暹羅的戰爭，但都遭到失敗。1596年，暹羅軍隊開始反攻。在此後的幾年中，緬甸南部的孟族起來反抗莽應里的統治，阿瓦、東吁、卑謬等地的政權也紛紛宣告獨立。莽應里的統治陷入危機，無力侵擾雲南邊境。

在莽應里統治陷入危機時，其弟良淵乘機在北方擴大自己的勢力，並向北擴張。萬曆二十七年（1599），良淵的軍隊進攻孟養，被明軍擊退。萬曆三十年（1602），緬軍為了奪取孟密等地的開採玉石的礦井，出動十幾萬軍隊進攻蠻莫。土司思正力不能敵，逃入騰越求援，緬軍追至離騰越只有30里的黃連關。在緬軍兵臨城下、城內守軍人少無力擊退敵軍的情況下，雲南副使漆文昌、參將孔憲卿只得殺了思正向緬軍求和。緬軍又占據了蠻莫，隨後進攻孟密、孟養，土司思轟兵敗身死。萬曆三十四年（1606），緬軍30萬進攻木邦，明軍救兵不至，木邦失陷，陳用賓也因此下獄被殺。

萬曆三十四年以後，中緬之間戰爭基本上停止。原因是雙方都已無力繼續進行戰爭。在中國方面，明朝的統治已陷於危機，無力收復被緬甸占領的廣大地區。在緬甸方面，萬曆三十三年（1605）緬王良淵去世，其子阿那畢隆繼位。他在侵占木邦後即揮戈南下，進行再次統一緬甸的戰爭，因此也無力北上進攻明朝。

　　嘉靖到萬曆年間的中緬戰爭，前前後後持續了半個世紀。這場戰爭規模、強度都很大，萬曆二十一年（1593）、三十四年（1606）緬甸兩次大規模入侵，緬方出動的部隊每次都達30萬人（或者號稱30萬人）。從這一點來說，中緬邊境戰爭與差不多同時的歐洲三十年戰爭相當。

　　在中緬邊境戰爭中，雲南受到嚴重破壞。在雲南西南部地區，「三宣（宣慰司）素號富庶，實騰越之長垣，有險而不知設，故年來俱被殘破，凋敝不振」。萬曆十一年（1583）緬軍「分道入寇，傷殘數郡，蹂躪一方」，留下一片「白骨青磷」，以致數年以後，「人猶切齒」。朱孟震《西南夷風土記》記載了緬軍

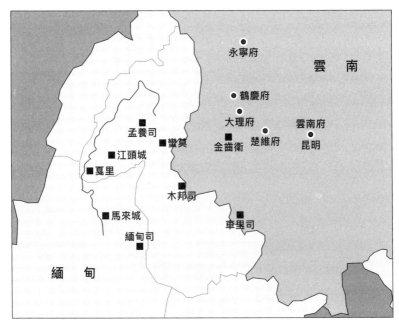

圖7.1　明緬邊界

在這些地區進行的屠殺，「凡有罪者，群埋土中，露頭於外，以牛耙之，復覆以柴草舉火焚之，彼自縱觀以為樂。江頭城外有大明街，閩、廣、江、蜀居貨遊藝者數萬，而三宣六慰被攜者亦數萬。頃歲聞天兵將南伐，恐其人為內應，舉囚於江邊，縱火焚死，棄屍蔽野塞江」。

為了抵禦緬軍入侵，明朝不得不在雲南邊境地區維持一支相當規模的軍隊。維持這支大軍，不僅需要投入數量巨大的軍費，而且後勤補給也非常困難。這一點，明代史籍沒有明確記載，但是從清代的情況也可以略窺一斑。乾隆三十三年（1768）征討緬甸，被派到雲南指揮軍事的尚書參贊大臣舒赫德、雲貴總督暫管巡撫鄂寧在奏疏中說征緬有五難：一是辦馬難，按滿兵1萬、漢兵3萬出兵規模算，戰馬、馱馬需10萬匹，急切難辦。二是辦糧難，按4萬兵、10萬馬算，單10個月就需兵糧42萬石，全省倉糧也不過35萬石，供應嚴重不足。三是行軍難，從內地永昌到邊境就已路難走，邊外地形更差。四是轉運難，單從永昌運糧到邊境，按三夫運米一石算，就需百餘萬人次。五是氣候難，水土不適，歷次戰事病故或因病失去戰鬥力者比戰場死傷還多。

舒赫德、鄂寧所說的情況並無誇大。明清兩朝在雲南邊境的駐軍所需糧餉主要靠雲南內地供應。雲南山高水急，交通條件惡劣，「轉輸米，石運價至十金」，「至內地運餉之苦，又有不忍言者」，以致「編氓鬻妻子，諸郡邑不支」，「大理、鶴慶、蒙化、姚安、楚雄五郡，邑無遺村遺戶，不死而徙耳」。清人倪蛻說：「滇雲一隅之地，著於唐虞，歷於三代，通於秦、漢，亂於唐，棄於宋，啟於元，盛於明。然亦困於明，極壞於明，不可收拾於明。」明人沈德符在談到萬曆年間緬軍入侵造成的危害時說：「雲

南自此虛耗矣！」

不僅如此，這次戰爭還帶來了其他的嚴重後果。由於明朝在戰爭中失敗，明初設立的孟養、木邦、緬甸、八百、寮國、古剌、底兀剌、底馬撒等宣慰司及孟艮禦夷府逐漸為緬甸控制。這使得明朝喪失了大片領土及勢力範圍，而緬甸則由此大大擴大了疆域，成為東南亞的超級強權。這樣，中國的西南邊疆就直接暴露在一個強敵的威脅之下，類似唐代中後期的南詔之於中央王朝。沈德符對這場戰爭的後果做了深刻的總結，說：「此後緬地轉大，幾埒天朝，凡滇黔粵西諸邊裔謀亂者，相率叛入其地以求援，因得收漁人之利，為西南第一逋逃藪，識者憂之。……雲南所統，自府州縣外，被聲教者，凡有九宣慰司、七宣撫司，其底馬撒與大古剌靖安三尉，久為緬所奪，滇中可以調遣者，惟車里等五夷，並緬甸為六慰，與南甸等三宣撫而已。迨至今日，三宣六慰，盡入緬輿圖中，他時南中倘有徵發，嚴急不可，姑息不可，蜀漢之張裔被縛送吳，天寶之李宓全軍俱覆，非前車耶？」

導致明軍在中緬邊境戰爭中表現不佳的一個原因是戰區的自然條件於明軍不利。戰區在今天滇西緬北的山區，地形與氣候條件複雜，叢林密布，「瘴氣」彌漫。來自位於熱帶地區的下緬甸的緬軍比起來自溫帶地區的明軍，更能適應這裡的自然環境。但是交戰雙方軍隊戰力的差異也是不可忽視的。明朝能夠投入的兵力有限，裝備和訓練都較差；而緬甸方面則傾全國之力投入戰爭，參戰緬軍不僅在人數上占絕對優勢，而且其主力是久經沙場的精兵。因此之故，明軍失利是必然的。

三、東方戰事：中日朝鮮戰爭（1592-1598）

　　1592年，按照東亞通用的中國傳統紀年——夏曆——是壬辰年，在當時的中國是萬曆二十年，在日本是文祿元年；1598年是夏曆丁酉年，在中國是萬曆二十六年，在日本是慶長三年。因此這場戰爭在中國史籍中稱為「萬曆朝鮮之役」或者「萬曆三大征」的「東征」之役；朝鮮史籍中稱為「壬辰倭亂」和「丁酉再亂」；日本史籍中則稱為「文祿之役」和「慶長之役」，或合稱為「文祿、慶長之役」。這場戰爭前後經歷了6年，包括三個階段：第一階段是壬辰之役，第二階段從中日雙方議和，再議封貢，到

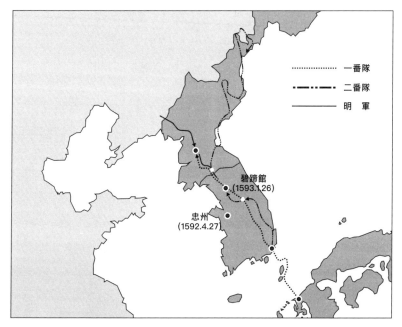

圖7.2　萬曆援朝戰爭

封貢失敗，第三階段是丁酉之役。

日本發動這場戰爭的目的是占領朝鮮，以朝鮮為跳板進攻中國，最終征服中國。豐臣秀吉為發動戰爭做了充分的準備，於1592年發動戰爭。

當時朝鮮太平日久，「人不知兵二百餘年」，武備廢弛。日軍於1592年4月在釜山登陸後，如入無人之境，迅速占領大片土地。朝鮮國王李昖放棄王京漢城，出奔平壤。5月2日，日軍攻克漢城，俘虜朝鮮王子。李昖於6月11日逃離平壤，流亡至中朝邊境的義州。6月15日，日軍攻陷平壤。7月，日軍在海汀倉俘虜了朝鮮王子臨海君與順和君。當時朝鮮全國八道僅剩平安道以北靠近遼東半島的義州一帶尚未為日軍攻占。此時朝鮮危在旦夕，除了向宗主國明朝求援之外，別無選擇。李昖派幾批使者去北京向萬曆皇帝呈交求援國書，同時也大力遊說明朝的閣臣、尚書、侍郎、御史、宦官等，甚至表示願內附明朝，力圖促使明朝盡快出兵援朝。

在朝鮮告急的同時，日軍於7月27日越過圖們江，侵攻臣屬明朝的兀良哈建州女真及海西女真，攻拔女真五營，女真餘營遁去。8月，日軍再大破女真酋長卜占台，攻破其部。明朝朝廷很快認定「倭寇之圖朝鮮，意實在中國，而我兵之救朝鮮實所以保中國」，因而答應讓李昖渡過鴨綠江，居住在明境遼東半島的寬奠堡，同時出兵援助朝鮮。

1592年6月，明軍首批入朝部隊騎兵1,000餘人，在戴朝弁、史儒率領下渡過鴨綠江進入朝鮮，隨後祖承訓率騎兵5,000人也渡江南下，直奔平壤。7月17日，明軍與日軍戰於平壤。因天雨，馬蹄紛紛潰爛，騎兵作戰能力大受影響。同時，朝鮮方面提

供情報說平壤只有1,000多日軍，實際日軍有上萬人。祖承訓誤信此不實情報，產生輕敵思想，指揮明軍輕率攻入平壤。城內多狹巷，騎兵無法衝鋒，反而成為日軍鳥銃伏擊的對象，協助明軍作戰的朝鮮軍又臨陣潰逃，導致明軍戰敗，不得不撤退。

　　平壤兵敗後，明朝調整了戰略計畫，認為「此賊非南方砲手不可制，欲調砲手及各樣器械先到於此矣，待南兵一時前進」。同年8月，明朝以兵部右侍郎宋應昌經略備倭軍務，作為朝鮮戰爭總指揮；又於10月任命李如松總理薊、遼、保定、山東軍務，並充任防海禦倭總兵官，作為前線戰地指揮官。明朝從全國各地調集了4萬精銳部隊，包括遼東精騎1萬人，宣府、大同精騎1.6萬人，薊鎮、保定精銳步兵1萬人，南兵（江浙步兵）3,000人；另有四川副總兵劉綎率川軍5,000人作為後續部隊。1592年12月25日，總兵官李如松從寧夏回到遼東後，尚不及休息，即率軍43,000餘人越過鴨綠江進入朝鮮。

　　翌年元月明軍進抵平壤城下，與日軍小西行長指揮的日軍第一軍團15,000人戰於平壤。當時明軍配有各種火砲數百門，日軍火槍雖然略優於明軍火銃，但其火砲威力卻遠不及明軍火砲。依照朝鮮方面的紀錄，明軍「在距城五里許，諸砲一時齊發，聲如天動，俄而火光燭天」，「倭銃之聲雖四面俱發，而聲聲各聞，天兵之砲如天崩地裂，犯之無不焦爛」。此戰明軍大勝，殲滅日軍1萬餘人，燒殺溺斃無數，逃散者不及總數的十分之一。明軍則陣亡796人，傷1,492人。此後明、日兩軍又進行了多次交鋒，互有勝負。1593年6月，日本因海戰失利，補給無法送至，加上朝鮮國內被戰爭破壞過度，瘟疫流行，當地徵發糧食不易，以及急於保全占據朝鮮南部四道的戰果，遂派使節隨同明使沈惟敬由釜山

至北京城議和。明朝也因為朝鮮方面無法提供在朝明軍所需的糧餉，於是宣布退兵，只留劉綎部扼守要口。

經過幾年休整，豐臣秀吉於1597年發動了第二次侵朝戰爭，出動陸軍14萬餘人，水軍2萬餘人，再度入侵朝鮮。明朝迅速做出反應，任命麻貴為備倭總兵官，統率南北諸軍。隨後又任命楊鎬為右僉都御史，經略朝鮮軍務，並以兵部侍郎邢玠為尚書，總督薊、遼、保定軍務，指揮禦倭。開赴至朝鮮的第一批明軍共約3萬餘人，後續不斷增兵，到了戰爭後期達到11萬人。由於日軍在兵力方面占有優勢，所以開始時明軍在朝鮮處境相當困難，但隨著不斷增兵，形勢開始逆轉。經過互有勝負的多次戰役，雙方國力消耗嚴重。特別是日本更是難以為繼。因此到豐臣秀吉死後，日軍遂開始撤離，明軍分道進擊，最終迫使殘留的日軍全部撤出朝鮮半島。

萬曆朝鮮之役是東亞歷史上的一場大戰。明朝人說：「其軍威之盛，戰勝之速，委前史所未有。」斯沃普（Kenneth Swope）將這次戰爭稱為「第一次大東亞戰爭」（the First Great East Asian War），並以此作為其《龍頭與蛇尾》（*A Dragon's Head and a Serpent's Tail: Ming China and the First Great East Asian War, 1592-1598*）一書的副標題。在戰場上，明軍和日軍均有過良好表現，雙方也都在不同時期犯過錯誤，遭過敗績。戰爭最後以明朝的勝利告終，表現了明軍在大型國際戰爭中的實戰能力。

四、東北戰事：明清遼東戰爭（1616-1644）

明清戰爭的雙方，一為明朝，一為後金／清朝。這場戰爭起

自1618年後金與明朝在撫順首次交鋒，止於1683年永曆帝被俘，歷時半個世紀以上。

明清戰爭中的首次大戰是薩爾滸之戰。萬曆四十六年（後金天命三年，1618），經過精心準備後，努爾哈赤以報「七大恨」為由，率領2萬勁旅攻打明朝在遼東的重要據點撫順。在這次戰役中，明軍敗績，撫順失守。明廷深感震驚，於是調募福建、浙江、四川、陝西、甘肅等地部隊約9萬人，集於遼東，次年初決戰於薩爾滸。在這次戰役中，明軍又大敗，大批精銳部隊被殲。薩爾滸之戰使得遼東局勢劇變。3年後，到了天啟元年（後金天命六年，1621），努爾哈赤率大軍進攻明朝在遼東的統治中心瀋

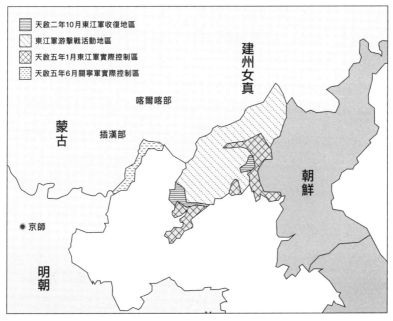

圖7.3　明清戰爭形勢圖

陽。經過激烈戰鬥，瀋陽、遼陽先後陷落，遼河以東大小七十餘城隨即被後金占領。後金隨即遷都遼陽，天啟五年再遷都瀋陽。

遼、瀋被後金攻占後，廣寧（今遼寧北鎮）成為明在關外的最大據點。明朝再次起用熊廷弼為兵部尚書兼左副都御史，駐山海關經略遼東軍務，但同時又用王化貞為右僉都御史，巡撫廣寧。其時廣寧有兵14萬（實際12萬），而熊廷弼部僅有4,000人，因此徒具經略的虛名。熊廷弼認為「河窄難恃，堡小難容」，要求朝廷調集20萬兵馬和充足的武器糧草加強防禦。但是不懂軍事的王化貞則希圖利用遼人抗金鬥爭，以及西部蒙古的援助和降將李永芳為內應，不戰取勝，因此對一切防守俱置不問。明朝內閣和兵部都支持王化貞的主張。經略、巡撫這兩個遼東軍事最高統帥不和，直接危害了廣寧的防守。天啟二年後金軍渡過遼河，攻下西平堡，鎮武堡和閭陽驛的明軍望風潰敗，後金軍遂一路向廣寧進軍，王化貞棄城逃走。

明廷為了挽回殘局，任命孫承宗為遼東經略，積極整治寧錦防務。孫承宗在遼東督師4年，前後修復9座城池，45座堡壘，招練兵馬11萬人，製造甲冑、軍用器械、弓矢、砲石等作戰器具數百萬件，開疆擴土400里，屯田5,000頃，年收入15萬石糧食。他還重用一批有為的將領，其中一人是袁崇煥。袁崇煥受命駐守寧遠，到任後，首先修築城堡，以加強防禦。他修建寧遠城，定下了高標準，「定規制，高三丈二尺，雉高六尺，址廣三丈，上二丈四尺」。寧遠之外，還修復了錦州、松山、杏山、大凌河、小凌河、右屯等54座城堡，同寧遠城一起構成寧錦防線。晚明軍事改革運動的重要人物孫元化向明廷建議以西洋之法來改造遼東砲臺。明廷命孫元化速赴寧遠，與袁崇煥共商造銃建臺之

策。袁崇煥採納了孫元化的方案，改建了寧遠城牆。除了修築堅固的城堡之外，袁崇煥認為明軍「不利野戰，只有憑堅城、用大砲一策」，因此非常重視使用威力強大的紅夷大砲，從山海關調來11門紅夷大砲，並抓緊訓練砲手，使之盡快掌握使用紅夷大砲進行攻守的方法。除了紅夷砲，他還增置了子母砲、快銃等火器。此外，他還採取了屯田、撫民、練兵、拓邊等措施，都收到很好的效果。天啟六年（後金天命十一年，1626）努爾哈赤率13萬大軍，號稱20萬，從瀋陽出發，向明朝發動了大規模進攻。後金兵「於曠野布兵，南至海岸，北越廣寧大路，前後如流，首尾不見，旌旗、劍戟如林」。後金兵先占領右屯衛，次及錦州、松

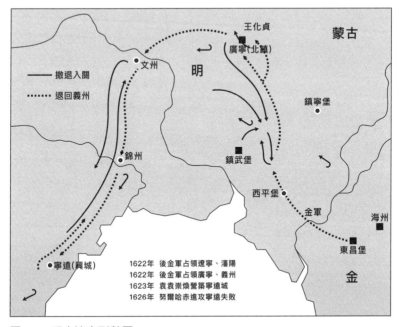

圖7.4　明末遼東形勢圖

山、大小凌河、杏山、連山、塔山等7城，只有袁崇煥緊急招集
本部人馬撤入寧遠城內。雙方在寧遠城下遭遇，展開激戰，這就
是著名的寧遠之戰。努爾哈赤遣使招降袁崇煥，說：「吾以二十
萬兵攻此城，破之必矣。爾眾官若降，即封以高爵。」袁崇煥予
以嚴詞拒絕，表示「義當死守，豈有降理」。後金兵發動猛攻，
「戴循穴城，矢石不能退」。明軍銃砲齊發，箭鏃如雨，打退了後
金兵的多次進攻。後金兵隨後在板車厚盾的掩護下不斷攻城，袁
崇煥令福建軍士羅立發西洋巨砲轟擊後金軍，十餘門大砲「從城
上擊，周而不停，每砲所中，糜爛可數里」，「城上銃砲迭發，每
用西洋砲則牌車如拉朽」。後金兵接近城牆時，用西洋方法修築

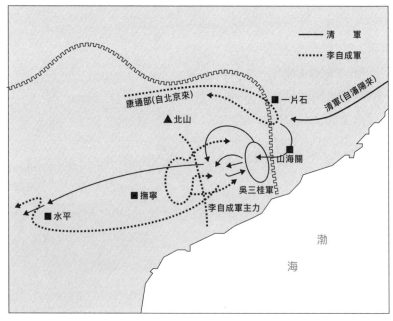

圖7.5　山海關之戰作戰經過示意圖

的砲臺又發揮了作用，「門角兩台，攢對橫擊」，利用交叉火力殺傷大批敵軍。經過3天激戰，後金兵損失一萬七千餘人，努爾哈赤不得不率領殘兵返回瀋陽。這是他對明戰爭以來第一次遭受挫敗，他痛心地說：「朕自二十五歲征伐以來，戰無不勝，攻無不克，何獨寧遠一城不能下耶？」此役後金實際投入兵力6萬人，而明軍兵力約1.7萬人，明軍取得勝利，史稱寧遠大捷。寧遠之戰後，明清戰爭進入了一個相持階段。

天啟七年（後金天聰元年，1627），努爾哈赤去世，皇太極繼位，改後金為清。皇太極即位後即率軍西征，兵鋒直逼錦州。崇禎元年（後金天聰二年，1628），明廷提升袁崇煥為兵部尚書兼右副都御史督師薊遼兼督登萊天津軍務，並調兵12萬進行防禦，其中4萬守山海關，8萬守關外。關內外守軍與援軍總計達15萬以上，均為「精兵宿將」。特別是在關外，「精兵盡在前線」，「關門城池金湯，一切防禦之具堤備周悉」。在關外守軍中，又以6萬分守前屯、寧遠、中後、中右四個據點，其中寧遠最重要，史稱「今天下以榆關為安危，榆關以寧遠為安危，寧遠又以撫臣（指袁崇煥）為安危」。袁崇煥指揮該城3.5萬兵馬，全操戰守事宜，並隨時支援錦州。因有袁崇煥在寧遠堅守，清朝進兵北京的道路受阻，只得改從長城各口入塞。崇禎二年，清軍十餘萬，以蒙古兵為先鋒，繞道喀喇沁部落，攻破長城線上的大安口、龍井關。此時明朝精銳部隊都在遼東前線，山海關以西軍伍廢弛。清軍來攻，明廷令總兵趙率教、督師袁崇煥、總兵滿桂等率兵入援。後金軍圍遵化，趙率教戰死，清兵進迫北京城下。但關外明軍尚有相當實力，清軍依然無法在此立足，只好撤回。

到了崇禎後期，明朝國內動亂加劇，而清朝方面的實力則不

斷加強。在此情況下，清朝發動了明清戰爭中的關鍵戰役——松錦之戰。在此次大戰中，明清雙方都投入大軍，明軍約17萬，清軍約20萬。戰鬥從崇禎十二年（1639）二月進行到崇禎十五年（1642）4月，歷時3年，結果是明軍大敗。據《清太宗實錄》記載，「是役也，計斬殺敵眾五萬三千七百八十三，獲馬七千四百四十四，甲冑九千三百四十六件。明兵自杏山，南至塔山，赴海死者甚眾，所棄馬匹、甲冑以數萬計。海中浮屍漂蕩，多如雁鶩」。松錦大戰的失敗標誌了明朝在遼東防禦體系的完全崩潰。

即使到了此時，明軍在遼西還擁有一定實力，主力在山海關。清軍屢次越過長城進入關內而始終未能立足，是因為「終有山海關控遏其間，則內外聲勢不接」。只要山海關在明朝控制下，入關清軍的後路就會被截斷。在山海關的明軍甚至有可能乘虛進攻瀋陽，直搗清朝老巢。因此要滅亡明朝，就必須奪取山海關。駐守山海關的吳三桂手下握有3萬精兵，是清軍入關的一個難以逾越的障礙。到了崇禎十七年，李自成占領北京。吳三桂降清，與清軍統帥多爾袞聯手，與李自成率領的大順軍大戰於一片石。大順軍號稱20萬人，實際約10萬；吳三桂軍約3萬人，另有其招募的明軍潰兵2萬人，共約5萬；多爾袞軍14萬人，投入戰鬥的約2萬人。在戰場上直接廝殺的李、吳、清軍，總計達10萬人以上，除了吳三桂收容的明朝潰兵2萬人外，都是百戰之餘的精銳部隊，因此是一場惡戰硬戰。明清之際人劉健在其《庭聞錄》中說：這次會戰到了第2天進入決戰，「（李軍）知邊兵（吳軍）勁，成敗待此一決，驅其眾死鬥。三桂亦悉銳而出。……滿兵蓄銳不發。苦戰至日昳，三桂幾不支，滿兵乃分左右翼，鼓勇而前，以逸待勞，遂克大捷」。朝鮮的《瀋館錄》也記述了這次

大戰的戰況：「（李、吳）兩軍酣戰於城內數里許廟堂前，飛丸亂射於城中，……砲聲如雷，矢集如雨。清軍三吹角，三吶喊，一時衝突陣。發矢三巡，劍光閃爍。是日風勢大作，一陣黃埃，自近而遠，始知（賊）之敗也。」決戰的結果，李軍潰敗，清軍隨即入關，占領北京，爾後打敗各地抵抗武裝，最終統一全國。

五、東南戰事：中荷臺海戰爭（1633-1662）

活躍在17世紀前半期東亞世界的著名海上武裝的鄭氏集團，本是海商／海盜集團，早期與明朝政府對抗，因此其武裝不是國家武裝力量，他們和外國之間進行的戰爭也不能算作是中國與外國的戰爭。但是鄭芝龍接受朝廷的招撫後，鄭氏集團的武裝也就成為國家武裝力量的一部分，儘管這支武裝實際上依然是獨立的，並不真正受朝廷指揮。

鄭芝龍羽翼漸豐，由於利益衝突，與西洋人發生摩擦。他不斷劫持荷蘭、英國等國商船，並規定「凡海舶不得鄭氏令旗，不能來往。每舶例入二千金」。1628年鄭芝龍船隊在福建東山島海域伏擊了荷蘭船隊，捕獲兩艘大船和85名荷蘭船員，並攻入廈門港，再俘虜兩艘荷蘭船。1633年，荷蘭人派了戰艦11艘，由臺灣長官兼艦隊司令普特曼斯（Hans Putmans）指揮，另有旗艦密德堡（Middelburg）及一艘中式帆船，偷襲鄭芝龍的基地廈門。鄭芝龍不久前才答應發給荷蘭占領下的臺灣以自由貿易的執照，認為這應會使荷蘭人滿意，所以率領主力與海盜劉香在廣東附近會戰完畢後，順勢引兵在廣東靖寇，只將海戰受損的船艦回廈門整修。7月12日荷軍偷襲廈門，毫無戒備的明軍大敗，鄭芝龍部的

10艘戰船及明軍游擊張永產部的5艘戰船被焚毀。據荷蘭方面的文獻記載，荷蘭船艦擊毀了的明軍大型戰船約25至30艘，這些戰船都配備完善，架有16、20到36門大砲，另外還擊毀了20至25艘小型戰船。此後荷蘭船艦封鎖廈門灣。7月26日，明廷指責荷蘭人燒毀船隻，要其賠償戰爭損失並退回到臺灣大員。荷蘭人自恃優勢武力，要明朝政府不再與西班牙人、葡萄牙人交易。如果不同意，就再度開戰。

　　鄭芝龍對荷蘭人偷襲廈門非常憤怒，於是在海澄、劉五店、石潯、安海集合了35艘大戰船，100艘放火船及其他大小船隻共400艘，準備一決勝負。普特曼斯發覺鄭芝龍在備戰，自覺兵力不足，於是尋求海盜劉香、李國助等協助。10月10日，荷蘭艦隻受到明軍艦隻攻擊，這些海盜馬上救助荷蘭人，並向普特曼斯邀功。10月15日福建巡撫鄒維璉在海澄誓師，令鄭芝龍為前鋒。10月17日鄭芝龍報告說：「卑職督率船隻扼要烏沙頭，據報夷夾板船九隻，劉香賊船五十餘隻，自南北上，游移外洋。」10月18日，荷蘭人見在金門北角有40至50隻中國船艦，故將船隊靠於金門西南角。一場惡戰已迫在眉睫。

　　10月19日，荷蘭人收到戰書。10月22日清晨，鄭芝龍不顧惡劣氣候率軍自頭圍開船，天明時到金門的料羅灣，灣內有荷戰艦9隻，海盜船50餘隻。鄭軍決定以攻擊荷艦為主，140艘戰船分為兩隊，兩面包抄，發動攻擊。荷蘭兩艘大型戰艦與鄭軍大船相遇，被鄭軍以英國大砲猛烈攻擊後沉沒。普特曼斯自知敗局已定，不顧尚在料羅灣內的50艘同盟的海盜船的死活，下令撤退脫離戰場。這一戰，荷軍遭到慘敗，參戰的9艘大型軍艦中，4艘沉沒外，剩下5艘也受重創，其中式帆船全部著火沉沒。此即是著

名的1633年金門料羅灣海戰，史稱「料羅灣大捷」。大捷之後，荷蘭東印度公司不得不每年向鄭芝龍繳納12萬法郎的保護費，公司的商船才能安全通過中國水域。此後，鄭氏集團和荷蘭東印度公司之間進入了一個相對和平的時期。

由於料羅灣大捷，明朝政府提升鄭芝龍為福建副總兵，崇禎十三年（1640）又提升他為福建總兵官，兼都督同知；之後又升遷至南安伯、平虜侯、平國公。福建巡撫上書表奏：「芝龍果建奇功，虜其丑類，為海上十數年所未有。」明亡之後，鄭成功繼續經營這支海上武裝，成為反清復明事業的主力。南京之役戰敗後，他把目標轉向被荷蘭人占領的臺灣。

1661年（清順治十八年，南明永曆十五年），鄭成功親率大軍2.5萬人、戰船數百艘，自金門料羅灣出發，橫渡臺灣海峽，向臺灣進軍。荷蘭在臺灣的兵力集中在臺灣城（又稱安平城、熱蘭遮城）和赤嵌樓（又稱紅毛樓、普羅民遮城）兩城。他們積極加強防衛，並在港口沉破船阻止鄭成功船隊登岸。鄭軍乘海水漲潮將船隊駛進鹿耳門內海，主力從禾寮港登陸，從側背進攻赤嵌樓，並切斷了與臺灣城的聯繫。鄭軍與荷軍在海上展開戰鬥，荷軍主力戰艦赫克托號被鄭軍戰船擊沉。同時鄭軍又擊潰了臺灣城來的荷軍援軍。赤嵌的水源被切斷，外援無望，向鄭軍投降。據守臺灣城的是荷蘭在臺灣的最高統治者揆一（Frederick Coyett），他拒絕投降。鄭成功下令強攻，遭到頑強抵抗。於是鄭成功改變策略，改採長期包圍的戰略。此時荷蘭人依然不願放棄臺灣，從巴達維亞調來由600多名士兵、11艘軍艦組成的援軍，並帶來大量補給品與火藥。來到臺灣外海後，遭遇強風侵襲，被迫離開臺灣海岸，前往澎湖躲避風雨；其中荷蘭軍艦烏爾克（Urck）號退

走時擱淺，船上人員被鄭軍俘虜。爾後，荷、鄭兩軍於臺灣城附近的台江內海展開激烈海戰，鄭軍大獲全勝，擊沉一艘荷蘭軍艦，並奪取船隻數艘，自此荷軍喪失主動出擊的能力。到了年底，荷軍士官拉德（Hans Jeuriaen Rade）叛逃，投奔鄭軍，並向鄭成功提供了臺灣城的防守情報。鄭軍根據這個情報，砲轟擊毀城內的要塞烏特勒支碉堡，城破終成定局。臺灣城被圍困了8個多月，荷軍傷亡一千六百多人，揆一修書予鄭成功，表示同意和談，爾後在投降條約上簽了字，率領殘軍五百餘人退出臺灣。

　　過去大多數人都認為鄭芝龍、鄭成功戰勝荷蘭人主要靠的是人海戰術，而非先進武器。荷方雖然失敗，但拜先進武器之賜，依然能夠以少抗多。在此意義上來說，這場戰爭和鴉片戰爭有相同之處。然而歐陽泰（Tonio Andrade）批駁了這種看法，他指出：「歐洲在鴉片戰爭當中使用的是威力強大的工業化輪船，結果中國以慘敗收場。而中荷戰爭採用的武器，則是當時最先進的大砲、火槍與船隻，結果中國獲勝。」他還從全球史的角度出發，指出了這場戰爭的世界意義：「1661至1668年間的中荷戰爭，是歐洲與中國的第一場戰爭，也曾是歐洲與中國軍隊之間意義最重大的第一場戰爭，此一地位直到200年後，才被鴉片戰爭所取代。」

六、「餘威震於殊俗」：晚明軍事改革的歷史遺產

　　在以上4場戰爭中，明朝的戰場表現有很大的不同。造成這種不同的一個主要原因是明朝投入這4場戰爭的部隊有很大的不同。

　　在中緬戰爭中，明朝參戰部隊有土兵和客兵，前者包括雲南地方衛所兵和土司兵，後者則主要是鄧子龍率領的3,000江西兵。總的來說，這些部隊雖然也配備了一定數量的火器，但是並非在晚明軍事改革運動中訓練出來的部隊。因此可以說，中緬之戰與晚明軍事改革運動關係不大。在餘下的3場戰爭中，晚明軍事改革運動的成果程度不等地得到展現。

　　在中日朝鮮戰爭中，明朝從全國各地抽調部隊到朝鮮作戰。這些部隊有車兵、馬兵、正兵、親兵、南兵諸兵種。南兵是過去戚繼光訓練出來的部隊，以浙江招募來的步兵為主，主要使用火器，是最具戰鬥力的部隊。南兵被視為一個兵種，表明這種部隊受到特別的重視。事實上，南兵確實在朝鮮戰場上大放異彩。在攻克平壤的戰役中，戰鬥十分激烈。「俄而發大砲一號，各陣繼而齊發，響如萬雷，山嶽震搖，亂放火箭，煙焰彌數十里，咫尺不分，但聞吶喊聲，雜於砲響，如萬蜂哄鬧。少選，西風忽起，卷砲煙直沖城裡，火烈風急，先著密德土窟，赤焰互天，延殆盡，城上賊幟，須臾風靡」。諸軍攻城，但日軍頑強抵抗，「亂用鉛丸，湯水大石，滾下拒之」。明軍攻城受阻，稍稍後退。統帥李如松見此，當即斬一退卻者，在諸軍陣前大呼：「先登城者，賞銀五千兩！」於是士氣大振，奮勇上前。在其中，南兵表現尤為突出。南兵將領吳惟忠身先士卒，攻城時「中鉛洞胸，血流腹腫，而猶能奮呼督戰」，「吳惟忠中丸傷胸，策戰益力。駱尚志從含球門城，持長戟負麻牌，聳身攀堞，賊投巨石，撞傷其足，尚志冒而直上。諸軍鼓譟隨之，賊不敢抵當。浙兵先登，拔賊幟，立天兵旗麾」。朝鮮人也親眼看到「南兵不顧生死，一向直前，吳惟忠之功最高」；「是戰也，南兵輕勇敢戰，故得捷賴此輩」。

在明清戰爭和中荷臺海戰爭中，使用西式火器、受過西式訓練的明軍部隊也發揮很大的作用。因此我們可以說，晚明軍事改革運動確實收到了相當的成效，否則明軍不可能取得中日朝鮮戰爭和中荷臺海戰爭的勝利，在明清戰爭中也不可能在內外交困的情況下堅持相當時間。

不過也要指出，晚明軍事改革運動的成果是很有限的。首先，通過這個運動訓練出來的新式軍隊，數量很少。戚繼光訓練出來的南兵，總數約 2 萬人，在晚明百萬軍隊中所占的比重很小。在朝鮮戰爭中，明軍中的南兵約 1.1 萬人，僅占入朝明軍總數 14 萬的 7%。徐光啟創建新軍的練兵計畫，因為財政窘迫，第一步只能訓練 3,000 至 5,000 人。這個計畫的主要成果是登州火砲營，其人數在明軍所占的比重更是微乎其微。除了這樣為數很少的新式部隊外，晚明軍事改革運動的成果主要體現在明軍其他部隊裝備的改進方面，主要是裝備更多、更先進的火器。但是由於各種原因，大多數部隊並未配備先進火器，即使是京軍也如此。更加重要的是，軍隊要適應先進武器的使用就必須提高軍人素質，提供高效率的教育訓練手段，發明新的體制編制，正如前面引用過的那段馬克思之語所言：「隨著新作戰工具即射擊火器的發明，軍隊的整個內部組織就必然改變了，各個人藉以組成軍隊並能作為軍隊行動的那些關係就改變了，各個軍隊相互間的關係也發生了變化。」在一支整個內部組織依然如舊的軍隊中，先進武器並不能很好發揮作用。因此，即使是配備了先進火器的明軍，其戰鬥能力也遠遠不能達到最佳狀態。

不僅如此，明朝政治的腐敗和軍隊內部的派系鬥爭，也嚴重地影響了軍事改革的成果。戚繼光訓練出來的南兵，在朝鮮戰場

上有卓越的表現，但是與入朝明軍統帥李如松的遼兵之間存在嚴重的矛盾。因此到了論功行賞時，李如松在奏功疏中將北兵居上，南兵居次。對於先登城的南兵，既未賞銀，奏功又不力，引起南兵將士極大不滿。朝鮮名臣柳成龍上書朝鮮國王說：「提督（李如松）攻城取勝，全用南軍，及其論功，北軍居上。以此軍情，似為乖張。」更有甚者，到了萬曆二十三年，從朝鮮戰場歸來的三千餘名南兵，竟然因索餉而被殺。爾後因為明朝政壇內鬥而導致孔有德、耿仲明發動叛亂，孫元化在登州訓練的登州火砲營及其西洋大砲全部落入叛軍之手，而全力訓練這種新軍的孫元化則被明廷處死。因此，由於各方面的原因，晚明的軍事改革運動只取得了很有限的成功，因此最後也未能挽救明朝。

明朝滅亡之後，軍事改革運動也就不再繼續，創建一支具有近代特徵的軍隊的工作，要一直等到太平天國戰爭期間，中國的精英們才又重新開始，而到清末新政時「練兵」運動中方成為朝野共識。因此可以說，明代中後期精英的理想未能實現，他們發動的軍事改革運動的失敗也為中國軍隊的早期近代化過程畫下了一個句號。

然而，雖然以創建一支新型軍隊為中心的晚明軍事改革運動最終未能成功，但是這場改革並未完全失敗。最具有諷刺意味的是，這場軍事改革的成果主要被明朝的主要敵人——清朝所享有並繼承，儘管只是部分地繼承。

在一片石戰役之後的短短時期內，清朝就統一了中國。為什麼清朝奪取天下會那麼順利，而不像蒙古人打南宋打了那麼多年？早在清朝建立之初，眼光敏銳的法國傳教士白晉（Joachim Bouvet）就試圖找出答案。他在所著《康熙帝傳》（*Portrait historique de l'empereur de la Chine*）中說：「事實上，韃靼人（滿人）在征服帝國過程中，幾乎沒有付出任何代價，而是漢人互相殘殺，加上漢人中最勇敢的人反而為了滿洲人去反對他們本民族而戰。」這些「漢人中最勇敢的人」是誰呢？著名漢學家伊懋可（Mark Elvin）在《中國過去的模式》（*The pattern of the Chinese past: a social and economic interpretation*）一書中說：「滿洲人沒有征服中國。中國是被吳三桂、洪承疇一類的漢人叛將替滿人征服的。這些人站到了滿洲一邊。」他認為沒有這些漢人叛將，滿人是不可能征服中國的，原因是「即使是在1640年代，滿人在作戰方面尚不能與明人相比」。他們的說法都有其道理，因為事實確實如此。但是這裡要指出的是，在清軍相對來說輕而易舉地占領中國內地的戰爭中，起了重大作用的漢人並不是吳三桂、洪承疇等，而是在清軍入關以前投降清朝並被編入八旗的明朝軍隊，即漢軍八旗，其中就包括了登州火砲營。

　　崇禎四年（1631）發生吳橋兵變，孔有德、耿仲明率領登州火砲營投降後金。後金／清以這些部隊為基礎，創建了以使用火器為特色的八旗漢軍。陳寅恪先生在《柳如是別傳》中指出：「滿洲語所稱漢軍為『烏珍超哈』（重火器兵）而不稱為『尼堪超哈（漢兵）』者，推其原故，蓋清初奪取明室守禦遼東邊城之仿製西洋火砲，並用降將管領使用，所以有此名號。」在清朝統一中國的戰爭中，清軍在火器方面的絕對優勢是關鍵因素之一。在歸順的漢人的幫助下，清軍在入關前夕所鑄成的「神威大將軍」砲，在技術上已達到當時世界先進水準。由漢軍組成的砲兵部隊，與滿、蒙騎步兵密切配合，以摧枯拉朽之勢，在短短數年中橫掃中國，建立起一個新的強大帝國。

　　清朝統一之後，漢軍八旗繼續在清朝軍隊裡發揮著極其重要的作用。錢穆等前輩學者已指出，在八旗軍中，滿洲八旗在全國統一之後不到20年就基本上不怎麼能打仗了。蒙古八旗大部分在蒙古，雖然還有一定的戰鬥力，但是並不是戰鬥的主力。清朝前期的大戰役主要是依靠漢軍八旗打的。在這些戰役中，最關鍵的、最耗時、打得最艱苦的戰爭是與準噶爾人的戰爭。準噶爾是當時歐亞大陸上最強大的游牧帝國，它統治的地方從中國新疆、西藏一直到中亞。準噶爾除了傳統的冷兵器外，也使用火器（主要是火槍）。1637至1642年，準噶爾人進軍西藏時，就投入了700名火繩槍手。到了康熙三十五年（1696）準噶爾首領噶爾丹窮蹙之際，「兵五千餘，鳥槍已不足兩千」，可見火槍配備比例之高。準噶爾軍隊是配備火器的騎手，擅長縱深攻擊，來去迅速，是中亞最強悍的軍隊。清朝花了一百多年才把準噶爾打敗，主要也得益於火器，其中大砲發揮了重大作用，成為清朝打敗準噶爾人的利器。從清初宮廷畫師郎世寧（Giuseppe Castiglione）的畫可見，在清軍與準噶爾軍會戰的時候，準噶爾人使用了火槍，而清軍使用了火砲。清軍先用砲轟，之後騎兵出擊。因此清朝在軍事上的成功，主要靠的是漢軍八旗。而漢軍八旗是明朝軍事改革遺產的一部分。

　　作為明代中後期「練兵」運動成果的受惠者，清朝軍隊在相當長的時期內保持著強大的戰鬥能力。軍事史學家布萊克（Jeremy Black）指出：在18世紀的世界上，「在陸地上，最有活力的國家和最成功的軍事強權是中國。中國在17世紀下半期開始擴張，占領了臺灣（1683），把俄國人逐出了阿穆爾河（黑龍江）流域（1682-1689），戰勝了準噶爾人（1696-1697）。在18世紀，

中國繼續著此過程，於1700至1760年間，最終解決了準噶爾問題，控制了遠至拉薩和巴爾喀什的廣大地區，合併了新疆。中國1766至1769年間對緬甸的軍事行動不太成功，但是當尼泊爾的喀爾喀人開始擴張並挑戰中國在西藏的地位時，1792年中國軍隊前進到加德滿都，迫使喀爾喀人承認中國的權威。在此時期，中國還鎮壓了許多規模大的叛亂」。

正是清朝的這種強大武力，使得困擾明朝的那種「四面受敵」的嚴峻局面在清朝前中期兩百年中不復存在。清朝的鄰國都在這種強大武力面前謹小慎微，唯恐開罪於中國。明朝的幾個宿敵，到了清朝對中國的態度發生了巨大的改變。在東面，德川幕府統一日本之後，國力更為強大。當著明朝滅亡之際，似乎重新拾起豐臣秀吉的計畫的時機到來了。1646年，幕府將軍德川家光寫信給板倉藩主永佐，清楚地表達了意欲入侵中國的秘密計畫：「艦隊駛往大明，建立橋頭堡；軍隊保持高度戒備。當發動攻擊時，要預先掘好塹壕。……征服大明者受賜珍貴禮物和莊園。……如無意外，一旦他們占領大明沿海地區，運兵船絕不能留下，應將其付之一炬……。此信閱後即焚。」信中還提到一支2萬人的先遣隊已集結完畢，等候調遣。這一秘密計畫明顯透露出日本想要「占領大明」的企圖。但是到了清朝統一中國之後，懾於清朝的武力，日本的這一圖謀也就中止了，一直要等到19世紀末又才提上議程。

晚明東亞四大戰的另一當事國緬甸，到緬甸最後一個王朝貢榜王朝（亦譯為雍笈牙王朝，Konbaung Dynasty, 1752-1885）建立後，憑著其軍力，迅速壓服中緬邊境上諸多撣族土司，並向中國管轄的內地土司強制要求徵收「花馬禮」（即貢賦）。有些土司

未向緬甸屈服，派人向清朝求援。但是在新疆戰事結束之前，清朝無暇南顧，因此雲南地方官府一直採取綏靖政策。到新疆問題解決後，清朝就不能再容忍了。乾隆二十七年至二十九年（1762-1764），孟艮土司帶領緬軍連年入界騷擾。到了乾隆三十年（1765），騷擾規模驟然升級，緬兵進入車里（今雲南西雙版納）土司轄下的多處地方勒索錢糧和擄掠民眾。於是清朝出兵緬甸，在今緬甸撣邦、克欽邦山區進行了長達7年（1762-1769）的戰爭。在戰爭中，清軍因為異域作戰，缺乏天時地利之便，損兵折將甚多，但是在戰場上依然處於主動，於緬軍以沉重打擊，結果迫使緬甸簽訂合約後，清軍方退回雲南。這場戰爭爆發時，緬甸剛剛消滅了其宿敵暹羅。此時正好遇上清軍出兵，緬甸被迫將軍隊主力撤回與清軍作戰。暹羅人民在華僑領袖鄭信領導下得以復國。由於緬軍戰場失利，緬甸主動改善對華關係，乾隆五十三年（1788），派出使節奉表納貢，重新被納入東亞朝貢體系。19世紀，英國入侵緬甸。1886年中英簽訂《中英緬甸條款》，清朝被迫承認英國在緬甸取得的一切特權，但英國仍然允許緬甸循例每十年向中國朝貢一次。

　　在明代時期不時向中國挑釁的安南，到了清代對華態度也大變。18世紀末期，安南發生內戰。1788年，位於南部的西山朝向位於北部的後黎朝發動攻擊，攻破後黎朝都城升龍（今河內市），後黎朝昭統帝逃往保祿山，派大臣阮輝宿向清朝求救。後黎朝是清朝的藩屬，清朝有責任保護之，因此派軍進入安南，欲讓黎昭統帝復位。這就是1788年底至1789年初的安南之役。戰爭初期，清朝軍隊勢如破竹，占領了升龍。但後來西山朝皇帝阮惠（又名阮文惠、阮光平）自富春（今越南順化）率軍反擊，戰

局逆轉。阮惠乘清軍慶祝春節之機，對駐守玉洄（今河內市清池縣玉洄社）、棟多（今河內市棟多郡）等地的清軍發起突襲，清軍大敗，退回中國邊境。之後阮惠主動向清朝請和，乾隆帝同意講和，並承認阮惠為安南的新君主。但是阮惠懷有入侵中國兩廣的野心，為此積極準備糧草戰船、訓練士卒，同時還拉攏中國國內反清復明的勢力，對活躍於廣西、四川一帶的天地會、白蓮教等反清復明組織加以資助，甚至任命這些組織的首領為將領。對於華南海盜的主要首領，如陳添保、梁貴興、譚阿招等，阮惠也都封以官職，為他們提供安南政府的戰船。在西山朝的支持下，華南海盜從小股勢力一躍而成為有組織的數千人海盜集團，以安南為基地，騷擾中國沿海一帶，有時候甚至圍攻砲臺、殺死官軍。嘉慶初年，以大船武裝的安南「洋盜」與閩粵海盜合流，在首領蔡牽、張保等率領下橫行華南海岸達十餘年。1792年，阮惠遣使清朝，向清朝求請和親，並要求清朝以兩廣之地為禮物割讓給西山朝；同時糾集了安南國中精銳的大象兵團，計畫渡海入侵廣東。就當一切準備就緒的時候，阮惠突然身患頑疾，被迫打消了入侵中國念頭。

　　不過，野心歸野心，行動歸行動。阮惠也深知無法抗衡強大的清朝。乾隆五十五年（1790），乾隆帝慶祝八十大壽，安南、朝鮮、琉球、南掌（一說即寮國）、緬甸等國的使團都趕到承德賀壽。阮惠不僅親自率團來賀，而且主動要求在典禮上改穿清朝衣冠，行三跪九叩之禮。朝鮮使臣徐浩修找機會故意問安南使臣說：「貴國冠服本與滿洲同乎？」安南人「語頗分疏，面有愧色」，回答說：「皇上嘉我寡君親朝，特賜車服，且及於陪臣等然。又奉上諭，在京參朝祭用本服，歸國返本服，此服不過一時

權著而已。」道光九年（1829），朝鮮人姜時永提起這件事情，還說「嘗聞清入中國，天下皆襲胡服，唯區域之外自仍舊俗。乾隆時安南王阮光平乞遵大清衣制，遂允其請。賜詩崇之。安南亦海外衣履之國，而又變為胡服，惟此暹羅不效安南，亦可尚也」。

荷蘭是晚明時期中國的主要海上威脅，一直試圖用武裝力量來打開中國的大門，拒絕承認中國的朝貢制度。清軍攻下北京後，傳教士衛匡國（Martino Martini）正值回國，途經巴達維亞。衛匡國告訴荷蘭人清軍占領全中國僅是一個時間問題，建議荷蘭東印度公司應該設法與清朝政府談判，以便恢復貿易。荷蘭東印度總督馬綏克（Portret van Joan Maetsuycker）認為新王朝建立或許是取得自由貿易的最佳時機，因此向清朝提出請求朝貢。此時清廷為對付鄭成功，也歡迎荷蘭來貢。於是荷蘭東印度公司於1656年再次派出使團到廣州，經過4個月的跋涉，於7月到達北京，受到順治皇帝的接見，荷蘭使臣依照要求行三跪九叩的大禮，荷蘭也正式成為朝貢國。康熙開海政策實施之後，荷蘭人的貿易要求暫時得到了滿足，因此在此後的100多年的時間內，不再有朝貢之舉。

至於葡萄牙，清初實行遷海令，廣東當局派出一支由60至70艘戰船、5,000到6,000士兵組成的艦隊封鎖了澳門海域。清朝官員拒絕葡萄牙人送去的禮物，告訴葡萄牙船隻必須立即離開和燒毀。葡萄牙人不得已燒毀了4艘船和3艘大帆船，整個澳門處於絕望之中。葡澳當局要求葡萄牙駐印度總督以葡國國王的名義派遣使節去北京宮廷，並說如果不同意的話，必須派遣船隻到澳門接走澳門所有的人，放棄澳門。葡國印度總督派出的使團於康熙六年（1667）到達澳門。澳門議事會為之籌備了重禮，以便他們

在北京活動。其中送給清朝皇帝的禮物估計共價值白銀1,983兩，送給皇后的禮物1,269兩，而送給官員的禮物多達14,382兩，總共是17,634兩。葡萄牙使團在廣州經過反覆交涉後，直至1670年才被護送去京，重新確立了朝貢國的地位，從而保住了對澳門的租借權。

清朝在鴉片戰爭之前的東亞世界上，一直處於無人敢挑釁的地位。之所以如此，一個重要原因是擁有強大的武力。清朝軍隊在18世紀之所以能夠創下如此輝煌的戰績，一個重要原因是大量使用火器，以至於有「皆依賴火器」之說。在清朝軍隊中，掌握火器使用的是漢軍八旗，而漢軍八旗又是晚明軍事改革運動的主要遺產。由此而言，清朝可以說是晚明軍事改革運動的最大受惠者。這對於徐光啟等積極倡導和推動這個運動以抵抗後金／清入侵的晚明精英來說，真是一個莫大的諷刺。蘇聯創立者列寧曾說：「據說，歷史喜歡作弄人，喜歡同人們開玩笑。本來要到這個房間，結果卻到了另一個房間。」近代早期東亞世界的歷史，或許就是這樣。

雍正以後，中國火器技術沒有多大改進，以至鴉片戰爭時，清軍所用的槍砲大體上仍是兩百多年前的樣子。換言之，清代中期中國軍隊的火器技術仍然基本上停留在明末的水準。清朝滿足於明朝軍事改革留下來的遺產，而沒有去發展它。為什麼呢？其中一個原因，是清朝軍隊沒有重大對手，因此也不需要大力改進火器。這些對手用現有的技術就可以打敗，既然已經能夠把敵人打敗，為什麼還要花很多錢，花很多聰明才智去開發和製造更先進的火器呢？另一個原因則是清朝是一個少數民族入主中國的朝代。統治集團對漢人始終有戒心，怕火器技術流傳到漢人中會導

致反滿起義。所以在鴉片戰爭以前，連明朝末年出版的很多火器技術的書都失傳了，但在日本還在。

　　由於滿足於晚明軍事改革運動的遺產，清朝在軍事技術上也就「不思上進」。不進則退，如果不努力，就連先前的遺產也保不了。黃一農指出：「清朝前150多年大量兵書當中，竟然沒有任何討論火砲的專門書籍出版。到雍正末年，清政府發現駐防的守軍，從來沒有做過火砲演練，以至於準頭的遠近、星斗的高低，官兵茫然不知。即使到了道光年間，用銃規量度仰角以調整射程遠近的方法，仍然是『中國營兵所不習』。」道光二十二年（1842），林則徐在謫戍伊犁途中致書友人說：「彼（英國人）之大砲遠及十里內外，若我砲不能及彼，彼砲先已及我，是器不良也。彼之放砲如內地之放排槍，連聲不斷。我放一砲後，須輾轉移時，再放一砲，是技不熟也。求其良且熟焉，亦無他深巧耳。不此之務，即遠調百萬貔貅，恐只供臨敵之一哄」；「似此之相距十里八里，彼此不見面而接仗者，未之前聞。徐嘗謂剿匪八字要言，器良技熟，膽壯心齊是已。第一要大砲得用，今此一物置之不講，真令岳、韓束手，奈何奈何！」他說的是，英國人的大砲可以打十里多，我們的砲彈還沒有打到他們，他們的砲彈就打到我們了。他們打砲就像我們打排槍一樣，一砲接一砲打。我們打一砲要等半天，然後才能再打一砲。所以就是有百萬大軍來，到時候也是臨陣一哄而散。所以，第一重要的是要會使用大砲。不然的話，就是岳飛、韓世忠那樣的名將，在今天也沒有辦法打仗。這不禁使我們會想到明朝後期人們初次遭遇佛郎機和紅夷砲時的情況。不過不同的是，明朝人隨即從敵人那裡學習製造和使用先進火器的技術，而清朝人則連先前自己掌握的火器技術都荒

廢了。孟子說「生於憂患，死於安樂」。對於一個國家來說，這
也是顛撲不破的真理。

代結語

「歷史書寫真的是可怖的」

　　魯迅在〈狂人日記〉中寫道：「我翻開歷史一查，這歷史沒有年代，歪歪斜斜的每頁上都寫著『仁義道德』幾個字。我橫豎睡不著，仔細看了半夜，才從字縫裡看出字來，滿本都寫著兩個字是『吃人』！」這個看法代表了五四運動前夕中國先進人士對中國歷史的激烈批判，在今天來看或許有些過激，但是確實揭示了一個事實：歷史並不只有光明的一面，而且還有黑暗的一面。一個人如果只看到其中的一個方面，那麼他對歷史的理解就是不全面的。

　　以往我們的歷史教科書在談到歷史上中國與其他國家的關係，總是諄諄教導讀者說：中國與其他國家交往的歷史都充滿友誼。即使彼此發生戰爭，也被輕描淡寫地說成是「兄弟鬩於牆」；戰爭之後，「渡盡劫波兄弟在，相逢一笑泯恩仇」，大家又成了好兄弟，繼續共同譜寫友好的新篇章。這種說法自然是表達了歷史的「主旋律」，然而一切事物都有兩個方面。各國人民交往的歷史，既有鋪著鮮花和紅地毯的光明一面，也有流淌著血水和眼淚的陰暗一面。正因為歷史有這樣的陰暗面，所以布勞代爾說，以往的一切歷史從來沒有公正可言。以建構世界體系理論著稱的沃倫斯坦（Immanuel Wallerstein）也說：「（歷史）書寫真的是可怖的。」本書所講的故事中，有些就反映了歷史的這一面。布勞代爾說：「作為歷史學家，我的任務既不是要判斷資本主義的好壞，也不是要認定它守規矩或玩花招，而是要認識它或理解它。」對於早期經濟全球化，我在此也不是判斷它是好還是壞，而只是要認識它或理解它。既然這段歷史有今天我們看來陰暗的一面，那麼我們就應當正視之，這樣才能認識它或理解它。

　　善良的讀者可能會提出這樣的疑問：本書所描繪出的這個陰

暗圖景是真的，還是本書作者故作的驚人之語？為什麼早期經濟
全球化時代的東亞世界會充斥著鮮血與淚水？在這個刀光劍影的
世界中，中國的命運將會如何？我相信大多數讀者心中都多多少
少有這兩個疑問，因此把我的看法作為本書的結語，在這裡和讀
者共同討論。

一、「火槍加帳簿」：早期經濟全球化的時代特徵

倘若有讀者質疑本書所描繪出的那個陰暗圖景，那麼我的回
答是：這個圖景儘管陰暗，卻充分表現了早期經濟全球化時代的
時代特徵。要了解什麼是早期經濟全球化時代的時代特徵，不妨
讀讀馬克思和恩格斯在《共產黨宣言》中對於資本主義興起初期
的時代特徵做的精彩描述：

> 不斷擴大產品銷路的需要，驅使資產階級奔走於全球各
> 地。它必須到處落戶，到處開發，到處建立聯繫。
> 舊的、靠本國產品來滿足的需要，被新的、要靠極其遙遠
> 的國家和地帶的產品來滿足的需要所代替了。過去那種地方
> 的和民族的自給自足和閉關自守狀態，被各民族的各方面的
> 互相往來和各方面的互相依賴所代替了。物質的生產是如
> 此，精神的生產也是如此。各民族的精神產品成了公共的財
> 產。民族的片面性和局限性日益成為不可能。
> 它（資產階級）使人和人之間除了赤裸裸的利害關係，除
> 了冷酷無情的「現金交易」，就再也沒有任何別的聯繫了。
> 它把宗教虔誠、騎士熱忱、小市民傷感這些情感的神聖發

作，淹沒在利己主義打算的冰水之中。它把人的尊嚴變成了交換價值，用一種沒有良心的貿易自由代替了無數特許的和自力掙得的自由。總而言之，它用公開的、無恥的、直接的、露骨的剝削代替了由宗教幻想和政治幻想掩蓋著的剝削。

　　一切固定的僵化的關係以及與之相適應的素被尊崇的觀念和見解都被消除了，一切新形成的關係等不到固定下來就陳舊了。一切等級的和固定的東西都煙消雲散了，一切神聖的東西都被褻瀆了。人們終於不得不用冷靜的眼光來看他們的生活地位、他們的相互關係。

　　說得簡單一點，隨著西方資本主義的興起，經濟全球化開始並迅速進展，導致東亞世界原有的秩序被打破，而新的秩序又尚未建立。因此，如同整個世界一樣，東亞世界也變成了一個無法無天的混沌天地。在這個混沌天地中，弱肉強食的「叢林法則」成為國際行為準則。什麼人類之愛、公理正義、禮義廉恥，等等，在這裡都看不到蹤影。這裡經常能夠看到的是刀光劍影，聽到的是槍砲轟鳴。而隱藏在其後的，除了傳統的征服、掠奪和奴役外，更多的是商業利益。

　　在西方，司法女神的形象是披白袍，戴金冠，左手持天平，右手持長劍。這個形象來自古羅馬神話中的正義女神朱蒂提亞（justitia，英語中的「justice」一詞就來源於此）。而商業之神是墨丘利（Mercurius），其形象是頭戴一頂插有雙翅的帽子，腳穿飛行鞋，手握魔杖，行走如飛。墨丘利也是醫藥、旅人、商人和小偷的保護神，西方藥店經常用他的纏繞兩條蛇的手杖作為標

誌。但是在早期經濟全球化時代的東亞世界，正義被商業利益取代，暴力就是法律，而商人則以前所未有的速度走遍全世界。因此此時商業之神的形象，應當是朱蒂提亞手中的長劍和走遍世界的墨丘利的結合。

如前所述，近代早期世界上最成功的企業——荷蘭東印度公司的形象是「左手拿著帳冊，右手拿著刀劍」。這應當就是近代早期商業之神的最佳寫照。考慮到這個時期發生的軍事技術革命，我們可以把刀劍改為火槍。火槍意味著新型暴力，帳簿意味著商業利益，因此「火槍加帳簿」就是早期經濟全球化時代世界的寫照。其含義是這個時期蓬勃發展的國際貿易與暴力有著程度不等的聯繫。為了追求更大的利益，各種利益主體在相互交往中往往運用暴力。

為什麼會出現這種情況呢？一個原因是出於商業的性質和商人的本性。商業是一種有組織的提供顧客所需的商品與服務的行為，通過以成本以上的價格賣出商品或服務來贏利，而贏利是商業賴以存在和發展的動力。這種性質體現在從事商業的人（即商人）的身上，因此商人的本性是求利。在求利的驅動之下，商人常常是唯利是圖，不擇手段。古希臘哲人柏拉圖（Plato）這樣評論商人：「一有機會贏利，他們就會設法謀取暴利。這就是各種商業和小販名聲不好，被社會輕視的原因。」另一位哲人亞里士多德也說：「（商人）在交易中損害他人的財貨以謀取自己的利益，這是不合自然而應該受到指責的。」古羅馬政治家和學者西塞羅更認為商人是卑賤的、無恥的，因為他們「不編造一大堆徹頭徹尾的謊話就撈不到好處」。

在古代的東亞世界，商人也因唯利是圖、重利輕義而備受指

責。唐代詩人元稹在《估客樂》詩中，對當時商人的唯利是圖、重利輕義做了生動的描述：

> 「估客（即商人）無住著，有利身則行。出門求火伴，入戶辭父兄。父兄相教示：求利莫求名；求名莫所避，求利無不營；火伴相勒縛，賣假莫賣誠；交關但交假，本生得失輕；自茲相將去，誓死意不更。亦解市頭語，便無鄉里情」。

正是這種貪欲，驅使商人不憚風險，走遍天涯海角：

> 「求珠駕滄海，采玉上荊衡。北買黨項馬，西擒吐蕃鸚。炎洲布火浣，蜀地錦織成。越婢脂肉滑，奚僮眉眼明。通算衣食費，不計遠近程」。

到了早期經濟全球化時代，經商求利成為時代的主旋律。由於國際貿易空間空前擴大而共同遊戲規則未建立，因此商人貪婪的本性在這個廣闊無垠同時又無法無天的天地裡更加暴露無遺。為了利益的最大化，他們無所不用其極。馬克思在《資本論》中引用登寧的話說：「資本逃避動亂和紛爭，它的本性是膽怯的。這是真的，但還不是全部真理。資本害怕沒有利潤或利潤太少，就像自然界害怕真空一樣。一旦有適當的利潤，資本就膽大起來。如果有10%的利潤，它就保證到處被使用；有20%的利潤，它就活躍起來；有50%的利潤，它就鋌而走險；為了100%的利潤，它就敢踐踏一切人間法律；有300%的利潤，它就敢犯任何罪行，甚至冒絞首的危險。如果動亂和紛爭能帶來利潤，它就會

鼓勵動亂和紛爭。走私和販賣奴隸就是證明。」這段話也是早期經濟全球化時代東亞世界國際貿易中商人的絕佳寫照。

這種對於商業利益的狂熱追求，不僅使人和人之間、而且國與國之間，除了赤裸裸的利害關係，除了冷酷無情的現金交易，就再也沒有任何別的聯繫了。它把宗教虔誠、騎士熱忱、小市民傷感這些情感的神聖發作，淹沒在利己主義打算的冰水之中。由此我們可以理解為什麼汪直等人會背棄父母之邦，成為倭寇首領？為什麼鄭芝龍在明朝、日本、荷蘭之間縱橫捭闔，今日是友，明日為敵？為什麼一些「兄弟之邦」，一轉眼就反目成仇，成為刀兵相見的敵人？這些現象背後就是一個字：利益，正如19世紀英國首相巴麥尊（Henry John Temple, Lord Palmerston）所言：「一個國家沒有永遠的朋友，僅有永遠的利益。」（A country does not have permanent friends, only permanent interests.）在早期經濟全球化時代的東亞世界，情況就是如此。

二、「惡創造歷史」：早期經濟全球化時代歷史發展的動力

早期經濟全球化時代東亞世界的「火槍加帳簿」，導致了諸多在今天不能容忍的惡行的出現和滋生。但是這裡要說的是，這些惡行不僅是早期經濟全球化的產物，也是經濟全球化賴以出現和進展的必須條件。換言之，這種惡乃是推動人類社會從傳統社會向近代社會發展的動力。

「惡是歷史發展的動力」是一個重要的哲學命題。早在19世紀初，黑格爾就已提出了這個觀點。他在《歷史哲學》（*The*

Philosophy of History）中說：「我現在所表示的熱情這個名詞，
意思是指從私人的利益、特殊的目的，或者簡直可以說是利己的
企圖而產生的人類活動，──是人類全神貫注，以求這類目的的
實現，人類為了這個目的，居然肯犧牲其他本身也可以成為目的
的東西，或者簡直可以說其他一切的東西。」恩格斯對黑格爾的
這個觀點大加贊同，說：「有人以為，當他說人本性是善的這句
話時，是說出了一種很偉大的思想；但是他忘記了，當人們說人
本性是惡的這句話時，是說出了一種更偉大得多的思想。」恩格
斯進而指出：「在黑格爾那裡，惡是歷史發展的動力的表現形
式。這裡有雙重意思，一方面每一種新的進步都必然表現為對某
一神聖事物的褻瀆，表現為對陳舊的、日漸衰亡的，但為習慣所
崇奉的秩序的叛逆，另一方面，自從階級對立產生以來，正是人
的惡劣的情欲─貪欲和權勢欲成了歷史發展的槓桿，關於這方面
例如封建制度和資產階級制度的歷史就是一個獨一無二的持續不
斷的證明。」不僅如此，恩格斯還認為這種貪欲是文明社會賴以
出現的原因：「文明時代以這種基本制度完成了古代氏族社會完
全做不到的事情。但是，它是用激起人們最卑劣的衝動和情欲，
並且以損害人們的其他一切稟賦為代價而使之變本加厲的辦法來
完成這些事情的。鄙俗的貪欲是文明時代從它存在的第一日起直
至今日的起推動作用的靈魂：財富，財富，第三還是財富，──
不是社會的財富，而是這個微不足道的單個的個人的財富，這就
是文明時代唯一的、具有決定意義的目的。」馬克思在《1861-
1863年經濟學手稿》中也引證英國學者曼德維爾的一段話並給予
高度評價：「我們在這個世界上稱之為惡的東西，不論道德上的
惡，還是身體上的惡，都是使我們成為社會生物的偉大原則，是

毫無例外的一切職業和事業的牢固基礎、生命力和支柱；我們應該在這裡尋找一切藝術和科學的真正源泉；一旦不再有惡，社會即使不完全毀滅，也一定要衰落。」正是在這種道德上的「惡」造就了早期經濟全球化，它藉「火槍和帳簿」，把世界各地人民日益緊密地聯繫在了一起。這就是「惡創造歷史」的具體表現。

那麼，這種情況是否就是命定而不可改變的呢？我的回答是：雖然歷史是不能假設的，但是我們也要承認在某一個時刻，歷史發展面臨多種可能的道路，而非僅只有一條道路。否則，我們就將陷入歷史宿命論的泥潭了。由此出發，我們來看看在早期經濟全球化時代的東亞世界，是否有可能建立一種得到各方接受的國際秩序呢？

很顯然，這種國際秩序不可能由私人機構或者社會團體建立，而只能由國家建立。道理很簡單，因為國家是所有社會組織中最強大的。社會學家提利指出：因為國家控制著毀滅手段這種最極端的力量，因此國家可以被視為專門的、惟一合法的保護費勒索者。這個看法，對於早期經濟全球化時代的情況來說再合適不過了。如果國家不夠強大，或者國家採取錯誤的政策，就會導致國際貿易無序化，而這種無序化的結果必然是弱肉強食的「叢林法則」成為國際行為準則。

早在其1527年出版的《論商業與高利貸》（On Commerce and Usury）中，馬丁·路德（Martin Luther）就對歐洲國家在建立貿易的合理秩序方面的失職及其結果做了酣暢淋漓的描述：「現在，商人對貴族或盜匪非常埋怨，因為他們經商必須冒巨大的危險，他們會遭到綁架、毆打、敲詐和搶劫。如果商人是為了正義而甘冒這種風險，那麼他們當然就成了聖人了……。但既然商人

對全世界，甚至在他們自己中間，幹下了這樣多的不義行為和非基督教的盜竊搶劫行為，那麼，上帝讓這樣多的不義之財重新失去或者被人搶走，甚至使他們自己遭到殺害，或者被綁架，又有什麼奇怪呢？……國君應當對這種不義的交易給予應有的嚴懲，並保護他們的臣民，使之不再受商人如此無恥的掠奪。因為國君沒有這麼辦，所以上帝就利用騎士和強盜，假手他們來懲罰商人的不義行為，他們應當成為上帝的魔鬼，就像上帝曾經用魔鬼來折磨或者用敵人來摧毀埃及和全世界一樣。所以，他是用一個壞蛋來打擊另一個壞蛋，不過在這樣做的時候沒有讓人懂得，騎士是比商人小的強盜，因為一個騎士一年內只搶劫一兩次，或者只搶劫一兩個人，而商人每天都在搶劫全世界」；「以賽亞的預言正在應驗：你的國君與盜賊做伴。因為他們把一個偷了一個古爾登或半個古爾登的人絞死，但是和那些掠奪全世界並比所有其他的人都更肆無忌憚地進行偷竊的人串通一氣。大盜絞死小偷這句諺語仍然是適用的。羅馬元老卡托說得好：小偷坐監牢，戴鐐銬，大盜戴金銀，衣綢緞。但是對此上帝最後會說什麼呢？他會像他通過以西結的口所說的那樣去做，把國君和商人，一個盜賊和另一個盜賊熔化在一起，如同把鉛和銅熔化在一起，就像一個城市被焚毀時出現的情形那樣，既不留下國君，也不留下商人。」馬克思在《資本論》第3卷中引用了這段話，並且指出：「占主要統治地位的商業資本，到處都代表著一種掠奪制度在古代和新時代的商業民族中的發展，是和暴力掠奪、海盜行徑、綁架奴隸、征服殖民地直接結合在一起的；在迦太基、羅馬，後來在威尼斯人、葡萄牙人、荷蘭人等那裡，情形都是這樣。」

因此，倘若國家不能或者不願來建立合理的貿易秩序，國際

貿易就是一個叢林，而從事國際貿易的商人就會成為強盜、盜賊、騙子。而上帝就利用魔鬼，假手他們來懲罰商人的不義行為。這正是早期經濟全球化時代的東亞世界所發生的情況。

三、置身新世局：晚明中國國家的責任與失敗

導致「叢林法則」成為早期經濟全球化時代東亞世界國際行為準則的一個主要原因，是當時東亞世界最主要的國家——中國，未能充分認識變化了的國際形勢，在創建一種國際新秩序方面發揮積極作用。相反，面對蓬勃發展中的國際貿易和風雲變幻的國家政治軍事形勢，明朝國家反應遲緩，行動不力，因此不僅未能充分利用新形勢帶來的機會，反而被新形勢帶來的挑戰弄得焦頭爛額，最後走向滅亡。

近年來，越來越多的學者贊同「晚明是中國近代化的開端」的說法。2008年《河北學刊》與中國明史學會組織了《晚明社會變遷與中國早期近代化》的專題討論，以討論這個問題。在會上，中國明史學會會長張顯清明確提出「晚明是中國早期近代化的開端」的觀點，從經濟基礎與上層建築兩個方面考察了晚明中國社會發生的變化，結論是「中國早期近代化歷程在晚明起步」。

史景遷用優美的文筆，對晚明中國在世界上的地位做了如下描寫：

> 1600年的中華帝國仍是當時世界上所有統一國家中疆域最為廣袤，統治經驗最為豐富的國家。其版圖之遼闊無與倫比。當時的俄國剛開始其在擴張中不斷拼合壯大的歷程，印

度則被蒙古人和印度人分解得支離破碎，在瘟疫和西班牙征服者的雙重蹂躪下，一度昌明的墨西哥和秘魯帝國被徹底擊垮。中國一億二千萬的人口遠遠超過所有歐洲國家人口的總和。

　歐洲、印度、日本、俄羅斯以及奧斯曼帝國的統治者們都在力圖建立系統的官僚機構，以擴大稅源，更有效地管理日益擴大的疆域，同時為王室帶來農業和貿易資源。但是中國龐大的官僚系統已臻於成熟，千年的傳統使其能夠協調運行，豐富而穩定的律令體系將官僚系統緊密地結合在一起。至少從理論上說，中國的律令體系足以解決民眾日常生活中可能出現的任何問題。

　在1600年前後中國的文化生活卻繁榮興盛，幾乎沒有國家可以與之相提並論。如果枚舉16世紀晚期成就卓著的人物，比較歐洲的社會，不難發現，同一時期中國取得的成就在創造力和想像力上皆毫不遜色。

　16世紀晚期，明朝似乎進入了輝煌的頂峰。其文化藝術成就引人注目，城市與商業的繁榮別開生面，中國的印刷技術、製瓷和絲織業發展水準更使同時期的歐洲難以望其項背。

　然而此時的中國卻已充滿危機，實際上是站在歷史的十字路口。1600年以後的中國的情況，不僅與之前的繁榮和安定形成鮮明對比，更與西歐一些國家的發展背道而馳。正如史景遷所說：「即使把這一時期看作『近代歐洲』誕生標誌已成共識，卻很難視之為近代中國的明確起點。當西方馳騁全球，拓展視野，在探

索世界的領域中獨領風騷時，明朝統治者不僅禁止海外探險，喪失了認識世界的機會，而且自拆臺腳，不到50年就將自己的王朝斷送於暴力。」

　　為什麼會發生這樣的巨變？以往人們提出了多種解釋，從萬曆怠政、魏忠賢專權等傳統說法，到在「階級鬥爭」史觀和「資本主義萌芽」史觀下提出的諸多觀點，可謂多姿多彩。這些觀點都有一個共同的立場：明朝滅亡是歷史的必然。但是20世紀西方最偉大的社會經濟史學家布勞代爾指出：「在探討帝國興衰之時，最好能避免受到這樣的誘惑，即在知曉帝國終有一日強大的情形下過早地尋找其強大的徵兆，抑或在了解帝國終有一日滅亡的情形下過早地預測它行將崩潰。」雖然明朝滅亡的原因很多，但是我們有理由相信：如果明朝當政者至遲從嘉靖朝就認清新的國際形勢，採取積極的對應方式，那麼中國未必沒有可能逐漸走向近代社會。

　　那麼，處在歷史十字路口的晚明中國為什麼不能選擇另外一條道路呢？我的答案是：不僅中國未能選擇另外一條路，17世紀大多數國家也如此，因此中國的情況並不足為奇。

　　從全球史的視角來看，晚明中國所遇到的危機並非偶然，而是世界史上著名的「17世紀總危機」（The General Crisis of the Seventeenth Century）的一個部分。學界對「17世紀總危機」的研究主要集中在歐洲。在17世紀，歐洲各國在政治、經濟、宗教、外交等方面的各種矛盾和衝突集中爆發，表現為此起彼伏的政治革命、貴族叛亂、民族起義、宗教衝突、農民暴動及城鄉騷亂，等等。由於各國情況的不同，危機的表現形式和發展程度以及危機的內容、性質、進程、結果等都大不一樣。在荷蘭、英國

等少數西北歐國家，政治改革和社會運動取得了勝利，建立起了有利於近代經濟發展的新的政治、經濟、社會制度，成為國際競爭中的勝利者。而其他國家則未能順利度過危機，因此在危機後的發展顯然遲緩，其中諸如西班牙、葡萄牙這些先前的世界強權更日益衰落，成為國際競爭的失敗者。

　　這次危機也存在於東亞世界。危機之前，中國、日本等國在經濟上似乎都是一片昇平氣象，而到了17世紀，中國的明朝崩潰了，日本也出現了嚴重的經濟衰退，出現了「寬永大饑荒」。在1640年代，日本的食物價格上漲到空前的水準，許多百姓被迫賣掉農具、牲畜、土地甚至家人，以求生路，另有一些人則盡棄財物，逃至他鄉。多數人生活在悲苦的絕望之中。由於白銀產量大幅下降，日本的購買力受到嚴重影響。1635年，德川幕府禁止日本人到海外貿易，並於1639年將葡萄牙人逐出長崎，還嚴格限制外國與日本的貿易。結果是許多富商嚴重受創，甚至有的在債權人的高壓之下自殺身亡。經濟衰退導致了社會動盪，爆發了日本有史以來最重要的一次起義，即1638年的島原大起義（亦稱「天主教徒起義」）。當時荷蘭東印度公司駐日本平戶的商站站長柯基伯克爾目擊了在有馬地方發生的情況，向荷蘭東印度公司總督凡第曼報告說：「參加（叛亂）的人數，每天都有增加。……他們企圖放火焚燒有馬城，並殺死那些多在城內的貴族」；「經海道前來的 7 萬官兵，因為陸地上沒有足夠的房屋，只能住在船上……。叛軍的人數，老少合計約有 3 萬人，他們據守著已經荒廢的有馬舊城的殘址」；「4 月 11 日，官軍乘機襲擊，終於攻破了這個舊城。官軍的兵數約有 8 萬人，此外還有不少的隨軍人夫。據說叛軍的人數，老少合計約 4 萬餘人；其中絕大部分都被殺

戮」;「官軍方面死亡的人數,約與叛軍方面的死亡數相等」。幕府費盡周折,使用了駭人聽聞的殘忍手段才將起義鎮壓下去。面對日益惡化的經濟形勢,幕府實行了新政策以改善民生,並頒布了一系列「節約和限制消費令」,遏制武士和商人階層的奢侈行為,以此緩解被幕府稱為「走投無路」的農民的負擔。但是在此時期,日本的銅產量大大提高,提高了日本對華貿易的購買力,使得日本可以改善其經濟。這些措施和情況,使得日本比中國更快地從「17世紀危機」中恢復過來。但是這場危機也嚴重削弱了日本在東亞世界國際競爭中的相對實力,而從另外一個方面說明了為什麼日本德川政權放棄了豐臣秀吉的海外擴張野心,而奉行一種閉關自守、「潔身自好」的政策。

由於各方面的原因,明代中國未能通過這場危機,因此淪為失敗者。繼之而起的清朝,採取了若干措施,緩解了嚴峻的經濟狀況和尖銳的社會矛盾,使得危機得以結束。到了18世紀,中國從危機中走出,出現了新的繁榮。不過,由於這些措施並未從根本上解決問題,因此中國也未能像荷蘭、英國等國家那樣建立起了一種適合近代經濟成長的體制,從而為19世紀的失敗埋下了伏筆。如果我們追溯中國近代化的歷史過程,或許會得出這樣的結論:在晚明這個歷史的十字路口,中國未能抓住機遇,從而和世界大多數國家一樣,走上另外一條路。由於這個選擇導致的「途徑依賴」,使得中國不得不再等上兩個世紀,才又在新的(或許是更為不利的)國際環境中,重新開始近代化的進程。這個曲折經歷,不僅令我們今天在讀這段歷史時感歎不已,也令我們深感肩上的歷史使命,不能重蹈覆轍,再失去歷史的機遇。

歷史大講堂
火槍與帳簿：早期經濟全球化時代的中國與東亞世界

2019年10月初版　　　　　　　　　　　　　　　定價：新臺幣450元
有著作權・翻印必究
Printed in Taiwan.

著　　　者	李	伯	重
叢書主編	沙	淑	芬
校　　　對	馬	文	穎
封面設計	沈	佳	德
編輯主任	陳	逸	華

出　版　者	聯經出版事業股份有限公司	總編輯	胡	金	倫
地　　　址	新北市汐止區大同路一段369號1樓	總經理	陳	芝	宇
編輯部地址	新北市汐止區大同路一段369號1樓	社　長	羅	國	俊
叢書主編電話	(0 2) 8 6 9 2 5 5 8 8 轉 5 3 1 0	發行人	林	載	爵
台北聯經書房	台 北 市 新 生 南 路 三 段 9 4 號				
電　　　話	(0 2) 2 3 6 2 0 3 0 8				
台中分公司	台 中 市 北 區 崇 德 路 一 段 1 9 8 號				
暨門市電話	(0 4) 2 2 3 1 2 0 2 3				
台中電子信箱	e - m a i l : l i n k i n g 2 @ m s 4 2 . h i n e t . n e t				
郵政劃撥帳戶第	0 1 0 0 5 5 9 - 3 號				
郵撥電話	(0 2) 2 3 6 2 0 3 0 8				
印　刷　者	世 和 印 製 企 業 有 限 公 司				
總　經　銷	聯 合 發 行 股 份 有 限 公 司				
發　行　所	新北市新店區寶橋路235巷6弄6號2樓				
電　　　話	(0 2) 2 9 1 7 8 0 2 2				

行政院新聞局出版事業登記證局版臺業字第0130號

本書如有缺頁，破損，倒裝請寄回台北聯經書房更換。　　ISBN　978-957-08-5393-3 (平裝)
聯經網址：www.linkingbooks.com.tw
電子信箱：linking@udngroup.com

國家圖書館出版品預行編目資料

火槍與帳簿：早期經濟全球化時代的中國與東亞世界/
李伯重著 . 初版 . 新北市 . 聯經 . 2019年10月 . 408面 . 14.8×21公分
（歷史大講堂）
ISBN　978-957-08-5393-3（平裝）

1.經濟史　2.中國　3.東亞

552.29　　　　　　　　　　　　　　　　　　108015244